**O fim do capitalismo
como o conhecemos**

Elmar Altvater

O fim do capitalismo como o conhecemos

Uma crítica radical do capitalismo

Tradução de
Peter Naumann

Apresentação de
Paul Singer

CIVILIZAÇÃO BRASILEIRA

Rio de Janeiro
2010

Copyright © 2005 by Elmar Altvater

PROJETO GRÁFICO
Evelyn Grumach e João de Souza Leite

REVISÃO TÉCNICA
Marcelo Backes

Título original alemão:
Das Ende des Kapitalismus, wie wir ihn kennen

A tradução deste livro contou com o subsídio do Instituto Goethe, que é financiado pelo Ministério Alemão das Relações Exteriores

CIP-BRASIL. CATALOGAÇÃO-NA-FONTE
SINDICATO NACIONAL DOS EDITORES DE LIVROS, RJ

A468f
Altvater, Elmar
O fim do capitalismo como o conhecemos: uma crítica radical do capitalismo / Elmar Altvater; [tradução Peter Naumann]. – Rio de Janeiro: Civilização Brasileira, 2010.

Tradução de: Das Ende des Kapitalismus, wie wir ihn kennen
Inclui bibliografia
ISBN 978-85-200-0784-8

1. Capitalismo. 2. Combustíveis. I. Título.

09-4909
CDD: 330.122
CDU: 330.142.1

EDITORA AFILIADA

Todos os direitos reservados. Proibida a reprodução, armazenamento ou transmissão de partes deste livro, através de quaisquer meios, sem prévia autorização por escrito.

Texto revisado segundo o novo Acordo Ortográfico da Língua Portuguesa.

Direitos desta tradução adquiridos pela
EDITORA CIVILIZAÇÃO BRASILEIRA
Um selo da
EDITORA JOSÉ OLYMPIO LTDA.
Rua Argentina 171 – 20921-380 – Rio de Janeiro, RJ – Tel.: 2585-2000

Seja um leitor preferencial Record.
Cadastre-se e receba informações sobre nossos lançamentos e nossas promoções.

Atendimento e venda direta ao leitor:
mdireto@record.com.br ou (21) 2585-2002.

Impresso no Brasil
2010

Sumário

PREFÁCIO À EDIÇÃO BRASILEIRA   9
APRESENTAÇÃO de Paul Singer   15

INTRODUÇÃO
Contradições internas, choques externos e alternativas dignas de crédito   21

CAPÍTULO I
Fim da história = capitalismo sem fim?   37
1.1. ESPAÇO E TEMPO, CRISES E TRANSFORMAÇÕES   39
1.2. FIM DA HISTÓRIA?   45
1.3. O CAPITALISMO COMO RELIGIÃO   49
1.4. O CAPITALISMO COMO O CONHECEMOS — O MELHOR DE TODOS OS MUNDOS POSSÍVEIS?   50

CAPÍTULO II
A polêmica em torno do conceito de capitalismo   57
2.1. CAPITAL E CAPITALISMO   61
2.2. ECONOMIA DE MERCADO E ECONOMIA DA TROCA   72
2.3. CAPITAL HUMANO E OUTRO CAPITAL   75

CAPÍTULO III
Quatro formas de apropriação privada no capitalismo real existente   83
3.1. PRIMEIRA FORMA DA APROPRIAÇÃO: VALORIZAÇÃO PRIMÁRIA   87
3.2. SEGUNDA FORMA DA APROPRIAÇÃO: PRODUÇÃO DA MAIS-VALIA ABSOLUTA   92

3.3. TERCEIRA FORMA DA APROPRIAÇÃO: PRODUÇÃO DA MAIS-VALIA RELATIVA *94*
    3.3.1. SUBSUNÇÃO REAL DO TRABALHO AO CAPITAL: SISTEMA INDUSTRIAL E FORDISMO *95*
    3.3.2. GEOECONOMIA E GLOBALIZAÇÃO *99*
3.4. QUARTA FORMA DA APROPRIAÇÃO: GEOPOLÍTICA E NOVO IMPERIALISMO *107*

CAPÍTULO IV
A congruência trinitária das formas capitalistas, das energias primárias fósseis e da racionalidade europeia *117*
4.1. ACELERAÇÃO E CONDENSAÇÃO DO ESPAÇO *123*
4.2. UMA PAREDE ENERGÉTICA CORTA-FOGO ENTRE AS ENERGIAS SOLARES DE FLUXO E AS ENERGIAS ARMAZENADAS DE ORIGEM FÓSSIL *127*
4.3. AS VANTAGENS DAS FONTES FÓSSEIS DE ENERGIA PARA O CAPITALISMO *136*
4.4. URBANIZAÇÃO INFORMAL *142*

CAPÍTULO V
Crescimento lubrificado com petróleo *147*
5.1. O CRESCIMENTO DO BEM-ESTAR E DA DESIGUALDADE *149*
5.2. O CRESCIMENTO SE TRANSFORMA EM FETICHE *154*
5.3. CICLOS, CRISES, CATÁSTROFES *163*
5.4. O PARADOXO DO DISCURSO DO CRESCIMENTO NOS LIMITES ECOLÓGICOS *166*

CAPÍTULO VI
A radicalização de contradições internas: repressão financeira e crises financeiras *173*
6.1. A LIBERAÇÃO TOTAL DOS MERCADOS FINANCEIROS E AS PEIAS DA "BOA GOVERNANÇA" *177*
6.2. POR QUE OS JUROS REAIS SÃO ELEVADOS *187*
6.3. AS CONSEQUÊNCIAS DOS JUROS REAIS ELEVADOS *196*
6.4. DA CONCORRÊNCIA INTERMONETÁRIA AO CONFLITO INTERMONETÁRIO *202*
6.5. O CAPITALISMO DESANDA *217*

CAPÍTULO VII
O choque externo: a era do petróleo chega do fim *219*
7.1. O TERROR NÃO VEM DE FORA, MAS DE DENTRO *221*

7.2. DISCURSOS SOBRE A FINITUDE *225*
7.3. LIMITES DA OFERTA DE PETRÓLEO: *PEAK OIL* *237*
7.4. DEMANDA DE PETRÓLEO E MERCADOS DE ENERGIA *242*
7.5. CONFLITOS EM TORNO DO PETRÓLEO: O IMPERIALISMO DO PETRÓLEO *252*
   7.5.1. PETROESTRATÉGIA *255*
   7.5.2. A LOGÍSTICA DE TRANSPORTE COMO TENDÃO DE AQUILES *260*
   7.5.3. MOEDA DE PAGAMENTO DO PETRÓLEO *262*
7.6. CONFLITOS NA ESTUFA *264*

CAPÍTULO VIII
Alternativas com credibilidade no interior da sociedade: solidariedade e sustentabilidade *273*
8.1. LÓGICAS DE AÇÃO: EQUIVALÊNCIA, RECIPROCIDADE, REDISTRIBUIÇÃO E SOLIDARIEDADE *279*
   8.1.1. EQUIVALÊNCIA *280*
   8.1.2. RECIPROCIDADE *284*
   8.1.3. REDISTRIBUIÇÃO *286*
   8.1.4. SOLIDARIEDADE *287*
8.2. O "NEOLIBERALISMO DE BAIXO" *291*
8.3. SEGURANÇAS HUMANAS CONTRA O MERCADO *298*
8.4. A REAPROPRIAÇÃO DO ESPAÇO E DO TEMPO PELOS MOVIMENTOS SOCIAIS *303*
8.5. A RESPOSTA AO "NEOLIBERALISMO DE BAIXO": A ECONOMIA SOLIDÁRIA *311*
8.6. SUSTENTABILIDADE: A SOCIEDADE SOLAR *319*

CAPÍTULO IX
Mundos possíveis. Da ciência à utopia *329*

SIGLAS *345*
BIBLIOGRAFIA *347*

Prefácio à edição brasileira

O fim do capitalismo tal como o conhecemos chegou em 2009. Fala-se de uma crise sistêmica, porque o Banco Lehman Brothers, uma instituição "sistemicamente relevante", quebrou em setembro de 2008, e outras grandes instituições financeiras estão ameaçadas pela falência, contra a qual devem ser protegidas com injeções de milhares de bilhões de dólares. Nesses meses da crise financeira quase não se fala das crises do abastecimento de energia e da catástrofe climática ou da fome endêmica, sob a qual padecem bilhões de pessoas. Tais crises não se expressam de forma tão espetacular como a crise financeira, mas provavelmente custarão tanto ou até mais do que o socorro aos bancos.

A crise atual já se prenunciava havia muito tempo, mais especificamente como uma ruptura estrutural e não como o costumeiro arranhão conjuntural, depois do qual as coisas continuam como antes. Mas ela não foi pressentida e muito menos prevista pelo mundo das finanças, pelas Ciências Sociais acadêmicas, pela mídia do *mainstream* e pela classe política, embora se atribua aos donos do poder um faro iniludível em todas as matérias referentes aos seus negócios financeiros. Por isso a crise se afigura tão inaudita e é percebida como um choque profundamente desconcertante. De início a *"subprime crisis"* eclodiu nos EUA em meados de 2007. Um segmento nem tão importante do mercado imobiliário parecia ter sido afetado. Mas o *"subprime crash"* espalhou-se rapidamente, e as vagas da crise aumentaram cada vez mais. Um ano depois, quando o tsunami da crise começou a ser vislumbrado no horizonte, George Soros confirmou que estaríamos "na mais profunda crise financeira desde a década de 1930". Isso não foi errado, mas desde então o tsunami da crise continua a sua marcha devastadora. Entrementes, o sistema bancário global está à beira do colapso. Mesmo os países que acreditaram ser poupados da crise, por deterem uma parcela infinitesimal do mercado mundial, sentem as consequências dela: a repentina retirada dos investimentos diretos dos grandes grupos empresariais de países industrializados, a queda dos preços de exportação, um novo racismo, que também se manifesta na deportação de imigrantes para seus países de origem, com a consequente suspensão das remessas de dinheiro para suas famílias. A estatização dos bancos não é mais nenhum tabu, mas é vista como uma âncora da salvação que mesmo os pregadores neoliberais do livre mercado estão dispostos a jogar ao mar. O tsunami distante atinge a terra firme mais tardar no início de 2009, transformando-a em pântano.

Tudo isso era previsível. À semelhança das drogas, as fantásticas inovações financeiras das últimas décadas de liberalização dos mercados financeiros destruíram o sistema imunológico da economia capitalista. Foi isso, por exemplo, o que aconteceu com a invenção do efeito de alavancagem financeira (*leverage*), que multiplicou os rendimentos do capital individual: com pouco capital próprio captava-se muito capital de terceiros em condições favoráveis, de modo que era possível obter ganhos de capital mais elevados do que os obtidos com o mero "trabalho" do capital próprio. Mas os papéis comprados com o capital de terceiros provaram ser créditos a receber podres (e transformaram-se em papéis "tóxicos"). Os bancos não conseguem mais honrar os necessários compromissos, pois seu capital de garantia já não cobre as depreciações necessárias. Se esse processo afetasse apenas uma instituição bancária isolada, poderíamos deixá-la ir à falência. Isso produziria um efeito depurador e não seria nada de especial na história das finanças dos últimos séculos. Ocorre, entretanto, que a totalidade dos créditos a receber do sistema bancário ficou maior do que o capital próprio que responde por esses créditos a receber. Nos EUA o capital próprio do setor bancário se cifra em cerca de 1 trilhão e 400 bilhões de dólares, mas os créditos podres perfazem cerca de 2 trilhões de dólares. Em 2009, o sistema bancário está quebrado na sua totalidade também na Alemanha, pois as necessárias depreciações de ativos, no montante de cerca de 1 trilhão de euros, excedem em mais de 100% o valor do capital próprio dos bancos

(360 bilhões de euros). É lícito deixar falir o sistema bancário na sua totalidade? Aqui o Estado emerge, na caracterização de Friedrich Engels, como "capitalista geral em termos ideais", para salvar o sistema. Nos nossos tempos de desastre financeiro, o Estado salta, por assim dizer, na brecha enquanto "banqueiro geral em termos ideais". Naturalmente precisamos nos perguntar se o capitalismo continua assim como o conhecemos.

Até agora a argumentação contrária dava o tom, pois no "fim da história" não há mais alternativas. O capitalismo como o conhecemos permanecerá por todos os tempos. Altivos, os neoliberais de todos os países e de todas as cores rejeitam o lema do Fórum Social Mundial de Porto Alegre ou Belém do Pará: "Um outro mundo é possível." Mas de repente nos defrontamos com a pergunta fundamental. Será que o capitalismo como o conhecemos realmente tem um futuro? Atualmente, essa pergunta é mais candente do que em 2005, quando o presente livro foi escrito. O socialismo real existente não durou cem anos. Foi claramente um sistema de limitada coerência e, por conseguinte, limitada eficiência econômica e limitada estabilidade social. O capitalismo já chegou a meio milênio, se retraçarmos suas origens até as repúblicas citadinas na Itália do século XIII. Mas o capitalismo dos comerciantes venezianos e florentinos foi um capitalismo diferente daquele do sistema colonial espanhol do século XVI ou da indústria pesada capitalista, que fortaleceu a Inglaterra no século XIX, ou ainda do capitalismo globalizado dos nossos dias, impulsionado pelas finanças, cujo centro sem dúvida se localiza nos EUA. Capitalismo não significa, portanto, a mesma coisa em todos os lugares e em todas as épocas. Será que por isso não é concebível que um capitalismo diferente daquele que hoje experimentamos surja em meio aos conflitos sociais? Mais ainda: será que já não são praticadas alternativas de uma economia solidária, que solapam ou reprimem o capitalismo tal como o conhecemos?

A dinâmica superior da formação social capitalista assenta, não em último lugar, na simples disponibilidade de fontes fósseis de energia. À diferença da radiação solar, que acionou em toda a história da humanidade os sistemas de produção (a agricultura, o pequeno artesanato, o transporte), a energia fóssil não vem de uma fonte exterior, a saber, do sol, mas da crosta terrestre. À diferença de todo e qualquer sistema de produção anterior na história da humanidade, o modo de produção capitalista assenta num sistema de energia fechado, cuja fronteira é a natureza do planeta Terra. Este é grande e contém reservas grandes, mas em última instância finitas, de fontes fósseis de energia (e de outras matérias-primas para a produção). As emissões também permanecem na atmosfera terrestre, onde sabidamente são responsáveis pelo efeito estufa e estão em via de preparar o inferno na Terra.

Ocorre que o capitalismo também existiu em períodos "pré-fósseis". As grandes descobertas do "Novo Mundo" foram realizadas com barcos a vela. Os grandes estabelecimentos dos banqueiros Fugger e Welser também souberam viver sem energia fóssil e, não obstante, operaram no mundo inteiro. Isso naturalmente dá margem à pergunta sobre o que acontecerá, se a transição para energias renováveis não for apenas uma iniciativa de ambientalistas obcecados por consertar o mundo e inventores meio aloprados de tecnologias solares. Quais são as perspectivas de um capitalismo "pós-fóssil"? As grandes empresas de geração e distribuição de energia elétrica e a Agência Internacional de Energia querem ampliar a utilização da energia nuclear, pelo menos como uma solução intermediária. Mas as reservas de combustíveis nucleares também duram apenas 30 a 35 anos; além desse período, os riscos de acidentes nucleares como o de Chernobyl não podem ser excluídos. O perigo da proliferação também não pode ser contido, de modo que cada nova potência nuclear aumenta a insegurança e ameaça a paz no planeta. Por fim, ainda não foi solucionado o problema da destinação final segura do lixo atômico por um período de dezenas de milhares de anos.

Seria o aproveitamento de energias renováveis em larga escala a solução por excelência? Justamente no Brasil conhecemos as consequências de grandes usinas hidrelétricas para o meio ambiente (e para as comunidades locais), conforme mostram os exemplos das usinas de Tucuruí ou no rio Xingu e no rio Madeira, onde novas usinas estão sendo planejadas. Os biocombustíveis, que hoje têm uma conjuntura positiva no Brasil para fins de consumo interno, assim como enquanto artigos de exportação, também não representam uma alternativa real quando são produzidos em escala comercial em grandes áreas agricultáveis, quer dizer, em regime de monoculturas. Acabam levando à destruição da biodiversidade das florestas tropicais úmidas, isto é, da multiplicidade de recursos naturais, substituídas por monoculturas de cana-de-açúcar, soja ou outros vegetais.

Em princípio sabemos que a geração de energias renováveis é mais viável em pequenas e médias empresas, não em grandes complexos transnacionais. Sabemos que os rendimentos exigidos nos mercados financeiros globais não podem ser gerados por projetos de menor envergadura. Por isso também sabemos que uma economia baseada em energias renováveis só pode ser organizada em um regime de economia solidária e cooperativada, como uma economia mais lenta, menos produtiva, porém, em troca, ecologicamente mais sustentável, com a criação de mais empregos em atividades que fazem sentido e com uma maior participação das populações afetadas. Por isso sabemos também que monoculturas em grandes áreas agricultáveis, com frequência dominadas por grupos atuantes em escala transnacional, ou a energia nuclear favorecem os grandes negócios bancários e colocam em situação desvantajosa as pequenas instituições de crédito. Por isso é tão importante que o governo brasileiro tenha criado uma "Secretaria Nacional de Economia Solidária", destinada a apoiar os vários pequenos projetos. Os projetos são pequenos, mas o efeito é grande, pois na economia solidária trabalham cerca de 1,2 milhão de pessoas, conforme as informações de Paul Singer, secretário de Economia Solidária do Ministério do Trabalho e Emprego.

Por um lado, os resultados da presente análise do capitalismo como o conhecemos são deprimentes, pois mostram que o desenvolvimento capitalista já no médio prazo não pode continuar do modo como estamos acostumados. Por outro lado, eles também ensejam a esperança que anima esse livro: a afirmação aparentemente tão singela "Um outro mundo é possível" é a confirmação maciça do que as elites neoliberais apreciam chamar de a capacidade de inovação da sociedade. A inovação do mundo é possível, mas apenas se o caminho de desenvolvimento for redirecionado para as energias renováveis e para as formas solidárias de gestão econômica, para um outro capitalismo com outro sistema financeiro, ou para além do capitalismo.

Em meio à crise financeira, até as elites dominantes estão dispostas a admitir que seu modelo social de um capitalismo controlado pelo mercado e livre da regulação do Estado esbarrou num limite: no único limite que lhes importa, o da solvência. Por isso de repente elas apelam ao Estado, para que ele salve as instituições quebradas com seus recursos oriundos da arrecadação de tributos. Será que nos países ricos o Estado será igualmente generoso se a salvação da natureza contra a sua destruição, que também continua numa crise, estiver em pauta? Esse provavelmente não será o caso, e é por isso que os movimentos contra o capitalismo continuam importantes, mesmo que o capitalismo tal como o conhecemos tenha chegado ao fim.

Berlim, março de 2009

Elmar Altvater

Apresentação

Elmar Altvater é um dos mais eminentes e influentes cientistas sociais da Alemanha. Este livro é em parte resumo de sua crítica das diversas crises do capitalismo contemporâneo, acrescido de um extenso ensaio, que constitui o capítulo 8º do livro: "Alternativas com credibilidade no interior da sociedade: Solidariedade e sustentabilidade". É esse capítulo, a meu ver, que justifica o título que Altvater deu à obra: *O fim do capitalismo como o conhecemos*.

Em sua apresentação, o autor nos revela a tese, devida a Braudel, que o inspirou: "O capitalismo, disso estou convencido, não pode entrar em colapso por força de uma decadência 'endógena'; apenas um golpe externo de extrema intensidade combinado com uma alternativa digna de crédito poderia provocar o seu colapso..." (Braudel, 1986b: 702). E Altvater prossegue: "Será preciso que nos empenhemos na busca de abalos externos, do choque de fora e da alternativa convincente, que amadurece no interior da sociedade, e mesmo colaborar em sua construção; este é o sentido do projeto da 'pesquisa coletiva' aludido no prefácio, que descreve um ciclo permanente de experiência prática e reflexão teórica."

Escrever sobre o fim do capitalismo foi uma linha de trabalho marxista, que teve seu começo no próprio *O Capital*, de Marx, e prosseguimento cada vez mais abundante, após a vitória da Revolução de Outubro de 1917 e da longuíssima crise econômica dos anos de 1930, que desembocou na Segunda Guerra Mundial. O que poderia surpreender o leitor de hoje é que a maioria desses trabalhos se ocupava unicamente duma hipotética crise final do capitalismo, que poderia ter por causa a tendência secular à queda da taxa de lucro, deduzida por Marx, ou o esgotamento do entorno não capitalista, que segundo Rosa Luxemburgo constituía um mercado indispensável para a realização da mais-valia não consumida pela classe dominante. Praticamente nenhum destes ensaios sobre o fim do capitalismo se preocupou em discernir a sociedade que viria a tomar o seu lugar.

É possível que esta ausência fosse devida à convicção de que o capitalismo só poderia ser sucedido pelo socialismo ou comunismo, cujas características gerais já haviam sido discutidas por Marx e Engels em diferentes ocasiões. Convicção esta que depois da última guerra mundial seria reforçada pelo triunfo do socialismo "realmente existente" na URSS e em outros países. Se esta tiver sido a motivação para que a discussão do socialismo tenha sido considerada desnecessária, ela começou a perder validade, pelo menos a partir de 1968, quando a repressão brutal da tentativa de implantar um "socialismo com cara humana" na Checoslováquia desmascarou a pretensão do socialismo estatal e totalitário, então visto como o único "realmente existente", de ser a alternativa crível ao capitalismo. Desde 1968, ano que se notabilizou também pelas revoltas estudantis na França e em outros países da Europa, da América do Norte e da América Latina, uma parte cada vez maior da esquerda passou a se dedicar ao delineamento do que Altvater, seguindo Braudel, denominou alternativa crível ao capitalismo e que nada teria em comum com a prática do pretenso socialismo realmente existente.

Este livro, ao seguir a tese de Braudel, atualiza, sobretudo, o capitalismo "como nós o conhecemos" hoje e que pouco tem em comum com o capitalismo que emergiu da Segunda Guerra Mundial, na qual o totalitarismo nazifascista sofreu uma derrota decisiva e a democracia começou a se afirmar como o regime político universalmente desejado. Para se convencer de que isso foi assim, basta ler os documentos que fundamentaram a criação da ONU, particularmente a Declaração Internacional dos Direitos Humanos, cujo 60º aniversário foi recentemente celebrado com entusiasmo, no mundo inteiro. Também a URSS, a pátria do então socialismo realmente existente, emergiu entre os vencedores, mas ela não pôde se opor abertamente ao sonho unânime de reconstruir o mundo em moldes democráticos. Não foi por outro motivo que os estados da Europa Oriental, então satelizados por Stalin, foram denominados de

Democracias Populares, embora seus regimes perdessem rapidamente qualquer vestígio de democracia.

Na parte do mundo que permaneceu capitalista e que de fato era democrática ou assim se tornou a partir de 1945, a classe operária e os seus partidos – social-democráticos ou comunistas – se tornaram politicamente hegemônicos no pós-guerra, pelos chamados 30 Anos Gloriosos, durante os quais se construíram um abrangente sistema previdenciário e a universalização da educação escolar e da assistência à saúde, do berço ao túmulo. O conjunto dos resultados dessas políticas "keynesianas", que além disso elevaram à condição de mandamento constitucional a prioridade ao pleno emprego, passou a ser conhecido como o Estado de Bem-estar Social. Se nesta época alguém tivesse tido a ideia de discutir "o fim do capitalismo como o conhecemos", teria de reconhecer que este capitalismo havia conseguido superar suas propensões históricas a mergulhar em crises cíclicas, a condenar boa parte da classe operária ao desemprego e a extremar o desnível entre os empregadores e a massa dos dependentes de empregos assalariados para ganhar a vida. Se o hipotético autor desse estudo fosse de esquerda, seria lógico que deduzisse que o progresso futuro do Estado de Bem-estar Social seria a causa eficaz do fim do capitalismo como então era conhecido.

Hoje sabemos que nosso autor não poderia estar mais errado. Dos meados dos anos 1970 para cá a história do capitalismo democrático deu uma guinada de 180°: os governos eleitos passaram a priorizar a estabilização dos preços, sacrificando o crescimento econômico e o pleno emprego. No seio da classe capitalista, o capital financeiro tornou-se hegemônico e promoveu a desregulamentação dos mercados e o fim da intervenção estatal na economia. As fronteiras nacionais foram abertas à circulação do capital, tanto na forma de mercadorias como na de moeda ou de ativos financeiros. Nos países ricos, os Bancos Centrais ganharam autonomia em relação aos governos e nos países em desenvolvimento, em geral muito endividados, os governos foram forçados a adotar políticas impostas pelo Fundo Monetário Internacional e pelo Banco Mundial, todas do interesse do capital financeiro globalizado.

Ao leitor interessado nos efeitos da contrarrevolução neoliberal recomendo a leitura do 6º capítulo deste livro, onde as contradições internas do capitalismo "como o conhecemos" estão magnificamente analisadas. O capitalismo de hoje de certa forma retornou a um estágio anterior, popularmente conhecido como capitalismo selvagem. Assemelha-se em aspectos cruciais ao capitalismo do século XIX, que inspirou Marx e seus sucessores a prever que seu fim teria de ser inevitavelmente violento, sob a forma da tomada do poder pelo proletariado liderando o levante de todos os setores submetidos e explorados em cada nação.

Esta previsão, contestada no fim do século XIX apenas pelos revisionistas de Bernstein, começou a perder apoio na medida em que a revolução democrática, iniciada nos 30 Anos Gloriosos, passou a revelar suas potencialidades. As revoltas estudantis dos anos 1960 e 1970 ampliaram fortemente o âmbito das lutas emancipatórias, mobilizando, ao lado do proletariado, os jovens, as mulheres, variados agrupamentos homossexuais, indígenas e outros povos originários, que existem em todos os continentes, imigrantes clandestinos, refugiados, ex-internos em manicômios e prisões e outros grupos socialmente excluídos. Os movimentos pacifistas, ambientalistas e os outros acima citados revelaram-se todos contestadores do capitalismo "como o conhecemos" e mostraram que o fim do capitalismo não pode ser obra de uma classe só chefiando outras, sobretudo se a sociedade sucessora tiver de eliminar as contradições do capitalismo sem abrir mão de qualquer conquista democrática alcançada ao longo das lutas contra ele.

Se a sociedade alternativa ao capitalismo tiver de ser muito mais democrática, justa e solidária do que a que hoje conhecemos, é lógico concluir, com Braudel e Altvater, que o fim do capitalismo só será alcançado pela extensão e multiplicação das lutas por mais democracia e igualdade aqui e agora e pela construção ativa e cada vez mais efetiva de uma alternativa social e econômica crível. O que representa um processo muito amplo e diversificado de aprendizado, que hoje está sendo polarizado por algo que se torna conhecido como economia social e solidária. Graças às possibilidades abertas pela informática, esta polarização não tem de ser centralizada em parte alguma.

Acredito que o livro de Elmar Altvater é uma notável contribuição à luta que não pode deixar de ser contra o capitalismo como ele é, mas é sobretudo pela construção participativa, sob a forma de uma enorme pesquisa coletiva, de uma economia social e solidária digna do nome e das esperanças que cada vez mais gente no mundo inteiro deposita nela.

Paul Singer

Introdução

Contradições internas, choques externos e alternativas dignas de crédito

Por que deveríamos pensar em alternativas ao capitalismo vigente? Afinal de contas, o capitalismo do século XXI é, na ideia dos dominadores, que também é a ideia dominante, "um sistema bem-sucedido", que produz um "forte efeito de atração". "Considerada no seu cerne, a globalização é a imitação do modelo capitalista em escala mundial. Mas este é em princípio visado, isto é, desejado pela grande maioria da população mundial." Assim formulou o economista Carl Christian von Weizsäcker (2003, p. 811) no caderno especial da revista *Merkur*, que exibe o título provocador "Capitalismo ou barbárie". Quem não aceitasse as regras de uma economia do mercado mundial capitalista ver-se-ia ameaçado de regredir a uma barbárie pré-moderna. Tal juízo apodíctico elimina do foco de visão as crises da globalização capitalista, a crescente desigualdade da renda e das fortunas no mundo, as destruições do meio ambiente e o fato de que as fontes primárias fósseis de energia estão por exaurir-se.

Tal atitude tola motivou o historiador britânico Eric Hobsbawm a qualificar os economistas zombeteiramente como sumos sacerdotes da modernidade. O que contesta seu dogma se lhes afigura como uma heresia, mais ainda, como blasfêmia, e Hobsbawm acrescenta: "Aqueles entre nós que viveram os anos da Grande Depressão ainda acham impossível compreender como as ortodoxias do puro mercado livre, na época tão visivelmente desacreditadas, mais uma vez vieram a prevalecer num período global de depressão em fins da década de 1980 e na década de 1990, embora mais uma vez não estivessem em condições de compreender nem controlar tal depressão. Esse estranho fenômeno deveria lembrar-nos de um dos mais característicos traços da história: a incrível memória curta dos economistas, tanto teóricos como práticos" (Cia. das Letras, 1995, p.136).

Perguntas sobre a possibilidade genérica de o mundo inteiro perfilhar a via de desenvolvimento do Ocidente nem chegam a ser formuladas pelos economistas. Para eles, o mundo é um mercado aberto de todas as possibilidades, e, se uma sociedade fracassa, isso se deve à sua competitividade deficiente. Ou os esforços foram insuficientes, ou a abertura dos mercados não foi abrangente o bastante e as privatizações não tiveram o alcance necessário. A economia neoclássica transformou-se num sistema hermético, que proíbe ao olhar descortinar perspectivas além de um horizonte estreito.

O esforço apologético dos economistas, cuja fundamentação teórica e base empírica são mais do que questionáveis, é assistido por cientistas políticos que se entusiasmam com a "paz capitalista" (Weede, 2005): o livre comércio criaria a paz, e as democracias capitalistas são, em princípio, de índole pacifista, conforme Immanuel Kant explanou em 1795. São Capitalismo seria assim uma bênção para o mundo. No entanto, isso não apenas é ingênuo ou tolo, mas também uma tragédia da Ciência Política, pois aqui se ignoram muitos fenômenos: as guerras que a superpotência EUA fez no seu quintal latino-americano, as guerras contra o Vietnã, contra a Iugoslávia e o Iraque, para não falar dos envolvimentos nas "novas guerras" da África ou da América Latina. Infelizmente, a lista poderia ser ampliada sem dificuldades. Por isso uma caracterização da "nova ordem mundial" como o "império da barbárie" (Foster/Clark, 2005) é muito mais precisa.

Diante disso, na minha argumentação prefiro seguir uma linha de raciocínio tributária de uma observação do historiador francês Fernand Braudel. Ele escreve, contra a teoria de um colapso do capitalismo: "O capitalismo, disso estou [...] convencido, não pode entrar em colapso por força de uma decadência 'endógena'; apenas um golpe externo, de extrema intensidade e combinado com uma alternativa digna de crédito, poderia provocar o seu colapso [...]" (Braudel, 1986b, p. 702). Precisaremos, portanto, detectar, em uma empreitada intelectual e ao mesmo tempo muito prática, os abalos externos, o choque de fora, bem como as alternativas convincentes que amadureçam no interior da sociedade — e precisaremos cooperar para que tudo isso ocorra. Este é o sentido do projeto da "pesquisa coletiva", já mencionado no prefácio e na perífrase do ciclo permanente de experiência prática e reflexão teórica. No entanto, ampliamos o programa formulado por Braudel pela busca das contradições que amadureçam e se acirrem no interior das sociedades, podendo ameaçar os fundamentos da estabilidade do desenvolvimento de modo tão eficaz como os golpes de fora. Mas Fernand Braudel tem razão: por si só, as crises internas praticamente não podem resultar no colapso do sistema.

Ocorre que a suposição de um "um golpe de fora, extremamente virulento", pode ensejar um mal-entendido. Isso se deve ao fato de a relação entre natureza e sociedade ter sido submetida a transformações profundas no transcurso da evolução do capitalismo. Ela vem se transformando desde a Revolução Industrial; por conseguinte, desde a utilização amplamente difundida de energias primárias de origem fóssil, de um sistema energeticamente aberto em um sistema energeticamente fechado e isolado (diante de fontes energéticas externas). A insolação incide sobre a Terra de fora, e o calor supérfluo é irradiado para o "buraco negro" espacial, de modo que o balanço da temperatura da Terra é mais ou menos equilibrado, não contadas as irregularidades de longo prazo, causadas por manchas solares e outros fatores naturais.

No sistema energeticamente fechado do capitalismo, porém, as energias primárias fósseis, que se formaram na crosta terrestre no transcurso de milhões de anos, são usadas no lado do *input*, mas algum dia deverão estar esgotadas. Por sua vez, os produtos da combustão das fontes primárias de energia remanescem por muito tempo na atmosfera e possuem a característica inquietante de impedir a irradiação de calor para o espaço, de modo que a atmosfera da Terra esquenta e, por conseguinte, o planeta se transforma em uma "estufa". Entrementes, esse processo atingiu dimensões tão dramáticas que se fala de uma "catástrofe climática"; mais além retornarei a esse tema.

Aqui importa apenas frisar que nem a limitação das reservas de fontes primárias fósseis de energia nem o efeito estufa são golpes de fora, mas que pertencem às características fundamentais do regime energético fóssil, estando, pois, inscritos na relação entre sociedade e natureza própria do capitalismo. Assim, as contradições atuais da evolução do capitalismo não resultam apenas do antagonismo social entre a classe operária e o capital, mas também do metabolismo social com a natureza, dos fluxos de energia e materiais, das condições internas da relação entre sociedade e natureza.

Os limites do capitalismo evidenciam-se em todos os lugares. Apesar da riqueza imensamente crescente dos ricos no mundo, o exército dos pobres aumenta, contrariando os "objetivos do milênio", fixados pelas organizações internacionais e pelos Estados na virada de 2000 (Wade, 2005; Söderberg, 2004).[1] As fontes primárias fósseis de energia escasseiam, e outros recursos, cuja disponibilidade é necessária para o crescimento capitalista e o aumento da produtividade, também são finitos. Eis um tema que já foi proposto há mais de trinta anos pelo "Clube de Roma". Os prognósticos de então eram exagerados, por isso o Clube de Roma foi ridicularizado por muitos autores. A sobrecarga das reduções das emissões causadas pela produção e pelo consumo (gases nocivos ao clima, efluentes, resíduos) na coluna do *output* do metabolismo com a natureza é ainda mais dramática do que a finitude do *input* de um modo de produção capitalista de propulsão fóssil. Tais limites da natureza opõem-se à infinita dinâmica (autorreferencial) acumulativa do capitalismo global, à sua forma social. O descaso neoliberal das leis imanentes à própria natureza e da dinâmica própria das sociedades sugere a solução de uma desapropriação, executada com violência e ao mesmo tempo legitimada pelas forças do livre mercado (mediante a privatização da propriedade pública, a destruição de empregos, a redução dos padrões e direitos sociais e previdenciários, o aumento da jornada de trabalho, a desconsideração dos riscos para com a saúde, a negação dos direitos das pessoas etc.). Eis um solapamento estratégico da segurança das pessoas,

---

[1] Em artigo de resto altamente contraditório, publicado no semanário *Die Zeit* em 9 de junho de 2005 (pp. 49 s.), Jeremy Rifkin também remete à desigualdade crescente, não regressiva.

da economia e da sociedade. As possibilidades da participação democrática são restringidas.

Por essa razão a pergunta por alternativas está na agenda. Mas até que ponto um outro mundo pode ser capitalista? Se a resposta a essa pergunta for positiva, devemos perguntar pelo perfil desse capitalismo. Existe um capitalismo diferente daquele que conhecemos? Podemos vislumbrar, depois do fracasso do socialismo real no século XX, um outro socialismo do século XXI, talvez um socialismo ecológico? Qual o caráter dos movimentos sociais de hoje. Quais os seus projetos políticos? Que papel desempenharão os partidos no futuro e como devemos conceber a relação entre política parlamentar e movimento extraparlamentar? Quais potenciais de sustentabilidade e solidariedade existem em uma economia cooperativista, em uma sociedade "solar", isto é, uma sociedade que se restringe ao uso dos fluxos energéticos do sol?

Quem olha com atenção, reconhece os sinais do "outro mundo". Em todos os lugares — e também na Europa — experimenta-se com energias renováveis; e em todos os lugares descobre-se que as energias renováveis exigem adaptações econômicas, alteram a distribuição do poder no sistema político, transformam profundamente o *modus vivendi* do cotidiano. No entanto, reconhecemos também o movimento contrário, pois os fornecedores de fontes primárias fósseis ao mesmo tempo se armam contra as energias renováveis, encontrando aliados no setor político e na sociedade. A defesa da transição para o uso mais amplo de energias renováveis, o projeto de um redirecionamento para uma sociedade solar e solidária é sinônimo da luta de classes contra as forças conservadoras, que querem se aferrar ao regime das fontes primárias fósseis, por ser este a sua fonte de poder e lucro. A discussão estará condenada ao fracasso se a transformação social não ocorrer, se os movimentos sociais não se engajarem nela. Não podemos transformar o mundo sem tomar o poder — a não ser que nos entreguemos aos poderosos de plantão e aos seus interesses. Inversamente, seria ilusória a posição de que primeiro é necessário tomar o "poder" para então promover as necessárias transformações na e em meio à sociedade. Muito pelo contrário, o outro mundo cresce aos poucos com a práxis dos movimentos sociais no interior do capitalismo, contra as forças mantenedoras do *status quo*.

Em muitos países sacudidos por crises financeiras surgiram novos movimentos, que se organizaram de forma cooperativada contra as consequências dessas crises, sobretudo contra o desemprego e a pobreza, ensaiando a construção de uma nova "economia solidária". Por um lado, trata-se de ilhas de sobrevivência em meio aos fragores da crise capitalista; por outro, são também novas formas de socialização, que transcendem o capitalismo tal como o conhecemos. Um de seus objetivos é a reapropriação do que foi subtraído às pessoas pelos grupos economicamente poderosos, bem como pelas pessoas e instituições politicamente poderosas. A ocupação de uma fábrica é a reapropriação dos empregos eliminados em meio à crise financeira, às vezes em consequência de uma especulação evidente. Na Bolívia, as lutas sociais contra a privatização do abastecimento de água e dos recursos de petróleo e gás natural são conduzidas de modo tão acirrado porque as pessoas querem revogar as privatizações fundamentadas em argumentos neoliberais e impostas pelo FMI e pelo Banco Mundial em benefício de grupos transnacionais, uma vez que elas querem se reapropriar dos recursos que lhes pertencem, pois se negam a pagar as altas taxas que lhes são cobradas. No Brasil, as ocupações de áreas representam a reapropriação de terras improdutivas por aqueles que pretendem e têm capacidade para cultivá-las. Os camponeses tradicionais, que resistem às sementes transgênicas por não quererem depender das grandes empresas transnacionais produtoras de sementes, lutam pelo seu direito de dominarem, como agricultores, todo o ciclo, da semeadura até a colheita e a próxima semeadura. Na Argentina, os *piqueteros* montam barreiras nas estradas para que possam fazer valer, com a interrupção da circulação do capital, o seu direito à configuração do seu entorno urbano.[2] No Sul do México, os zapatistas ocupam o território para defenderem seus direitos indígenas e motivarem o governo a concessões. Contra o "mau governo" por parte do Estado, constroem suas próprias estruturas de *buen gobierno*. Assim, surgem

---

[2] Isso não deixa de ser problemático, pois os bloqueios das estradas atingem muitos moradores, que, consequentemente, nem sempre veem os *piqueteros* com simpatia.

estruturas duplas, formas de um "governo duplo". Este sempre se vê ameaçado — tanto por fora, pelas tentativas dos governos e das elites poderosas de reconquistar os espaços perdidos, quanto por dentro, pelas acomodações às forças normativas da dimensão fática.* Poderíamos mencionar muitos outros exemplos de todos os continentes. Tais movimentos sociais de apropriação de direitos, terras e recursos ancoram no respectivo território, que eles configuram de acordo com suas ideias e defendem contra os poderes concorrentes. Podem, por conseguinte, ser denominados movimentos socioterritoriais. Todos mostram que as crises da acumulação do capital também criam oportunidades, abrem espaço para novos movimentos. Poderíamos, portanto, dizer com Hölderlin que na crise também cresce o elemento redentor.

As tendências à desapropriação de modo algum se restringem aos países do chamado Terceiro Mundo, pois as décadas da desregulamentação, liberalização e privatização não apenas geraram muita pobreza, mas também muita riqueza no mundo. De acordo com as estatísticas do "World Wealth Report", anualmente reunidas pelo banco de investimentos Merryl Linch e pela empresa de consultoria Capgemini, que têm interesse em dispor de uma base de dados para as suas próprias estratégias de consultoria em aplicações para os ricos e ultrarricos, em 2004 o patrimônio (apenas monetário) dos milionários aumentou na razão de 8,2%, para 30.800 bilhões de dólares. É interessante notar que o maior índice de crescimento, 13,7%, foi registrado no continente mais pobre, na África, seguido do continente mais rico, a América do Norte, com 9,7%.[3] Ocorre que os patrimônios monetários muito grandes são administrados por *private equity funds*, *hedge funds*, pelos chamados *"funds of funds"* etc., que prometem aos já ricos proprietários de patrimônio monetário rendimentos extremamente elevados, que os tornam ainda

---

*"Força normativa da dimensão fática" é uma expressão cunhada pelo jurista Georg Jellinek (1851-1911). Significa que as normas que orientam uma ação são definidas pelos fatos sociais. (*N. do T.*)

[3] Para o descontentamento dos bancos privados e de outros consultores de aplicações, o número dos milionários entre os investidores privados aumentou apenas na razão de 0,6%, para 760.300 (FTD, 10 de junho de 2005, p. 19). Os negócios lucrativos só valem a pena a partir de 30 milhões de euros, por isso é necessário produzir ainda mais desigualdade, para assegurar aos grandes fundos a renda necessária. Compreende-se por que na Alemanha o pacote Hartz IV foi apenas o começo aos olhos do *lobby* dos empresários e da mídia por eles controlada.

mais ricos, uma vez que sua carga tributária foi reduzida em virtude da "guerra fiscal" internacional. Por isso, os fundos se tornam cada vez mais poderosos e podem atingir seu objetivo de gerar rendas máximas nos menores prazos possíveis. Contudo, eles não atacam apenas os governos dos países do Terceiro Mundo, mas também grandes empresas e instituições dos países industrializados. Eis o fundo da descompostura passada no capitalismo pelo presidente do Partido Socialdemocrata da Alemanha e da comparação dos fundos especulativos com enxames de gafanhotos. Diante das inconvenientes palavras de Franz Müntefering, os membros do Partido Verde pigarrearam indignados. Empresários como Dieter Hundt, presidente da Federação das Associações Patronais da Alemanha, acham que a crítica do capitalismo é "de fazer vomitar".[4]

Como se quisessem fornecer a Müntefering uma prova, os *hedge funds*, liderados pelo TCI londrino, que tinha adquirido a maioria das ações, demitiram a gerência da Bolsa de Valores da Alemanha (mas não sem uma bela indenização, cujo montante alcançaria, de acordo com pesquisas do periódico *Financial Times Deutschland* na sua edição de 12 de maio de 2005, 10 milhões de euros). Documentam assim o poder que esses fundos conseguem exercer como *shareholders*. Os interesses dos *stakeholders* lhes são bem indiferentes.[5] Os fundos altamente especulativos são expressão extremada e muito prática do que Karl Polanyi chamou de "desarraigamento" [*disembedding*] do mercado do seu leito

---

[4]A comparação com os gafanhotos rendeu a Franz Müntefering a acusação de antissemita. Isso acontece na Alemanha sempre que se critica o capitalismo. Para alguns historiadores que têm mais tendência para a direita, é tão difícil imaginar uma crítica racional e despersonalizada ao capitalismo, que a crítica é compreendida de imediato como uma crítica aos capitalistas. Quem critica os capitalistas, eis a sua insinuação, mira "no judeu". A ONG Attac também teve de suportar esse contrassenso (ver a propósito, o Reader Nº 3 de Attac, publicado pelo Conselho Científico de Attac em 2004, no qual uma série de autores discute a acusação de antissemitismo). Colocar a crítica ao capitalismo sob a suspeita genérica de antissemitismo incrimina a crítica ao capitalismo e ao mesmo tempo desvaloriza a crítica ao antissemitismo (cf. também Werner Rügemer 2005). Claus Leggewie fornece um exemplo especialmente escuso da construção de uma suspeita genérica de antissemitismo diante da crítica da globalização (Leggewie 2005). Embora considere justificada a crítica ao capitalismo, constrói barreiras inaceitáveis, que neutralizariam toda e qualquer crítica, caso fossem consideradas.

[5]Michael Akapinger e Marco Cibola discutem na *FTmagazine* de 11 de junho de 2005 a transformação da "cultura gerencial" no capitalismo dos *shareholders*.

social. O dinheiro governa o mundo em uma medida tão extrema como em nenhuma época anterior da história. Os grandes fundos de investimentos efetivamente tentam obter — no curto prazo — as maiores rendas possíveis. Desconhecem vínculos sociais, locais ou nacionais. O governo e os mecanismos da legitimação estão inteiramente "desarraigados" de qualquer base territorial — e nesse sentido são especialmente inclementes com as pessoas que vivem no respectivo território e não podem atingir a mobilidade dos fundos. Estes operam em parte a partir de praças *off shore*, mediante empresas de gaveta. Essa desterritorialização extrema do moderno capitalismo impulsionado pelas finanças é uma das razões da ação socioterritorial dos movimentos sociais de resistência, isto é, do fato desses movimentos se apropriarem do território. Em princípio, o capitalismo é associal. Mas os movimentos sociais, em primeiro lugar os sindicatos, arrancaram-lhe reformas sociais. Isso acabou agora, no "fim da história", no período que se seguiu à "vitória na Guerra Fria". Gestores de *hedge funds* protestam contra a expectativa de terem de levar em conta interesses alheios aos de sua clientela, os ricos proprietários de patrimônios líquidos (ver, por exemplo, Ian Morley. *Why attacs on hedge funds are misguided* [Por que os ataques aos *hedge funds* são mal-entendidos], *in FT*, 11 de maio de 2005).

A base de legitimação do capitalismo associal dos *shareholders* é reduzida e está se dissolvendo. As inseguranças "normais" da vida na economia de mercado transformaram-se em pesadelos para muitas famílias. Tais pesadelos são muito perigosos, pois podem fazer com que ofertas de soluções autoritárias e populistas se tornem atraentes. Solapa-se assim a base democrática. Por conseguinte, a crítica ao capitalismo e as reflexões na direção de alternativas transcapitalistas não são exercícios intelectuais abstratos. São necessários — tanto na ciência quanto na política — para reduzir os temores de modo racional às suas causas, que podem ser neutralizadas mediante a informação [*Aufklärung*] e a práxis política.

Aqui se encontra a motivação do presente livro. É mister dar um fundamento à crítica do capitalismo, que também carece de uma perspectiva. Simplesmente não é verdadeiro que o leque de ofertas da história não contenha nenhuma alternativa, de acordo com as famosas palavras de

Margareth Thatcher: *There is no alternative* ("Não existe nenhuma alternativa"). Inversamente, porém, não adquirimos as alternativas como num Shopping Center, onde elas estariam disponíveis, ordenadas de acordo com seu radicalismo. Uns querem o capitalismo com feições humanas, outros desejam reformas estruturais, outros, ainda, querem tudo junto, e, além do capitalismo, o quarto grupo advoga a aplicação de um Plano Marshall em escala global. Mas essa opção não está disponível para ninguém. As alternativas crescem em meio à história real e se desenvolvem a partir das cascas dos ovos da sociedade capitalista existente. Por isso Marx recorre ao conceito "dar à luz". A nova sociedade cresce em meio à sociedade antiga. Ela vem à luz, e o seu parto pode ser doloroso. Marx crê que a "parteira da nova sociedade" seja a violência. Esperemos que ele não tenha razão, pois violência nos tempos da globalização é sinônimo de guerra global. Um antegosto dessa guerra é a guerra contra o terrorismo, que já custou dezenas de milhares de vidas.

Muito mais radical do que a tese do fim do capitalismo como o conhecemos é o discurso do "fim da história", posto em circulação depois do fim do socialismo real existente em 1989. Se a história chegou ao seu termo, as alternativas ao sistema declarado vitorioso pela história não dispõem mais de perspectiva. Não fazem mais sentido. Outro mundo seria impossível e provavelmente também desnecessário nesse "melhor de todos os mundos". A crítica ao capitalismo ficaria inteiramente obsoleta se a história estivesse, por assim dizer, saturada de propriedade privada, valorização, economia de mercado e ordem formalmente democrática. A *intelligentsia* neoliberal teria razão, de modo terrível, pois, além do capitalismo, a barbárie está à nossa espreita. Mas não precisamos ser tão destrutivos, desumanos e pessimistas. A história continua, o futuro em princípio está aberto, a crítica faz sentido, é possível desenvolver alternativas, pois a abertura do futuro também significa que o futuro pode pertencer a um mundo não capitalista. A alternativa não é "capitalismo ou barbárie", mas "solidariedade ou barbárie", eis o que escreve Manuel Vasquez Montalbán (2000, p. 21) em carta ao subcomandante insurgente Marcos, do movimento zapatista em Chiapas. E ele acrescenta: "Vocês criaram um ponto de referência ético inatacável, por isso são perigosos nesse mercado político e cultural totalmente desvalorizado em termos éticos [...]." Assim, discuto no primeiro capítulo do presente livro a questão do fim da história ou do fim do capitalismo.

Depois devemos esclarecer o que se deve, a rigor, compreender por capitalismo e pela sua dinâmica. Que qualidades caracterizam o capitalismo? Para responder a essa pergunta, não pretendo apresentar nenhuma análise pormenorizada do capitalismo. Também não rastrearei as muitas ramificações dos debates em torno da globalização ou de um novo imperialismo. Na pauta está o tema principal, estão as formas da apropriação e desapropriação, tanto no sentido econômico como nos sentidos social, cultural e ecológico. Aqui a questão da propriedade prova ser central — como já nos escritos da burguesia incipiente do século XVIII —, pois as possibilidades da apropriação são legitimadas a partir da propriedade. A partir disso se forma o poder — cuja distribuição no sistema global carece de uma análise.

Depois da discussão da propriedade e da apropriação, analisaremos as consequências do uso de fontes primárias fósseis de energia. Eis um aspecto central, pois somente a congruência do capitalismo, da racionalidade europeia e do "fossilismo" (ver capítulo IV) tornou possível o novo dinamismo desde a "Revolução Industrial". Foi possível decuplicar as taxas de crescimento econômico em comparação com os séculos pré-industriais. Trata-se de um fenômeno único na história da humanidade. Por isso é necessário discutir o crescimento econômico e o discurso sobre ele. O conceito do crescimento usurpa o do progresso. O crescimento e a inovação técnica são investidos de uma dignidade quase religiosa, são ídolos não questionados que os economistas, os sumos sacerdotes da modernidade, querem ver adorados pelo público. A política coloca-se inteiramente à disposição da ideia sedutora do crescimento. Dela espera-se a solução de todos os problemas: do desemprego na Europa e das dificuldades orçamentárias dos políticos municipais até a pobreza no Terceiro Mundo e a realização dos "Objetivos do Milênio" decididos em 2000.

A análise da dinâmica do desenvolvimento capitalista é seguida pela tematização das contradições internas e do seu acirramento. Não resta dúvida de que a dimensão monetária da acumulação capitalista, os mercados financeiros e monetários globais produzem efeitos desastrosos nas relações sociais. O *modus operandi* dos mercados financeiros globais conduz, mediante a concorrência das "praças financeiras", a rendimentos crescentes e juros altos (com relação aos índices de crescimento real do PIB), por meio dos quais as praças financeiras tentam melhorar a sua respectiva atração. A concorrência entre as moedas reforça esse efeito. Os juros são forçados para cima para evitar uma desvalorização e impedir as tendências inflacionárias. Entrementes, os grandes fundos de investimentos, os *hedge funds* e os *private equity funds* nos centros financeiros *off shore* adquiriram uma liquidez e um poder tais que podem entrar nas indústrias tradicionais e delas espremer rendimentos elevados mediante reestruturações, sempre feitas à custa dos empregos, das condições de trabalho e dos salários e contra os interesses da maioria dos *stakeholders* locais. Os mercados financeiros exercem a repressão financeira sobre a sociedade e a economia real. Produzem uma redistribuição escandalosa, nunca antes ocorrida nessas dimensões, em detrimento dos pobres e em benefício dos ricos. As consequências disso são a informalização do trabalho e a deriva na direção dos abismos da exclusão social. Desse modo, os fundos especulativos acabam com a base real dos seus lucros elevados. Isso já se tornou evidente na crise asiática de 1997. Uma vez embolsados os lucros e sem esperança de novos lucros, os capitais especulativos foram retirados dos países asiáticos em crise. Investiu-se em ações nos EUA, o que produziu o surto da New Economy. Depois dessa bolha ter estourado em 2000, empresas tradicionais passaram a entrar na viseira do capital especulativo, ao lado dos imóveis: o plano era levá-las a satisfazer em primeiríssimo lugar os interesses de curto prazo dos *shareholders*, isto é, dos fundos e de sua clientela, mediante uma reorganização. Aqui se coloca a seguinte pergunta: as crises financeiras não representam o acirramento interno de contradições que desestabilizam o capitalismo por dentro, nas suas dimensões econômicas e sociais, em tal medida que as condições enunciadas por Braudel para um fim do capitalismo poderiam estar presentes, uma vez que agora também aparecem e se articulam politicamente movimentos contrários imaginativos e convincentes?

Juros reais elevados nos mercados financeiros demandam taxas elevadas de crescimento real na indústria produtora, na agricultura, no setor de serviços; em duas palavras, na economia real. No entanto, escasseiam as fontes primárias fósseis de energia, que "lubrificam" o crescimento. Por isso acirram-se os conflitos políticos e militares em torno da segurança energética, em torno de um abastecimento continuado com petróleo. A guerra contra o Iraque em 2003, realizada pelos EUA e sua coalizão dos "bem-intencionados", bem como as tentativas violentas de conservar a presa mediante a "pacificação" do país com meios militares também é uma guerra que visa à "segurança energética", uma guerra pelo petróleo.

A "velha" geopolítica, cuja fama parecia irremediavelmente destruída em virtude de sua afinidade com o nacional-socialismo, retorna aos círculos acadêmicos e políticos. Ninguém quererá endossar a fórmula do "povo sem espaço",** mas ninguém também poderá conceber um "povo sem petróleo", pois nas condições do crescimento econômico a pobreza energética é sinônimo de subdesenvolvimento e pobreza econômica; mais adiante mostraremos, porém, que grandes reservas de energias nem sempre resultam em bem-estar no país produtor de petróleo. Além disso, as emissões resultantes da queima de fontes energéticas fósseis não são uma ameaça apenas para o clima e a biodiversidade, mas também para a paz no mundo. As superpotências militares preparam-se para enfrentar conflitos na estufa. Estão interessadas sobretudo em rechaçar migrações indesejadas. A Fortaleza Europa, cuja guerra contra imigrantes indesejados resulta anualmente em centenas de mortos no Mediterrâneo e nas fronteiras orientais, e a Califórnia, na qual se procura impermeabilizar a fronteira contra a entrada de imigrantes latinos, refletem a imagem de um

---

***Povo sem espaço* [*Volk ohne Raum*] é o título do outrora famoso romance do escritor conservador alemão Hans Grimm, publicado em 1926. Esse livro articulou a insatisfação de muitos alemães diante da redução do território alemão depois da Primeira Guerra Mundial. O título foi usado pelos nazistas para fundamentar as conquistas territoriais no Leste Europeu durante a Segunda Guerra Mundial. (N. do T.)

possível futuro próximo em nosso presente. Com efeito, tal futuro teria muitos traços de barbárie, e essa barbárie seria capitalista.

Na contramão das exigências descabidas do capitalismo tal como o conhecemos, aumentam as iniciativas cooperativistas oriundas de baixo, entrementes denominadas "economia solidária". Elas são o tema do 8º capítulo desse livro e representam os primeiros indícios de alternativas convincentes no interior da sociedade. Propagam-se e encontram ressonância em concepções macroeconômicas alternativas e em esboços de uma "economia mundial solidária". Os sindicatos cada vez mais compreendem que as campanhas salariais já estão perdidas quando os trabalhadores não conquistam ao mesmo tempo posições de poder nas empresas e na sociedade. De qualquer modo, uma sociedade solar e uma economia solidária carecem do apoio dos Estados nacionais e devem ser protegidas por meio de medidas regulatórias globais contra o crescimento selvagem dos mercados liberalizados. Por conseguinte, o tema aqui não são os nichos locais. Afinal de contas, a solidariedade não pode ser limitada à vizinhança e à pequena cooperativa, mas deve incluir de modo reflexivo, em tempos de globalização, o contexto global, isto é, o alcance espacial e temporal. Contra o "novo imperialismo" formam-se, assim, no interior das sociedades, movimentos contrários de organização social alternativa e participação política. Talvez eles resultem num novo cosmopolitismo, que não é um modelo intelectual, mas cresce de baixo para cima.

Eis uma forte razão para explicar por que a solidariedade só pode ser realizada na economia em uma sociedade ecologicamente sustentável, quer dizer, em tese não fóssil. Além do petróleo existem sistemas energéticos baseados em energias renováveis: no uso da biomassa, da energia fotovoltaica, da energia eólica e hídrica, na energia geotérmica. Acresce um uso mais parcimonioso e eficiente da energia. Nem sempre os defensores de sistemas energéticos renováveis têm consciência de que estes só podem funcionar se o modo de produção, os padrões de consumo, os sistemas de distribuição da energia forem alterados. Isso só pode ser feito no longo prazo, e quando a transição funciona, estamos diante da transição para outra margem, na qual não está mais o "capitalismo", mas qualquer coisa distinta. Depois do fracasso do socialismo do século XX, não dispomos de um nome simples para essa coisa. Socialismo do século XXI? Talvez faça mais sentido denominar o projeto "sociedade solar" (por ser sustentável) e "solidária" (por apostar nos recursos sociais).

Existem, portanto, alternativas convincentes. A continuação do capitalismo como o conhecemos desemboca no desastre. Onde ele já não surgiu, o "império da barbárie" é uma ameaça. O fim do capitalismo como o conhecemos é um regime de recursos renováveis com as correspondentes formas sociais e uma economia de configuração solidária. É possível desenvolver novas formas sociais. A história não chegou ao fim. Está aberta e continua.

CAPÍTULO I Fim da história = capitalismo sem fim?

1.1. ESPAÇO E TEMPO, CRISES E TRANSFORMAÇÕES

Toda a evolução na Terra ocorre no espaço e no tempo. O capitalismo também se caracteriza por uma extensão espacial, que se ampliou cada vez mais durante as conquistas coloniais e, posteriormente, nas eras do imperialismo e da globalização. Por meio da "coação muda das relações econômicas" (Marx), os mercados ampliam-se em mercado mundial. Mas a expansão no espaço também se dá de forma violenta mediante o emprego de "recursos heroicos", com o "machado da violência política" (Rosa Luxemburgo, 1966; Narr, 2003, p. 579). Rosa Luxemburgo acrescenta: "O que distingue especialmente o modo capitalista de produção de todos os outros anteriores é o fato de ele ter o empenho interior de estender-se de modo mecânico sobre todo o globo terrestre e expulsar toda e qualquer outra ordem social mais antiga. [...] Com isso as relações sociais naturais e o modo de gerir a economia dos aborígines são destruídos em todos os lugares, povos inteiros são em parte extirpados [...]" (Luxemburgo, 1975b, p. 772 s.). Rosa Luxemburgo reconhece nessa capacidade de expansão do capitalismo um claro progresso até o momento, no qual emergem as contradições próprias do capitalismo, "fundamentais", que evidenciam com nitidez a "impossibilidade do capitalismo" (ibid., p. 778). "Ele [o capitalismo] é uma contradição viva em si mesmo [...]. Num determinado patamar evolutivo essa contradição não pode ser solucionada de outro modo a não ser mediante a aplicação dos fundamentos do socialismo [...]" (Luxemburgo, 1975a, p. 411). É, porém, duvidoso se o desenvolvimento capitalista conduz nessa direção, sobretudo quando os limites da natureza são explicitamente excluídos por Rosa

Luxemburgo como obstáculo ao desenvolvimento: "Em si a possibilidade de expansão da produção capitalista desconhece limites, pois o progresso técnico e, por conseguinte, as forças produtivas da Terra também não conhecem limites [...]" (Luxemburgo, 1975b, p. 775). Assim, no início do século XX, Rosa Luxemburgo não reconheceu que o capitalismo também ensejou o surgimento de uma relação específica entre sociedade e natureza, mediante a qual não apenas a classe operária traça limites ao capitalismo na sua ação revolucionária — eis a grande esperança dos clássicos do marxismo —, mas também a natureza torna-se um componente da relação do capital. As barreiras da natureza tornam-se objeto da articulação política de movimentos sociais e deflagram conflitos ambientais

Apesar disso, Rosa Luxemburgo registrou os obstáculos de desenvolvimento do capitalismo, provável e paradoxalmente em virtude de um erro teórico que ela cometeu na interpretação dos esquemas de reprodução no segundo tomo de *O capital*, de Marx: ela partiu da hipótese de que a mais-valia produzida não poderia ser realizada integralmente pelas compras das classes operária e capitalista, deixando um resto de produção além do necessário, não comercializável. Por isso, o capitalismo, "também na sua maturidade plena, depende, em qualquer sentido, da existência simultânea de camadas e sociedades não capitalistas" (Luxemburgo, 1975a, p. 313 s.), responsáveis pela realização da mais-valia. São elas que mantêm em movimento a acumulação do capital.

O modo do capital subordinar-se à Terra é objeto da representação das "condições históricas da acumulação", expostas nos capítulos 27 a 32 d'*A acumulação do capital*, de 1913 (Luxemburgo, 1975a, pp. 316 a 411). Rosa Luxemburgo descreve, portanto, em uma representação histórica grandiosa, a valorização primária [*Inwertsetzung*] no sentido da integração de todos os espaços no processo da formação capitalista do valor e da valorização.

O capítulo 27 d'*A acumulação do capital*, descreve de modo impressionante e apaixonado como a economia natural é combatida, isto é, como o meio não capitalista é ao mesmo tempo aproveitado e destruído, como (capítulo 28) a economia que produz mercadorias é introduzida sobre os escombros da economia natural, como os mercados são abertos com força militar (como nas chamadas Guerras do Ópio com a China durante os anos 40 do século XIX). Agora se evidencia o quanto o complexo político-econômico caracteriza o sistema colonial e o quanto a expansão da "economia de livre mercado" esteve associada ao exercício da violência brutal. O capítulo 29 mostra a destruição da economia dos camponeses e de outras formas de economia de subsistência; o capítulo 30 mostra o sangramento de países por empréstimos internacionais e a sua inclusão em relações de dependência com as potências imperiais. Esses processos são mostrados de forma impressionante e detalhada com base nos exemplos do Egito e do Império Otomano. O capítulo 31 empenha-se em mostrar como as principais potências imperialistas protegem sua economia e abrem outras economias com impostos protecionistas e o simultâneo recurso à retórica do livre comércio, a fim de integrá-las ao processo global de acumulação e, assim, ao espaço de sua dominação política e econômica. Aqui (e isso é objeto do capítulo 32) a violência desempenha um papel eminente, razão pela qual o militarismo acompanha "os passos da acumulação em todas as suas fases históricas" (Luxemburgo, 1975a, p. 398). Na verdade, é impossível discutir a inclusão de sociedades não capitalistas no sistema mundial imperialista sem considerar também o papel da política e do Estado, isto é, da violência. O processo exposto por Rosa Luxemburgo pertence à história, mas não está concluído; por conseguinte, ainda não é passado. Podemos observar tendências similares também no presente, como David Harvey mostrou recorrendo a Rosa Luxemburgo (Harvey, 2003). Assim, a Europa foi ampliada mediante as conquistas territoriais neoeuropeias na América, na Ásia, na África e na Austrália, e a ampliação da Europa foi ao mesmo tempo a produção de um sistema mundial imperialista. No início do século XXI, quase todos os espaços territoriais do planeta e as pessoas que nele habitam vivem sob a dominação do capital, e essa dominação tem suas raízes na Europa.

O capitalismo expande-se também para os espaços de funcionamento interno da sociedade (na economia, cultura e política, na educação, nos esportes e jogos etc.). Trata-se de uma "'conquista do mundo' pelo capitalismo" (Narr, 2003, p. 583). As micro e nanoestruturas da vida são submetidas à valorização primária, e nesse processo de tal modo são manipuladas que acabam se transformando em mercadoria, sendo valorizadas na forma do dinheiro. Espaços privados de retirada não são seguros diante de coações objetivas [*Sachzwänge*] resultantes do dinheiro e do capital. Formas do convívio social não são mais configuradas de modo contratual, acabando, assim, subjugadas à lógica da equivalência do mercado monetário. A valorização capitalista é um princípio que abrange tudo e, não obstante, está limitado e é limitador no espaço interno do planeta Terra. Suas regras devem ser seguidas como se fossem mandamentos de Deus. Coações objetivas são investidas de uma qualidade quase religiosa. Isso motivou Walter Benjamin a interpretar o capitalismo como uma religião (Benjamin 1985). Isso também lança uma nova luz sobre a interpretação weberiana do surgimento do "espírito" do capitalismo a partir da racionalidade da dominação do mundo, encarnada no protestantismo.

No tempo também existe um começo e um fim. Embora ninguém conteste que o capitalismo surgiu há alguns séculos na Europa, os historiadores polemizam sobre o começo — ou melhor, os começos, pois o capitalismo é encordoado com firmeza a partir de muitos fios soltos, em meio a lutas de classe e guerras. Pode-se partir da hipótese de que a acumulação primitiva teve início na Inglaterra nos séculos XV e XVI. Antes, a partir do século XIII, surgem formas sociais capitalistas nas cidades-repúblicas italianas; mais tarde, na Península Ibérica e nos Países Baixos. Elas também existiram em outras regiões do planeta antes do "longo século XVI" na Europa, que se estendeu de 1492 ("descoberta" da América) até 1648 (Paz de Vestfália), por exemplo, na Ásia (Frank/Gills, 1993; Frank, 1998a e 1998b). Mas elas não puderam desenvolver-se efetivamente, pois determinadas qualidades sistêmicas não estavam suficientemente amadurecidas, como as instituições e os mecanismos econômicos, os fundamentos técnico-organizacionais, a disponibilidade e a aproveitabilidade de energias primárias fósseis, as relações políticas ou os pressupostos culturais e talvez também as condições climáticas.

Por isso a tese da historicidade do capitalismo poderia ser um enunciado trivial, pois, se o começo pode ser datado, o mesmo vale para o fim. Esse não é apenas o entendimento dos teóricos do sistema mundial na tradição marxiana (por exemplo: Immanuel Wallerstein 1979). Também Werner Sombart (1969), Max Weber (1921/1976) e Joseph A. Schumpeter (1950), os grandes sociólogos "burgueses", concordariam com essa tese, pelo menos em princípio. Mas Fernand Braudel, conforme já foi registrado na introdução, é cauteloso na sua avaliação de um possível fim do capitalismo, pois o capitalismo "alimenta-se da mudança, adapta-se às possibilidades econômicas de cada época e cada região do mundo, podendo ampliar-se, bem como restringir-se" (Braudel, 1986b, pp. 695, 702). Tal visão coincide com a de Antonio Gramsci, que também perguntou pelas condições da estabilidade política de um sistema econômica e socialmente instável e também ressaltou a capacidade do capitalismo de motivar e implementar transformações sociais (Gramsci, 1967, p. 282 ss.; Gramsci, 1993, 1994; Kebir, 1991, p. 17 ss.). O modo de produção capitalista é um sistema muito flexível, dinâmico, mas liminarmente instável, que tanto provoca conjunturas quanto crises econômicas e políticas recorrentes.

A isso se liga a pergunta pelo modo de superação das crises. Podemos distinguir quatro posições. Alguns reconhecem no sobe-e-desce da evolução socioeconômica um ciclo tão mecânico como a translação dos planetas em torno do Sol. No decurso desses ciclos, o sistema social sempre permanece idêntico. Iniciado o ciclo, o movimento não passa de repetição cíclica. Uma segunda posição, retrorreferível a Rosa Luxemburgo (1966) ou Henryk Grossmann (1967), considera o colapso do sistema inevitável, quando as proporções econômicas fogem ao controle no decurso do ciclo da crise, quando então, a realização da mais-valia produzida não seria mais possível. Mas Rosa Luxemburgo, que defendeu essa posição na sua análise econômica, também estava convicta de que a classe trabalhadora poderia esperar pelo colapso do capitalismo tanto tempo como pelo dia no qual "a Terra cairia no Sol". Dada a demorada espera pela catástrofe planetária, o capitalismo deveria ser eliminado pela ação política.

Uma terceira posição, à qual penderiam os recém-citados Fernand Braudel e Antonio Gramsci, descreve a evolução do modo de produção capitalista como um processo de transformação. Nas grandes crises, as condições históricas do desenvolvimento capitalista, o modo de gestão técnico-organizacional, a superestrutura cultural, a distribuição do poder nos mercados globais, a relação entre a economia e a política e, não em último lugar, a relação entre natureza e cultura sofreriam transformações sempre novas e tão profundas que a crise poderia ser superada, podendo, por conseguinte, ser iniciado um novo surto de desenvolvimento. Marx descreveu com olhar penetrante o desenvolvimento do capitalismo como uma sequência de transformações, a saber, da manufatura para a "grande indústria". Depois a história avançou, primeiro na direção do "fordismo" e — talvez nos dias atuais — na direção de um "pós-fordismo". Crises são períodos de transformações profundas, que contêm a oportunidade de inovações.

Mais importante contudo, é um outro aspecto dessas transformações sociais. Tal aspecto é algo comparável com o que Antonio Gramsci chamou de "revolução passiva" (por exemplo: Gramsci, 1994, p. 1242 ss.). Trata-se da acomodação das relações econômicas e políticas (no sentido tradicional da "infra e da superestrutura") aos novos desafios históricos, expressos na crise "orgânica". Na revolução passiva as elites dominantes sempre logram fortalecer seu sistema hegemônico em termos ideológicos, políticos e institucionais diante dos desafiadores da sociedade e do segmento político, diante das "classes subalternas", também mediante a integração ao menos parcial destas, mediante a acomodação do consenso social às novas condições históricas. Por isso a evolução do capitalismo se dá como um processo de acomodação a desafios históricos na economia, política, sociedade, cultura e natureza. Nessa perspectiva, Fernand Braudel está inteiramente certo em conceber o fim do capitalismo apenas como possibilidade se o sistema não mais consegue elaborar golpes violentos de fora e se, ao mesmo tempo, alternativas dignas de crédito surgem no seu interior. Afinal de contas, as pessoas querem saber onde estão.

1.2. FIM DA HISTÓRIA?

Há ainda, no entanto, uma quarta posição. Na autocompreensão do século XXI o capitalismo parece pertencer à natureza interna dos seres humanos, como a alimentação, a bebida, o sono e a procriação, isto é, o metabolismo com a natureza exterior (ciclos de nutrição, de alojamento, mas também de estética da natureza e da arte), a comunicação entre as pessoas e o modo de funcionamento da natureza interior do ser humano. Fosse esse entendimento correto, o capitalismo seria uma *condition humaine* (André Malraux) transmitida de uma geração a outra. Nesse caso seria apenas coerente tender à opinião de que a história estaria no fim quando o capitalismo, com o seu sistema de instituições econômicas, sociais e políticas, bem como a cultura conexa, tivesse amadurecido até o florescimento e as alternativas depois da "vitória grandiosa na Guerra Fria" tivessem desaparecido no vórtice do esquecimento histórico.

Permanece, porém, um sentimento de insatisfação. No "fim da história" surge a desesperança, pois em primeiro lugar os primórdios continuam sem esclarecimento se no fim da história tudo permanece como antes — embora saibamos alguma coisa sobre as sociedades pré-capitalistas e a evolução do ser humano desde o Paleolítico (Crosby, 1991; Ponting, 1991; Cameron, 1997). Faz parte do conhecimento comprovado que a humanidade trabalhou e viveu mais de 99% de sua história em condições não capitalistas (ver sobre os períodos geológicos Deffeyes 2005, p. 167 ss.). O capitalismo saiu de outros modos de produção (na Europa da ordem feudal); outros haverão de substituí-lo. Essa certeza resulta da análise da dinâmica das sociedades capitalistas, que sempre leva de novo aos limites do desenvolvimento. Mas, em regra, a imaginação humana não basta para que nos possamos preparar para e sintonizar com uma história aquém da formação social capitalista com seus padrões culturais, suas instituições políticas, seus mecanismos de funcionamento da economia e seus modos sociais da comunicação. Perde-se toda e qualquer esperança; por isso o fim do capitalismo é pensado como era apocalíptica. Diante disso, a figura de pensamento do "capitalismo eterno" no fim da história se afigura uma redenção.

Essa figura de pensamento é o ponto de partida de um discurso difundido depois de 1989. Desde então, é repetida e sempre reforçada pelos ideólogos neoconservadores, ou pelos neoliberais ou pelos renegados pós-esquerdistas, tendo esses últimos também sido promovidos a porta-vozes dos primeiros (Lind, 2004, esp., p. 430 ss.; também Lieven, 2004). Francis Fukuyama (1992; ver a crítica de Anderson, 1992) inaugurou o discurso do "fim da história", que anuncia do outro lado da medalha a "eternidade do capitalismo". Teríamos atingido o fim da história, pois paradoxalmente a sociedade capitalista moderna, com as suas instituições sociais e políticas, seus procedimentos (democracia formal, mercado, pluralismo etc.) e suas teorias e ideologias, assinalaria o ponto culminante da evolução social. Não teríamos atingido apenas o fim da "Guerra Fria" e com isso o fim de um período específico de pós-guerra, mas "o fim da história enquanto tal: isto é, o ponto final da evolução ideológica da humanidade e a universalização da democracia liberal do Ocidente enquanto forma final do governo humano". É difícil superar a dramaticidade dessa afirmação, com a qual Fukuyama argumenta diretamente na esteira da filosofia da história de Hegel: "Não obstante, o que insinuei ter chegado ao fim não foi a ocorrência de acontecimentos, inclusive de acontecimentos grandes e graves, mas o fim da história: isto é, a história compreendida como um processo individual, coerente, evolucionista, quando levamos em consideração a experiência de todos os povos em todas as épocas. Essa concepção da história foi estreitamente associada ao grande filósofo alemão G. W. F. Hegel. Foi incorporada à nossa atmosfera intelectual cotidiana por Karl Marx, que tomou seu conceito de história de empréstimo a Hegel, e aparece implicitamente no nosso uso de palavras como 'primitivo' ou 'avançado', 'tradicional' ou 'moderno', quando nos referimos a diferentes tipos de sociedades humanas. [...] Tanto Hegel quanto Marx acreditavam que a evolução das sociedades humanas não tinha um fim aberto, mas chegaria a termo quando a humanidade atingisse uma forma de sociedade que satisfizesse seus anseios mais profundos e fundamentais. Assim, ambos os pensadores fixaram um 'fim da história': Hegel, no Estado liberal, enquanto Marx pensou na sociedade comunista. Isso não significava que o ciclo natural de nascimento, vida e morte chegasse ao fim, que acontecimentos importantes não acontecessem mais ou que os jornais que os relatassem deixassem de ser publicados. Significava, mais, que não haveria um progresso adicional no desenvolvimento dos princípios e das instituições subjacentes, pois todas as questões realmente importantes teriam sido resolvidas" (Fukuyama, 1992).

Fukuyama não atribuiu ao ano de 1989 um significado tão grande como ao ano 1806, pois na batalha de Jena a napoleônica "vanguarda da história" teria imposto os princípios da Revolução Francesa. Desde então a democracia evidenciou ser a forma superior da regulação de processos políticos e sociais. Isso teria sido confirmado depois da "vitória na Guerra Fria". Ademais, teria iniciado um novo *american century* (por exemplo, Krauthammer, 1991), pois o socialismo real existente recém-fracassado teria demonstrado que, além da ordem capitalista no mundo, só existem o deserto e a selvageria. Em contrapartida, a história das formações sociais capitalistas poderia abrir um novo capítulo no fim da história. Com suas instituições políticas, sociais e econômicas, o capitalismo estaria vivo como em nenhum momento anterior. Por isso o "fim da história" seria apenas uma perífrase da infinitude e da falta de limites do modo capitalista de produção. O capitalismo seria eterno, uma vez que alternativas sociais não teriam sentido histórico, pois que desacreditadas pela história. Cada crítica seria repelida pela facticidade e pela superioridade normativa dos mecanismos de coação inerentes à própria dinâmica da sociedade.[1] Não admira que os neoconservadores se sintam com plenos direitos e insuflados pelo espírito da história, mesmo que tenham de presenciar a alguns desastres na sua interpretação do mundo, sobretudo no Iraque.

---

[1] No entanto, a boa-nova do fim da história e das confirmações do capitalismo, proferidas com vigor e até mesmo de boca cheia e fundamentadas num pretenso conhecimento da história, vem mesclada de um espírito do tempo [*Zeitgeist*] de natureza pessimista, que adverte contra uma iminente "era religiosa" e discute o conflito entre a comunidade de valores do Ocidente, representada pelos EUA, e o islamismo militante (Huntington 2004).

No entanto, quem não quer acreditar no fim do capitalismo e considera sua eternidade uma ideia horripilante, não é, de acordo com Bohrer e Scheel (2003), apenas um "ideólogo errante", mas um "reacionário". Como testemunhas principais, esses dois autores citam a crítica de Marx e Engels dos "reacionários" pré-capitalistas e das suas "ideias e opiniões vetustas", formulada no *Manifesto comunista* de 1848, para relançar em 2003 esse veredito do reacionarismo aos críticos do capitalismo — entrementes globalizado. Nas representações mentais do neoliberalismo, o único progresso perceptível é a parada. De resto, os editores da revista *Merkur* teriam sido bem avisados, se tivessem lido as passagens subsequentes da sua citação do *Manifesto comunista* de Marx e Engels, pois, depois do entusiasmo diante dos progressos da burguesia, segue-se uma análise sóbria das tendências do capitalismo a crises, uma discussão com as correntes do socialismo em meados do século XIX e um programa de transição para a superação da dominação burguesa, que termina com a seguinte conclamação: "Que as classes dominantes tremam ante a ideia de uma Revolução Comunista! Os proletários não têm nada a perder com ela, além de suas cadeias. Têm um mundo a ganhar. Proletários de todos os países, uni-vos!" (Marx/Engels MEW 4). Por conseguinte, as alternativas ao capitalismo existente sempre foram um tema de movimentos sociais — e também o são hoje.

O caráter fetichista das formas capitalistas, analisado por Karl Marx, é responsável pela aparência da possibilidade de continuar sem fim o crescimento no tempo e a expansão no espaço, pela ficção da existência do capitalismo "por toda a eternidade". Parece que algo necessário à vida, como o metabolismo das pessoas e da natureza, deixaria de existir se o capitalismo chegasse aos seus limites. O fim do capitalismo seria, por conseguinte, o fim da humanidade, um apocalíptico "crepúsculo da humanidade". Estamos, portanto, diante de um divisor de águas da história. Um caminho aponta na direção de um capitalismo sem fim, pois a história teria chegado ao seu termo. A destruição do meio ambiente, os conflitos em torno dos recursos naturais, as duras lutas de distribuição, as desastrosas crises sociais e financeiras seriam fenômenos de acompanhamento nesse caminho. Diante dessa alternativa, é perfeitamente possível chegar a um fim da história diferente do imaginado pelos neoconservadores. Na outra direção encontramos um terreno inexplorado. Alternativas sociais além do tipo predominante de acumulação capitalista são possíveis. A história está aberta a modos de produção, condições de vida e relações com a natureza além do capitalismo.

1.3. O CAPITALISMO COMO RELIGIÃO

Ocorre que o capitalismo é mais do que um modo de produção e de formação social cujo desenvolvimento é caracterizado pela dinâmica da acumulação. Não só o conservadorismo da direita norte-americana retoma um padrão de raciocínio, atribuindo ao capitalismo valores religiosos e dotando-o assim de qualidades próprias da eternidade. No seu fragmento "Capitalismo como religião", Walter Benjamin expôs como "[se deveria] ver no capitalismo [...] uma religião, isto é, o capitalismo serve, na sua essência, à minoração das mesmas preocupações, torturas e inquietudes às quais outrora as chamadas religiões deram uma resposta" (Benjamin, 1985, p. 100). Assim o capitalismo deve prometer-se tão eternamente como a "cidade eterna". Não obstante, o sistema capitalista é contraditório. O capitalismo reivindica a "vida eterna", prometida aos que observam, diligentes, as regras capitalistas da produção e do consumo.[2] Mas o capitalismo também significa "uma imensa consciência de culpa, que não se sabe expiar". Essa consciência se universaliza e por fim se vê obrigada a incluir o próprio Deus nessa culpa, "para finalmente interessá-lo pela expiação [...]. Faz parte da essência desse movimento religioso que o capitalismo é a perseverança até o fim, até que Deus tenha sido completamente culpabilizado e o estado universal do desespero, no qual ainda se depositam esperanças, tenha sido atingido. Nisso

---

[2] "Não usarás outras calças de brim além de mim", eis o *slogan* publicitário da empresa Jesus-Jeans nos anos 1970. Ele motivou a teóloga Dorothee Sölle a falar do "Deus da publicidade" (cf. Palaver 2002, http://theol.uibk.ac.at/itl/283.html#h4).

reside a dimensão histórica inaudita do capitalismo, no fato de a religião não ser mais a reforma do ser, mas a sua demolição" (Benjamim 1985, p. 100 s.). A culpa deve ser interpretada em termos claramente materiais, não apenas como consciência de culpa: como endividamento, pois o capitalismo baseia-se no capital e no dinheiro, e os patrimônios deles derivados necessariamente geram obrigações (de dívidas). Estas crescem com os juros sobre os juros, devidamente tabulados no "cálculo de rentabilidade do capital", salientado por Max Weber, que, por sua vez, é uma emanação do "espírito capitalista", derivado da religião protestante. Hoje, porém, a desculpabilização e a expiação, quando ultrapassam uma determinada medida, só podem ocorrer na forma de um *crash*, de uma demolição das relações sociais. A extensão das crises financeiras do presente beiram a dramaticidade expressa por Walter Benjamin.

1.4. O CAPITALISMO COMO O CONHECEMOS — O MELHOR DE TODOS OS MUNDOS POSSÍVEIS?

É considerado um tolo alienado da realidade quem, apesar disso, considera o fim do capitalismo possível ou se empenha politicamente nessa direção, diante do discurso, predominante em escala mundial, sobre a inexistência de alternativas ao capitalismo e a superioridade dos valores ocidentais, tais como, por exemplo, definidos pelo governo Bush. Supõe-se que tal pessoa queira girar a roda da história para trás, embora ela tenha sido parada e seu movimento esteja bloqueado. A história chegou ao seu termo, o "melhor de todos os mundos possíveis" tornou-se realidade. A utopia encontrou uma morada.

Essa figura de argumentação não nos é desconhecida. No "fim da história", somos remetidos a teodiceia, que preocupa teólogos e filósofos há vários séculos. Como o mundo foi criado na sua totalidade por Deus, e a sabedoria divina não admite ser posta em questão, o mundo no qual vivemos é "o melhor de todos os mundos possíveis", apesar das relações caóticas, apesar da guerra e da miséria, da destruição do meio ambiente e da desigualdade social, do autoritarismo e da opressão. A *teodiceia* tem uma longa história. Leibniz (reedição de 1948) também a tomou como ponto de partida da sua explicação do universo. Nada no mundo existe sem uma causa suficiente, eis a tese do *a priori* racionalista. O mundo real, no qual vivemos, é apenas um na multiplicidade infinita dos mundos possíveis, pois como "as ideias de Deus contêm um número infinito de mundos possíveis, mas só um único dentre eles pode existir, deve haver uma razão suficiente para a escolha de Deus, que o determina mais para um mundo do que para outro" (Leibniz, § 53).

Nesse melhor mundo possível, os homens pensantes (mas também os outros seres vivos e até a natureza inanimada) funcionam como mônadas. Não têm nada a ver umas com as outras, não produzem efeitos uma sobre as outras, são substâncias "sem janela", na melhor das hipóteses — quando "acompanhadas pela memória" — "almas racionais". Se, apesar da passividade "em termos de política de ordenamento" das mônadas, resulta o "melhor de todos os mundos possíveis", isto é, se uma *"harmonia preestabelecida"* resulta de um caos (Leibniz, §§ 78, 80, 87), então isso se deve a uma influência ideal, à "intermediação de Deus". Deus atua como *"deus ex machina"*, como o "arquiteto da máquina do universo" (Leibniz § 87). As mônadas desse mundo contêm o universo concentrado em si mesmas, com toda a independência das outras e mesmo sem saberem de sua existência; no seu respectivo estado atual, o passado e o futuro do universo estão contidos na íntegra. Não há incertezas acerca do futuro, nenhuma insegurança, e, portanto, também nenhuma desilusão que pudessem ensejar a alteração dos planos e das decisões. Um conceito moderno de tempo direcionado, de irreversibilidade termodinâmica é tão estranho a essa representação medularmente otimista como o ceticismo moderno diante da suposição de que o mundo real também seria o melhor mundo possível. As atividades de produção e consumo são tudo menos a comunicação entre as mônadas. A atividade das mônadas é a percepção (representações de almas ou substâncias simples) e a apercepção (representações conscientes de almas racionais); elas "não têm janelas pelas quais algo possa entrar ou sair" (Leibniz § 7).[3]

Walter Benjamin registra, ademais, que Leibniz também desenvolveu o cálculo infinitesimal. Isso não seria de admirar, pois "a ideia é a mônada — o que significa, em duas palavras, que cada ideia contém a imagem do mundo" (Benjamin, 1978, p. 228). O cálculo infinitesimal e o princípio marginal constituem a ferramenta racionalista na tomada de decisões sobre recursos escassos, e a economia neoclássico-neoliberal emenda diretamente nessa ideia. A construção racionalista de Leibniz resulta na sociedade, mas apenas em uma sociedade de mônadas sem comunicação e assexuadas, não em uma sociedade de indivíduos ativos e, por isso, interessados e sexuados. O progresso da construção de Leibniz com relação aos projetos anteriores do mundo deve ser visto sobretudo no fato de que ele não considera possível apenas uma configuração do mundo; em princípio, também haveria outros mundos. Daí a procura pela causa suficiente da existência do mundo real a partir da multiplicidade dos mundos possíveis. Voltaire escarneceu desse fatalismo construído já no século XVIII, na França pré-revolucionária. Na sua maldosa paródia do *"compossibilismo"* leibniziano, isto é, da filosofia do possível, em *Cândido ou o otimismo* (1759) ele deixa raciocinar, ou, como o próprio nome Pangloss já sugere, fanfarronear o seu filósofo. Depois de experiências

---

[3]David Harvey fez um belo comentário sobre a não comunicação sem janelas: "A solução especial de Leibniz na "Monadologia" assentou em deficiências da práxis política. Estas tiveram por consequência que uma mônada intelectual retraiu-se para o mundo sem janelas (o gabinete de estudos), para dedicar-se intensamente à correspondência com o mundo exterior. Esse foi um modo de reação especialmente atraente. Praticamente não surpreende que os erros políticos da esquerda nas duas últimas décadas tenham feito parecer atraente um retraimento similar para um mundo leibniziano de relações interiorizadas [...]. Em muitos aspectos, esse retraimento foi facilitado pelo aperfeiçoamento da informática (pois outra inovação de Leibniz foi o desenvolvimento da primeira máquina de cálculo e da aritmética binária, de um cálculo universal, destinado a integrar toda a cultura humana e todas as línguas num único banco de dados). Sob muitos aspectos, a imagem do indivíduo monádico diante do monitor, ligado pelo *modem* com o grande universo do *cyberspace*, é o cumprimento (e a repetição) do sonho de Leibniz. 'As mônadas, por um lado, não têm janelas, mas têm terminais de computadores' [...]" (Harvey 1996, p. 75).

terríveis em uma viagem pelas misérias e pelos horrores do "melhor de todos os mundos possíveis", Pangloss chega à conclusão de que "não haveria nenhum efeito sem causa e que no melhor de todos os mundos possíveis [...] as coisas não se podem passar diferentemente do que se passam, pois como tudo ali foi criado com vistas a uma finalidade, tudo serve necessariamente à melhor finalidade [...]."[4] Isso também vale para o paraíso, "pois quando o ser humano foi colocado no Jardim de Éden, isso aconteceu para que ele o cultivasse, o que demonstra que o ser humano não foi criado para descansar". "Trabalhemos, pois, sem filosofar, [...] pois esse é o único meio de tornar a vida suportável" (Voltaire, 1759/1990, p. 148). No mundo harmonicamente pré-estabelecido, as mônadas, portanto, devem atuar, trabalhar e com isso transformar o mundo — e a si mesmas.[5] Mas o trabalho é o conflito entre os homens e entre eles e a natureza. Trabalhando, eles transformam tanto a natureza quanto a si mesmos e a sua sociedade. Fazem história e não se deixam hipnotizar pelo seu suposto fim.

Um Voltaire moderno do século XXI teria muito mais motivos do que Cândido e Pangloss para irritar-se com as relações no capitalismo globalizado, para o qual não deve existir nenhuma alternativa, pois se trataria do melhor de todos os mundos possíveis. A base de recursos da acumulação capitalista encolhe, sobretudo as reservas de petróleo começam a esgotar-se. A poluição do planeta avança sem freios e sem reduções. Juntamente com o clima, os gases-estufa transformam as condições de vida na Terra de modo talvez catastrófico. O capitalismo perde seus recursos, e a reprodutibilidade do planeta Terra está em vias de ser destruída: *"The Party's Over"*, escreve Heinberg com o devido sarcasmo (2004). Os mercados financeiros liberalizados geraram crises destrutivas, e é certo que isso continuará também no futuro se não forem introduzidos

---

[4] Antes ele já expusera: "Observe, por favor, que os narizes foram criados para portar óculos, por isso também temos óculos [...]" (Voltaire 1759/1990, p. 5 s.).
[5] Heinrich Heine, que tinha Leibniz em alta estima, assim como Goethe e Schiller, dá um passo além: "O filósofo Pangloss tem razão", eis o que ele escreve em 1824 na *Viagem pelo Harz*: "É o melhor mundo! Mas precisamos ter dinheiro nesse melhor mundo. Dinheiro no bolso, não manuscritos na mesa de trabalho [...]" (p. 205). Por conseguinte, o trabalho só traz alguma coisa quando o seu produto se transformou em mercadoria e dinheiro.

controles dos fluxos globais de capitais, quer dizer, restrições do "livre empreendedorismo" e dos "livres mercados". Guerras homicidas foram feitas em nome da "liberdade" e custaram centenas de milhares de vidas. Nas guerras e em consequência delas, sociedades como Kosovo, Bósnia-Herzegovina, Iraque ou Afeganistão saíram dos eixos; precisarão de décadas para recuperar-se dos golpes traumatizantes de libertação "no fim da história".

A alternativa é clara. Se a história de fato (e não apenas nas ideologias dos neoliberais e conservadores dos EUA) chegou ao seu termo, não haverá um fim do capitalismo; ele poderá durar eternamente. Mas se a história deve continuar, e se a partir dos muitos mundos possíveis um outro mundo diferente do que o atualmente existente deve ser dimensionado e elevado ao "melhor dos mundos possíveis", faz-se mister que os movimentos sociais desenvolvam e testem alternativas além do capitalismo.

"Um outro mundo é possível", afirma-se em Attac e no Fórum Social Mundial. Mas o "outro" mundo é um outro capitalismo, um capitalismo "desglobalizado" e reformado, ou será que precisamos procurar a "alteridade" além do capitalismo? Eis uma pergunta nada fácil, pois é possível que o capitalismo — como no passado — apresente enormes reservas de flexibilidade, grandes potenciais de adaptação, e a capacidade de transformações (no sentido de Fernand Braudel ou Antonio Gramsci). Nesse caso, seria pertinente à terceira posição, já mencionada, sobre a tendência do sistema capitalista às crises. E nesse caso a geração presente não mais precisaria ocupar-se do fim do capitalismo e das alternativas além dele. Tal tarefa ficaria reservada para as gerações futuras. Pode, no entanto, ocorrer que a onerabilidade da natureza atinja limites sistêmicos, que as crises financeiras continuem, que a "guerra contra o terrorismo" ponha em polvorosa regiões inteiras. Podem advir as condições estatuídas por Fernand Braudel para um fim do capitalismo, os golpes externos e as crises internas. Por isso também é necessário no interior do capitalismo contemporâneo trabalhar na elaboração de "alternativas dignas de crédito". Isso decerto não acontecerá de modo ordenado, em movimentos militarmente bem organizados na esteira de uma "vanguarda revolucionária", também não com o grito múltiplo (por isso não faz sentido a fascinação da metáfora do "grito" em Holloway 2002) de uma "multidão" (Hardt/Negri, 2004) no espaço global. Mas Holloway também tem razão: "No capitalismo, efetivamente [...] são lançados os fundamentos de um outro modo de organização social, mas eles não estão nas máquinas e nas coisas que produzimos, mas no fazer social, ou na cooperação, que evolui em tensão constante com a sua forma capitalista [...]" (Holloway, 2002, p. 222). A continuação do capitalismo no fim da história não trará apenas, conforme sugere a euforia impensada, a democracia, a liberdade, a economia de mercado e o bem-estar, mas talvez a "destruição do ser". Quem quer que tudo na Terra permaneça como está, e por isso talvez suponha que a história tenha chegado ao fim, não quer que a Terra (a vida na Terra) seja preservada. Por isso o fim do capitalismo continua sendo um tema, sobretudo para aqueles que consideram a visão de um outro mundo uma utopia realizável e engajam-se nela e por ela na práxis política.

CAPÍTULO II A polêmica em torno do conceito de capitalismo

O que devemos e queremos compreender por "capitalismo"? Clarificações conceituais se fazem necessárias. Como devemos compreender as relações sociais, como devemos nos compreender na sociedade se nos faltam os conceitos, se eles nos são subtraídos? Conceitos são como o "Abre-te, Sésamo!", uma chave para o acesso ao tesouro do conhecimento e um guia para encontrar a árvore da sabedoria. São a chave para visões e compreensões da realidade, também para cosmovisões. Fundamentam a consciência de si, produzem segurança na comunicação dos contemporâneos sobre o que lhes diz respeito. Além disso, a compreensão por via do conceito é algo eminentemente prático. "Como deter quem compreende a si mesmo?", pergunta Bertolt Brecht. Eis as razões pelas quais os conceitos são controvertidos, pelas quais eles devem ser ocupados e subjugados como áreas de inimigos, conforme Heiner Geißler certa feita formulou com concisão exagerada, quando ainda era secretário-geral da União Democrática Cristã (CDU). Institutos de pesquisa bem desenvolvidos, impérios midiáticos, *thinks tanks*, comissões governamentais e seminários realizados em universidades devotaram-se a essa máxima prudente (alguns diriam: infame).

Conceitos são ocupados, sobretudo os centrais, importantes para a orientação em sociedades "de orientação difícil": liberdade e democracia, economia de mercado em geral e livre comércio global em particular, luta contra o terrorismo, livre empreendedorismo e sindicatos livres, que se orientam segundo as necessidades do "lugar de investimentos", e assim por diante. Esses e outros conceitos são carregados de positividade e depois monopolizados para os próprios fins. Outros, sobretudo os conceitos opostos, recebem um rótulo negativo e são atribuídos aos adversários. Assim, os conceitos também demarcam as fronteiras entre amigos e inimigos. Incluem os membros do grupo social, que não têm problemas de comunicação no universo conceitual comum, e excluem os não membros. Conceitos outorgam o poder de definição de evoluções reais, pois estruturam os discursos.

Também existem conceitos riscados do vocabulário e transformados em não conceitos. Em meio aos nevoeiros do mundo moderno, no qual a orientação é penosa, as sirenes de nevoeiro são silenciadas. Outras sinalizações de rota também foram eliminadas com maior ou menor discrição. Assim a antiga Veneza já deixara que invasores remassem e velejassem à deriva em meio ao nevoeiro da laguna. Impossibilita-se a clareza conceitual, fecha-se o acesso a alternativas na sequência de conceitos críticos e das conexas teorias fundamentadoras. O conceito de capitalismo teve esse destino. Nos discursos das Ciências Sociais, ele desapareceu no sorvedouro da desmemória ou foi falseado a ponto de se tornar quase imprestável. Portanto, a discussão em torno de conceitos deve iniciar com a reapropriação do conceito de capitalismo. Trata-se de um "conceito para combates político-sociais" (Hilger, 1982, p. 442 ss.). Se "o fim do capitalismo" é o tema do presente ensaio, devemos esclarecer qual conceito está em jogo quando usamos a palavra "capitalismo".

Por isso uma discussão do conceito de capitalismo é recomendável antes que nos possamos ocupar das tendências evolutivas e das contradições no capitalismo real existente, uma vez que o sentido e a utilidade desse conceito não são negados apenas por muitas pessoas de orientação liberal ou neoliberal, mas os conceitos de globalização, bem como de novo o conceito de imperialismo, também predominam no debate crítico. Mas quem não quiser falar do capitalismo, não poderá compreender nem a evolução rumo à globalização nem a dinâmica do "velho" e do "novo" imperialismo.

2.1. CAPITAL E CAPITALISMO

Quem quiser ocupar-se da história do conceito "capitalismo", deveria ler Fernand Braudel. Aprenderia então que o conceito de capitalismo não é tão antigo como a formação social real existente, hoje denominada "capitalista". Os contemporâneos não perceberam o "sistema mundial capitalista" — cuja origem, ao menos no espaço europeu e neoeuropeu (quer dizer, na Europa e nas suas colônias espalhadas pelo mundo afora), pode ser datada na época dos grandes descobrimentos do "longo século XVI" — enquanto tal nem o denominaram capitalismo. À diferença do conceito de capitalismo, o conceito de capital é mais antigo, já sendo utilizado na Idade Média (Braudel, 1986a, p. 248 ss.) e entrando a partir do início do século XVI na linguagem dos comerciantes, embora somente pouco a pouco adquira seu significado diferenciador, que lhe deve ser atribuído mais tarde, o de capital financeiro, capital comercial e capital industrial. Adam Smith distingue entre "máquinas úteis e instrumentos de comércio", "construções rentáveis", "benfeitorias em terras", "habilidades adquiridas e úteis" (Smith ap. Hilger, 1982, p. 419). Somente Marx compreende por capital uma relação social específica entre capitalistas e aqueles que trabalham para eles e são explorados nessa relação, a fim de gerarem um excedente, uma mais-valia, um lucro. O excedente pode ser apropriado pelos capitalistas, porque eles pagaram "adiantamentos" ("*avances*", como diziam os fisiocratas franceses), porque aplicaram capital na sua condição de investidores. Isso é assegurado pelo direito de propriedade, que surge com a evolução do capitalismo e se desenvolve na direção de um direito à apropriação privada. Hoje isso é tão natural para nós que ninguém consegue imaginar um proprietário que visa usar a sua propriedade para fins beneficentes.

Segundo Fernand Braudel, a denominação da personificação do capital, do capitalista, tem um "gosto pejorativo. O mesmo vale para todos os que possuem patrimônios pecuniários" (Braudel, 1986a, p. 252). "Fortunas monetárias", afirmou o fisiocrata Quesnay, que só considerava produtivo o trabalho agrícola, "são uma forma clandestina de riqueza que não conhece rei nem pátria. Por conseguinte, comerciantes são 'estrangeiros na sua nação" (McNally, 1988, p. 177). Quesnay (1759) assim como o fisiocrata Le Trosne, chama os comerciantes de uma "classe cosmopolita", cujo patrimônio não respeita "nem a pátria nem as fronteiras" (Rosanvallon, 1989, p. 94). Existe uma profunda desconfiança diante das indústrias atualmente denominadas "livres" (*footloose*), diante do peso excessivo da lógica capitalista abstrata da valorização sobre a "lógica territorial" aparentemente concreta da dominação, mas também da cultura e da história (Harvey, 2003, p. 33 ss.). Aqui se expressa a rejeição do processo denominado por Karl Polanyi (1978) de desarraigamento (*disembedding*) da economia do mercado da sociedade. Surge um sentimento de alienação no decurso da subsunção da natureza, do trabalho e da vida aos princípios da valorização do capital. A caracterização fisiocrática soa bem moderna, como uma primeira perífrase da globalização, que se desprende dos vínculos territoriais. Esse é também o fundo do recurso explícito às ideias fisiocratas dos teóricos do dinheiro livre, da terra livre, da economia livre ou da ordem econômica natural na esteira de Silvio Gesell (ver a esse respeito Altvater, 2004b).

Na enciclopédia de Diderot e no seu "sistema do conhecimento humano" (iniciado em 1750) aparece o verbete "economia" (redigido por Jean Jacques Rousseau), mas não se fala de "capitalismo" ou de uma "economia capitalista". Rousseau também trata mais do papel do Estado no dimensionamento de uma economia, que deveria corresponder à vontade geral do povo, e exclui explicitamente uma discussão da "economia privada", que lhe parecia menos importante do que o sistema público de regras da configuração econômica da sociedade (Rousseau, 1977). Hoje a concepção inversa de economia predomina nos discursos neoliberais: a de uma atividade sobretudo privada, da qual o Estado deveria se manter afastado na medida do possível. No sistema enciclopédico de Diderot, a economia é correlacionada no âmbito das *sciences de l'homme* com a moral, mais especificamente com a *morale particulière*, bem como com a política. Subordinar a economia à moral — e não, por exemplo, à matemática — seria de todo inaceitável para um neoliberal moderno F A von Hayek compreende a economia em primeiríssimo lugar como "catalaxia",* como uma mera relação de troca, e a teoria dessa relação, na qual cabe apenas a lógica da troca de equivalentes, nenhuma moral, nenhuma ideia de justiça política, nada.

Essa redução da troca à mera catalaxia é uma abstração radical, pois em mercados históricos não se trocavam apenas mercadorias, mas também informações, boatos e fofocas, estabeleciam-se relações e agenciavam-se casamentos, isto é, aqui se constituía a sociedade. Mas num mundo definido pela catalaxia, a sociedade fica eliminada; a catalaxia é a expressão radicalizada do que Karl Polanyi denominou "desarraigamento" (*disembedding*) do mercado da sociedade. As concepções da economia neoclássica nem seriam imagináveis sem esse desprendimento da economia da sociedade — e, conforme devemos acrescentar, da natureza. Assim, a economia transforma-se em uma atividade autista e alheia à sociedade, conforme critica a "economia pós-autista".

Segundo informa Fernand Braudel, o conceito de "capitalismo" aparece pela primeira vez no século XVIII, mas só se impõe muito mais tarde. Adam Smith e David Ricardo não utilizam o conceito nas suas análises político-econômicas; tudo indica que os clássicos da Economia Política não tinham motivos para tanto. Em meados do século XIX, Proudhon utiliza o conceito na França, e Rodbertus o introduz mais ou menos na mesma época na Alemanha. Em 1850, Louis Blanc define o capitalismo, com intenção polêmica, como "a apropriação do capital por uns mediante a exclusão dos outros" (ap. Braudel, 1986a, p. 254; ver também Hilger, 1982, p 443). Aqui já se ressalta a característica do capitalismo como nexo de exploração e desapropriação. Coube a Marx a tarefa de mostrar a especificidade histórica do capitalismo para as formas sociais do modo de produção capitalista. Mas até em *O capital*, o conceito de "capitalismo" aparece apenas uma única vez. No segundo volume afirma-se o seguinte: "[...] o capitalismo já está contido (*aufgehoben*) no

---

*Catalaxia deriva de Cataláctica (do grego *katallage*, isto é, troca) e designa a teoria do efeito de interações de mercado, sobretudo em consideração dos interesses dos atores nos mercados de capitais. O termo foi proposto no século XIX por Richard Whately. O famoso economista neoliberal F. A. von Hayek usou o termo catalaxia para descrever "a ordem produzida pelo ajuste recíproco de muitas economias individuais num mercado". (*N. do T.*)

fundamento pelo pressuposto da fruição atuar como motivo propulsor, não o próprio enriquecimento [...]" (MEW, vol. 24, p. 123). O motivo e o fator que movem o capitalista são, portanto, o enriquecimento, não a fruição. O valor de troca domina sobre o valor de uso. Para Marx, "capitalista" é o atributo do modo de produção ou do conjunto das formas sociais, que ele denomina "formação social" e que se distinguem pelo enriquecimento ou, como diríamos hoje, pela avidez, pela cobiça e pela avareza, não pelo motivo hedonista de gozar a vida. "A avidez de dinheiro ou a vontade doentia de enriquecer (*Bereicherungssucht*) conduzem, necessariamente, ao desaparecimento da comunidade (*Gemeinwesen*) antiga" (Marx, 1953, p. 134). Em épocas com tendências deflacionárias, o cânone de valores desloca-se de modo significativo. "*Geiz ist geil*", "Avareza é o máximo": o enriquecimento ávido é reinterpretado no sentido de uma vida boa em termos hedonistas.

Já na primeira frase do primeiro volume de *O capital*, Marx esboça o seu programa: "A riqueza das nações, nas quais domina o modo de produção capitalista, aparece como uma 'imensa coleção de mercadorias'" (MEW, vol. 23, p. 49), por isso a análise do capitalismo deve se iniciar com a análise da mercadoria. A partir daqui é possível chegar à categoria do dinheiro e a partir dela, explicitar a categoria do capital. Isso é uma construção lógica, a reprodução mental de um processo histórico, em cujo decurso as formas do modo de produção capitalista se impuseram diante de todas as outras formas sociais, adquirindo, portanto, vigência histórica. Com isso se sugere também que houve, há e haverá outras formações sociais, distintas da capitalista, que o modo de produção capitalista, conforme a teoria da dependência (sobretudo da América Latina) ainda frisou nos anos 1980, está entremeada de e "articulada" com outros modos de produção não capitalistas (o latifúndio, a produção da agricultura familiar, o setor informal, os grupos transnacionais, o setor público), razão pela qual sociedades dependentes se caracterizariam pela "heterogeneidade estrutural" (a formulação clássica dessa posição encontra-se em Cardoso/Faletto, 1977). O capitalismo é histórico, resultou de outros modos de produção (na Europa

Ocidental do sistema feudal) e será seguido por outros modos de produção. O "capitalismo puro" não existe.

Marx escreve sobre o capitalismo nas suas cartas à populista russa Vera Zasulitch nos anos 70 do século XIX. Nelas está em pauta a pergunta se na Rússia atrasada, ainda não transformada até a medula em economia capitalista e caracterizada pelo predomínio da comunidade aldeã, a "fase capitalista" também poderia ser vencida ou abreviada num salto revolucionário que apostasse nos potenciais socializadores da comunidade aldeã. "A melhor prova de que essa evolução da 'comunidade aldeã' corresponde ao percurso histórico da nossa época é a crise funesta, na qual a produção capitalista se encontra nos países europeus e americanos, nos quais ela tinha tomado maior impulso: uma crise que terminará com a abolição do capitalismo e o retorno da sociedade moderna a uma forma superior do tipo mais arcaico — à produção e apropriação coletivas" (MEW, vol. 19, p. 392). Engels interpreta isso nos seguintes termos: Marx "recomenda aos russos que se apressem menos com o salto no capitalismo" (Engels *in*: MEW, vol. 18, p. 671).

É interessante notar que Marx não utiliza o conceito "capitalismo" ao analisar a sociedade capitalista e sua dinâmica, mas ao discutir as alternativas possíveis além do capitalismo, a fruição da vida (e não o enriquecimento) ou os potenciais da comunidade aldeã. Friedrich Engels procede de modo distinto. Em 1893, ele escreve no prefácio à edição italiana do *Manifesto* do Partido Comunista: "O *Manifesto* reconhece com plena justiça o papel revolucionário que o capitalismo desempenhou no passado. A primeira nação capitalista foi a Itália" (ver MEW, vol. 22, p. 366). Para ele, o capitalismo é o progresso histórico, também no sentido de que agora o proletariado pode entrar no palco da história. Marx tinha reservas diante das tendências a uma reificação da linguagem, possivelmente contidas no conceito "capitalismo" — reservas que são adequadas diante de todos os "ismos", quer dizer, diante de nomes, não de conceitos. O fato de Marx ter intitulado a sua obra principal de *O capital* remete ao significado que o capital tem na sociedade moderna real. Marx, porém, toma cuidados para não atribuir à "máscara teatral" do capital, ao capitalista, os malefícios do modo de produção, como antes dele haviam feito os fisiocratas e outros. Muito pelo contrário, o capital é uma espécie de "sujeito automático" (MEW, vol. 23, p. 169) do movimento histórico.

Entre o desdobramento do conceito de capital e a denominação "capitalismo" há, portanto, um passo muito largo, que só será dado mais de cem anos depois da Revolução Industrial, no fim do século XIX. Werner Sombart (1927/1969) introduz o conceito de capitalismo na sua análise abrangente do desenvolvimento histórico do pré-capitalismo até o "capitalismo desenvolvido" (*Hochkapitalismus*), passando pelo "capitalismo inicial" (*Frühkapitalismus*). O capitalismo transforma-se em conceito que designa de uma época histórica. Nesse contexto, Sombart também discute a questão do fim do capitalismo. No "capitalismo desenvolvido", a formação social capitalista teria se imposto como sistema diante de outros "estilos de economia" e "convicções sobre economia", sem os eliminar na íntegra. Na vida econômica do futuro, informa Sombart, o capitalismo, a economia cooperativista, a economia comunitária, a exploração direta, o artesanato e a economia agrícola (*ibid.* III/2, p. 1.009) subsistirão lado a lado. Eis uma referência à heterogeneidade estrutural no capitalismo histórico. Há, porém, estruturas dominantes, que apreendem todas as fibras e artérias da sociedade, que de fato se torna identificável como uma formação social capitalista apenas agora, com suas formações de classes macrossociais e suas microestruturas capilares. A formação social revelou-se apenas agora em suas características identificáveis. Por isso as diferenças da economia só podem ser compreendidas em uma sociedade capitalista estruturalmente dominante.

De acordo com a visão de Max Weber, o "espírito do capitalismo" resulta da "ética protestante", que, por sua vez, expressa uma "racionalidade específica do Ocidente", que encontrou guarida sobretudo no pensamento de Calvino e Lutero e menos no universo mental de matriz católica. De acordo com essa ética protestante, Deus ajuda aos que se ajudam, isto é, aos que são economicamente bem-sucedidos. A racionalidade ocidental na forma da ética protestante produz com o "espírito do capitalismo" também a busca da rentabilidade. A racionalidade economicamente implementada transforma-se em "cálculo do capital". Max

Weber escreve em seu estilo definitório: "Ao lucro econômico racional pertence uma forma especial do cálculo do dinheiro: o cálculo do capital. Este é a estimativa e o controle de oportunidades e êxitos de lucro mediante a comparação do montante de estimativa em dinheiro, por um lado, de todos os bens de lucro (em bens naturais ou em dinheiro) no início e, por outro lado, com os bens de lucro (ainda existentes e recomprados) no término do empreendimento individual destinado ao lucro ou, no caso de uma empresa continuamente empenhada em atividades lucrativas, de um exercício, por meio do balanço inicial ou final. "Capital" é o montante de estimativa de dinheiro dos recursos disponíveis para a atividade lucrativa da empresa, verificada por ocasião do balanço no cálculo do capital; lucro ou prejuízo é o montante a mais ou a menos do montante de estimativa, verificado no balanço final em comparação com o montante verificado no balanço inicial; risco de capital é a oportunidade estimada do prejuízo em termos de balanço; empresa econômica é uma ação orientada com autonomia segundo o cálculo do capital. Essa orientação se dá por intermédio do cálculo" (Weber 1921/1976, p. 48). A aquisição racionalmente organizada em empresas aumenta a produção de excessos. Conforme Benjamin Franklin, citado por Weber, "tempo é dinheiro". Weber denomina o direcionamento do empenho para a aquisição uma "filosofia da avareza" que, como já afirmou Marx, ensina o enriquecimento no lugar da fruição. O *slogan* publicitário da Saturn, uma cadeia alemã de lojas de artigos eletrônicos, "*Geiz ist geil*" ("Avareza é o máximo"), sugere que em tempos modernos a avareza deve ter qualidades de fruição.

Weber também compreendera que a racionalidade da produção excedente não é apenas uma manifestação do espírito capitalista e da racionalidade que o define, mas que o tempo só pode ser comprimido no contexto da produção de excedentes quando se utilizam fontes energéticas primárias de origem fóssil. Por isso Werner Sombart pôde relatar sobre uma conversa com Weber: "Quando uma vez falei com Max Weber sobre as perspectivas futuras, e formulamos a pergunta, quando o pandemônio, que a humanidade encena nos países capitalistas desde o início do séc. XIX, deveria chegar a termo, ele respondeu: 'Quando a última tonelada de minério tiver sido fundida com a ajuda da última tonelada de carvão'" (Sombart, 1927/1969, pp. III/2, 1.010). O próprio Sombart era otimista e remeteu a novos materiais e energias alternativas (da utilização da energia da mudança das marés até usinas de energia solar, já na década de 1920), que garantiriam "que o sistema econômico capitalista ainda (dominasse) durante muito tempo ramos importantes da economia" (*ibid.*, p. 1.012).

Na sua obra principal sobre o "capitalismo moderno", Sombart descreve o desenvolvimento do capitalismo como o de um ente orgânico, do nascimento até a maturidade, "como o crescimento de uma planta ou de um animal" (*ibid.*, p. 1.022). Nessa evolução, o capitalismo passaria por uma "transformação", "tornar-se-ia mais calmo, ponderado, racional, como corresponderia à sua idade crescente [...]" (*ibid.*, p. 1.013). O capitalismo também não continuaria mais sendo um "assunto da raça branca": o "capitalismo dos chineses, malaios e negros não é mais um 'capitalismo moderno'" (*ibid.*, p. 1.014). De acordo com Sombart, o capitalismo moderno estaria permeado de elementos de economia planificada, de modo que "para o destino das pessoas e da sua cultura será bastante indiferente se a economia terá um perfil capitalista ou socialista. Importa o seguinte: o modo de trabalhar em ambos os casos é o mesmo; em ambos os casos toda a economia assenta na espiritualização" (*ibid.*, p. 1.016). É necessário explicar que Sombart entendia por "espiritualização" [*Vergeistung*], à diferença de Max Weber, a racionalização completa das empresas no sentido da gestão científica de Taylor e da organização da linha de produção de Henry Ford. Tratar-se-ia aqui da "exclusão da alma da empresa" (ibid., p. 897 ss.), mas isso não prejudicaria em nada o crescimento orgânico do capitalismo. Também não se deveria esperar "catástrofes", "interrupções súbitas", "surtos dramáticos" no transcurso da evolução do capitalismo desenvolvido. Sombart não via indícios da iminência de um "violento golpe de fora", definido por Braudel como condição do fim do capitalismo. Na sua compreensão, o capitalismo "envelhece", mas não falece.

As análises social-democratas do capitalismo não supõem apenas uma reformabilidade política em princípio do sistema, desde que a classe operária e a sua organização (o Partido Social-democrata) conquistem o poder no Estado democrático (eis a tese de Rudolf Hilferding no seu famoso discurso na Convenção do Partido Social-democrata em Breslau, em 1927, sobre o "salário político"). O capitalismo organizar-se-ia, e assim seria produzido o objeto da regulação, que o Estado social-democrata poderia configurar enquanto sujeito da regulação. Um colapso do sistema, hipótese inicial da argumentação de Rosa Luxemburgo ou de Henryk Grossmann, não deveria ser esperado (ver sobre essa controvérsia: Rosdolsky, 1968). A teoria do colapso de Henryk Grossmann, formulada na década de 1920, prognosticara mecanicamente o fim do capitalismo, caso a mais-valia não permitisse mais a contratação de uma quantidade suficiente de mão de obra (isto é, caso não fosse mais acumulado um capital variável suficientemente elevado), para gerar uma margem positiva de lucro diante da utilização crescente de meios de produção (de capital constante) (Grossmann, 1967). Na melhor das hipóteses, os atores políticos poderiam acompanhar com passividade o colapso histórico, mas não poderiam se empenhar em atingi-lo com desejos e utopias subjetivos, pois já teriam presentes alternativas e já as praticariam. Rosa Luxemburgo (1966) também identificou os limites do capitalismo, se as últimas classes e regiões não capitalistas tivessem sido integradas ao sistema mundial capitalista. A mais-valia produzida não poderia mais ser realizada, o que resultaria em uma inevitável crise de realização.

No seu ápice, o capitalismo se tornaria imperialismo, eis a tese de Lênin, que retoma um enfoque de método antes desenvolvido pelo austromarxista Rudolf Hilferding no seu *Capital financeiro* (Hilferding, 1910/1968): Marx teria analisado em *O capital* o modo de produção capitalista na era da concorrência e mostrado como ela seria superada no transcurso da concentração e centralização do capital e com o advento de grandes sociedades anônimas, que conduziria ao monopólio, ao entrelaçamento de capital industrial e capital financeiro, à "formação de cartéis" na economia. A lógica da valorização do capital não respeita as fronteiras territoriais; o espaço é submetido mediante a expansão do capital. Na opinião de Lênin, as colônias serviriam como locais de aplicação de capital excedente, como reservas de matérias-primas a serem exploradas e como mercados para a comercialização do excedente de mercadorias produzido nas metrópoles. A concorrência econômica se transformaria em concorrência política, que também seria solucionada com meios militares. A guerra é a continuação da concorrência econômica com meios políticos (ver a crítica da teoria de Lênin em Neusüss, 1972). Usando como pano de fundo a teoria do imperialismo, Lênin interpretou a Primeira Guerra Mundial como uma guerra imperialista. Essa explicação foi plausível. O capitalismo monopolista moderno seria especialmente agressivo; além disso, bloquearia o progresso. Mais tarde Schumpeter contestou essa tese, pois grandes empresas monopolistas justamente "institucionalizariam" o progresso técnico (Schumpeter, 1950, pp. 143-175), levando assim em consideração o fato de que "o capitalismo [...] é, por sua natureza, uma forma ou um método de transformação econômica" e "que a grande empresa se tornou o motor mais potente desse progresso e sobretudo da expansão da produção total no longo prazo" (*ibid.*, pp. 136, 174 s.). Se isso for correto, o capitalismo não pode desaparecer, mas apenas fracassar diante de seus êxitos, diante da formação de uma cultura adversária ao capitalismo, na qual as alternativas convincentes à produção, ao consumo e à cultura do capitalismo, mencionadas por Fernand Braudel como condições do desaparecimento, amadureçam, mesmo que apenas no meio da intelectualidade burguesa. Lênin partiu da premissa de que as massas revolucionárias eliminariam o capitalismo, no qual — como resultado da dialética da história — todas as condições de uma sociedade socialista já teriam amadurecido. Nesse caso seria apenas uma questão tática saber onde o "fogo da revolução" seria aceso, para, então, conforme acreditava Leon Trótski, ser espalhado via Berlim e Londres até Nova York.[1] Antonio Gramsci discutiu essa tese em

---

[1] Trata-se de enfoques teóricos que surgiram quando uma grande parte do mundo ainda não estava inteiramente integrada no sistema capitalista. Mas o sistema capitalista mundial é caracterizado desde o seu início por ciclos hegemônicos. Por isso Immanuel Wallerstein não entrevê o fim do capitalismo, mas o fim da hegemonia dos EUA nas próximas décadas — apesar ou justamente por causa do poder imenso na época apresentado e representado pelo governo Bush (Wallerstein 1979; 2003; 2004). O capitalismo global poderia se reproduzir se a potência política hegemônica que o fortalece sofresse uma erosão?

perspectiva muito crítica, chamando atenção às respectivas condições sociais e econômicas da guerra de posições e da guerra de movimentos. A "guerra de movimentos", que Trótski tinha em mente, já não era mais adequada às relações sociais e políticas nos países capitalistas desenvolvidos. A revolução permanente acabou aprisionada nas casamatas da produção do consenso capitalista.

Eugen Varga retomou o conceito leninista do "capitalismo monopolista de Estado" e desenvolveu-o. O capitalismo do século XX é analisado como sistema econômico, que, à diferença do século XIX, depende da regulação por parte do Estado, pois a concorrência reguladora do mercado foi paralisada pelo monopólio das grandes empresas, podendo o *deficit* regulatório só ser compensado pelo Estado intervencionista moderno. Ocorre a fusão de interesses econômicos e da classe estatal.[2] A necessidade das intervenções também foi realçada por Keynes. Por conseguinte, essa descoberta não se restringiu apenas aos teóricos da Terceira Internacional. Sombart também perfilhava a opinião, já citada, de que o capitalismo "moderno" seria uma economia mista, com elementos de mercado e de planificação, não se distinguindo tanto do socialismo. Keynes sabidamente chegou à sua descoberta a partir das experiências acumuladas na grande crise da economia mundial depois de 1929, quando a confiança da teoria liberal na formação de instâncias de equilíbrio no próprio mercado experimentou uma refutação humilhante. Keynes pôde mostrar que um "equilíbrio com subemprego" também é possível (Keynes, 1936/1964)

---

[2]Eugen Varga é o teórico mais importante dessa vertente. Analisou desde o início da década de 1920 até os anos 1960 em numerosos escritos o capitalismo do séc. XX, interpretando-o como um capitalismo monopolista de Estado. A sua pergunta central referiu-se à estabilidade do sistema e sua vulnerabilidade diante de crises, bem como a pontos de partida para as lutas dos trabalhadores (por exemplo, Varga 1969). Não raras vezes as análises de Varga ensejaram ao seu autor conflitos com os dirigentes do partido. Heinrich fornece uma breve visão da literatura sobre o capitalismo monopolista de Estado (1999, p. 196 ss.; ver também as análises do capitalismo dos EUA de Chandler, 1977). Remetemos o leitor a uma proximidade interessante a novas análises das estruturas de entrelaçamento e reticular de empresas e conglomerados de empresas (por exemplo, Windolf, 1997). Os contextos teóricos das análises de entrelaçamento dos anos 1960 e dos anos 1990 diferem imensamente, mas os fatos analisados são muito semelhantes, o que explica também a sofisticação conceitual. Ocorre apenas que as relações teóricas, patentes, não são explicitadas.

Agora, é inevitável incluir na análise do capitalismo as formas políticas da reprodução, em primeira linha o Estado, mas também os partidos e os movimentos sociais. O imperialismo é a "política mundial" (Groh, 1982, p. 194 ss.). Isso explica o advento da geopolítica também como uma nova disciplina científica. De acordo com ela, os Estados "crescem" em termos territoriais. Quando não crescem, desaparecem. O imperialismo é, por assim dizer, naturalizado, estilizado em lei da natureza geográfica. Hoje as teses de Ratzel, Haushofer e Kjellén, que cunhou o conceito de geopolítica, tendem a provocar sorrisos.

No entanto, uma outra interpretação também é possível. No decurso das crises, as inovações técnicas e organizacionais são realizadas por "empresários dinâmicos" (Schumpeter cita esse fato para fundamentar a sua teoria de um "ciclo longo" do desenvolvimento capitalista). As crises também oferecem oportunidades para "depurações" do processo de acumulação capitalista, à custa dos salários e das condições de trabalho e em benefício dos lucros dos investidores. Crises são fases de "destruição criativa" (Schumpeter, 1950, p. 134 ss.). No século XX várias vezes verificou-se que esse efeito só pode ser obtido com duras medidas políticas de disciplina e opressão dos trabalhadores, durante a era do fascismo e do nacional-socialismo e em muitos países do Terceiro Mundo. O efeito decisivo da "crise depuradora" é o aumento da taxa de lucro. Estimula-se a dinâmica de acumulação do sistema. A taxa de lucro é, portanto, a grandeza de controle do sistema econômico — não importando como ela é calculada e representada: se como eficiência marginal do capital (*marginal efficiency of capital*), no sentido de Keynes, se como taxa de lucro, tal como analisada por Marx, ou se como renda e *shareholder value*, tal como postulada pela moderna teoria da gestão.

2.2. ECONOMIA DE MERCADO E ECONOMIA DA TROCA

A rosa tinha seu nome, e não demorou até que chegassem os que queriam privá-la dele e dar-lhe outro nome. Há conflitos em torno de conceitos — e no caso do conceito de capitalismo, os conflitos são especialmente duros. Depois da Primeira Guerra Mundial e da Revolução Russa, o capitalismo adquiriu um novo significado e uma nova verve como conceito oposto ao do socialismo. O capitalismo, eis a tese de Lênin e de todos os que endossaram o seu enfoque, seria uma formação social condenada ao desaparecimento, cujo tempo teria passado. O futuro pertenceria ao socialismo. Contra essa tese levantaram-se autores liberais e neoliberais como Leopold von Mises (1922), Friedrich August von Hayek (1944) e, mais tarde, Walter Eucken (1959), que rejeitaram o conceito de "capitalismo" como hipóstase, e preferindo os conceitos da "economia de mercado" ou da "economia de livre comércio" como uma espécie de oposição à "economia da administração centralizada". Segundo Walter Eucken, a história se moveria entre esses dois extremos e produziria apenas formas mistas. Aos seus olhos, a racionalidade econômica só seria possível num sistema de economia de mercado, fundado na propriedade; o socialismo seria ineficiente e, no longo prazo, incapaz de atingir índices elevados de crescimento. Por isso não o capitalismo, mas sim o socialismo estaria condenado ao fracasso. Uma economia socialista planificada, concebida como alternativa ao capitalismo monopolista de Estado, sacudido por crises (e implementada na União Soviética depois da Revolução Russa, mais ou menos a partir de meados da década de 1920), estaria caracterizada, em princípio, pela falta de racionalidade e pela ineficiência. Contra essa tese apodíctica voltaram-se autores como Enrico Barone e mais tarde, sobretudo, Oscar Lange ou Ota Šik. Eles puderam mostrar que também em condições socialistas de propriedade a concorrência e, por conseguinte, o controle racional do mercado seriam possíveis.

No entanto, as mencionadas implicações de crítica social do conceito de capitalismo e a ênfase na sua substituição por um socialismo não importa de qual espécie contribuíram para que nos países de língua alemã o conceito "capitalismo" seja evitado como no conto de fadas *Rumpelstilzchen*,* usando-se em seu lugar, numa atitude tendenciosa

---

*O autor refere-se a um conhecido conto popular alemão, contido na famosa coletânea dos irmãos Grimm de 1812. O personagem central do conto é um anão de nome Rumpelstilzchen, cujo poder sobre a filha de um moleiro, feita rainha, se desvanece quando ela descobre seu nome. O sentido da afirmação poderia ser reproduzido também nos seguintes termos: "contribuíram para que nos países de língua alemã o conceito 'capitalismo' seja tratado como um tabu" etc. (N. do T.)

e envergonhada, o conceito "economia de mercado", com o atributo "social", às vezes também "ecológico", ou mesmo sem qualquer atributo. A mudança dos nomes também acarreta a mudança das invocações: quem chama pela "economia de mercado", encontra uma agenda distinta da de quem usa o termo "capitalismo". Para Braudel, "a diferença entre capitalismo e economia de mercado [...] é a descoberta decisiva da minha longa pesquisa" (Braudel, 1986b, p. 695). Ocorre que Braudel entende por "economia de mercado" algo distinto do que entendem os neoliberais alemães da Escola de Freiburg ou os neoconservadores norte-americanos. Para os neoliberais alemães, o "capitalismo" é, nas palavras de Walter Eucken, uma "hipóstase", e a economia de mercado é, enquanto "economia do livre comércio", um princípio que aparece em toda a história e é, portanto, a-histórico. Essa é a razão pela qual F. A. von Hayek chega até mesmo a evitar o conceito de economia ou de mercado, pois eles contêm um excesso de resíduos institucionais. Hayek prefere a troca pura, a catalaxia, cujo resultado seria a "ordem cósmica". Por conseguinte, ele compreende a teoria econômica em primeiro lugar como *cataláctica*, como teoria da troca pura. O mercado e a troca opõem-se ao outro princípio da economia da administração centralizada, denominada *taxis* no cânone conceitual de Hayek. Na história, as formas mistas são a regra. Segundo as recomendações da política de ordenamento da economia, elas devem ser dimensionadas em conformidade com os "princípios fundamentais do direito constitucional econômico", cujos principais elementos são a estabilidade da moeda, a propriedade privada, o direito da responsabilidade civil, a liberdade dos contratos privados, a autonomia do empresário e a formação livre dos preços no mercado. O conceito de economia de mercado empregado nesses discursos não tem praticamente nada a ver com o conceito de economia de mercado de Fernand Braudel

2.3. CAPITAL HUMANO E OUTRO CAPITAL

Mesmo os neoliberais, que se servem do conceito asséptico da catalaxia, não prescindem do conceito de capital. O "capital humano", caracterizado em 2004 por linguistas alemães como "antipalavra",* vaga há séculos como um fantasma pela teoria econômica. Parece que o termo foi introduzido no século XVII por William Petty. Depois ingressou no ramo securitário, que surgiu paralelamente ao capitalismo florescente. Era necessário conhecer o "valor do ser humano", para que os prêmios do seguro de vida pudessem ser calculados. Os militares também recorreram ao conceito de capital humano, para decidir racionalmente se é mais vantajoso queimar canhões ou bucha de canhão, capital material ou capital humano. Amparado no seu conhecimento especializado em matemática, o agrônomo e economista Johann Heinrich von Thünen assessorou os militares na primeira metade do século XIX. Mais tarde, por ocasião da virada do século, a racionalização econômica teve continuidade como "economia humana". Apareceram ramificações vinculadas à eugenia, teorias das raças e política de elevação da "qualidade populacional". Várias pessoas dedicaram-se a elas até 1945 — e com sua ciência não apenas justificaram, mas possibilitaram crimes horríveis.

A teoria do crescimento econômico também floresceu nos países capitalistas ocidentais, primeiro em conexão com o planejamento econômico nos primeiros anos da União Soviética, depois impulsionada pela concorrência entre os sistemas capitalista e socialista. Não demorou muito e a categoria do capital humano — denominado na sua idealização romântica "capital de sabedoria nacional" (Adam Heinrich Müller, ap. Hilger, 1982, p. 423) — foi reabilitada, dessa feita indumentada em trajes neoclássico-liberais, pois quando tudo é calculado em termos de ca-

---

*O termo alemão *"Unwort"*, literalmente "não palavra", procede da análise crítica da linguagem, compreendida como análise crítica da sociedade. Desde 1994 professores da Universidade de Frankfurt escolhem anualmente o *"unwort"* do ano. A autodenominada "Ação *Unwort* do ano" define *"Unwort"* como "palavras e formulações do discurso público, que são grosseiramente inadequadas ao tema designado e talvez até violem a dignidade humana". "Capital humano" foi escolhido em 2004 com a seguinte justificativa da comissão: "Degrada pessoas a grandezas de interesse meramente econômico." (N. do T.)

pital — de capital real, capital imobiliário, capital natural, capital social, capital humano —, o "investidor" racional pode fazer comparações entre os rendimentos de aplicações de capitais. A racionalidade capitalista do cálculo do capital no sentido de Max Weber agora é total: em princípio, *tudo* é capital; por conseguinte, submetido à racionalidade econômica da teoria neoclássica. Nos anos 1950 e 1960, tal concepção foi representada pelos na época ainda não chamados de *Chicago boys*: Gary Becker, Theodore Shultz e Milton Friedman. Nas décadas subsequentes eles lograram definir o discurso neoliberal do crescimento e tornar a concepção do "capital humano" pública, além das fronteiras das Ciências Econômicas. "Capital humano" passou a ser um conceito estabelecido na teoria do crescimento, embora volta e meia aparecessem economistas que deplorassem a impossibilidade de mensurar com precisão a contribuição da educação ao crescimento econômico ou calcular a extensão do capital humano. Ele permaneceu como "grandeza residual" inexplicada no índice de crescimento da economia, que, por sua vez, não é outra coisa senão a "medida da nossa ignorância".

Isso tem razões sistemáticas? Indubitavelmente. Não se pode refutar que a educação, a qualificação e o saber das pessoas são imprescindíveis para a produção de bens e serviços na sociedade do conhecimento, mas pode-se muito bem refutar que a educação é uma espécie de investimento em capital humano. Em primeiro lugar, a educação individual ("meu capital humano") não é nada sem a educação de todas as outras pessoas em uma sociedade baseada na divisão do trabalho. O que alguém sabe, sabe de outras pessoas. Todos são docentes e discentes ao mesmo tempo. Por isso a educação e o conhecimento são bens públicos por excelência e não um capital individual, que rende juros ao seu proprietário. De resto, a renda de uma pessoa praticamente não pode ser atribuída ao capital humano, pois do contrário não haveria pessoas altamente qualificadas com uma renda comparativamente reduzida e idiotas com uma renda muito alta. Por fim é impossível ao dono do capital humano liquidar o seu capital humano e investi-lo alternativamente, por exemplo, em fundos imobiliários. Quando muito, ele pode cometer uma "fuga de capital" e emigrar. Mas isso é um movimento de capitais no mercado financeiro, regulamentado pelos bancos centrais e pelo Fundo Monetário Internacional, ou não antes um movimento no mercado internacional de trabalho, regulamentado pela Organização Internacional do Trabalho (OIT) e pelo Acordo de Prestação de Serviços GATS (que em breve entrará em vigor), da Organização Mundial do Comércio? Poderíamos concluir ironicamente com Karl Marx (*Grundrisse*, 1857) que o conceito de capital humano faz tanto sentido como se denominássemos "a substância do olho o capital da visão etc." (Marx, 1953, p. 200). A rigor, somente os loucos veriam isso assim — ou os economistas, como observou o economista Kenneth Boulding no contexto da mania do crescimento. O próprio Marx é mais clemente: qualificou essa concepção como "frase beletrista" (*ibid.*).

A escolha de conceitos dos liberais, neoliberais e neoconservadores é a consequência de uma aproximação, fundamentalmente distinta dos enfoques até agora esboçados, com a análise da sociedade capitalista moderna. A economia é interpretada como uma atividade racional, na qual decisões econômicas de produtores e consumidores em regra obedecem ao princípio da maximização dos benefícios. A regra do enriquecimento é formulada em termos matemáticos. A finalidade é a otimização do portfólio, que pode ser formado por diversos capitais (capital monetário, capital de investimentos, capital humano, capital real etc.). Todas as "espécies de capitais" são comparáveis e intercambiáveis. O fetichismo é total, uma vez que a subsunção ao conceito de capital não conduz ao discurso de uma sociedade capitalista. A sociedade desaparece nos cálculos de otimização de portfólios na área privada. O espaço dos discursos sociais é estreitado à racionalidade do cálculo do capital à medida que a crítica ao capitalismo é reprimida. Somente no mercado os interesses econômicos privados se encontram e são balanceados. O ponto de partida da análise não é a sociedade, mas o indivíduo, que decide racionalmente e maximiza seus benefícios de acordo com seus interesses, dotado do cálculo infinitesimal descoberto por Leibniz. Ele percebe seu entorno por intermédio dos sinais do mercado (preços) e reage a ele de modo que em última instância a busca dos "vícios privados" acaba produzindo "benefícios públicos", uma espécie bastarda da *volonté générale* de Rousseau.

Essa utopia foi eternizada por volta de 1700 por Bernard de Mandeville em versos, na *Fábula das abelhas*: [...] mesmo o pior de todos atuou em prol do interesse da coletividade [...]; assim o vício alimentou a esperteza e esta, unida à aplicação e ao tempo, tornara a vida tão agradável, tão verdadeiramente prazerosa e confortável, que agora o próprio pobre estava em situação melhor do que outrora o rico [...] (de Mandeville, 1957; p. 31 s.)." A economia capitalista de mercado é um mecanismo engenhoso, pelo qual não se produz apenas um nível ótimo de bem-estar, mas a falta de sociabilidade é a premissa de uma sociedade decente e socialmente justa. Sob o "individualismo metodológico", como ele foi denominado por Schumpeter (1908), a decisão da maximização individual dos benefícios é formalizada em termos rigorosamente matemáticos e temperada até a certeza de que apenas o "mercado enquanto máquina de processamento de informações" (Von Hayek, 1968) assegura na economia a racionalidade necessária para o aumento do bem-estar das nações.

Se o ponto de partida e o centro da análise devem ser o indivíduo e a sua racionalidade, a análise marginal pode ser aplicada sem restrições. Mas na teoria social de Marx importa a "média da sociedade", pois esta é mais relevante no "modo de produção fundamentado no valor" para a formação do valor, a valorização e a reprodução ampliada do que a decisão individual sem referência social sob condições de insegurança. Afinal de contas, a média se forma — note-se, na sua tendência — apenas por meio da ação social e socializadora dos muitos atores. Em contrapartida, a economia moderna segue a ideia do indivíduo, que deve decidir racionalmente, com um orçamento limitado e por meio de opções entre alternativas, sobre a utilização de bens escassos. A lógica capitalista, que reside na mercadoria, no dinheiro e no capital e possibilita a sua dinâmica, tomou posse do indivíduo. É isso que agora se lastima como "economização" num impotente grito moralizador, como na crítica do capitalismo de Franz Müntefering. Mas raras vezes o sofrimento sob fatores de coação ínsitos à própria realidade (*Sachzwängen*) conduz à busca do conhecimento das causas, pois nesse caso se evidenciaria que muitos fatores de coação ínsitos à própria realidade foram feitos por aqueles que se queixam deles.

Agora a tese do fim da história e da infinitude do capitalismo já não é mais tão absurda como parecia ser no início do presente livro (ver capítulo I). Ela possui um fundamento histórico amplo e é uma ideologia poderosa da falta de alternativas no "melhor de todos os mundos possíveis". Num entorno de bens escassos, a racionalidade econômica é, por assim dizer, natural e por isso insuperável. Também por isso muitos teóricos da economia consideram o modo de produção capitalista "enquanto tal como inerente ao ser humano", afirmando que ele distinguiria o ser humano do mundo animal (Ernst Heuss, ap. Hilger, 1982, p. 446). Mesmo se o capitalismo não estivesse nos genes e não fosse transmitido hereditariamente com eles, a sua racionalidade ancora profundamente na vida e na consciência cotidianas. Por isso a ideia da economia de mercado é, em primeiro lugar, estendida para além da dimensão econômica e em seguida difundida em escala intercultural.

Em primeiro lugar, a racionalidade individual da ação segundo a economia de mercado é estendida genericamente à ação humana, às decisões referentes à educação, bem como às alternativas militares, às ponderações de oportunidades no casamento e às decisões referentes à geração de filhos. O "imperialismo da economia", termo cunhado provavelmente por Kenneth Boulding, consiste no fato de as regras da lógica da escassez econômica serem aplicadas em todas as esferas da vida. No primeiro passo a economia (o mercado) se desarraiga da sociedade, para em seguida cobri-la como um pesadelo (sobre esse processo, ver as considerações mais extensas em Altvater/Mahnkopf, 2004). As sociedades são, por assim dizer, "economicizadas" até a medula e dominadas pela lógica da administração de empresas, fenômeno observável nas escolas e universidades, nos hospitais e órgãos públicos e até mesmo nas famílias.

Em segundo lugar, os *think tanks* neoliberais encarregam-se da difusão desses padrões de pensamento desde o acirramento do conflito entre os sistemas socialista e capitalista depois da Segunda Guerra Mundial, sobretudo nos EUA e na Europa Ocidental. À propaganda, serve também o Fórum Econômico Mundial, que desde meados dos anos 1970 se reúne anualmente em Davos. À diferença das instituições de base, nas quais assenta a acumulação capitalista, o conceito do capitalismo não desempenha mais nenhum papel nos discursos de poder do Fórum Econômico Mundial ou nas ideologias das fundações e instituições neoliberais, conservadoras e neoconservadoras. As instituições de base são a propriedade e a apropriação, a liberdade e um entorno seguro para os "investidores", o livre comércio nos mercados globais, o abastecimento contínuo da economia com fontes energéticas primárias de origem fóssil e uma política que dá vigência a esses "valores ocidentais" centrais. Tais princípios também formam a coluna vertebral da política de estabilização, exigida aos governos nacionais, aos partidos e sindicatos pelos *think tanks* neoliberais e pelas organizações internacionais. A política de estabilização é o núcleo do chamado "Consenso de Washington" (ver a respeito dele Williamson, 1990; Enquete-Kommission, 2002, p. 73 ss.), um pacote de recomendações de política econômica imposto sobretudo aos governos obrigados a renegociar suas dívidas mediante a participação do Fundo Monetário Internacional e do Banco Mundial. A estabilidade da moeda também é o objetivo a ser atingido com a ajuda dos critérios de Maastricht, acordados em 1992 na União Europeia. Entrementes, esse objetivo orienta a política do Banco Central Europeu e, por conseguinte, também dos governos europeus, gozando de um primado no Projeto da Constituição Europeia de 2004, com relação a todos os outros princípios de política econômica e social (Arts. I, 3; I, 30; III, p. 177).

As ideias neoliberais e as recomendações de política de estabilidade lograram entrar na formação acadêmica. Elas são os credos fundamentais das Business Schools e dos currículos dos cursos conducentes ao diploma Master in Business Administration, destinados a dar sentido às técnicas de gestão num entorno capitalista esvaziado de qualquer sentido. Mas nem as técnicas de gestão desoladoramente formalizadas, nem a ideologia da economia de livre mercado transmitem qualquer competência de atuação em conflitos sociais. Estão apenas em voga, pois objetivos políticos como o pleno emprego ou a sustentabilidade ecológica não são formulados com autonomia, mas esperados como efeito secundário natural de uma política de estabilidade. Em consequência do desarraigamento da economia da sociedade (Polanyi, 1978) e do seu reflexo teórico na forma de uma economia sem vida, matematizada, formalizada e sem fundamentação em qualquer teoria social, a economia capitalista real não pode mais ser compreendida como um acontecimento social. Com sua falta de conceitos, essa espécie de ciência econômica perde, no entanto, uma parte considerável da sua utilidade mesmo para os ideólogos que a difundem. Surge assim um dilema insolúvel, quando se abstrai do capitalismo enquanto formação social e supõe-se no seu lugar a dominação de uma pura lógica do mercado. Esta última inexiste ou existe apenas num mundo ideal platônico, mas ela é ensinada na terra e difundida publicamente. Já o primeiro existe na realidade e, conforme se alega, sem alternativas na forma do capitalismo global, mas ele foi eliminado, como se fosse resíduo do universo conceitual das pessoas "modernas".

CAPÍTULO III Quatro formas de apropriação privada no capitalismo real existente

Não se discute aqui apenas o conceito de capitalismo, mas do capitalismo real existente na sua época. Enquanto sistema social, o capitalismo surge no transcurso da acumulação primitiva do capital. Os produtores são separados à força das suas condições tradicionais de produção; são, por assim dizer, "libertados" delas. Os que dispõem das condições de produção concentram-se, enquanto capital, de um lado da sociedade, ao passo que do outro lado encontram-se aqueles que não dispõem de nenhuma propriedade da qual possam derivar um direito à apropriação. Esse direito é derivado por John Locke da propriedade que cada pessoa tem do seu corpo, das suas forças físicas e da capacidade de apropriar-se da natureza mediante o trabalho. O que é apropriado da natureza mediante o trabalho é transformado em propriedade privada. Essa fundamentação pode ser suficiente para o primeiro ato da apropriação de elementos da natureza, mas é de todo insuficiente para uma situação na qual a natureza livre e sem propriedade nem existe mais e na qual a grande propriedade privada já é a regra. Nem todos podem ascender à condição de proprietários, pois a expansão territorial do planeta é limitada e os títulos de propriedade já foram outorgados, de modo que "terras sem dono" nem existem mais. Com isso, a limitação do território é um fator que impõe limites à outorga de direitos de propriedade privada.

Reconhecer isso causa dificuldades aos neoliberais, uma vez que eles esperam do estabelecimento dos direitos de propriedade privada a libertação do instinto empreendedor adormecido em todas as pessoas e, em consequência, a superação rápida do subdesenvolvimento. Um exemplo excelente é oferecido pelo trabalho de Hernando de Soto (*The mysteries of capital*), traduzido na Alemanha em 2002 sob o título *Abram alas para* o *capital!* [*Freiheit für das Kapital!*, literalmente: "Liberdade para o capital!"]. O tema dessa publicação são as "lições negligenciadas da história dos EUA". Os tribunais e órgãos da administração pública adjudicaram terras ocupadas e apropriadas aos posseiros que as cultivavam — aos chamados *squatters*. O fato dessa conquista da terra estar vinculada à expulsão violenta dos índios aborígines merece menos de meio período na exposição do autor. Em regra, a terra, o solo e outros objetos não são bens livres. Tudo já foi apropriado; há uma concorrência de direitos de propriedade. Quem possui o direito mais antigo e mais bem documentado? Ou valeria, muito pelo contrário, a lei do mais forte na concessão de títulos de propriedade, isto é, na apropriação do território e da desapropriação simultânea dos que saem de mãos abanando na concessão de títulos de propriedade?[1]

Os primeiros teóricos burgueses da propriedade privada tinham um bom conhecimento dos conflitos que resultavam da propriedade privada. Também sabiam que o direito à propriedade sempre e necessariamente é um direito de exclusão, pois a propriedade só tem sentido quando pode servir à apropriação e quando os não proprietários podem ser excluídos da propriedade com a ajuda do poder público. Na sua essência, a "liberdade para o capital" consiste em ocupar trabalhadores sem propriedade e apropriar-se do produto da mais-valia. A propriedade privada não seria nada mais do que uma "ilusão jurídica" (Marx), desde que não produzisse nenhuma apropriação, vale dizer, nenhum aumento da propriedade. Se, portanto, os direitos de propriedade são estabelecidos e o acesso à propriedade é facilitado, também devem ser criados direitos sociais para a proteção dos não proprietários. Karl Polanyi (1978) mostrou isso com muita clareza. A economia de mercado, sobretudo o mercado de trabalho, desarraiga-se da socie-

---

[1] Os *squatters* dos nossos dias são os camponeses sem terra no Brasil, que ocupam latifúndios. Adjudicar-lhes terras, conforme De Soto ensina após uma retrospectiva sobre os EUA, exige uma reforma agrária. Contra ela os latifundiários resistiram com seu poder legal, mas também com violência extralegal, muitas vezes tolerada pelo Judiciário. Contrataram seus pistoleiros para perseguir os camponeses sem terra. Direitos de propriedade são impostos também desse modo, com violência, até os dias atuais, com a consequente neutralização de pretensões legítimas à concessão de terras agricultáveis.

dade. Esse, por sua vez, é uma instituição de capital importância, que surge em meio à "grande transformação" analisada por Polanyi, que denomina o mercado de trabalho de "moinho do diabo", pois com a dependência do acontecimento no mercado a insegurança social passa a acompanhar a vida da classe dos assalariados. Uma certa segurança só pode ser obtida pelos patrimônios monetários e de capital, não pelo patrimônio acumulado no trabalho, a não ser mediante a proteção do Estado de Bem-estar Social. Assim transcorreu a evolução em todos os países capitalistas, embora de forma desigual e extemporânea, e sempre tendo como resultado violentos conflitos sociais e políticos.

A propriedade e a apropriação — por conseguinte também a exploração e a desapropriação — são aspectos distintos da dinâmica capitalista. Inversamente segue disso que a propriedade é reduzida quando a apropriação fracassa, ocorrendo, então, uma espécie de desapropriação.[2] Aqui se impõe, no entanto, uma diferenciação. Não existe apenas uma forma de apropriação. Existem pelo menos quatro *formas de apropriação*, cujo significado histórico assume formas distintas em épocas distintas.

3.1. PRIMEIRA FORMA DA APROPRIAÇÃO: VALORIZAÇÃO PRIMÁRIA

No decorrer do século XV a agricultura europeia em geral baseava-se em técnicas e em uma organização social não muito distintas daquelas do século XIII. Nas regiões setentrionais da Europa (Escandinávia, Irlanda,

---

[2] Isso não é um sofisma jurídico, mas o objetivo dos acordos de livre comércio (por exemplo, no NAFTA) e dos acordos bilaterais de investimentos (BIT). Quando os lucros são reduzidos mediante a imposição de exigências de proteção ambiental, uma empresa afetada pode ingressar com uma ação, alegando a diminuição do seu valor na Bolsa de Valores, e pedir uma indenização ao Estado (cap. II da NAFTA e cláusulas comparáveis). A apropriação fracassada de propriedade privada é, portanto, avaliada como desapropriação, que enseja direitos a pagamentos indenizatórios. Gozam, portanto, de proteção legal não apenas a propriedade enquanto grandeza estática, mas também o lucro enquanto expressão econômica da apropriação de propriedades. Também é significativa a construção jurídica de diversas categorias de propriedade privada. Uma decisão da Suprema Corte dos EUA possibilita a desapropriação de propriedade privada em benefício de "desenvolvedores" privados, ou seja, de empresas que colocam terras à disposição de grandes investidores (*FT*, 24 de julho de 2005). Por conseguinte, a pequena propriedade é considerada menos merecedora de tutela do que a grande propriedade.

Escócia) predominava a agricultura de subsistência; nas regiões orientais estava difundido o latifúndio associado à servidão da gleba. Mas isso muda a partir do século XVI. "Uma das diferenças mais óbvias entre as sociedades pré-industriais e as sociedades industriais modernas é o peso relativo muito mais reduzido da agricultura nas sociedades industriais. A contrapartida dessa importância mais reduzida é, porém, a produtividade muito maior da agricultura moderna, que lhe permite alimentar uma extensa população não agrícola" (Cameron, 1989/1997; p. 164). Da mesma forma, hoje os chamados bens públicos e comunitários são subtraídos do uso comunitário e apropriados como bens privados. A desapropriação, sistemicamente necessária, ainda é apoiada pela privatização da propriedade comunitária, por exemplo, mediante o entaipamento de terras comunitárias (*enclosures*) na Inglaterra entre os séculos XVI e XIX. As *enclosures* acompanham a revolução agrária, que precede a Revolução Industrial não apenas na Inglaterra: nas novas áreas desapropriadas e privatizadas é possível cultivar quantidades adicionais de cereais. Mas o aumento da produtividade agrícola também se dá com a ajuda de novas técnicas, de adubação artificial, de uma mudança na rotatividade das culturas nos campos (muito mais tarde, também com a ajuda de herbicidas, fungicidas e pesticidas, bem como com novos métodos de produção de sementes). Afinal de contas, o aumento da produtividade na agricultura é a condição da possibilidade de alimentar a população rural colocada à força nas manufaturas e indústrias, esses trabalhadores "livres", oriundos do excedente da população agrícola, que agora são obrigados a se "vender no mercado". Por isso a exploração e a desapropriação nunca podem ir a ponto de colocar em risco a existência dos trabalhadores.

Essas transformações podem ser compreendidas como valorização primária da natureza, percebida e tratada como um conjunto de recursos. Isso já é a valorização primária "contábil" e preventiva, pois a natureza é explorada com vistas à identificação dos recursos, que merecem ser submetidos à valorização primária, e dos recursos, que devem ser tratados como sem valor. A natureza se transforma em objeto do cálculo racional capitalista. Isso inclui incondicionalmente a decomposição da natureza em partes avulsas (dotadas de direitos de propriedade). Assim, a destruição da natureza já acontece preventiva e mentalmente antes de ser implementada na prática no desenvolvimento real. A natureza, as áreas, as relações sociais, os regimes de tempo são integrados ao mundo dos valores (inversamente gerado por essa integração). A lógica da valorização do capital domina o tempo e o espaço por meio da aceleração e da expansão territorial, por meio da apropriação e da desapropriação dos concorrentes no território.

David Harvey (2003, p. 17) menciona os métodos da valorização primária em estreita referência com a descrição da "acumulação primitiva do capital" feita por Marx no capítulo 24 do primeiro volume de O *capital* (MEW, 23). Eles são (1) a transformação em mercadoria e privatização do solo, bem como a expulsão violenta dos camponeses e sua transformação em assalariados, (2) a transformação da propriedade comunitária, de bens públicos e de bens comuns (baldio) em propriedade exclusivamente privada, (3) a transformação da força de trabalho em mercadoria e a supressão de formas alternativas (de economia de subsistência) de apropriação da natureza, (4) a pilhagem colonial e imperialista, (5) a monetarização da troca e a tributação, (6) o comércio de escravos e (7) a usura. Esses métodos não caracterizam apenas a história primeva do capitalismo, mas perpassam toda a sua evolução. Diversas formas de apropriação não constituem, portanto, nenhuma sequência de graus históricos, mas padrões históricos distintos de articulação (ver também De Angelis 2004). Assim, Harvey resume: "Todas as formas da acumulação primitiva que Marx menciona permaneceram poderosamente presentes na geografia histórica do capitalismo até a atualidade [...]" (Harvey, 2003, p. 145). No entanto, o significado relativo das formas de apropriação se desloca na evolução histórica do capitalismo.

Com a aplicação dos métodos de aceleração de todos os processos econômicos é possível ocupar e explorar espaços. O território é entregue à valorização primária capitalista. No decorrer do século XIX, as últimas "manchas brancas" do mapa-múndi são colonizadas e incluídas nos impérios dominados pelas nações europeias. Mas a expansão no espaço não está concluída quando as áreas continentais são ocupadas e submetidas à valorização primária. São explorados, submetidos à valorização primária e transformados em mercadoria comercial e dinheiro o fundo dos mares, os continentes ártico e antártico, o mundo dos glaciares das cordilheiras, as florestas tropicais úmidas, o espaço ao redor da Terra, os nanoespaços moleculares dos genes. A valorização primária é um processo de transformação de bens (quase sempre públicos, isto é, acessíveis a todos) em mercadorias privadas, um processo duplo de desapropriação e apropriação privada. Por isso também é possível privatizar aquelas áreas dos bens comuns (dos serviços de saúde ou de educação) que tradicionalmente foram bens públicos ou comunitários. O imperialismo é ao mesmo tempo extrovertido e introvertido (Narr, 2003). Interpretando Rosa Luxemburgo, Harvey (2003, p. 141) escreve o seguinte: "Por isso tem relevância a ideia de que uma certa espécie de 'lugar externo' é necessária para a estabilização do capitalismo. Mas o capitalismo pode fazer uso de algum lugar externo preexistente (de formações sociais não capitalistas ou de algum setor do capitalismo — como a educação —, que ainda não tenha sido proletarizado), ou pode fabricá-lo ativamente [...]." Isso é uma referência à importância da territorialidade no processo da valorização primária — e depois também da valorização —, pois, apesar das tendências eficazes ao desarraigamento, em última instância só valores produzidos podem ser apropriados, produzidos nos diversos espaços que já foram mencionados. O capitalismo virtual da internet, que por alguns é interpretado como capitalismo "novo" depois do desaparecimento do capitalismo "velho" (Leadbeater, 2003), é apenas uma construção irrelevante da imaginação.

Mas nem tudo pode ser submetido à valorização primária. Muitos elementos da natureza exterior são destituídos de valor para os interesses econômicos. O que não tem valor também pode ser destruído. Por isso alguns ecologistas creem que uma floresta administrada é mais bem protegida do que uma floresta "sem valor". Contudo, isso é uma ilusão, pois não se protege a floresta, mas a sua valorização primária mediante a concessão de direitos de propriedade. Esta é definida por decisões que são orientadas segundo as rendas alcançáveis nos mercados globalizados

— e não segundo os dados naturais do biótopo. Os interesses dos seres humanos que vivem no território também não desempenham nenhum papel aqui. Não se pode salvar a floresta tropical úmida se ela é gerida e se nessa gestão as condições de vida dos povos indígenas são desconsideradas. A floresta tropical úmida é um território estruturado por vários "espaços funcionais": a) pelo espaço funcional econômico, dominado pelo princípio do lucro e submetido às restrições dos juros que devem ser ganhos; b) pelo espaço funcional social, no qual os conflitos ocorrem e sempre se faz necessário encontrar um consenso; e c) pelo espaço funcional político da reprodução do poder e da hegemonia. Além disso, ainda existe o espaço funcional natural, para o qual valem as leis da natureza, negadas em outros espaços funcionais. Diante dessas relações complexas no território, realmente é um indício de heroísmo supor que a natureza poderia ser salva mediante a concessão de um primado ao espaço funcional econômico (ver Altvater, 1987).

Mesmo que nem tudo possa ser submetido à valorização primária, algumas coisas podem ser submetidas a ela, com relação às quais à primeira vista não suporíamos que isso fosse possível. Isso vale, por exemplo, para as emissões de gases-estufa, que também representam, no sentido de John Locke, efeitos negativos da utilização da propriedade privada sobre outras pessoas — vale dizer, na linguagem da economia moderna, efeitos externos negativos. Para reduzi-los, são expedidos certificados que permitem a emissão de uma determinada quantidade de CO_2. Os certificados passam a ser propriedade dos emitentes e podem ser negociados em "bolsas de poluição". Assim os produtores de CO_2 devem receber um estímulo para reduzir as emissões, pois eles então podem trocar seus certificados por dinheiro. Aqui se evidencia que a valorização primária é possibilitada por uma *construção jurídica* de direito de propriedade, que, quando não exercido, transforma a poluição da atmosfera num direito transformável em dinheiro. O espaço da valorização primária é, portanto, construído por atos jurídicos. Isso se distingue fundamentalmente da interpretação da teoria política clássica, segundo a qual os direitos de propriedade são adquiridos mediante o trabalho.

Entretanto, o Protocolo de Kyoto é utilizado pelos aplicadores de capitais como uma "impressora de dinheiro". Sobretudo com a *joint implementation*, isto é, com o apoio de, por exemplo, projetos de reflorestamento no "Terceiro Mundo" (na África ou América Latina), é possível adquirir a custos reduzidos créditos para emissões de CO_2, que podem ser vendidos nos países industrializados, por exemplo, a operadores de usinas elétricas. O comércio de certificados deverá aumentar na proporção da emissão de maiores quantidades de gases-estufa para a atmosfera, pois então os poluidores deverão comprar compensatoriamente direitos de emissão. Eis um negócio para os comerciantes de certificados de poluição, que por esse motivo nem podem estar interessados na redução da emissão dos gases-estufa. Por conseguinte, a lógica do comércio de emissões em conformidade com o Protocolo de Kyoto não é a da proteção da atmosfera terrestre, mas a da criação de novos instrumentos financeiros para os aplicadores de recursos líquidos nos mercados financeiros globais. Assim, esperar do Protocolo de Kyoto uma redução das emissões de gases-estufa seria como esperar que a raposa salvasse as galinhas assumindo o controle do galinheiro.

A valorização primária original do que ainda não foi valorizado pode ser caracterizada como uma *primeira forma* de desapropriação e apropriação privada. Trata-se aqui de uma "transformação do mundo em uma mercadoria", quer dizer, da expansão dos espaços funcionais e dos territórios da acumulação capitalista. Mesmo que as "manchas brancas no mapa-múndi" tenham sido eliminadas, existem espaços ainda não totalmente ocupados e dominados pelo capitalismo. Mas a tendência a valorizá-los mediante a "colonização dos mundos vividos" é dominante, mesmo que a resistência a isso aumente.

3.2. SEGUNDA FORMA DA APROPRIAÇÃO: PRODUÇÃO DA MAIS-VALIA ABSOLUTA

Depois do "1º Ato" da valorização primária, a valorização permanente do capital só será possível se a mão de obra produzir um excedente apropriável por outros, isto é, pelos capitalistas. A exploração de mão de obra pressupõe um índice mínimo de produtividade do trabalho. O produto do trabalho deve ser maior do que o que é consumido para a reprodução da mão de obra, inclusive dos familiares que não atuam na produção (sobretudo das crianças e dos idosos). "Sem um certo grau de produtividade do trabalho [...] inexiste o tempo disponível para o trabalhador; sem tal tempo excedente, inexiste o trabalho a mais, e, portanto, inexistem os capitalistas, mas também os senhores de escravos, os barões feudais... em uma palavra, a classe dos grandes proprietários" (MEW, 23, p. 534). Nesse sentido é possível falar de uma "base natural da mais-valia". A mais-valia constitui-se na medida em que se prolonga a "jornada de trabalho além do ponto no qual o trabalhador teria produzido apenas o equivalente ao valor de sua força de trabalho" (*ibid.*, p. 532). Essa é uma condição histórica, que não vale apenas para o modo capitalista de produção (Ernest Mandel remete a ela com muitos exemplos históricos, ver Mandel, 1970).

Enquanto nada mais acontece do que a produção do excedente na forma do que Marx chamou de mais-valia absoluta, os trabalhadores estão subsumidos antes *formalmente* ao capital, pois o modo de produção não sofre uma transformação profunda *real* nem na dimensão técnica nem na dimensão social, quer dizer, não é dimensionado na forma típica para o capitalismo. O aumento da exploração se dá mediante o aumento da jornada de trabalho, a intensificação do trabalho, o arrocho salarial ou quando o excedente do trabalho doméstico, das manufaturas pré-capitalistas ou da corveia e do trabalho escravo é apropriado por capitalistas, sem que as condições de produção sofram uma alteração fundamental. A produção da mais-valia absoluta é a *segunda forma* da apropriação do trabalho excedente: aqui também se trata de uma desapropriação — do tempo livre de trabalho, de energias físicas e mentais. À diferença da primeira forma, essa apropriação do trabalho excedente absoluto já é um elemento do processo de valorização e não o resultado imediato da valorização primária.

Nesse contexto, pode ser útil distinguir com Richard Heinberg (2004, p. 49 ss.) diferentes estratégias, com as quais as energias são preparadas para serem utilizadas na economia: *em primeiro lugar*, a apropriação da energia se dá na medida em que os "concorrentes" são separados das fontes energéticas, das quais necessitam tanto quanto as pessoas, e assim são desapropriados do seu patrimônio energético. *Em segundo lugar*, as ferramentas para o aumento da produtividade são desenvolvidas na utilização de energias.[3] *Em terceiro lugar*, uma estratégia aposta na extração de energia adicional dos reservatórios fósseis da Terra. A primeira estratégia visa subtrair, por exemplo, dos seres vivos "concorrentes" as energias das quais precisam, de modo a, no pior dos casos, eliminá-los. A transformação da paisagem natural em monoculturas significa a morte de muitas espécies animais e vegetais. Mas significa também o fim de uma agricultura orgânica. A exploração excessiva da energia humana resulta em danos à saúde e possivelmente também em morte.

3.3. TERCEIRA FORMA DA APROPRIAÇÃO: PRODUÇÃO DA MAIS-VALIA RELATIVA

A apropriação de energias mediante a desapropriação dos concorrentes não é outra coisa senão a produção da mais-valia absoluta, que acabamos de descrever em breves termos. Ela chega aos limites da exploração física. No âmbito do dia de 24 horas, a jornada de trabalho não pode ser estendida além de uma certa medida sem provocar doença nos explorados. A segunda estratégia mencionada por Heinberg exige a transição ao que Marx chamar de produção da mais-valia relativa. Ela é o método adequado ao capitalismo. O grau de eficácia da apropriação da natureza é implementado por meio de técnicas novas e mais eficientes e da organização racional. Com o aumento das forças produtivas torna-se possível, conforme salienta Adam Smith, aumentar a riqueza das nações. Em virtude da produtividade mais elevada, os trabalhadores produzem em menos tempo o conjunto de bens do qual necessitam para a sua reprodução no nível histórico e cultural dado. Sobra, por conseguinte, mais tempo de uma jornada de trabalho para a produção de valores dos quais os capitalistas

---

[3] As duas estratégias mencionadas por Heinberg, a saber a especialização e a ampliação da área de atuação, são antes consequências do uso de ferramentas e não têm nenhum significado por si só.

podem se apropriar. Ao aumento da parte do produto do trabalho, expropriável aos produtores (sem que eles com isso devessem estar em situação material pior), é uma *terceira forma de desapropriação e apropriação*. Mas o maior grau de eficácia do trabalho também ocorre à expensa da natureza: mediante a exploração dos recursos e uma poluição excessiva para a onerabilidade das depressões dos solos (ver o resumo da discussão em McNeill, 2003; Kovel, 2002; Enquete-Kommission, 2002).

3.3.1. *Subsunção real do trabalho ao capital: sistema industrial e fordismo*

As transformações sociais para a realização dessa forma da apropriação não são graduais, mas profundas. "A produção da mais-valia absoluta só se interessa pela duração da jornada de trabalho. A produção da mais-valia relativa revoluciona até a medula os processos técnicos do trabalho e os agrupamentos sociais" (MEW, 23, p. 532 s.). A força produtiva do trabalho, atingida no decorrer de uma longa história ("em milhares de séculos", conforme escreve Marx) e sob condições naturais específicas, permite a produção da mais-valia absoluta. Mas quando a mais-valia deve ser aumentada ainda mais, isso só é possível com os métodos de produção da mais-valia relativa, isto é, mediante a chamada *subsunção real do trabalho ao capital*, mediante inovações técnicas, sociais e outras, mediante o revolucionamento do processo produtivo. O capital não pode se satisfazer com o patamar histórico respectivamente atingido pelas forças produtivas. Por isso o modo de produção capitalista é um veículo da modernização, do progresso, celebrado por Marx e Engels no *Manifesto comunista* de 1848.[4] Agora o

---

[4] Nos prefácios às edições polonesa e italiana do *Manifesto*, escritos nos anos de 1892 e 1893, Engels chega a ver na difusão do *Manifesto* um indicador do desenvolvimento do capitalismo no país: "Em primeiro lugar é digno de nota que o *Manifesto* se tornou em tempos mais recentes um critério de aferição do grau de desenvolvimento da grande indústria no continente europeu. Na proporção em que num país a grande indústria se expande, também cresce entre os trabalhadores desse mesmo país a vontade de esclarecimento sobre a sua situação enquanto classe trabalhadora diante das classes proprietárias, expande-se entre eles o movimento socialista e aumenta a demanda pelo *Manifesto*, de modo que não apenas o patamar do movimento operário, mas também o grau de desenvolvimento da grande indústria em cada país podem ser medidos com bastante exatidão pelo número dos exemplares do *Manifesto* divulgados no respectivo idioma nacional." (MEW 22, p. 282.)

excedente produzido em parte sob condições não capitalistas ou protocapitalistas não é mais apenas retido e apropriado na forma da mais-valia, mas produzido de modo crescentemente real com a ajuda de novos métodos de produção. A partir disso explica-se o grande peso do capital industrial diante de outras formas de capital (capital comercial ou financeiro) no processo reprodutivo. Máquinas fortes de acionamento (em primeiro lugar, a máquina a vapor) e sistemas de transmissão de forças às ferramentas potencializam o grau de eficácia da produção de valores de uso. O capitalismo gera o sistema industrial, a base material-técnica, social e econômica da produção da mais-valia relativa. Como Fernand Braudel (1986a) registra, o "capital fixo" só pode ser efetivamente formado no decurso do desenvolvimento de ferramentas e de um sistema de máquinas, pois os meios de produção não são mais feitos de madeira de duração limitada, mas de ferro durável. A isso se vincula o aumento de poder do capital diante dos concorrentes. Dessa forma, por exemplo, pontes de madeira ainda foram queimadas no século XIX por barqueiros autônomos, que com isso procuravam causar danos à concorrência das ferrovias. Os prédios de alvenaria e pedras também eram mais duráveis do que as construções de madeira. O capital adquiriu uma figura poderosa e visível nos meios de produção de metal, alvenaria e pedra. Assim o capitalismo gera as condições de produção que lhe correspondem e, ao mesmo tempo, os símbolos do poder sobre o trabalho vivo e a natureza, e de superioridade sobre outros modos de produção "mais primitivos".

Aqui não é possível analisar todos os aspectos da subsunção real do trabalho e da natureza ao capital. Pretendemos apresentar de modo mais rápido algumas características essenciais. O capitalismo moderno explicita-se como sistema apenas sob o fundamento da indústria, controlado pela taxa do lucro, que define a acumulação do capital, e acionado por energias primárias de origem fóssil, que pouco a pouco reprimem as outras energias (energia biótica, madeira, força hidráulica e vento) e conferem ao capitalismo a sua dinâmica, única na história universal. Todo o processo de produção é reorganizado, a força de trabalho e a natureza são *"realmente"* subsumidas ao capital (Marx, MEW 23, capítulo 17); as condições subjetivas e objetivas de produção são reconfiguradas segundo a racionalidade capitalista.

Os trabalhadores assalariados são submetidos à disciplina da fábrica, da organização hierárquica, do regime de tempo, de uma estrutura técnica aparentemente neutra, isto é, à "coação muda das relações econômicas" (Marx). Naturalmente a criação da disciplina fabril remanesce exterior, não sendo assim suficiente para um desenvolvimento capitalista dinâmico. Além disso, a submissão à disciplina fabril provoca a resistência, cuja gama se estende do trabalho meramente de acordo com as instruções até a sabotagem dos sistemas de máquinas, sensíveis a distúrbios. Em consequência disso, o trabalho, o processo de trabalho e o sistema da fixação dos salários também são racionalizados de acordo com a mesma lógica que define a configuração das condições objetivas de produção (Sohn-Rethel, 1970). A gestão empresarial científica ("taylorismo") torna-se o fundamento de uma racionalização integral da produção e reprodução. A transformação do capitalismo na direção da produção e do consumo em massa é representada desde meados da década de 1920 pelo nome de Henry Ford (e, por conseguinte, pelo "fordismo").[5] Já nesse conceito expressa-se a centralidade do automóvel para essa fase de desenvolvimento do capitalismo moderno.

No transcurso das racionalizações das empresas e da sociedade, o trabalho é redefinido segundo a lógica dos sistemas industriais de transformação de energias e materiais. A racionalização é sistemática (isto é,

---

[5] O fordismo é mais do que a fábrica inteiramente racionalizada e definida pela esteira rolante. Trata-se aqui de um projeto social, econômico e também político com consequências de longo alcance para o meio ambiente. As implicações para o meio ambiente quase sempre são negligenciadas na bibliografia especializada (ver a respeito desse tema Altvater 1992). O nexo entre organização social, racionalização capitalista, consultoria científica, teimosia indígena e exploração unilateral do meio ambiente foi registrado com muita propriedade em forma romanesca por Sguiglia (2002), com referência ao exemplo da tentativa de produção monocultural de borracha em Fordlândia, no rio Tapajós, na Amazônia.

com fundamentação científica, o que confere à ciência uma função inteiramente nova no capitalismo, que ela nunca tivera antes)[6] e sistêmica (isto é, ela com abrangência de toda a economia e subordinação da sociedade, da política e da cultura).[7] O caráter sistêmico evidencia-se claramente depois do choque da grande crise de 1929. A resposta aos desafios do desemprego e das perdas de lucros é um projeto político de fundamentação econômica, o "keynesianismo": o Estado intervém na economia para aumentar a demanda das massas, necessária para que se possa vender a produção em massa dos sistemas fordistas de linhas de produção com esteiras rolantes. Depois da Segunda Guerra Mundial e sob as condições da "concorrência sistêmica" com o "campo socialista", o projeto de um intervencionismo estatal de inspiração keynesiana passa a ser o fundamento da construção de um capitalismo nos termos do Estado de Bem-estar Social, que pode agora, à diferença de épocas históricas anteriores, confiar na ampla aceitação por parte da população. Nessa fase, o aumento da produtividade é elevado. Parte de seus benefícios é repassada aos trabalhadores ou conquistada por eles e suas organizações em conflitos salariais e trabalhistas. A lógica das lutas é em parte monetária — quer dizer, quando se trata em primeira linha de aumentos salariais. Aumentos monetários dos rendimentos salariais são o veículo que permite aos trabalhadores a participação nas gratificações da sociedade e ao mesmo tempo a condição de que o conjunto de bens, que aumenta com o simultâneo

---

[6] Só por isso se pode falar da formação de uma "sociedade do conhecimento". De resto, é necessário refutar o uso do conceito, atualmente na moda, segundo o qual todas as sociedades são "sociedades baseadas no conhecimento" (ver Enquete-Kommission 2002, p. 259 ss.; ver também Leadbeater 2003).

[7] Antonio Gramsci fez disso o objeto de sua análise das condições da estabilidade da hegemonia burguesa em sociedades de classe no capitalismo moderno (Gramsci 1967, p. 1999). Mais tarde a "teoria da regulação" (ver Aglietta 1979; Lipietz 1986) desenvolveu essa ideia e caracterizou o capitalismo como um sistema histórico, que produz as suas respectivas instituições "reguladoras" específicas ("modo de regulação"), para manter a dinâmica da acumulação ("regime de acumulação"). Seria uma questão meramente semântica perguntar se faz sentido interpretar esse ancoramento institucional e essa interiorização psíquica como transição de uma sociedade fundamentada na disciplina para uma "sociedade de controle global" (Hardt/Negri 2002, p. 341), se isso não envolvesse também uma decisão contra a interpretação do poder por parte do marxismo regulacionista e em favor da interpretação do poder por Michel Foucault.

aumento da produtividade, coincida com uma demanda com poder aquisitivo para poder ser comercializado. Mas essa lógica é complementada por exigências não monetárias de melhoria das condições de trabalho, de uma redução da jornada de trabalho, de mais possibilidades de participação em decisões tomadas nos plano da empresa e acima da empresa (cogestão). A base dessas lutas é o pleno emprego, isto é, a inexistência do "exército de reserva" dos desempregados, instrumentalizável para achatar os salários e reduzir os benefícios da previdência social.

A lógica socioterritorial torna-se dominante naquelas lutas, nas quais o "vínculo trabalhista normal" desapareceu em ampla medida e o setor informal e o trabalho precário cresceram,[8] pois se de qualquer modo existe uma quantidade demasiado insuficiente de empregos com carteira assinada, não há como impor aumentos salariais e melhorias das condições de trabalho ou essas têm relevância apenas para uma parte dos assalariados. Quando os assalariados estão excluídos dos mecanismos formais de regulação, a participação só pode ser atingida à medida que os excluídos ocupam espaços sociais e se apropriam nesses atos de territórios no sentido físico do termo: por meio de ocupações de fábricas e terras, isto é, por meio da formação de empresas alternativas, que lhes permitam participar das gratificações sociais, da "riqueza das nações".

3.3.2. Geoeconomia e globalização

A produção do mercado mundial está contida no próprio conceito do capital, conforme Marx escreve em meados da década de 1850 (Marx, 1953; p. 311). Por conseguinte, desde o início do modo capitalista de produção a globalização pertence à natureza social do capital, embora se fale de globalização somente a partir da década de 1970 e depois, mais pronunciadamente após o colapso do campo do socialismo real existente em 1989 (quando a história parecia ter chegado ao seu termo; ver capítulo 1). Em

---

[8] Até o Banco Central alemão reconheceu o significado crescente do trabalho precário. Ver o relatório mensal de julho de 2005: Transformação rápida do trabalho remunerado, pp. 15-27.

princípio, a economia capitalista é uma geoeconomia, e seus atores procuram transpor todas as fronteiras. Não se trata aqui apenas de fronteiras geográficas no espaço territorial, mas também de fronteiras no tempo. Tudo é feito para aproximar o tempo mediante a aceleração ao índice limítrofe zero, pois só mediante a aceleração de todos os processos é possível aumentar a produtividade: mais produtos na mesma unidade de tempo ou o mesmo conjunto de produtos em menos tempo (de trabalho), num tempo (de trabalho) mais comprimido. Esse é o segredo do aumento da riqueza das nações. Essa é uma consequência da racionalidade da dominação europeia do mundo e, portanto, também o pressuposto sócio-histórico da "cientificização" do mundo, isto é, de uma combinação historicamente nova e extremamente eficaz de capitalismo e ciência. "Tempo é dinheiro", e, quanto menos tempo custar um ato de produção ou circulação, tanto melhor para o capitalista. O regime do espaço e do tempo sofre uma transformação profunda mediante a aceleração de todos os processos na produção e reprodução, na comunicação e no transporte, no universo do trabalho, bem como no lazer e na recreação. As fronteiras políticas também são ignoradas mediante a redução das taxas alfandegárias, a unificação das normas industriais, o *rating* de devedores, o estabelecimento de normas jurídicas com vigência global e uma "língua franca" global.

As fronteiras da vida são transpostas pelas "ciências da vida" na forma das bio e nanotecnologias. Com isso a globalização pode ser mais bem descrita como compressão do espaço e do tempo para os fins da valorização primária globalmente abrangente. Esse é o princípio por trás do "desarraigamento do mercado da sociedade": o desarraigamento da economia das coordenadas espaçotemporais da natureza e da sociedade e, ligado a isso, também uma libertação das regras políticas e dos vínculos por elas representados (ver a esse respeito Altvater/Mahnkopf 2004; p. 90 ss.). Somente depois de desarraigada assim de todos os vínculos socioculturais e territoriais, a racionalidade econômica faz sentido, como um fenômeno antinatural, antissocial e por isso também medularmente autista. Essa também é a característica decisiva do neoliberalismo, independentemente de como ele é apresentado pelos seus representantes.[9]

Por isso a característica da globalização não é a expansão de espaços mediante a ampliação das fronteiras e a conquista de territórios (de "manchas brancas no mapa-múndi"), como nos tempos do colonialismo ou do "velho" imperialismo; não é o "crescimento do Estado", como supõe a geopolítica, mas a negação de todas as fronteiras externas da expansão capitalista. A globalização é, por conseguinte, sobretudo um processo de integração econômica mediante a desregulamentação dos mercados financeiros, a liberalização do comércio mundial e a privatização de bens públicos. A valorização primária privada de bens públicos acompanha toda a história do capitalismo. Talvez seja uma razão importante da existência continuada do capitalismo. Sobretudo com a dominância do neoliberalismo, a privatização de empresas e bens de domínio público foi erigida em projeto político globalizado, apoiado pelas instituições reguladoras internacionais (ver Altvater, 2003b; Huffschmid, 2004). Assim foram abertos novos campos de aplicação de capitais para empresas.

Com isso se altera a relação entre economia e política, soberania, poder e segurança. A desregulamentação e liberalização dos mercados é erigida em princípio e imposta tanto pelas organizações internacionais como pela maioria dos governos, pela competência científica dos *think tanks* e pela mídia: nos mercados de *commodities*, pela Organização Mundial do Comércio, nos mercados de capitais, pelo Fundo Monetário Internacional ou pelo Banco Internacional de Compensações Financeiras, nos mercados de trabalho, pelos governos de Estados nacionais, que seguem recomendações internacionais ou regras de "flexibilização do mercado de trabalho". A abertura de mercados regulamentados por Estados nacionais diante da concorrência global integra as regras da "boa governança (global)", às quais os governos se obrigam (ver o comentário crítico sobre a governança global in Brand/Brunnengräber *et al.*, 2000).

Cria-se, portanto, um mercado global da concorrência. Os defensores neoliberais da economia global de mercado esperam dele uma maior

---

[9]Como movimento contrário, formou-se na economia enquanto ciência a economia pós-autista, que se apresenta no site www.paecon.net.

eficiência econômica — e com isso o continuado aumento da riqueza das nações. Reportam-se com essa promessa às teorias da economia política clássica, sobretudo ao "teorema das vantagens comparativas" de David Ricardo, que fundamenta por que o comércio entre as nações também é favorável para todos os participantes, quando uma nação teria um desempenho inferior em todos os mercados com todos os produtos e outra teria um desempenho superior, pois o tempo de trabalho gasto para a produção da mercadoria comparativamente mais cara pode ser usado para a produção da mercadoria capaz de ser produzida a custos mais favoráveis. No intercâmbio, seria assim possível trocar mais mercadorias do bem a ser produzido com custos comparativamente menos favoráveis. O ganho de riqueza salta aos olhos, desde que não se problematizem as premissas.

No entanto, frequentemente já foi demonstrado que a realidade não é tão paradisíaca e que o comércio mundial de modo algum precisa ser um jogo de soma positiva em todas as épocas e situações (entre outros, por Friedrich List já em 1841/1982; ver também Chan, 2002). A especialização em conformidade com o teorema de Ricardo também pode se revelar uma armadilha do desenvolvimento, se não for possível produzir a custos comparativos mais favoráveis bens industriais, mas bens agrícolas e minerais. Por isso, na discussão em torno da política de desenvolvimento a boa dotação de um país com recursos é considerada uma maldição, não uma bênção. Juan Pablo Pérez Alfonzo (Venezuela), um dos cofundadores da Opep, afirma que a riqueza em petróleo é um "excremento do diabo" (ap. Karl, 2003). Em virtude do seu funcionamento, os mercados liberalizados de capitais poderiam anular os efeitos positivos sobre a riqueza das nações, esperados do livre comércio de acordo com o teorema das vantagens comparativas. Além disso, a especialização causada pelo livre comércio global resultou num enorme aumento do volume de transportes. Pode-se até afirmar que a globalização do livre comércio nem teria sido possível sem as fontes primárias fósseis de energia, a revolução na técnica de transportes e comunicações e a desregulamentação das relações de trabalho na indústria global de transportes, vergonhosa nas suas consequências sociais e humanas. Os simples custos sociais e ambientais, não mensuráveis em termos meramente monetários por incluírem danos irreparáveis à natureza e às sociedades, já corrigem a triunfante boa nova neoliberal do livre comércio, que aumentaria a riqueza das nações.

Os mercados reagem a sinais de preços, quer dizer, ao poder aquisitivo em termos monetários, que no mundo capitalista sempre está distribuído de forma desigual. Se todos devem ganhar com a globalização, todos devem ganhar em termos desiguais. O modo de funcionamento do mercado favorece os "proprietários" e desfavorece os "despossuídos". Não ocorre uma compensação a não ser se motivada por uma correção de natureza política. Essa foi a motivação pela qual — como movimento contrário ao desarraigamento do mercado da sociedade — o Estado de Bem-estar Social foi conquistado desde o século XIX pelos desfavorecidos do desenvolvimento capitalista, pelo movimento operário. O moderno Estado de Bem-estar Social esteve e está vinculado ao Estado nacional, cuja soberania, no entanto, sofre uma erosão em virtude da globalização — com a consequente erosão do caráter do Estado como Estado de Bem-estar Social. Uma forma de expressão são a desregulamentação das relações de trabalho, a precarização e a informalidade do trabalho em todas as regiões do mundo, a eliminação da proteção de todos os que não dispõem de patrimônio financeiro que lhes permita comprar benefícios sociais (por exemplo, nos setores da saúde ou da educação) de ofertantes privados no mercado.

Ocorre que a informalidade do trabalho e do dinheiro (ver sobre esse tema Altvater/Mahnkopf, 2002) não cria nenhum estado estável das sociedades no espaço global, nem no sentido econômico de um equilíbrio de mercado nem no sentido de um consenso social ou da estabilidade política de um sistema hegemônico. Essa é a razão do desenvolvimento de sistemas de governança global, isto é, de uma regulação política dos mercados globais e da configuração das relações sociais, suave na forma e dura no conteúdo (daí também o termo "camisa de força dourada", cunhado por Thomas Friedman, redator do *New York Times*). Isso significa que mesmo em tempos de globalização, a economia não consegue funcionar sem a ajuda da política. Mas a política da globalização é, na sua essência, a garantia política da desregulamentação e da precarização. Mesmo a suspensão de fronteiras de concorrência, a produção de um espaço global de concorrência e a pressão de aumentar a competitividade em todos os lugares não fizeram desaparecer a natureza capitalista do processo. Na melhor das hipóteses, conseguiram modificá-la.[10]

Uma modificação importante diz respeito à grandeza numérica do cálculo do capital de Max Weber. A taxa de lucro da economia política clássica (inclusive da de Marx) ainda estava referida integralmente ao Estado nacional enquanto espaço da valorização do capital, assim como a eficiência marginal do capital (*marginal efficiency of capital*) de Keynes. Nesse marco ocorria a comparação das aplicações de capitais. As fronteiras entre os Estados nacionais eram um dado[11] que definia o marco para a formação de uma média. Isso mudou fundamentalmente com a globalização. O espaço da valorização capitalista é global, bem como a comparação das possibilidades de valorização do capital. Por isso se constrói o *shareholder value*, uma nova grandeza numérica de valorização capitalista, adequada às condições da aplicação global de capitais e dimensionada de antemão para comparar os rendimentos do capital ou as taxas de lucro no plano global, ignorando os ramos da economia, os países e as formas de capital (do capital financeiro ao capital humano). O *shareholder value* é o valor da empresa capitalizado com base numa taxa de juros hipoteticamente admitida. Prédios, esteiras rolantes, o valor imaterial da empresa (*know-how* e qualificação dos trabalhadores,

---

[10] Por isso não se pode compreender se Joachim Hirsch caracteriza num artigo sobre o "imperialismo hoje" o fato de que a "exploração, a desigualdade, a violência e a guerra, antes tendencialmente eliminadas do foco da atenção, [...] [entram] novamente no foco da atenção científica", como "um progresso inquestionável" (Hirsch 2004, p. 670). Tudo indica que ele não tomou conhecimento da bibliografia crítica sobre a globalização, que estuda claramente a exploração e a violência. Sua distinção entre expansão "formal" e "informal" também não é clara, pois Hirsch não se pronuncia sobre o conceito da formalidade, de modo que a distinção produz mais o efeito de uma metáfora desastrada, que pouco substancialmente pode contribuir para a compreensão da expansão capitalista ou imperialista.

[11] A fundamentação encontra-se também em Marx, que parte da constatação de que as condições de entorno da produção da mais-valia são definidas pelo Estado nacional e que sobretudo os índices de mais-valia, isto é, as condições de exploração, diferem de uma nação para outra. Sobre esse fenômeno, Marx se pronuncia no capítulo 21 do vol. I de *O capital*, um capítulo extremamente atual, no qual ele analisa a "diferença nacional dos salários".

relações com os clientes e outras redes *in loco*), estoques de mercadorias, insumos e peças e o caixa líquido são colocados na mesma dimensão de aplicações financeiras de elevada mobilidade (ver sobre a concepção do *shareholder value* o relatório da Enquete-Kommission, 2002, p. 86-88). Os *shareholders* são "ávidos" (*greedy*). Isso não se deve à sua natureza humana, mas ao que hoje é denominado "avidez corporativa" ou "avidez do mercado" (Koch 1995), em substituição ao termo "compulsão ao enriquecimento", usado no século XIX.

O modo de funcionamento dos mercados financeiros globais cria a possibilidade de que os produtores industriais da mais-valia também se apropriem dela em caráter duradouro. Isso não vale apenas para os produtores diretos de todo e qualquer valor, a classe operária, mas também para os capitalistas industriais, das quais os capitalistas financeiros, "ávidos" por rendimentos elevados, literalmente arrancam uns dos outros grandes parcelas da mais-valia. Hoje isso se dá nos mercados globais, nos quais determinados atores (fundos de investimentos e *hedge funds*) se especializaram em arrancar das concorrentes a sua presa em pleno voo, como as ágeis fragatas, pássaros em mares tropicais.

Para facilitar tais negócios, aparecem analistas e agências de *rating*, que oferecem seus conselhos e por isso cobram uma participação nos lucros dos aplicadores de capitais (sobre as agências de *rating*, ver Sinclair 2005). Por isso a globalização não é uma ideologia para os aplicadores de capitais. O termo designa o espaço no qual os capitalistas e os proprietários de patrimônios financeiros também se movem quando movimentam do quarto, com ajuda de seu *notebook*, patrimônio financeiro líquido de um lugar para outro, de um ramo da economia para outro, de uma moeda para outra. Nesse espaço global com um regime cronológico globalizado, a diferença entre salários nacionais não existe mais. Ocorre, muito pelo contrário, um nivelamento brutal por baixo. Essa, porém, é apenas uma tendência, pois a resistência é muito forte no mundo inteiro. Mesmo que os conflitos e as lutas sejam nacionais, eles inevitavelmente têm uma dimensão global.

Argumenta-se também que a geoeconomia seria pacifista e — à diferença da ordem geopolítica baseada na lógica binária de amigo e inimigo — não agressiva, pois na concorrência geoeconômica, isto é, global não haveria inimigos, mas apenas concorrentes, e concorrentes polipolistas não atirariam uns nos outros, mas manteriam relações comerciais. Ocorre que o caráter pacifista do mundo globalizado não tem maior respaldo na realidade. É certo que a Guerra Fria foi encerrada no fim da década de 1980 com uma "vitória do mundo livre". Mas na década de 1990 foram realizadas mais guerras novas do que nas décadas da Guerra Fria depois da Segunda Guerra Mundial. Em tempos de globalização, a desregulamentação também fez surgir poderes privados, grupos transnacionais, mas também redes de crime organizado, que tomaram o poder nos espaços desestatizados para furtar riquezas, sobretudo matérias-primas minerais e energéticas. Em muitos países isso só funcionou na medida em que a população residente foi expulsa ou os senhores da guerra (*warlords*) "locais" foram apoiados e munidos de poder bélico correspondente para assegurar a integração das matérias-primas do subsolo na circulação internacional do capital. Em pauta está, por conseguinte, a dominação no e sobre o território, que assume traços violentos em muitas regiões do mundo.

O caráter pacifista da globalização é ainda mais questionado pela "guerra ao terrorismo", que apresenta todos os traços de uma Cruzada, uma vez que fornece cada vez mais a justificativa para a mudança forçada de regimes em países que são de central importância para os interesses de abastecimento do mundo ocidental. Assegura-se, portanto, por meios militares, o abastecimento dos sistemas industriais modernos com matérias-primas e energias primárias. As elites políticas e econômicas não confiam mais na lógica geoeconômica do mercado mundial e da concorrência global. A lógica binária da geopolítica, que distingue entre amigos e inimigos, complementa ou substitui a lógica do mercado. Estados nacionais ricos e poderosos recorrem a métodos imperialistas de dominação, exploração e apropriação.

3.4. QUARTA FORMA DA APROPRIAÇÃO: GEOPOLÍTICA E NOVO IMPERIALISMO

A vitória na Guerra Fria no fim dos anos 1980 e a fraqueza do movimento operário diante da pressão da concorrência global levaram as classes dominantes nas sociedades capitalistas a pospor na sua agenda política a integração das massas no Estado de Bem-estar Social, para reduzir os custos sociais da produção. Na sua corrida por rendimentos elevados, as elites neoliberais tendem a ver no Estado de Bem-estar Social um obstáculo, um sinal de uma época passada de "calcificações". É certo que eles também desejam a paz social, da qual necessitam para a apropriação da produção a mais, gerada em escala mundial; mas para realizá-la, estão cada vez menos dispostos a assumir os custos dos benefícios do Estado de Bem-estar Social. O desmonte desses benefícios depois do fim do socialismo real existente e sob a pressão da concorrência global resultou em uma perda da força associativa não apenas política, mas também econômica. Depois de 1989, a afirmação do imperialista britânico Cecil Rhodes do século XIX parece tornar-se novamente a linha orientadora: "A minha grande ideia é a solução da questão social [...]. Se eles não quiserem a guerra civil, deverão tornar-se imperialistas" (citado por Groh 1982, p. 188). Poderíamos complementar essa citação hoje na forma do seguinte apelo: "Se os senhores quiserem desmontar o Estado de Bem-estar Social, devem tornar-se imperialistas." Assim compreendido, o imperialismo sempre é também um imperialismo social. Mas à diferença do século XIX, essa estratégia pode se tornar perigosa no século XXI também para os centros imperialistas, pois atentados terroristas como os de Nova York, Madri, Bali ou Londres não podem ser excluídos. Eles não podem ser evitados. As relações facilitadas de transporte e comunicação na era da globalização são a razão da impossibilidade de limitar a guerra imperialista em termos territoriais. No século XIX e no início do século XX, as guerras coloniais ainda podiam ser empreendidas com a maior brutalidade na África ou na Ásia sem que fossem colocadas bombas em Berlim em conexão com os massacres cometidos contra o povo hereró, ou em Londres em conexão com as Guerras do Ópio na China, ou ainda em Paris em conexão com os crimes cometidos na Indochina.

O solapamento do Estado de Bem-estar Social é um fenômeno paralelo à erosão da soberania do Estado nacional na era da globalização. Por isso as relações fordistas, que caracterizaram durante muitas décadas o desenvolvimento do capitalismo no século XX, pertencem ao passado. Por isso novas formas de apropriação são desenvolvidas. O progresso da produtividade sob as condições do fordismo permitiu o aumento da massa de distribuição, que permitiu financiar os lucros, os aumentos salariais e o Estado de Bem-estar Social. Foi precisamente isso que assegurou a elevada estabilidade econômico-social do fordismo. A estabilidade política estava assegurada pela concorrência entre os sistemas capitalista e socialista durante o período do confronto entre os blocos, apesar dos conflitos sociais (e talvez também por causa deles). Assim, a produção de uma mais-valia (relativa) com a ajuda do aumento da produtividade do trabalho no espaço da valorização do capital, regulado pelo Estado nacional, foi um jogo de soma positiva.

Mas as regras do jogo foram alteradas quando as relações do fordismo e do Estado de Bem-estar Social começaram a se dissolver e a concorrência nos mercados globais de *commodities* se tornou mais acirrada. A liberalização dos mercados financeiros globais também produziu consequências radicais para o "jogo" da distribuição. Os juros reais e os rendimentos a serem gerados a partir das aplicações de capitais são forçados para cima (maiores explanações sobre esse fenômeno serão dadas no capítulo 6). A produção da mais-valia relativa na indústria fordista não basta para realizar os rendimentos exigidos nos mercados financeiros globais. Por isso a terceira forma da apropriação agora é complementada pela desapropriação da substância econômica de outras pessoas, pela "acumulação mediante a desapropriação" (*accumulation by dispossession*; Harvey 2003). A continuação da acumulação capitalista exige a apropriação — e não apenas a partir do processo de produção em curso enquanto apropriação da mais-valia (relativa) produzida, mas a apropriação mediante a desapropriação, a expansão da produção da maisvalia absoluta e da sua transferência para os centros da economia mundial capitalista. Esse é o cerne de uma *quarta forma* de desapropriação e apropriação. Esta, no entanto, é em princípio um jogo de soma zero, no qual uns ganham e outros perdem.

No espaço de valorização regulado pelo Estado nacional se poderia esperar que o excedente (relativo) produzido pelo capitalista individual seria rateado entre os capitais individuais proporcionalmente ao seu tamanho, podendo-se formar, assim (naturalmente só na tendência), uma taxa média de lucro no plano macroeconômico e gerá-la no plano microeconômico. Para o capital vinculado à economia doméstica, a taxa de lucros atingível na concorrência é, por conseguinte, um padrão segundo o qual os atores podem se orientar e, ao mesmo tempo, um limite. O capital líquido e móvel sempre procurou ultrapassar esse limite quando era possível obter taxas de lucro mais elevadas no exterior: "Enquanto as leis do mercado valem para o intercâmbio de mercadorias com as colônias, a situação é distinta para o capital financeiro que vive em busca de aplicações rentáveis e é de fato a força propulsora dos empreendimentos expansionistas do imperialismo. Para o capital, que busca no seu transbordante vigor de atuação lucros em empreendimentos no exterior que ultrapassam os oferecidos por aplicações na economia doméstica, não é nada indiferente a quem pertence essa ou aquela região, pois a dominação política tem um significado decisivo para a possibilidade e a segurança da aplicação" (Heinrich Cunow, citado por Groh 1982, p. 215). Isso foi publicado por volta da penúltima virada de século em 1899/1900 em *Nova época*, a revista do Partido Social-democrata Alemão (SPD). A apropriação do excedente produzido em escala mundial enquanto estratégia econômica e política de apropriação aumenta na proporção do aumento da liberalização dos mercados, sobretudo financeiros, pois neles a mobilidade do capital e sua força são maiores.

Os métodos de apropriação da produção excedente lembram a produção da mais-valia absoluta, a segunda forma de apropriação. Novamente são apropriados excedentes sem uma adaptação suficiente dos métodos de produção à realidade do capitalismo moderno, reservada sobretudo para a estratégia da terceira forma de apropriação, da produção da mais-valia relativa. No entanto, a quarta forma da apropriação não é uma recaída nos primórdios do capitalismo, mas um método extremamente moderno. A produção da mais-valia absoluta pode ser aumentada com métodos técnicos sofisticados, mecanismos sociais e econômicos e intervenções políticas. Sobretudo a totalidade das inovações financeiras serve a esse fim da apropriação pela desapropriação, pois essas inovações foram desenvolvidas, não em último lugar, com o fim de obter acesso ao excedente social em qualquer lugar do mundo. Assim, por exemplo, aplicadores de capitais em países industrializados pensam apenas no rendimento que podem obter, não no processo de produção desse rendimento. Aqui estamos diante da "forma não conceitual do movimento efetivo do capital" (Marx, MEW 25, p. 361), diante do fetichismo levado ao extremo, pois o processo de produção, instância intermediária entre a aplicação do capital e o retorno desta (acrescido do rendimento) passa despercebido. Em troca disso, os truques da pilhagem entram cada vez mais no campo visual dos consultores financeiros e dos aplicadores. Partnoy (1998) e Perkins (2005) descreveram como esses truques são usados e que consequências devastadoras eles produzem nos países afetados. "Arruinei países inteiros", confessou Perkins em uma entrevista ao diário *Frankfurter Rundschau*, publicada em 2 de julho de 2005.

Quando as elevadas taxas de crescimento da produtividade não podem ser mantidas ou repetidas no nível da "era dourada", e por outro lado a desregulamentação e a liberalização dos mercados conduzem ao acirramento da concorrência e a um aumento dos rendimentos reais, forçando as expectativas dos *shareholders* para cima, o excedente (a mais-valia relativa) a rigor deveria aumentar, apesar da queda tendencial dos índices de crescimento da produtividade. Essa contradição é acirrada pelas forças da globalização, que ao mesmo tempo oferecem soluções. Os métodos da produção da mais-valia absoluta ganham novamente em significado histórico. Com os métodos modernos da apropriação dos excedentes causados pela globalização não ocorre a apropriação do excedente de produtores não capitalistas como nos tempos pré ou protocapitalistas, mas o produto do valor gerado de modo capitalista em todas as regiões do mundo. Este é direcionado sobretudo para os mercados financeiros, onde são exigidos e também obtidos rendimentos elevados. O meio da apropriação do excedente é a concessão de créditos; por conseguinte, o endividamento. Isso ocorreu em escala global durante a crise de endividamento dos anos 1980. Empréstimos devem ser reembolsados com juros altos à expensa da substância patrimonial de uma sociedade, até a beira do seu arruinamento econômico (como nos casos do México, do Brasil, da Argentina e de muitos outros países). As instituições internacionais como o FMI entram no jogo e forçam arrochos salariais, reduções de despesas do Estado de Bem-estar Social, restrições para investimentos e privatizações de bens públicos (eis a famigerada condicionalidade correspondente ao "Consenso de Washington" — ver a respeito disso o relatório da Enquete-Kommission 2002; Altvater/Mahnkopf 2004). Meios de pressão econômica são colocados em ação para obter concessões políticas, que em parte vão até a desistência parcial da soberania política.[12] Mas ao lado dos mercados emprega-se também o poder político e mesmo militar, para dominar territórios e apropriar-se dos seus recursos. As *enclosures* dos tempos da acumulação primitiva e outras formas de apropriação privada de bens públicos não se restringem à fase inicial do capitalismo. As vias de desapropriação, descritas por Marx no capítulo 24 do vol. I de *O capital*, isto é, a transferência da propriedade não capitalista ao "mundo dos valores" e a extensão da dominação do capital também são usadas na "fase plenamente desenvolvida" do capitalismo (De Angelis 2004).

Uma análise dinâmica revela que as exigências financeiras não só podem resultar em exigências excessivas com vistas à capacidade real de desempenho, mas que a taxa de lucro tende a cair enquanto indicador da capacidade real de desempenho. A mais-valia efetivamente produzida determina, juntamente com o capital adiantado, o percentual da taxa de juros, mas no processo de acumulação capitalista o necessário adiantamento de capital (meio) aumenta na proporção com a mais-valia (fim), de modo que a rentabilidade acaba caindo.[13] Sobreacumulação é um sinônimo da queda da taxa de lucros.[14] Contra essa dupla tendência

---

[12]O fato de aqui não ter entrado em ação apenas "a coação muda das relações econômicas" (Marx), mas de ter ocorrido uma ajuda política e militar com meios extralegais, quando não criminosos, foi confirmado pelas revelações no livro de Perkins (2005).

[13]É impossível comentar aqui a bibliografia extensa e controvertida sobre a queda da taxa de lucros. Por essa razão remeto aqui apenas a Heinrich (1999).

[14]Por um lado, Harvey discute brevemente a sobreacumulação e o subconsumo, mas evita analisar o nexo entre a taxa de lucros e a acumulação (ver para tal Altvater/Hoffmann/Semmler 1980). Isso, no entanto, seria necessário para evitar um erro natural (cometido de forma bastante crua por Zeller 2004): a hipótese de que o capitalismo poderia fundamentar a reprodução ampliada na desapropriação sem gerar mais-valia. Fosse esse o caso, não existiria num futuro próximo mais nada que pudesse ser apropriado. Por isso o problema decisivo, que o moderno "capitalismo desapropriador" precisa solucionar, é o aumento da produção da mais-valia (relativa e absoluta) e o estabelecimento de um sistema que permita redirecionar partes dos valores efetivamente produzidos para os centros capitalistas.

— queda da taxa de juros e aumento das expectativas de rendimentos financeiros nos mercados financeiros globais — elabora-se a estratégia da desapropriação em escala global, que pode ser caracterizada como quarta forma da apropriação, por distinguir-se nitidamente das outras três estratégias antes descritas. David Harvey radicaliza esse fenômeno ao afirmar que o capitalismo "interioriza práticas canibais, bem como predatórias e fraudulentas" (Harvey 2003; 2004).

No imperialismo dos nossos dias a exploração "normal" da mão de obra não basta para satisfazer as expectativas de rendimentos dos investidores que operam em nível global. O jogo de soma positiva da produção fordista de mais-valia relativa deixa um lucro demasiado reduzido para satisfazer as elevadas pretensões de rendimentos do universo financeiro. Acresce então a apropriação por novas formas ou métodos de desapropriação, na forma de compromissos de dívida absurdamente elevados na esteira das crises financeiras. Perkins (2005) descreve com fundamento em muitos exemplos, do Equador até a Arábia Saudita, como estas também são geradas com meios políticos. Aqui andam de mãos dadas a privatização de bens e serviços públicos, manobras corruptas e criminosas, o acesso político e militar aos recursos naturais, sobretudo ao petróleo, o roubo de obras do patrimônio artístico e sua transformação em antiguidades comercializadas com interesse especulativo e a retirada de direitos sociais e democráticos de cogestão. Os países centrais imperialistas são, portanto, tudo menos o "círculo charmoso" que se consideraram na era do "velho" imperialismo (Rigaux 1999).

No entanto, a confiança no retorno como que natural dos capitais aplicados pode revelar-se uma demonstração de pronunciada ingenuidade. De qualquer modo, os subscritores de obrigações públicas argentinas se viram obrigados a experimentar que os prometidos rendimentos elevados não podiam ser pagos diante da capacidade de desempenho da economia real do país, vendo-se forçados a depreciar uma parte significativa das aplicações financeiras. Portanto, a irrelevância da movimentação mediadora da produção de mais-valia parece ser uma mera aparência, assim como também parece ser uma mera aparência que a obrigação jurídica do reembolso e do pagamento dos juros de empréstimos seja uma garantia suficiente de que os empréstimos e seus juros efetivamente sejam reembolsados. Relações creditícias muitas vezes são ilusórias, quando não se leva em consideração a capacidade de desempenho da economia real dos devedores. A insolvência e a bancarrota assinalam o retorno da sóbria realidade ao mundo dos fetiches. Os investidores exigem retornos do capital investido, que possam concorrer com os rendimentos mais elevados pagos em qualquer recanto da Terra. A concorrência global força-os a tanto. A esfera financeira ou a acumulação monetária são desacopladas da economia real. Em última instância, as exigências financeiras devem ser atendidas a partir da produção real, o que conduz periodicamente a exigências tão excessivas que crises financeiras se tornam inevitáveis, mesmo com a pressão política mais brutal.

A apropriação não pela produção, mas pela desapropriação, é uma tendência da economia mundial do século XXI — e ao mesmo tempo as publicações sobre a cooperação internacional para o desenvolvimento falam muito de "empoderamento" (*empowerment*) e "propriedade" (*ownership*). Isso é apenas ideologia, destinada a jogar areia nos olhos? Decerto que não, pois o imperialismo moderno caracteriza-se justamente pelo fato de o mundo inteiro ser integrado no "círculo charmoso", na medida em que se exige de todos os governos e de todos os atores econômicos a obediência a regras comuns. Eles precisam esforçar-se em ter uma "boa governança". Disso fazem parte o respeito pela propriedade privada e suas leis de apropriação, a abertura dos mercados e, sobretudo, os mercados financeiros liberalizados, a segurança jurídica, para permitir aos investidores a transferência dos lucros, uma relação regulamentada entre economia e política, que exclui a corrupção (ver aqui Söderberg 2004). À diferença da descrição de Cunow para a sua época, não é mais a dominação do território estrangeiro (colonial) pelo Estado imperialista que cria segurança para os aplicadores de capitais, mas a sujeição de todos os espaços a um conjunto comum de regras de validade global, que zela pela liberdade da apropriação global em livres mercados. Neles, impõem-se os mais fortes e rápidos, os grupos transnacionais e os aplicadores institucionais, que embolsam rendimentos elevados nos seus fundos justamente por pilharem povos inteiros. Perkins (2005) descreveu a brutalidade de tais processos.

Tudo isso acontece sobretudo no mundo do mercado. Mas elementos da velha orientação geopolítica também reaparecem hoje na política dos grandes Estados. A lógica econômica (da obtenção de lucros máximos) é complementada por uma lógica territorial (do poder e da apropriação). A presença territorial dos EUA com bases militares nas regiões mais importantes do mundo tem uma orientação inequivocamente geoestratégica (Johnston 2004). A desapropriação e apropriação são, portanto, organizadas também com meios militares, como roubo e troca desigual. Por um lado, os recursos, especialmente o petróleo, encontram-se como mercadorias no espaço da valorização capitalista. Um barril de petróleo muda várias vezes de dono no caminho do golfo Pérsico até o terminal em Roterdã. O petróleo é negociado no mercado de *spots* e nas bolsas de futuros. O desenvolvimento dos preços é, portanto, objeto e consequência da especulação nos mercados financeiros globais. Por isso os mercados de recursos e os mercados financeiros são interdependentes em elevado grau. Mas isso diz respeito em primeiro lugar à "dimensão do valor de troca" do recurso petróleo. A sua dimensão de valor de uso, sua forma material, a natureza, surgiu em períodos muito longos (em milhões de anos), e se concentra hoje em espaços territoriais privilegiados. Assim os recursos não são apenas objeto da lógica capitalista do valor de troca e da valorização, mas também objetos da lógica territorial (Harvey 2003, p. 33 ss.). A dominação sobre o território chega mesmo a ser um elemento definidor da soberania do Estado nacional. Por conseguinte, é inevitável que na quarta forma da apropriação e desapropriação adquiram importância não apenas os mecanismos de funcionamento da economia, mas o poder político e, com isso, o poderio militar. Esse conjunto de economia, política, cultura, geoeconomia e geopolítica constitui o "novo imperialismo".

Nele, o primeiro plano é ocupado pela garantia da segurança contra ameaças terroristas, fluxos de migração, o crime organizado e o abastecimento com energias primárias e matérias-primas. Por conseguinte, os Estados nacionais não "crescem" territorialmente mediante conquistas (como supunham os geopolíticos do século XIX e do início do século XX), mas estendem sua influência aos territórios interessantes do mundo. Zelam hoje, juntamente com as organizações internacionais, para que o corpo de regras da "boa governança" seja respeitado. O mundo globalizado é unificado num campo de valorização, em termos políticos, econômicos e sociais, bem como culturais e linguísticos, com a ajuda das diferentes estratégias de apropriação da produção excedente. Podemos assim inferir que o mundo não se torna apenas uma mercadoria, mas uma mercadoria capitalista, e a transformação do mundo em mercadoria só pode ser desfeita mediante o questionamento do caráter capitalista do mundo.

CAPÍTULO IV A congruência trinitária das formas capitalistas, das energias primárias fósseis e da racionalidade europeia

Por que esse título? Ele remete à trindade de racionalidade europeia, que assume feições materiais na indústria moderna, das energias primárias fósseis, que são o combustível da indústria, e da formação social capitalista com sua dinâmica estimulada pelo lucro e pela concorrência. Conforme vimos no capítulo anterior, a Revolução Industrial enfeitiça todas as relações da vida humana, toda a sociedade. Ela é total. "A Revolução Industrial", conforme escreve Eric Hobsbawm (1968; p. 12), "não é apenas uma aceleração do crescimento econômico, mas uma aceleração do crescimento por causa e por meio das transformações econômica e social [...]." O desenvolvimento das forças produtivas é a missão do capitalismo, enfatizam Marx e Engels no *Manifesto comunista*: "A burguesia não pode existir sem revolucionar constantemente os instrumentos de produção, ou seja, as relações de produção, ou seja, todas as relações sociais" (MEW vol. 4, p. 465).

A mão de obra é substituída por máquinas operatrizes, as qualificações do fator "subjetivo" de produção são desvalorizadas e incorporadas às condições "objetivas" de produção, às máquinas. Os trabalhadores são considerados apenas *hands*, "mãos". A desqualificação do trabalho permite atrair cada vez mais mulheres e crianças para o processo de produção industrial. Considerando a história social da Europa e a história do movimento operário, sabemos o que isso significa para os afetados. O progresso da técnica e da organização social e o aumento do excedente graças ao aumento da produtividade não conduzem automaticamente a uma vida melhor para todos. O contrário é o caso. Em comparação com o mundo pré-capitalista, a desigualdade das condições de vida aumenta. Essa tendência continuou até os dias atuais. A "riqueza das nações" é maior do que em qualquer época passada, mas ela está distribuída de forma extremamente desigual, a ponto de problemas morais resultarem dessa desigualdade, pois como podemos justificar — ou apenas aceitar tacitamente — que, apesar da grande riqueza no mundo atual, hoje muitos milhões, obrigados a sobreviver com menos de 2 dólares por dia, vivem na pobreza (Pogge 2005)? Dois dólares por dia definem a linha de pobreza determinada pelo Banco Mundial para a América Latina; em outras regiões do mundo, ela é definida pelo índice de sobrevivência com 1 dólar por dia.

As máquinas operatrizes são acionadas por máquinas de força ou motrizes, sobretudo pela máquina a vapor, que força o reajuste do abastecimento com energia para a utilização de energias primárias fósseis. Num primeiro momento, nos primórdios da sua existência, a máquina a vapor é alimentada com madeira enquanto fonte primária de energia, em princípio renovável. Mas esse método é limitado e pouco flexível. Os locais nos quais as manufaturas geram energia de trabalho para as manufaturas e posteriores empresas industriais devem estar perto de florestas, que, no entanto, desaparecem com o desmatamento crescente. Por isso as vias de transporte são aumentadas. O dispêndio de energia para o transporte das fontes de energia até o local da sua transformação em trabalho útil atinge um ponto tal que o sistema se torna irracional quando a quantidade de energia necessária ao transporte até o local de produção supera a energia de trabalho que pode ser extraída da fonte de energia. Isso se repete mais tarde na construção e na operação das ferrovias. A madeira para as locomotivas e para os dormentes dos trens logo se torna muito escassa; no final do século XIX, o "cavalo de ferro" ameaça engolir as florestas dos EUA (McNeill 2002, p. 327). A alimentação da máquina a vapor com carvão aparece como saída a ser trilhada no avanço da industrialização, sobretudo nas regiões carboníferas, na Inglaterra, no vale do Ruhr, na Alta Silésia etc. O capitalismo não é fossilista desde o começo, mas torna-se necessariamente fossilista na sua evolução.

Não devemos imaginar a transição para o sistema de energias fósseis como uma medida simples, que poderia ter sido aplicada num reduzido espaço de tempo. A industrialização também não se inicia com a máquina a vapor, mas com a máquina operatriz, "[...] da qual parte a Revolução Industrial no século XVIII [...]" (Marx MEW 23, p. 393). Não são as novas máquinas motrizes, que não se valem mais das fontes bióticas de energias disponíveis ou do vento e da água, que produzem o sistema das máquinas operatrizes, mas, "inversamente, foi muito mais a criação das máquinas operatrizes que tornou necessária a máquina a vapor revolucionada" (Marx MEW 23, p. 396). A máquina, "da qual parte a Revolução Industrial, substitui o trabalhador, que manipula uma ferramenta individual, por um mecanismo que opera de uma só vez uma massa de ferramentas iguais ou ferramentas de igual espécie e é movida por uma só força motriz, não importa qual seja a sua forma" (*ibid.*: p. 396). Antes do seu aperfeiçoamento decisivo por James Watt, a máquina a vapor é empregada sobretudo na mineração, para bombear a água para fora das minas e retirar o carvão. Mas a industrialização principia sobretudo na produção de têxteis. Assim ocorreu na Inglaterra, o que se repetiu em muitos outros países. Só o "sistema da grande maquinaria", interpretado por Marx como um "grande autômato" (*ibid.*, p. 401), torna possível e, em última instância, também necessário o emprego de máquinas motrizes de elevado rendimento e o uso de mecanismos de transmissão, que transmitem a força da máquina motriz para as máquinas operadoras.

A máquina a vapor permite um aumento enorme do máximo da energia mobilizável de trabalho, sendo, por assim dizer, como o salto de um montículo de terra feito pela toupeira para o monte Everest. Ela permite transformar em trabalho as fontes fósseis de energia armazenadas na Terra e assim multiplicar as potências do trabalho vivo na produção. Cada mão de obra recebe centenas de "escravos energéticos" (Hans-Peter Dürr) para reforçar as próprias forças físicas (e, mais tarde, também as forças mentais). Os ritmos do tempo, distintos porque culturalmente condicionados, são agora cobertos e reprimidos por ritmos industriais. *"Time is money"* afirma Benjamin Franklin (1706-1790), e quando desaparecem as diferenças qualitativas de regimes locais de tempo, um regime global de aceleração com efeitos não apenas positivos, mas também negativos, pode difundir-se. O aspecto negativo da aceleração é formulado nos seguintes termos por Hans-Peter Dürr: "Na concorrência de todos os processos possíveis, uma aceleração maior sempre favorece os processos de degradação diante dos processos de construção, que demandam tempo, e nestes últimos, por sua vez, os processos reprodutivos diante da produção nova, da inovação, do que é propriamente criativo" (Dürr 1998, p. 64 s.). Em outras palavras: o capitalismo desenvolve-se mais e mais na direção de um "inimigo da natureza" (Kovel 2002). "No fim da história", o "melhor de todos os mundos possíveis" destrói os fundamentos da sua própria vida. Precisamos analisar melhor por que isso acontece.

A economia do tempo não é apenas global, mas também total, pois o relógio apreende os tempos da produção, o relógio de ponto controla o trabalhador no mundo do trabalho, e a velocidade de circulação do capital é medida com o cronômetro. O despertador regula os períodos de repouso. O horário de viagens é inventado, não por casualidade, em conexão com a abertura transcontinental de trens nos EUA. Os métodos de medição do tempo no processo de produção servem à racionalização e à intensificação do trabalho. As cozinhas são configuradas de acordo com o novo regime racionalista do tempo e agora pedem, sobretudo das mulheres, adaptações inteiramente novas, que alteram profundamente as relações entre os gêneros (ver sobre isso, em pormenores: Vinz 2005). Hoje, os atores nos mercados financeiros globais podem aproveitar os andamentos tecnicamente possíveis em tempo real para ataques financeiros especulativos deveras destrutivos.

Aqui, porém, há que se considerar que a afirmação de Benjamin Franklin também vale na formulação inversa: *Dinheiro é tempo*. Em outras palavras: somente os que dispõem de poder monetário de compra podem globalizar ativamente o seu mundo vivido, satisfazer as necessidades que surgem com a industrialização, por exemplo, a vontade de percorrer terras distantes por meio do turismo (em terras distantes) ou hábitos alterados de consumo, pois mercadorias que poucas décadas atrás ainda possuíam um valor de raridade exótica, enquanto "artigos coloniais", agora estão à disposição no cotidiano. A compressão do tempo e do espaço custa dinheiro; viagens turísticas e produtos exóticos existem apenas onde existe o correspondente poder aquisitivo em moeda forte.

Em outras palavras: a trindade de capitalismo, fontes fósseis de energia, racionalidade industrial de meios e fins produz uma aceleração de todos os processos econômicos e sociais, única na história da humanidade, e, em consequência, um aumento considerável da "riqueza das nações". Mas a aceleração enseja seleções de caminhos de desenvolvimento que conduzem a becos sem saída na destruição da natureza. Constatar isso é uma coisa; outra bem distinta é encontrar as causas para desenvolver uma estratégia política adequada. Em princípio, isso vale também para a outra consequência da nova dinâmica capitalista: o imenso aumento da desigualdade no mundo.

4.1. ACELERAÇÃO E CONDENSAÇÃO DO ESPAÇO

As novas técnicas desenvolvidas na incipiente história moderna (da Europa) e implementadas na realidade — portanto, também usadas no processo produtivo — devem-se a descobertas científicas que resultaram da era do racionalismo, preparada na *Idade Média* (por vezes associada com as "trevas"), então sobretudo nos conventos. Essa era do racionalismo absorve muitos empréstimos intelectuais do Oriente islâmico.[1] Trata-se da matemática, da imprensa, da pólvora, da navegação com a bússola e o sextante, do desenvolvimento da caravela veloz e ágil e dos mapas marítimos precisos, dos arreios dos cavalos e da carruagem dos correios no transporte sobre a superfície da Terra, da duplicata e do cheque na circulação transnacional do dinheiro já durante as Cruzadas (ver sobre isso Crosby 1986). Tais inovações e muitas outras mais são os meios da primeira fase da expansão e aceleração. Na fase ulterior da evolução, os

---

[1] Por isso Hobsbawm (1968/1999: p. 16) escreve: "As precondições mais importantes da industrialização já estavam presentes ou podiam ser realizadas sem dificuldade na Inglaterra setecentista [...]." Isso não vale apenas para a Grã-Bretanha, mas para o mundo em geral. Especialmente fascinantes são os cadernos de esboços de Leonardo da Vinci. Neles já encontramos planos para a construção de uma ponte entre a Europa e a Ásia sobre o Bósforo, esboços da bicicleta, de muitas máquinas de guerra e mesmo de um helicóptero. Nenhum desses projetos poderia ter sido implementado com as energias bióticas "lentas" e o material utilizado (quase sempre madeira). A ideia já existia, à diferença das condições da sua implementação.

meios de transporte e comunicação são aperfeiçoados constantemente. Em duas palavras, comprimem-se o espaço e o tempo. Marx já observava: "Enquanto se desenvolvem os meios de transporte [...], acelera-se a velocidade do movimento no espaço, reduzindo-se, com isso, a distância espacial no tempo" (MEW 24, p. 253). O espaço é aniquilado pelo tempo. O meio para tal fim são todos os métodos técnicos e organizacionais da aceleração.

Em virtude da energia insuficiente, a aceleração teria ficado trancada nas tradicionais estruturas da economia e da sociedade se, no fim do século XVIII, não tivesse ocorrido a mudança do sistema de energia das fontes bióticas para as fontes fósseis. As possibilidades da aceleração permitem a ocupação de todos os espaços; são abandonados à valorização primária capitalista. Isso também é realçado de modo verdadeiramente enfático por Marx e Engels no *Manifesto comunista*: "Todavia, os mercados ampliavam-se cada vez mais: a procura de mercadorias aumentava sempre. A própria manufatura tornou-se insuficiente; então, o vapor e a maquinaria revolucionaram a produção industrial. A grande indústria moderna suplantou a manufatura; a média burguesia industrial cedeu lugar aos milionários da indústria — chefes de verdadeiros exércitos industriais — os burgueses modernos. A grande indústria criou o mercado mundial preparado pela descoberta da América. O mercado mundial acelerou prodigiosamente o desenvolvimento do comércio, da navegação, dos meios de comunicação. Esse desenvolvimento, por sua vez, reagiu sobre a extensão da indústria; e à medida que a indústria, o comércio, a navegação as vias férreas se desenvolviam, crescia a burguesia, multiplicando seus capitais e relegando as classes legadas pela Idade Média ao segundo plano. Vemos, pois, que a própria burguesia moderna é o produto de um longo processo de desenvolvimento, de uma série de revoluções no modo de produção e de troca" (MEW 4, p. 463 s.). A lógica da globalização é, por conseguinte, muito mais antiga do que a globalização histórica, resultante somente dos processos de desregulamentação e liberalização desde meados da década de 1970 e depois desde o fim do socialismo real existente. Com a Revolução Industrial crescem as possibilidades de produzir o mercado mundial. Com isso os modos de produção e de consumo do capitalismo industrial são impostos em todas as regiões do mundo, também afrontando resistências locais. Em última instância, vencem as "coações mudas" das relações econômicas, muitas vezes em combinação com o exercício do poder político nas formas do colonialismo e do imperialismo, descritas no capítulo anterior.

A relação das pessoas com a natureza sofre uma profunda transformação, pois a massa e a velocidade são os fatores determinantes, não o ócio e a lentidão. Quase sempre lentos e "fulminantes" apenas em catástrofes, os ritmos da natureza são neutralizados pela síndrome da aceleração, interpretada por Paul Virilio como "dromológica". A aceleração progride até o *crash*.[2] A desconsideração da natureza, da sociedade e da história hoje também se expressa no fato de os países produtores de petróleo serem tratados menos como espaços geográficos — ou unidades políticas com uma cultura, história e modo de vida próprios e mais, com toda a naturalidade, como postos de gasolina, nos quais se adquire a matéria com a qual os países industrializados procuram alimentar e acelerar o crescimento. A aceleração como uma espécie de "éter vital" também altera a percepção do mundo. As distâncias encolhem, surge a proximidade, mas ela é apenas aparente, pois diferenças culturais não podem ser superadas pela via dromológica. O crescimento gera e calcifica as desigualdades, conforme evidenciam as análises históricas do desenvolvimento do capitalismo nos últimos séculos (Maddison 2001: Kenwood/Loughheed 2004) — um tema a ser retomado mais adiante.

A utilização das fontes de energia fósseis ensejou a crise energética europeia, que tivera início com a queima das florestas (Sieferle 1982) e a sua insuficiente compensação por rodas movidas à água e moinhos de vento no fim da Idade Média. Cada sistema energético tem um índice máximo de energia de trabalho mobilizável, e esse máximo só pode ser

---

[2] As acelerações do desenvolvimento de novos produtos e dos processos produtivos são aumentadas de tal modo que se produz refugo imprestável, a ser substituído em operações dispendiosas de *recall*. Os exemplos abundam: do sistema de bondes "Combino" da Siemens, que não foi testado até o fim por motivos de economia de custos, até as bombas de óleo diesel, que não funcionam nas limusines da Mercedes-Benz, pois os fornecedores são colocados sob uma enorme pressão de tempo e de custos.

mantido durante breves períodos de tempo. A velocidade de corrida de um ser humano não pode ser aumentada — ou pode ser aumentada apenas marginalmente — além de um certo índice, e mesmo um corredor de longas distâncias não pode correr sem parar.[3] Os recordes mundiais na corrida, no arremesso, no levantamento de pesos etc. mostram isso com grande clareza. O mesmo vale para animais de trabalho e os limites de carga que eles conseguem carregar. A exploração do trabalho escravo esbarra em limites físicos, que mesmo os piores feitores não podem ignorar. O alcance espacial também é limitado. Um homem consegue vencer num dia aproximadamente 25km; alguns animais (cavalos, burros, mulas) podem vencer quase o dobro dessa distância com carga (Lehmann 2004, p. 13). Os meios de transporte alimentados com fontes energéticas fósseis, sobretudo o trem na terra firme e o vapor nos mares, aumentam em muito o tempo da locomoção e a massa das mercadorias transportadas, com isso aumentando consideravelmente o raio possível das atividades econômicas. Isso vale para o alcance geográfico, mas também para a massa do lucro a ser obtido nesses negócios ampliados.

A *abundância* das reservas energéticas fósseis é convertida em um aumento da *riqueza* das nações. Eis a promessa de Adam Smith (1776/1976), embora ele não tivesse compreendido na íntegra o fundo fossilista da geração da riqueza. Para ele, o carvão não interessava como fonte primária para a geração de energia de trabalho, mas como meio de calefação para o aquecimento de espaços; Ilya Prigogine e Isabelle Stenger (1986) chamam atenção para esse fenômeno. Tudo indica que a distância dos contemporâneos das complexas transformações da Revolução Industrial era demasiado reduzida para que eles pudessem reconhecer a transição revolucionária do modo de produção aos sistemas de máquinas operatrizes industriais alimentadas com energias fósseis. Mas sem a combinação do capitalismo e do fossilismo, o aumento das forças produtivas mediante a aceleração teria provado ser um empreendimento em vão. Sem a nova maquinaria e os mecanismos de transmis-

---

[3] O ateniense que levou a notícia sobre a vitória na Batalha de Maratona em 490 a.C., correndo aproximadamente 40 quilômetros até Atenas, teria caído morto depois de chegar à cidade.

são, sem os sistemas de conversão de energia (sobretudo na máquina a vapor) e, com isso, das fontes fósseis de energia, o aprofundamento da divisão do trabalho, na qual Adam Smith e David Ricardo identificaram a premissa do aumento da produtividade e com isso da apropriação, teria permanecido superficial.

Por isso a Revolução Industrial também é uma revolução fóssil (Cameron 1997). Nesse contexto, Nicolas Georgescu-Roegen (1972) fala de uma "revolução prometeica", em termos de história universal similarmente importante à Revolução Neolítica há cerca de 10.000 anos, quando os homens aprenderam a "colher sistematicamente o fluxo da energia solar, dedicando-se à agricultura, cultivando plantas aproveitáveis, domesticando alguns animais e aprendendo, assim, a controlar ativamente os fluxos de recursos" (Ponting 1991; Debeit/Deléage & Hemery 1989). O novo regime neolítico, em princípio solar, representou um salto quântico em comparação com as culturas dos caçadores e coletores, aumentando a produção de excedentes de tal modo que as cidades novas, e as classes improdutivas que nelas se concentravam — soberanos, artistas e cientistas ou clero inclusos —, podiam ser alimentadas a partir das zonas rurais. Sem agricultura não há cultura, assevera Georgescu-Roegen. Nenhuma Ur, nenhuma Babilônia, mais tarde nenhuma Atenas, Roma, Tenochtitlan o Samarkand e Kyoto teriam sido possíveis sem a Revolução agrocultural ou neolítica.

4.2. UMA PAREDE ENERGÉTICA CORTA-FOGO ENTRE AS ENERGIAS SOLARES DE FLUXO E AS ENERGIAS ARMAZENADAS DE ORIGEM FÓSSIL

A agricultura depende de grandes áreas e usa intensamente a respectiva área. A energia de fluxo do sol só pode ser captada de forma descentralizada. Disso segue também uma estrutura descentralizada de produção e reprodução, mesmo que as sociedades e seus sistemas políticos estejam organizados hierarquicamente em muitas culturas antigas. Somente no transcurso da Revolução Industrial ocorre a transição do uso da energia de fluxo, que se irradia para a Terra a partir do Sol e pode ser captada de forma descentralizada e convertida em energia útil, para a exploração dos estoques de biomassa mineralizada, armazenados na crosta terrestre. A independência do fluxo dos raios solares permite uma centralização da produção e reprodução, isto é, a concentração econômica e a urbana. Apenas a partir de então podemos falar de "localização" e, por conseguinte, da "concorrência entre locais de investimentos". Em comparação com épocas anteriores, percebemos uma estruturação inteiramente distinta da sociedade. Ela pode tornar-se capitalista — e efetivamente se torna capitalista. Sob as condições da indústria e do fossilismo, a formação social capitalista também absorve as sociedades que procuraram trilhar um caminho distinto, não capitalista.

As camadas de carvão surgiram sobretudo no Período Carbonífero, de 280 a 345 milhões de anos atrás, mediante a extinção da biomassa, que não se decompôs aerobicamente, mas transformou-se, sob alta pressão e em elevadas temperaturas por baixo das camadas de terra, em turfa, linhita, carvão de pedra e antracito. O petróleo também surgiu no decorrer de milhões de anos a partir da biomassa, isto é, por via orgânica. Sob pressão e temperaturas elevadas, sedimentos transformaram-se em hidrocarbonetos mais leves do que a água, que depois se concentraram de "migrações" primárias e secundárias em determinados pontos ("armadilhas de petróleo", *oil traps*), sob camadas impermeáveis do solo, como jazidas petrolíferas (ver a esse respeito: Brockhaus 1981, p. 488 ss.). Os hidrocarbonetos podem formar estruturas moleculares muito distintas, que são a causa mais importante da qualidade distinta do petróleo. Entrementes, as "armadilhas de petróleo" são exploradas em larga escala como campos petrolíferos, já tendo sido identificadas em grande parte, embora ainda haja expectativas referentes à "grande descoberta". No entanto, tais descobertas não ocorreram nas décadas pregressas, o que também é interpretado como indício de que estamos próximos ao ponto máximo da extração do petróleo (o *peak oil*, abordado mais extensamente no capítulo VII, infra).

Desde que formados por massa orgânica, os estoques fósseis também são energia solar, mas uma energia solar armazenada na crosta terrestre.[4] Esta é explorada mediante a extração e o encaminhamento a sistemas adequados de conversão energética. O processo já tem início no século XVIII com a máquina a vapor de Newcomen, mas só as melhorias introduzidas por James Watt transformam a máquina a vapor num meio de aplicação universal da energia armazenada no carvão em trabalho útil. Isso ocorre inicialmente no setor industrial, mas depois também no transporte, revolucionado pelas ferrovias (no transporte terrestre) e pelos vapores (no transporte aquático). A revolução dos meios de transporte amplia o raio de ação econômica, de modo que o mercado mundial, na expressão de Marx contido em germe no "conceito do capital", também pode ser implementado na realidade. Entrementes, a intensidade do transporte assumiu proporções absurdas nas esferas da produção e do consumo.[5]

Mais tarde o petróleo é usado de início para a iluminação. Assim é possível transformar a noite em dia e tornar a valorização do capital independente da luz solar, das horas do dia. No fim do século XIX são descobertos e explorados os potenciais da gasolina, um "produto residual", como energia propulsora de veículos automotores. Os motores a gasolina e óleo Diesel abrem novas possibilidades de aumento da produtividade do sistema industrial. Redes energéticas interligam a geração, o transporte e a distribuição aos consumidores. Essa infraestrutura oferece possibilidades gigantescas para aplicações de capitais. Grandes grupos econômicos modernos, como a Siemens e a General Electric, surgiram assim. Desde o fim do século XIX o motor elétrico e a lâmpada incandescente aperfeiçoam o moderno sistema de energia, baseado essencialmente na energia primária de origem fóssil e, desde a primeira metade

---

[4] À diferença do **urânio**, que surgiu por via inorgânica. Cf. Brockhaus 1981: p. 460 ss., sobre a formação de jazidas.

[5] O exemplo disso é a embalagem de iogurte, cujos ingredientes percorreram milhares de quilômetros até o consumidor. Walden Bello cita o *International Forum on Globalization*, ao afirmar que "o prato de comida consumido nas nações ocidentais importadoras de gêneros alimentícios provavelmente viajou mais de três mil quilômetros desde a sua origem até a mesa do consumidor. Cada quilômetro contribui para aprofundar as crises ambientais e sociais do presente [...]" (Bello 2004: p. 113).

do século XX, sobretudo no petróleo. Em apenas um século processa-se uma transformação revolucionária, que sinaliza o início de uma nova época. A outra revolução "prometeica" da humanidade, ocorrida no Neolítico, levara milhares de anos.

A formação social — e com isso também a relação social com a natureza — sofre uma transformação radical. A técnica e o modo de produção também afetam a cultura, o pensamento e a fé, a religião. McNeill chama atenção para o fato de que por volta de 1950 "cada nação que não apostava no consumo de energia em grande escala estava condenada à pobreza" (2003, p. 315). Esse juízo é correto na retrospectiva histórica, mas o enunciado não reflete que nem todas as nações ou regiões dispõem de jazidas com fontes fósseis de energia ou têm acesso a elas. Podem comprá-las nos mercados globais de energia, se tiverem poder aquisitivo (em moeda) para tanto. Mas nem todas as sociedades e nem todas as pessoas nas sociedades dispõem dessa possibilidade. Assim, a desigualdade das rendas e dos patrimônios se reproduz no acesso às fontes de energia. Por conseguinte, as energias fósseis não apenas apóiam a aceleração — e com isso a produção de excedentes, bem como o crescimento —, mas também a produção social da desigualdade.

As técnicas desenvolvidas na incipiente Idade Moderna (europeia) e implementadas no decurso da Revolução Industrial nada poderiam mover sem as energias fósseis. Com o uso das energias fósseis são atribuídos a cada trabalhador vivo centenas de "escravos de energia", denominados "forças de cavalos" (HPs). Sem as energias fósseis, a promessa de Adam Smith, ou seja, o aumento da *riqueza* das nações, não poderia ser cumprida, pois a "mão invisível do mercado" seria impotente. Por isso a Revolução Industrial também foi uma revolução fóssil. Colocado em primeiro plano por Max Weber, o "espírito do capitalismo" poderia ter organizado as fábricas incipientes e ter ensinado a racionalidade do cálculo do capital, mas não teria logrado fazer funcionar as fábricas.

Ocorre, portanto, uma transição radical, mais especificamente da utilização da energia de fluxo que se irradia para a Terra a partir do Sol,[6]

---

[6]Chamamos apenas a atenção ao fato de que tão importante como a energia dos raios solares é a irradiação do calor da Terra para o espaço sideral. Do contrário, a terra se aqueceria em pouco tempo. A Terra é uma espécie de "moinho de fótons" (Ebeling 1995).

até a exploração dos estoques formados há centenas de milhões de anos a partir de biomassa e depositados na crosta terrestre. "Com a exploração do grande armazém de energia solar do carvão, do petróleo e do gás natural, que se formou por meio da fotossíntese de micro-organismos na crosta terrestre, passando por períodos de tempo de milhões de séculos, o homem logrou pôr a seu serviço, ao lado da energia solar diariamente irradiada, uma nova fonte de energia, utilizável de modo substancialmente mais confortável, para satisfazer suas próprias necessidades. A Revolução Industrial foi possibilitada graças apenas a essa nova fonte de energia" (Dürr 1998, p. 62).

Isso tem seu preço. No capitalismo, a Terra é transformada, sobretudo desde a Revolução Industrial, de um sistema energético aberto em um sistema energético fechado. Abstração feita das energias primárias renováveis, por causa de sua importância ainda reduzida, a quase totalidade da energia de trabalho hoje usada nas sociedades humanas provém das jazidas de carvão, petróleo e gás natural na crosta terrestre. Mas isso vale em primeiríssimo lugar, para não dizer exclusivamente, para o processo econômico, pois a vida no planeta Terra continua dependente dos fluxos de raios solares. Mais de 99% da luz e do calor vêm diretamente do Sol e não dos armazéns terrestres fósseis da energia solar de milhões de anos. A energia dos raios solares é aproximadamente 18 mil vezes mais forte do que a energia fóssil (e nuclear) usada por ano. E assim se erige no capitalismo uma espécie de Muro de Berlim, uma parede corta-fogo entre o sistema energético natural, que preserva a vida na Terra, e o sistema energético usado na economia. Hoje uma vez mais verificamos que a transição para o sistema energético fóssil produz uma transformação radical na relação social com a natureza, pois agora o sistema energético é fechado diante da fonte externa de energia da Terra, o Sol. Mas a vantagem das energias primárias de origem fóssil é patente. O *Energy Return on Energy Input* (EROEI — Retorno de energia sobre a energia investida), isto é, a relação entre a energia colhida em oposição ao dispêndio de energia, é muito alto. Eis a razão pela qual Nicholas Georgescu-Roegen caracteriza a Revolução Industrial como uma "revolução prometeica".

O problema conexo já foi mencionado várias vezes: como o sistema energético fóssil é fechado, suas fronteiras também passam a ser os limites do desenvolvimento capitalista.

Hoje — e possivelmente em todo o futuro — é impossível manter o ritmo da *acumulação* capitalista com energia de fluxo solar. Logo adiante examinaremos em pormenores as razões disso. É, porém, igualmente impossível fundar a vida humana (genericamente, a vida no planeta Terra), no tocante à energia, em estoques de energias primárias fósseis. Já a luz gerada por todas as usinas elétricas do mundo é apenas uma fração da luz que o Sol doa à Terra e que preserva e torna agradável a vida sobre o planeta. O biorritmo de todos os seres vivos depende da ciclicidade da radiação solar entre o dia e a noite e das estações do ano. É possível transformar a noite em dia, mas mesmo essa tentativa de superação do muro energético só pode ser aconselhada por tempo limitado, por motivos de saúde.

O que acontece com o muro entre os sistemas energéticos? *Em primeiro lugar*, podemos torná-lo mais permeável, mas a parte energética corta-fogo só é permeável em uma direção, pois o sistema energético fóssil gera consequências extremamente destrutivas para as condições de vida na Terra, quase totalmente abastecidas pela energia do fluxo solar. O efeito estufa, a destruição da camada de ozônio, a poluição local da atmosfera, a desertificação, o desaparecimento das florestas tropicais úmidas, as perdas de biodiversidade, a impermeabilização de paisagens inteiras pela construção de rodovias etc. são as consequências visíveis ou sensíveis que o uso da energia fóssil estocada para os fins do acionamento do processo econômico acarreta para os sistemas vivos, dependentes da energia do fluxo solar (ver também a listagem dos danos ambientais pela acumulação capitalista em Kovel 2002, *Introduction*). Esse conflito também pode ser interpretado como um conflito entre a economia capitalista e a ecologia. Está presente desde o início da Revolução Industrial. Hoje é objeto de conferências internacionais, sendo analisado nas instituições da "governança ambiental global" (ver Elliot 2004; Drysek 1997). Os efeitos mais nocivos das emissões sobre a natureza devem ser reduzidos. Essa é a lógica que hoje determina os grandes tratados de proteção ambiental, mormente a política de proteção do clima com base no Protocolo de Kyoto (ver a análise crítica em Scheer 2005). Na maioria das vezes, a estratégia da redução do consumo de recursos e de emissões nocivas visa aumentar a eficiência de energia — por um "fator quatro" ou mesmo por um "fator dez" (von Weizsäcker/Lovins/Lovins 1997). De qualquer modo, o aumento da eficiência é a principal linha da política ambiental europeia (EurEnDel 2004, p. 67 ss.). Disso também os políticos ambientalistas esperam uma redução do consumo de recursos e da oneração da natureza com emissões (Bode 2005). No entanto, aparentemente isso é realista apenas enquanto o caráter capitalista do crescimento não for incluído na conta e a dinâmica dos mercados financeiros globais não for considerada em nenhuma análise. Ocorre, porém, que uma ilusão baseada em análises deficientes nunca capacitou ninguém à elaboração de concepções políticas que levassem em consideração a seriedade da situação. Em última instância, a parede corta-fogo entre os regimes econômico e ecológico permanece de pé. Regula-se tão somente a sua permeabilidade.

Em segundo lugar, a parede energética poderia ser aumentada até o limite da intransponibilidade. Essa é a estratégia dos grandes grupos produtores de energia e dos lobistas, que procuram aferrar-se até onde possível ao regime das energias fósseis ou nuclear. Como os limites das fontes fósseis de energia, especialmente do petróleo, são prognosticáveis, joga-se novamente a carta da energia nuclear, depois de ela ter sido tirada de jogo na década de 1990. A oposição entre os fluxos energéticos que preservam a vida e a transformação da energia nuclear em energia de trabalho aplicável em condições controláveis praticamente não pode ser maior nem mais perigosa para a vida. Chernobyl evidenciou isso, e ninguém sabe o que acontecerá com o luminoso lixo atômico nos milhares de anos da sua radioatividade. Mas as turbinas a vapor das grandes usinas elétricas devem ser alimentadas, a não ser que se deprecie não apenas as estruturas técnicas, mas também as estruturas econômicas. Para evitar isso, considerando-se que tal medida reduziria a margem de lucros, exerce-se pressão para estabelecer novamente a energia nuclear, e a pressão é reforçada pela reação espontânea dos mercados e da mídia.[7] A essas pressões se somam agora ecólogos como James Lovelock, autor da Hipótese Gaia, segundo a qual a Terra é um ser vivo em desenvolvimento. Lovelock agora defende a tese errônea de que seria possível reduzir o efeito estufa causado pela queima de fontes fósseis de energia fazendo com que as turbinas a vapor das grandes usinas elétricas passassem a ser acionadas por energia nuclear em vez de energia fóssil.

Em terceiro lugar, é possível derrubar a parede corta-fogo e passar de um regime de energias fósseis para um regime de energia solar da utilização sustentável de energias renováveis. Essa tentativa é empreendida pelo movimento mundial em favor das energias renováveis. Não apenas as condições da vida mas também o sistema econômico são abastecidos com energias renováveis. Se isso ocorresse, também o processo econômico seria alimentado por energia solar, devendo então incorporar muitos elementos do modo de produção pré-industrial (descentralização e desaceleração, para não dizer... lentidão), combinando-os, porém, com as conquistas industriais e pós-industriais da modernidade.[8] É quase inconcebível que a derrubada da "parede corta-fogo do sistema energético" seja exequível sem a reorientação da economia fóssil-capitalista na direção de uma economia solidária. Alteram-se não apenas os fundamentos energéticos, mas também os fundamentos sociais e culturais da economia e da política (cf. a respeito disso o cap. VIII).

---

[7]Depois das eleições para a Câmara dos Comuns de maio de 2005, Tony Blair não exclui mais o abandono do programa de retirada da energia nuclear, embora na mesma época o reprocessamento em Sellafield sofresse um duro revés em virtude de um vazamento, no qual algumas dezenas de toneladas de líquido radioativo tinham sido liberadas. Um dia depois do anúncio de Gerhard Schröder de realizar novas eleições no outono de 2005 e diante da expectativa de que um novo governo conservador-liberal cancelaria o abandono da energia nuclear e deixaria de fomentar energias renováveis, as ações dos grandes produtores e fornecedores de energia subiram, e as ações daqueles que oferecem técnicas de geração de energias renováveis caíram subitamente.

[8]Hermann Scheer (2005) mostra que essa hipótese não está fora de cogitação. Ele lembra a máquina a vapor de Augustin Mouchot, apresentada na Exposição Mundial de Paris em 1878 e acionada por um espelho solar parabólico, mas prontamente esquecida por não se integrar nos sistemas do abastecimento com energias primárias fósseis (Scheer 2005: p. 84 s.). Portanto, depende muito do percurso de desenvolvimento tecnológico de inovações, do contexto técnico, mas também dos contextos social e político. O determinismo fundamentado em termos técnicos e em cálculos de custos só existe onde os alegados "constrangimentos inerentes aos fatos" [*Sachzwänge*] podem ser traduzidos em lucros.

À semelhança do Muro de Berlim, a parede corta-fogo do sistema energético não foi construída para durar. Adequado ao capitalismo, o sistema fóssil não poderá ser mantido contra uma sociedade solar. Aqui se manifesta um paradoxo histórico: no início da era fóssil o capitalismo encontrou por assim dizer *in nuce* o sistema energético que lhe correspondia. Precisou apenas desenvolvê-lo. Nos últimos dois séculos desde o início da Revolução Industrial, isso foi implementado com um inaudito esforço técnico e financeiro. A sociedade automobilística global é o ponto culminante e ao mesmo tempo a advertência de que, apesar dos carros cada vez mais fortes e rápidos, esse caminho não poderá ser seguido indefinidamente. No fim do capitalismo fossilista só um regime de energias renováveis poderá ajudar. Isso só é possível se a formação social do capitalismo lhe for adaptada. Tal revolução será mais profunda e abrangente do que as Revoluções Francesa ou Russa. Ela também será mais difícil do que a Revolução Industrial no final do século XVIII.

O capitalismo não chega ao seu fim como o socialismo real existente, por meio de uma "revolução de veludo". As classes dominantes agarram-se à sua dominação, a qual se baseia essencialmente na disposição de petróleo, gás e energia nuclear, mesmo que ela seja ilusória no longo prazo. O projeto das elites dominantes é o do reforço da parede corta-fogo no sistema energético. Se a história evoluir nessa direção, o fim do capitalismo não será a consequência de uma revolução proletária ou popular, mas se apresentará como um caos terrível, uma "anarquia global" (Wallerstein 2003), na qual os donos do poder jogam o mundo. Chase-Dunn e Podobnik chegam até a partir da hipótese de que a probabilidade de guerras entre os países industriais centrais aumentará nas próximas duas décadas (Chase-Dunn/Podobnik 1999). A confortável congruência de capitalismo e fossilismo é defendida com unhas e dentes pelos seus beneficiários. A parede corta-fogo do sistema energético é cada vez mais elevada. Apesar disso, não existe um futuro na estrada do regime energético fóssil. A transição para uma "sociedade solar" é inevitável. E como isso ocorre, muitas pessoas em todas as regiões do mundo trabalham nisso: em projetos energéticos alternativos, no movimento ambientalista e pacifista ou mediante a prática do consumo parcimonioso de energia.

O caos anárquico que ocorre quando a sociedade é abalada pelo golpe exterior violento da escassez da gasolina foi uma experiência pela qual os cidadãos norte-americanos afetados tiveram de passar durante a fuga em massa das regiões ameaçadas pelos furacões Katrina e Rita em setembro de 2005. Os milhões de espectadores do grande teatro televisivo mundial puderam imaginar o que acontece quando a congruência de capitalismo, fossilismo e estilo de vida se dissolve por causa da interrupção do fornecimento de petróleo. Uma reportagem de Michael Streck, publicada no jornal *TAZ* (edição de 24 e 25 de setembro de 2005, "'Rita' vem do Sul"), afirma: "Mais de um milhão de pessoas está fugindo há dois dias [...] Aqui as pessoas são assoladas pelo abalo que provavelmente atinge com maior gravidade o *american way of life*: não há gasolina. De repente, não tem mais vigência o direito fundamental 'A gasolina é barata, está disponível em qualquer lugar e a qualquer tempo'. Quase nenhuma outra coisa irrita tanto os norte-americanos [...]." De um só golpe ficou claro quais são as vantagens das fontes fósseis de energia para o desenvolvimento capitalista e também para os padrões de consumo e estilo de vida das pessoas, e quais consequências devem ser esperadas na sua totalidade de um fim do abastecimento com petróleo, se gargalos de curto prazo no abastecimento em autoestradas engarrafadas produzem um caos. A crise da relação social com a natureza no capitalismo se faz sentir agora como caos social, econômico e político. Furacões como "Rita" não são catástrofes naturais.

4.3. AS VANTAGENS DAS FONTES FÓSSEIS DE ENERGIA PARA O CAPITALISMO

A transição para um sistema de energias renováveis é, portanto, mais difícil do que a derrubada do Muro de Berlim em 1989, pois as energias primárias fósseis são extremamente adequadas ao modo capitalista de produção — e vice-versa. O regime energético, a formação social e o racionalismo europeu casam-se bem, enquanto "Santa Trindade" da congruência. Formam o conjunto de uma relação social com a natureza, coerente em si, que serve, conforme foi mostrado, à aceleração e à expansão. Excetuado o sistema energético fóssil, nenhum outro sistema poderia ter incitado o capitalismo a produzir esses desempenhos máximos no período desde o início da Revolução Industrial, iniciada há pouco mais de duzentos anos. O problema reside no fato de essa relação com a natureza contradizer todos os critérios de sustentabilidade ecológica. A natureza sofreu sob a dinâmica capitalista, e alguns ecossistemas já experimentaram o colapso ou deverão experimentá-lo em breve. Pergunta-se, por conseguinte, por que o regime energético fóssil é mantido até a última gota de petróleo, em que consiste a sua atração tão avassaladora, a ponto de os bons argumentos em favor de uma transição para um regime de energias renováveis serem reprimidos.

A produção da mais-valia relativa só é possível com o aumento da produtividade do trabalho, por sua vez resultado da transformação profunda das relações de produção (inclusive da organização do trabalho, da técnica e da cultura), da conexa transformação dos padrões de consumo e, não em último lugar, do uso de energias fósseis ou nucleares para a produção de energia de trabalho. Aqui ocorre a liberação do trabalho vivo. David Ricardo vê nisso a razão do surgimento da chamada "população redundante". Mas, para ele, isso não é um problema, pois a mão de obra liberada pode ser reintegrada ao processo produtivo na acumulação acelerada. Já Marx criticou como deficiência da "tese da compensação", defendida pela economia política da sua época, que a compensação da liberação de mão de obra pelo crescimento é mais a exceção do que a regra nas fases da acumulação acelerada. Desde meados da década de 1970 também se pode comprovar empiricamente nas modernas sociedades capitalistas que a liberação em conexão com os progressos de produtividade não é compensada por novos empregos criados por força do crescimento. O desemprego maciço é um fenômeno estrutural. Marx, com a sua inteligência aguda, reconheceu que, para o capital, a liberação da mão de obra é também uma liberação das peculiaridades físicas e psíquicas dos trabalhadores enquanto pessoas. O capital pode, portanto, contra-arrestar a teimosia do proletariado para poder obedecer à lógica da valorização do capital sem ser perturbado. Por um lado, os trabalhadores são necessários ao capital para a produção da mais-valia; por outro, oneram o capital.

As vantagens das fontes fósseis de energia são imensas para o processo produtivo capitalista. Uma vez estabelecidos os sistemas adequados de conversão de energias, elas saltam aos olhos. Resultam de uma série de qualidades, que outras fontes de energia não possuem e das quais a mão de obra viva também não dispõe.

Em primeiro lugar, as fontes fósseis de energia podem, à diferença das energias hidráulica ou eólica, ser utilizadas quase sem consideração do lugar. Podem ser levadas com relativa facilidade das suas jazidas aos locais de consumo, hoje com ajuda de oleodutos e navios petroleiros. A "separação espacial entre o conversor de energia e a fonte de energia" (Débeit/Delage/Hémery 1989, p. 165) é o pressuposto de uma geografia econômica, que se orienta menos por dados da natureza e mais por critérios de rentabilidade. As localizações são o resultado da política de fomento de localizações (no sentido da "poética" política) e não o resultado de condições naturais (ver a respeito disso Altvater 1998c). Assim, a desconsideração da natureza e do entorno social da economia permite a aplicação da racionalidade econômica pura, isto é, desarraigada de contextos sociais e naturais. Esse também é o fundo do surgimento de uma economia "pura", ou seja, "autista", formulada em termos matemáticos (cf. a crítica em *post-autistic economics network* http://www.paecon.net), não mais consciente dos seus pressupostos e implicações naturais e sociais. E esse também é o fundo do surgimento de uma desterritorialização do pensamento e das relações de reprodução social. As energias fósseis são, em princípio, uma fonte energética comparativamente densa; são substancialmente mais densas do que as diversas energias secundárias, nas quais a energia da radiação solar é transformada. Assim, o índice EROEI é muito elevado, pelo menos no início da extração de reservas energéticas fósseis. Quando as galerias de carvão, as jazidas petrolíferas e as reservas de gás natural tiverem atingido ou mesmo ultrapassado o ponto culminante da extração (o *peak* — ou pico — que discutiremos mais além), cairá o índice EROEI e, com ele, a vantagem das energias primárias de origem fóssil.

Na abstração do espaço concreto devemos, porém, levar em consideração que a logística de transporte é altamente vulnerável no caminho da fonte primária de energia ao consumidor. Por isso, hoje são tomadas medidas militares de garantia, especialmente desde a declaração de guerra ao terrorismo. As estratégias de segurança da OTAN, dos EUA, da União Europeia, da Alemanha etc. sempre mencionam a necessidade de assegurar o abastecimento com energia — não apenas mediante a abertura de mercados, nos quais as mercadorias petróleo, gás natural ou carvão (e outras mercadorias) possam ser compradas e vendidas "livremente", mas também mediante a garantia militar de territórios nos quais se encontra petróleo e que são atravessados pelas vias de transporte. Assim, a independência situacional das localidades de produção dos lugares de geração de energia não é integral e tem o seu preço.

Em segundo lugar, os suportes fósseis de energia são independentes do tempo, pois são facilmente armazenáveis e podem ser usados 24 horas por dia e durante o ano inteiro, sem levar em consideração as horas do dia e as estações do ano. O carvão e o petróleo não se degradam. À diferença dos seres humanos e dos animais, não carecem de intervalos de descanso para recuperação. Por isso podem, conforme já foi exposto muito bem, ser usados para a aceleração dos processos econômicos, que resulta do princípio da produção capitalista de excedentes e da coação ao aumento da produtividade, exercida na concorrência.

Em terceiro lugar, os suportes fósseis de energia permitem a concentração e a centralização de processos econômicos sempre que o cálculo da rentabilidade sugerir que isso faz sentido, pois, à diferença das energias bióticas, transformáveis em trabalho útil só de forma descentralizada e em unidades quase sempre pequenas, em regra, apenas quando o sol brilha, as fontes fósseis de energia permitem o crescimento em qualquer escala. A oferta de energias fósseis pode aumentar com a acumulação do capital. O impacto da dominação política também pode ser aumentado, pois até mesmo as forças armadas recorrem às potências das fontes fósseis (e nucleares) de energia para aumentar a sua capacidade destrutiva. "Os aliados nadarão em uma onda de petróleo rumo à vitória", eis as palavras atribuídas ao lorde Curzon para caracterizar o papel do petróleo na Primeira Guerra Mundial (McNeill 2003: p. 316), pois Winston Churchill, no início da Primeira Guerra Mundial First Lord of the Admirality, organizara a reestruturação da Marinha Britânica, do carvão para o petróleo, obtendo assim a vantagem da maior velocidade diante da marinha de guerra alemã. Agora importava assegurar também o abastecimento com petróleo: "*No petróleo, a segurança e a certeza do abastecimento dependem da variedade, apenas dela*" (de acordo com *The Economist*, 30 de abril a 6 de maio de 2005, p. 12).

Em quarto lugar, as energias secundárias fósseis — sobretudo a eletricidade e o combustível dos motores de combustão — possuem todas as vantagens com as quais se pode apoiar a mobilidade, a descentralização da produção, os usos flexíveis em todas as situações da vida e do trabalho. Podem, portanto, ser concentrados não apenas em usinas elétricas produtoras de milhares de *megawatts*, mas também, de forma flexível, em escala micro, por exemplo, em brinquedos infantis, nos eletrodomésticos usados na cozinha moderna, em ferramentas para *hobbies*, no computador pessoal etc. As forças do trabalho são potenciadas por fontes de energia de utilização variável. As formas de vida na esfera doméstica também sofrem uma transformação radical. A luz elétrica pode transformar a noite em dia. Surgem assim ritmos sociais que pouco têm a ver com as condições ditadas pela natureza e os biorritmos.

Essas possibilidades também são apresentadas por alguns conversores de energia solar: células fotovoltaicas, geradores eólicos, usinas hidrelétricas, a queima da biomassa. À medida que a energia elétrica obtida de fontes primárias renováveis é introduzida na rede, as energias podem ser convertidas em eletricidade, podendo até utilizar a rede de transmissão do regime fóssil. As possibilidades existem (ver Diekman/Kemfert 2005), mas a possibilidade de operar grandes usinas elétricas com energias renováveis é duvidosa. A resposta negativa é mais provável, de modo que as redes com utilização preponderante de energias renováveis, isto é, não mais fósseis ou nucleares, deveriam ser configuradas de outro modo, regionalizado e descentralizado. Essa diferença, porém, não é apenas técnica, mas afronta os operadores das grandes usinas elétricas, que apostam todas as cartas em fontes fósseis e nucleares de energia e combatem as energias renováveis em todos os planos. Por isso em 2003, na "Europa dos Quinze", somente cerca de 15% da energia elétrica é gerada a partir de fontes renováveis, uma parcela que deve ser aumentada até 2010 para 22% (Diekman/Kemfert 2005, p. 442).

Ocorre que as imensas vantagens da utilização de fontes fósseis de energias também estão ligadas a grandes desvantagens, por exemplo, os impactos ambientais causados pelo transporte. Alguns impactos são evitáveis: os vazamentos de oleodutos, que prejudicaram gravemente os solos permanentemente congelados da Sibéria e a floresta tropical úmida no Equador, as avarias em navios petroleiros, cujas consequências poderiam ter sido reduzidas ou evitadas por barcos de casco duplo, ou a poluição que ocorre em alto mar durante a limpeza dos tanques de petróleo. Tais impactos causaram danos ambientais imensos. Algumas regiões costeiras e algumas regiões de concentração de peixes foram arruinadas por muitos anos; algumas avarias, como a da Exxon Valdez diante da costa do Alasca e a da Prestige diante da costa atlântica da Espanha, foram verdadeiras catástrofes. Vazamentos também ocorrem com frequência na perfuração *off shore*. Efeitos indiretos também devem ser incluídos no balanço. Deles fazem parte a destruição de paisagens por oleodutos ou rodovias e ferrovias. Quase sempre essa destruição também envolve intervenções maciças nas condições de vida da população residente no entorno. Isso se torna especialmente dramático quando as paisagens são ecologicamente frágeis e as pessoas afetadas são pouco resistentes, por exemplo, no caso dos oleodutos que atravessam florestas tropicais úmidas povoadas por indígenas (o caso do Equador é descrito por Acosta 2004; ver também Perkins 2005, p. 21 ss.).[9]

---

[9] Ainda não foram incluídos no balanço ecológico os custos da remoção de plataformas de extração de petróleo em alto-mar, situadas nas costas de vários países — do Brasil Meridional até o mar do Norte. Há vários anos, a remoção da plataforma Brentspar da Shell, localizada no mar do Norte, provocou protestos mundiais de ecologistas. Hoje estima-se que apenas o sucateamento de aproximadamente 600 plataformas no mar do Norte, a ser feito nessa década, consumirá 27,5 bilhões de dólares (jornal *Neues Deutschland*, edição de 5 de abril de 2004). Apesar desses custos, a plataforma Brentspar continua investindo em perfurações no mar do Norte — pois o preço do petróleo é elevado e os investimentos se afiguram rentáveis.

De especial importância são as emissões dos gases nocivos ao clima, que fazem subir as temperaturas médias da Terra, a transformando paulatinamente em uma estufa. Devido à independência da energia de irradiação do Sol e ao abastecimento com energia a partir das reservas fósseis, os produtos de combustão também remanescem no sistema fechado da Terra, como gases-estufa na atmosfera. Desconsiderando aqui a sua factibilidade técnica e econômica, o "sequestro" do CO_2, introduzido na pauta de medidas, e a sua compressão em galerias de carvão abandonadas ou bolhas de petróleo esvaziadas não alterarão em nada essa realidade.

4.4. URBANIZAÇÃO INFORMAL

A industrialização produz a metrópole. As grandes cidades, com seu papel de mercados centrais, já existiam antes da revolução industrial-fossilista, mas não a metrópole como forma social da vida e do trabalho. A urbanização, isto é, a transformação de um número cada vez maior de pessoas em habitantes de cidades, é um dos fenômenos paralelos mais visíveis do crescimento industrial (ver Tabela 4.1). Com isso o modo de produção e o modo de vida sofrem uma transformação radical. A metrópole é uma manifestação da destruição capitalista do espaço e do tempo por meio da concentração e da aglomeração; ela exige infraestruturas material e imaterial inteiramente distintas da infraestrutura de uma sociedade rural. Transforma-se em ponto nodal em meio às redes globais, transforma-se em localização artificial de especificidade territorial quase insignificante, sem que com isso o território perca relevância. Muito pelo contrário, a metrópole e suas instalações de abastecimento e destinação final de resíduos acabam invadindo o território, com isso também alterando as paisagens agrícolas. A compactação das oposições de classe nas grandes cidades torna isso visível, e elas se entrechocam. Os problemas ecológicos estendem-se das necessidades da mobilidade dos moradores da cidade à eliminação e destinação final dos resíduos.

Tabela 4.1
Parcela da população urbana na população total (em %)

Região	1950	2000	2030
EUA	64,2	77,2	84,3
OCDE-Europa	63,9	78,5	85,1
América do Sul	42,9	79,8	87,2
Europa Oriental	31,2	61,9	74,0
África Setentrional	28,5	54,0	69,3
África Ocidental	11,5	38,8	57,3
África Oriental	5,8	23,9	41,0
África do Sul	17,5	38,3	55,2
ex-URSS	41,1	69,3	77,9
Oriente Médio	24,7	69,1	79,7
Ásia Meridional	15,6	28,2	46,1
Extremo Oriente	13,4	37,9	57,1
Sudeste Asiático	14,8	36,9	55,0
Mundo	29,7	47,4	61,1

Fonte: Dados da ONU, World Population Prospects http://arch.rivm.nl/env/int/hyde (baixado em 10 de julho de 2005)

A grande cidade transforma-se em metrópole, e a metrópole, com algumas centenas de milhares de habitantes, transforma-se em megalópole. Desde a segunda metade do século XX, o número de cidades com mais de 10 milhões de habitantes aumentou sem parar. Tudo sugere que essa tendência não se alterará. Em 1950 havia apenas uma megalópole com mais de 10 milhões de habitantes no mundo, Nova York. Em 2000 esse número já subira para 19, esperando-se para 2015 23 megalópoles, dentre as quais algumas como Tóquio, Mumbai, Cidade do México, Lagos e São Paulo com mais de 20 milhões de habitantes. A Terra transforma-se em um "planeta de favelas" (Davis 2004), pois as proporções entre o número de habitantes e os sistemas de abastecimento e destinação final dos resíduos desandam. O número dos empregos formais não é suficiente para todos os que buscam um emprego. Por isso a metrópole moderna se transforma cada vez mais em cidade informal (Altvater/Mahnkopf 2003). A informalidade abrange não apenas o trabalho, mas também as estruturas da segurança contra a violência. Em muitos casos transpõe-se a fronteira para a criminalidade, de modo que a metrópole se torna insegura, e empresas comerciais de segurança vendem uma segurança contra a insegurança cada vez mais difundida, que muitas vezes é apenas uma segurança aparente. A sua oferta de mercadorias contém elementos de segurança passiva, desde coletes à prova de balas até limusines blindadas e condomínios fechados (*gated communities*), mas também a organização da segurança ativa por meio da oferta de vigilantes e pistoleiros. A lacuna deixada pela presença muitas vezes deficiente do Estado é ocupada por organizações locais de segurança, que exercem um monopólio não estatal da violência por tempo e em territórios delimitados. Algumas favelas brasileiras têm segurança temporária e em determinadas áreas, pois as polícias estadual e municipal abandonam o exercício do monopólio da violência às gangues locais. Não se vendem drogas em áreas nas quais vivem os traficantes e estão as escolas frequentadas por seus filhos. A cidade informal é uma cidade profundamente cindida. É governada diferentemente da "cidade formal". A vida nela também é diferente da vida na cidade formal: caracteriza-se pela insegurança permanente e pela legitimidade sempre contestada do monopólio da violência.

Além de uma determinada medida, nenhum sistema pode guardar as suas proporções. À semelhança da construção da Torre de Babel, ele acaba na paralisia, que, no entanto, não é nada pacata. Produz-se uma espiral descendente de empobrecimento e miséria, de destruição ambiental, de acirramento das tensões sociais e da violência. Se adicionalmente o abastecimento de energia começa a sofrer disfunções, e a mobilidade urbana na cidade e entre a cidade e os sistemas de abastecimento e destinação final de resíduos, dispersos pelo território, se torna difícil, ficando tais sistemas à disposição apenas daqueles segmentos populacionais que têm o poder aquisitivo necessário ou foram dotados de privilégios políticos, fica patente que com as fronteiras do sistema energético fóssil esboroam-se também as estruturas espaciais do trabalho e da vida, tais como surgiram com a megatendência da urbanização.

Entrementes, mais da metade dos homens vive em centros urbanos em todas as sociedades, inclusive naquelas de países de estrutura agrária.

Essa é a consequência visível da única revolução do século XX que Eric Hobsbawm aceita reconhecer: pela primeira vez na história da humanidade, menos da metade das pessoas são agricultores; por conseguinte, mais da metade tende a trabalhar na indústria e nos setores de transportes e serviços, morando quase sempre nas cidades (ver Tabela 4.1). Essa também é uma expressão da tendência descrita à dependência de sistemas energéticos fósseis e da simultânea perda de importância da energia dos fluxos solares. A congruência do capitalismo, do fossilismo e da racionalidade manifesta-se de modo concreto. As grandes cidades são estruturas fundidas em concreto armado — ou, nas palavras de David Harvey, ambiente construído (*built environment*) — da era fóssil-industrial. Permitem entrever a necessária profundidade das transformações sociais a serem enfrentadas por quem escolher um caminho alternativo de desenvolvimento de energias alternativas. A infraestrutura, o *spatial fix* da era do petróleo continuará existindo muito mais tempo que o petróleo, o gás natural e o carvão, para cuja extração e transporte outrora foi construída. Formou-se um modo de vida industrial-fossilista que não pode ser alterado com facilidade. Mas a congruência da trindade de sistema energético, racionalidade europeia e capitalismo apresenta linhas de ruptura, pois um dos seus elementos de sustentação, a fácil disponibilidade dos combustíveis de origem fóssil, desaparece. A trindade de capitalismo, fossilismo e racionalidade não foi feita para durar, nem por prazos históricos mais longos.

CAPÍTULO V Crescimento lubrificado com petróleo

Graças à "congruência trinitária" desde o início da Revolução Industrial, a "riqueza das nações" é potenciada num grau nunca antes visto na história da humanidade. Nos muitos séculos até a Revolução Industrial no fim do século XVIII, o aumento anual médio da renda *per capita* foi de 0,22%, o que foi considerado "um bom resultado" (Crafts 2000, p. 13). Mesmo no meio século da "industrialização pesada", de 1780 a 1830, a Grã-Bretanha atingiu um crescimento real da renda *per capita* não superior a 0,4% por ano. Mas no período de 1820 a 1998, o crescimento anual médio decuplicou, chegando a 2,21% (Maddison 2001). Índices de crescimento superiores a 2% significam uma duplicação do Produto Social Bruto a cada período de 35 a 40 anos. No discurso atual da política econômica, índices de crescimento dessa ordem de grandeza já justificam o diagnóstico da "esclerose". Hoje, a concorrência global entre os locais exige o que não foi atingido em dois mil anos: não apenas o crescimento em si, mas o crescimento acelerado.

5.1. O CRESCIMENTO DO BEM-ESTAR E DA DESIGUALDADE

Durante a maior parte da história de dois mil anos desde o nascimento de Jesus Cristo, o desenvolvimento foi lento, conforme mostram os cálculos de Angus Maddison (nos séculos anteriores a Cristo, isso não foi diferente).[1] A aceleração do desenvolvimento revela também as diferen-

---

[1]Mesmo quando feita com grandes cautelas, a realização de uma comparação estatística ao longo de um período de dois mil anos é problemática. No entanto, os dados de Maddison são plausíveis, admitida a possibilidade de desvios. Estão de acordo com reflexões teóricas.

ças de velocidades. Em consequência, no mundo globalizado, um grupo de países (A) corre na frente, enquanto o outro (B) "perde o trem". Afinal de contas, é digno de nota nos dados calculados por Maddison que no início do período inaugurado com o nascimento de Cristo os níveis no mundo inteiro estão em aproximadamente 444 dólares *per capita* e que eles se afastaram muito no fim do período analisado, em 1998.

Por conseguinte, o crescimento de nenhum modo está ligado ao aumento da igualdade no mundo. Muito pelo contrário, todos os fatores do crescimento promovem também a desigualdade, que passa a ser uma experiência de vida e um escândalo ao menos para os que pertencem ao grupo das vítimas, pois o crescimento baseia-se na acumulação de capital, isto é, na exploração de uns que produzem mais do que recebem em troca e na apropriação dos excedentes pelos outros. O capitalismo — e isso foi evidenciado desde o início — é um sistema de nivelamento qualitativo (tudo é expresso em dinheiro e capital)[2] e da produção da desigualdade quantitativa: uns possuem muito; outros, pouco; um terceiro grupo não dispõe de renda monetária alguma, razão pela qual também não tem acesso às "riquezas" do mundo globalizado. Por isso o crescimento capitalista é desigual e não simultâneo. A aceleração se dá em velocidades distintas. Países ou regiões, metades de continentes ficam para trás, e a "industrialização recuperadora" não é possível sob quaisquer condições históricas. Por isso as exigências monetárias aos recursos da Terra são extremamente desiguais. As pessoas possuem "impressões ecológicas dos dedos do pé" de tamanhos distintos. Cerca de 20,1 bilhões dos 80 bilhões de barris de petróleo consumidos a cada dia recaem sobre os EUA. A China chega a 6 milhões; a Alemanha, a 2,7 milhões de barris. Em 2003, os EUA consumiram 26 barris *per capita*; a Alemanha, 11,7; a China, 1,7; a Índia, 0,8; e Bangladesh, 0,2 barris. A desigualdade no consumo de fontes fósseis de energia repete-se nas emissões dos gases causadores do efeito estufa. Ela também continua

---

[2] Por isso a teoria neoliberal não tem nenhuma dificuldade com um conceito abrangente de capital: os capitais material, natural, humano e de conhecimentos etc. podem ser comparados pelos aplicadores em conformidade com o rendimento esperado (ver as explanações no capítulo II).

no acesso a outros recursos minerais e agrícolas, na mobilidade e na demanda de espaço em cada país e no mundo inteiro.

Tabela 5.1
Nível e índice de crescimento do PIB em várias regiões do mundo, de 0 até 1998

Região	0	1000	1820	1998	0-1000	1000-1820	1820-1998
	Em Dólares Internacionais de 1990				Índices Anuais Médios de Crescimento		
Europa Ocidental	450	400	1.232	17.921	–0,01	0,14	1,51
Colônias ocidentais	400	400	1.201	26.146	0,00	0,13	1,75
Japão	400	425	669	20.413	0,01	0,06	1,93
Média do Grupo A	*443*	*405*	*1.130*	*21.470*	*–0,01*	*0,13*	*1,67*
América Latina	400	400	665	5.795	0,00	0,06	1,22
Europa Oriental e ex-URSS	400	400	667	4.354	0,00	0,06	1,06
Ásia (sem o Japão)	450	450	575	2.936	0,00	0,03	0,92
África	425	416	418	1.368	–0,00	0,00	0,67
Média do Grupo B	*444*	*440*	*573*	*3.102*	*–0,00*	*0,03*	*0,95*
Mundo	444	435	667	5.709	–0,00	0,05	1,21

Fonte: Maddison, Angus (2001). *The World Economy — A Millennial Perspective* (OECD, Development Center Studies). Paris, Table 1-2, p. 28.

Note-se que a desigualdade quantitativa na "aldeia global" só é perceptível diante do fundo da igualdade qualitativa, imposta ao mundo pela "racionalidade ocidental da dominação do mundo". No dinheiro convergem em uma todas as dimensões distintas, de modo que só resta constatar a desigualdade quantitativa. Esta, por sua vez, chama atenção, pois cresce sem parar. Assim, acaba ocorrendo uma conversão real. As desigualdades, no fundo meramente quantitativas, transformam-se em modos de vida e padrões de consumo e produção extremamente distintos.

Pela primeira vez desde a revolução do Neolítico a agricultura passa a perder em importância. No início do século XXI apenas uma minoria de pessoas ocupa-se com a agricultura e a pecuária. Ela perfaz menos de

5% nos países industrializados, que mostram aos outros como se implementa o modelo da globalização. Onde a produção agrícola é feita em escala maior, ela é industrializada até a medula. Depende das multinacionais produtoras de sementes e fertilizantes, dos grandes grupos industriais produtores de máquinas agrícolas e de gêneros alimentícios, que processam os produtos agrícolas. Alternativamente, a agricultura é degradada à condição de economia de subsistência, que coloca de forma precária mão de obra barata à disposição da indústria e é uma fonte permanente de êxodo rural. Os seres humanos da aceleração e do crescimento são de uma cepa diferente em relação àqueles da tranquilidade e pacatez de um mundo que ainda não se vira obrigado a vivenciar o casamento infernal de capitalismo e fossilismo (o "pandemônio", como disse Max Weber, citado por Werner Sombart, ver capítulo II). Mas com a dissolução da massa inercial agrária, que só com dificuldade podia ser posta em movimento, o crescimento se transforma em princípio, pois sem ele não há como suavizar as contradições radicalizadas no processo global de acumulação. A classe política está literalmente sedenta de crescimento, pois sem crescimento, conforme opinam seus representantes, é impossível solucionar qualquer dos problemas candentes, que começam pelo desemprego de milhões — que não se fundem mais, como há poucas décadas, em massas compostas por milhões, que tanto fascinaram Elias Canetti em 1980 — e não terminam na redução do déficit orçamentário do Estado.

O crescimento no tempo e a expansão no espaço andam de mãos dadas, são inseparáveis. A tendência constante à valorização primária resulta na integração aprofundada e ampliada de todas as regiões do mundo. O mercado mundial é produzido pelo comércio mundial, pelo fluxo de investimentos diretos, pela migração de pessoas. Excetuado o período entre as duas guerras mundiais, o aumento do comércio mundial sempre ficou acima dos índices de crescimento do PIB (Kenwood/Lougheed 1999, p. 24 ss.; Maddison 2001, p. 125 ss.). Entre 1870 e a eclosão da Primeira Guerra Mundial, as aplicações de capital no exterior transformaram-se literalmente em uma "inundação" (Kenwood/Lougheed 1999, p. 27), nem sempre com efeitos positivos para o país importador.

Mas em alguns casos também os exportadores de capitais se "queimaram" (ibid.), quando o serviço da dívida não podia ser pago.

À diferença do conceito de crescimento, o conceito de acumulação circunscreve um complexo processo de desenvolvimento econômico, social e político, com todas as suas contradições e crises. Diante disso, o crescimento econômico é medido em estatísticas como transformação quantitativa do produto social. Em uma economia capitalista, a geração de lucro é o pressuposto da acumulação e inovação — e vice-versa: lucros só são realizáveis desde que a acumulação não seja sustada. Por isso os mercados para as mercadorias produzidas também devem ampliar-se no transcurso da acumulação e do crescimento, pois do contrário não é possível realizar os lucros. O mercado de massa absorve as mercadorias produzidas apenas na medida em que a população cresce. Mas "fará mais sentido vestir princesas em modelos de alta-costura do que especular sobre as oportunidades de atrair as filhas dos camponeses para a compra de meias de seda sintética [...]" (Hobsbawm 1968/1999, p. 19).[3] Como, porém, o crescimento é apenas um aspecto quantitativo da acumulação qualitativa e parece derivar a sua dinâmica de fatores que nada têm a ver com o processo de acumulação, infere-se que é possível esperar do crescimento econômico a solução das crises de acumulação, por exemplo, a superação do desemprego.

As estatísticas sobre a migração demonstram que isso foi e continua sendo uma ilusão. Entre 1820 e a Primeira Guerra Mundial, de 46 a 51 milhões de pessoas deixaram a Europa para morar na América do Norte e na América do Sul, na África, na Austrália e, em grau menor, na Ásia. Até o século XX, a Europa foi um continente de emigração. Assim, a "população redundante" (Ricardo 1817/1959, p. 385), gerada em decorrência do aumento da produtividade, foi exportada para as "colônias neoeuropeias" (Crosby 1991), e levou consigo seu estilo de vida e seu modo de produção, incluídos os animais e as plantas de cultura, a erva daninha, os parasitas e micróbios. O "imperialismo ecológico" difundido

---

[3] Joseph A. Schumpeter escreveria sobre a demanda do capitalismo no século XX que as empresas produzem não apenas para atender à demanda de rainhas, mas também de operárias.

no transcurso da expansão global expôs muitos povos a doenças contra as quais eles não eram resistentes. Alguns, como os índios semiole no Sul da América do Norte, morreram, liquidados pelos vírus e bactérias trazidos pelos imigrantes.

5.2. O CRESCIMENTO SE TRANSFORMA EM FETICHE

Depois de poder ser potenciado com tamanha eficácia desde o início da revolução industrial-fossilista, o crescimento paulatinamente se transforma em categoria central dos discursos econômicos modernos. Ainda na economia política clássica de Adam Smith ou David Ricardo, ele não desempenha nenhum papel de destaque, à diferença do conceito de distribuição. A categoria do crescimento simplesmente inexistia no cânone da economia política. Sabia-se, por um lado, que o aumento da produtividade do trabalho só é possível se um número crescente de trabalhadores for substituído e liberado pelo capital. Ricardo era otimista e partia da hipótese de que as liberações poderiam ser compensadas pelo crescimento.[4] Mas ele não inferiu disso nenhuma teoria do crescimento. Por isso não constitui nenhuma ruptura, se John Stuart Mill concebe, na esteira da economia política clássica, uma economia da autossuficiência contemplativa, sem acumulação nem crescimento (ver Luks 2000). Aqui também sentimos o ancoramento da vida em meios caracterizados pela economia agrícola, com seus ritmos lentos e horizontes estreitos. De resto, esse é o ponto de partida do romantismo na formulação da teoria econômica. Só mais tarde essa âncora agrária foi levantada, a partir da racionalização integral de todas as esferas da vida: a agricultura sofreu uma industrialização completa, assim como qualquer outro ramo da indústria. A vida tornou-se agitada, e o crescimento passou a ser uma norma irresistível. A contemplação não se encaixa no novo regime de tempo da

---

[4]Hoje sabemos que uma grande parcela da população redundante não é mais integrada ao processo formal de trabalho, mas encontra, na melhor das hipóteses, uma ocupação quase sempre precária no setor informal (ver a esse respeito Altvater/Mahnkopf 2002).

rapidez ofegante — nem na cidade, nem no campo, nem na esfera doméstica particular nem na fábrica ou na vida pública.

Apenas a partir da década de 1920 os economistas interessam-se pelo crescimento econômico, surgindo os primeiros enfoques de uma teoria explícita do crescimento. Nos primeiros anos de sua existência, a União Soviética começa a planejar a economia a partir de meados da década de 1920. Agora importa a correção das proporções dos ramos e departamentos (da produção de bens de capital e bens de consumo) no processo de acumulação, pois o efeito do princípio de equivalência e do mecanismo de mercado é neutralizado pela lógica redistributiva da economia planificada. Não é por acaso que uma das primeiras teorias do crescimento explicitamente formuladas é de autoria de um economista soviético, G. A. Feldman (1965). Partindo dos esquemas de reprodução de Marx, ele analisa as proporções a serem observadas no processo de crescimento para que este seja "equilibrado". O primado das indústrias produtoras de meios de produção podia ser fundamentado em termos de teoria do crescimento, depois de Lênin ter definido o socialismo como o "poder aos sovietes + a eletrificação do país inteiro". Ocorre que a eletrificação não é a base do crescimento rápido apenas na economia planificada socialista. Perkins relata como na Indonésia se quis atingir, com a eletrificação da ilha de Java, índices de crescimento de até 20%, como esses objetivos se revelaram ilusórios, e como as empresas de instalação de usinas elétricas puderam fazer grandes negócios no âmbito desse projeto (Perkins 2005, p. 59 ss.). Com a virada keynesiana na macroeconomia depois do grande choque da crise da economia mundial, que eclodiu há mais de 75 anos, em 24 de outubro de 1929, a questão do crescimento também entra na agenda da teoria econômica ocidental, uma vez que agora existe a "concorrência entre os sistemas". O objetivo declarado é: aumentar os índices de crescimento, para "chegar" ao capitalismo e "ultrapassá-lo" ou — do ponto de vista ocidental — para manter e ampliar a vantagem diante da União Soviética.[5]

---

[5] Nos anos 1967/68 as lideranças políticas da República Democrática Alemã procuraram acelerar a modernização da estrutura industrial do país em uma campanha sob o *slogan* "ultrapassar sem atingir".

O crescimento é "bom para os pobres", afirmam hoje autores do Banco Mundial (Dollar/Kraay 2001), em argumentação contrafactual, se interpretarmos os dados do próprio Banco Mundial para o novo milênio e os Objetivos de Desenvolvimento do Milênio (ver também a esse respeito a apresentação de Priewe/Herr 2005; Wade 2005). Políticas governamentais são medidas pelo índice de crescimento em análises comparativas em escala internacional, encomendadas, por exemplo, pela OCDE. O Conselho de Consultores Econômicos do presidente norte-americano dedicou, no seu *Economic Report for the President* de 2003, todo o sexto capítulo à discussão da pergunta: por que o crescimento basicamente só acarreta vantagens? Por isso alguns "princípios pró-crescimento" deveriam ser considerados incondicionalmente e não apenas nos EUA. Deles fariam parte, entre outros, "a liberdade econômica, a concorrência e o empreendedorismo, a estabilidade macroeconômica, a privatização, a abertura ao comércio internacional, os investimentos diretos no exterior e a liberalização dos fluxos financeiros" (ERP 2003, p. 213 ss.). Hoje, tais objetivos figuram em todos os catálogos de boa governança, e suas regras abrem aos grupos transnacionais muito espaço para suas atividades. No relato de uma *Commission for Africa* (março de 2005) afirma-se: "Em última instância, a África é pobre porque sua economia não cresceu. Os setores público e privado precisam cooperar para criar um clima que deslanche o empreendedorismo dos povos africanos, gere empregos e encorage indivíduos e empresas, domésticas e estrangeiras, a investir" (*Commission for Africa*, p. 17).

A economia mundial deve crescer, eis o credo repetido inúmeras vezes. Mais ainda: o crescimento transforma-se em fator integrante dos "valores ocidentais", ressaltados na National Security Strategy dos EUA em 2002, embora sem fins filantrópicos, pois a prosperidade e a liberdade "no resto do mundo" constituem um fenômeno paralelo ou uma consequência do crescimento, e por isso são bons para a segurança nacional dos EUA: "Uma economia mundial forte aumenta a nossa segurança nacional mediante o avanço da prosperidade e da liberdade no resto do mundo. O crescimento econômico sustentado pelo livre comércio e por mercados livres gera novos empregos e rendas mais elevadas. Permite aos homens viverem sem pobreza, incentiva a reforma da economia e do direito e o combate à corrupção, bem como fortalece os hábitos da liberdade [...]" (NSS 2002, p. 17; http://www.whitehouse.gov/nsc/nss.pdf). O imperativo do crescimento está, pois, ancorado com firmeza nos discursos dominantes sobre economia e política. Quanto maior o crescimento, tanto menores os problemas econômicos, sociais e políticos, tanto mais segura a dominação — e vice-versa. O crescimento é o *topos* em um discurso de dominação, que, no entanto, também convence os dominados. Não admira que concepções alternativas de política econômica não abandonem a ideia do crescimento.

A concepção do crescimento permanente foi o fundo do compromisso corporativista de classes, de matriz keynesiana, no desenvolvimento dos países industrializados no período que se seguiu à Segunda Guerra Mundial, mas mesmo um quarto de século depois do fim do paradigma keynesiano o crescimento é visto como solução de todos os problemas mundiais. Sem investimentos não há crescimento, e sem crescimento não há política econômica sustentável. A desigualdade é aceita, pois só assim os investimentos se tornam rentáveis. Nos discursos dominantes, a desigualdade é considerada justa por causa dos efeitos positivos sobre os lucros e, por conseguinte, sobre os investimentos e, por conseguinte, sobre o crescimento e os empregos ("justo é o que cria empregos"), embora nenhum dos itens dessa cadeia de argumentação tenha sido provado. O crescimento mais elevado amplia o espaço da justiça, pois os mais pobres também podem participar dele. Alguns ecologistas sustentam que o meio ambiente também ganha com o crescimento, pois a "poluição suja" diminui, ainda que a "poluição do estilo de vida limpo" possa aumentar. Isso parece ser especialmente o que ocorre quando a economia "pesada" real não cresce, mas sim a economia virtual, "mais leve", das finanças, dos serviços e dos *bits* e *bytes*. Mas a economia virtual, que deveria se sustentar sem transformações de energia e material, só existe no imaginário fantasioso de uma pós-modernidade irrefletida. A ideia de que o crescimento deveria ser "eficiente" no consumo do meio ambiente também assenta em ilusões e análises falhas. A simples fórmula de que o crescimento poderia ser defendido enquanto o consumo de energia e matérias aumentasse menos que o PIB (Bode 2005) ignora as leis da termodinâmica. Na saída — *output* — da cadeia produtiva existe tanta energia e material quanto na entrada — *input* —, só que de outra qualidade. Parte dos *inputs* foi transformada em valores de uso adequados para a satisfação das necessidades das pessoas. A outra parte é resíduo, gás de escape, efluente líquido, podendo ser reduzida, mas nunca até o grau zero.

De onde vem a mania do crescimento? A resposta é: do cerne das sociedades capitalistas e do uso engenhoso das fontes fósseis de energia. Antes da Revolução Industrial, o crescimento do produto social assentava em primeiro lugar no aumento da população, que, por sua vez, dependia do aumento de bens e serviços para assegurar a subsistência e a reprodução das pessoas, sobretudo mediante estratégias de apropriação por meio de desapropriação, conforme foi mostrado antes (capítulo III).[6] Contudo, desde a Revolução Industrial o crescimento não depende mais sobretudo do aporte de mão de obra e da fertilidade dos solos, mas sim do aumento da produtividade do trabalho industrial. Esse aumento é uma consequência do aproveitamento sistemático da ciência e da técnica para o desenvolvimento das forças produtivas (ferramentas, máquinas etc.) da organização social da produção capitalista da mais-valia e — por fim, mas não em último lugar — do uso maciço de fontes fósseis de energia para o acionamento das ferramentas e máquinas da era industrial.

O crescimento transforma-se em um elemento do cotidiano e da compreensão do cotidiano, passando a ser percebido como uma obviedade. Mas será admissível inferir disso que o futuro, "ao qual a época do moderno crescimento econômico conduz, é um futuro de um crescimento econômico nunca encerrado, um mundo no qual a abundância cada vez maior é igualada por aspirações cada vez maiores [...]" (Easterlin 1998, p. 135)? Essa visão segue as ideias dos futurólogos da otimista década de 1960, que também tinham prognosticado o crescimento eterno e a modernização ininterrupta. Eles prolongavam o presente na direção do

---

[6]Esse foi, de resto, o cerne racional da teoria de Robert Malthus (1970). Na sociedade não fóssil, agrária, o crescimento da população era essencialmente limitado pelo crescimento da oferta de gêneros alimentícios.

futuro, consideravam o futuro como uma espécie de "presente *plus*". O fetichismo do crescimento, portanto, também envolve uma compreensão do tempo que gira em torno do presente. Assim como o futuro é o "presente *plus*", o presente se torna um "futuro *minus*". O futuro é "(a)presentado", conforme escreve Günther Anders (1972), isto é, descontado com uma taxa de juros dada. Com o discurso do crescimento, a qualidade é eliminada do desenvolvimento social. A quantidade vence no pensamento e na ação. O conceito de crescimento usurpa o conceito de progresso, e ele é hoje tão óbvio que ninguém o questiona, o que vale sobretudo para os próprios economistas. E. J. Mishan escreve a respeito disso: "Desde a Segunda Guerra Mundial o conceito específico de crescimento das ciências econômicas já não é simplesmente mais um de diversos objetivos da política social. Assim como o cajado de Aarão, transformado em serpente, o conceito de crescimento também devorou todos — ou quase todos — os seus rivais [...]. O índice de crescimento é o indicador do progresso, ao qual os políticos de todos os partidos rendem homenagem. Enquanto critério que permite comparar o rendimento econômico integral de diversos países, o indicador do crescimento encontrou reconhecimento internacional [...]" (Mishan 1980, p. 21).

O crescimento passa a ser um elemento do cotidiano, em especial depois da transformação da sociedade industrial em relações fordistas. O fordismo circunscreve uma constelação social da produção industrial em massa, que também depende do consumo em massa. Não fosse assim, como a produção de massa poderia ser vendida? Surge, portanto, uma "sociedade de consumo". Depois da Segunda Guerra Mundial ela se transforma, na época dos "milagres econômicos", em paradigma de política social, pelo menos nos países industrializados ricos. Nos países em desenvolvimento, a situação é diferente. Padrões de consumo são interiorizados, e com eles o estilo de vida, inclusive o modo de lidar com a natureza. A mobilidade e a independência das condições naturais tornaram-se elementos do estilo de vida, depositados nos padrões de consumo da sociedade fordista.

Em uma sociedade capitalista não importa o crescimento enquanto tal, mas o crescimento eficiente, direcionado a um objetivo que é (à diferença da opinião de Bode 2005): lucratividade, rentabilidade e rendimentos. Naturalmente esses objetivos também são perseguidos com estratégias de economia de recursos, com a "economia do capital constante", como ela foi caracterizada por Marx. Mas quando desse modo os custos de produção e os preços dos produtos caem, é possível que a demanda de produtos e, por conseguinte, a produção aumentem. O consumo de recursos aumenta, portanto, porque os recursos são poupados. Eis um paradoxo, já descrito por Jevons no século XIX. Inversamente, a rentabilidade é o motor da acumulação do capital e, com isso, do crescimento do produto social. Mas essa caracterização mais precisa produz perguntas complexas referentes a questões de teoria e método, sobretudo em tempos de globalização. O capital é um fator de produção extremamente móvel, por isso não se comparam apenas as taxas de lucro, mas os rendimentos de capital sobre todas as espécies de capital e não apenas sobre o capital investido na indústria (juros e rendimentos). Em consequência, não apenas a lucratividade influencia as decisões referentes aos investimentos — e com isso à taxa do crescimento —, mas também as taxas globais de juros sobre as aplicações financeiras. Os rendimentos monetários esperados nos mercados financeiros globais não têm nada a ver com as taxas de crescimento que podem ser obtidas na realidade por causa do fetichismo dos aplicadores de capitais, que não consideram o processo produtivo "intermediário" entre a aplicação e o retorno dos rendimentos. É possível obter rendimentos passageiros de 20% mediante a pilhagem de devedores, mas taxas de crescimento nessa ordem de grandeza são extremadas e impossíveis no longo prazo. Se os juros devem ser financiados a partir do crescimento econômico real, o crescimento deve se dar em progressão geométrica. Ocorre que esta contradiz as leis da termodinâmica, sendo, por conseguinte, contrária à natureza e, na melhor das hipóteses, possível apenas transitoriamente. Por isso a taxa de juros deveria cair com as taxas reais do crescimento econômico, mas isso não ocorre em virtude da concorrência dos rendimentos nos mercados financeiros globais, de modo que surge uma tensão cada vez maior entre os índices de crescimento reais da economia e os juros, que explodiu nas periódicas crises de endividamento e financeiras das décadas passadas (ver a esse respeito também o capítulo VI). Nas crises, os ganhos de crescimento são literalmente queimados. Essa experiência foi feita por muitos países nas crises financeiras dos últimos anos. A "dura restrição orçamentária" dos juros obriga a um crescimento muito elevado, mas representa, ao mesmo tempo, uma exigência tão excessiva que investimentos na economia real, que produzam efeitos sobre o crescimento, nem são financiáveis. Assim se consegue, por causa da dependência dos investimentos da rentabilidade e por causa da influência dos rendimentos obtidos nos mercados financeiros globais no cálculo da rentabilidade, o exato oposto do que se pretende fazer com os investimentos: em vez de um crescimento positivo, obtém-se o encolhimento do crescimento. O crescimento esbarra, portanto, em limitações financeiras.

Contudo, também existem limitações ecológicas, já discutidas há muito tempo. A hipótese de que o *input* físico possa ser estendido ao infinito para gerar um *output* eternamente crescente é um contrassenso ecológico, pois nada no mundo físico poderá crescer infinitamente. O crescimento esbarra em limites. Enquanto o Clube de Roma em 1973 ainda identificou os limites do crescimento econômico na natureza, seja do lado dos recursos ou dos sequestros de carbono, o discurso neoliberal reconhece tão somente os limites na governança insuficiente, em especial dos governos, e os investimentos insuficientes de capitais. Os governos deveriam, portanto, melhorar as suas instituições de governança e as regras correspondentes, gerando, a partir de um crescimento maior, também uma maior capacidade de solucionar os problemas causados pelo crescimento demasiado reduzido. Além disso, os rendimentos deveriam ser potenciados de tal modo que os investimentos com efeitos no crescimento valessem a pena. Essa linguagem é hermética, pois, em última análise, importa que o crescimento exige uma redistribuição dos lucros, na esperança de que os investidores particulares invistam. Por isso não admira que o crescimento aumente a desigualdade em vez de reduzi-la. O fato de o crescimento ser apenas um aspecto quantitativo da acumulação qualitativa revela-se agora um *passe-partout* redutor da complexidade de nexos sociológicos e concepções políticas: todos os problemas têm sua origem em índices demasiado baixos de crescimento. Por isso a solução é simples, unívoca e convincente: precisamos de mais crescimento. Assim, o entusiasmo de Easterlin em relação ao crescimento não é uma observação marginal absurda nem na história econômica nem na teoria econômica, embora, entre os autodenominados analistas e outros consultores econômicos, seja de reputação duvidosa.

O crescimento econômico das décadas pregressas nos países industrializados foi obtido com aumentos absolutos do produto social, de notável estabilidade. Com poucas exceções, os aumentos absolutos mais elevados ocorreram na década de 1960. Num nível mais elevado do produto social, os aumentos absolutos na década de 1990 até caíram ligeiramente (ver Müller-Plantenberg 1998, p. 332 ss.). Na Alemanha, por exemplo, foi possível consignar um aumento absoluto maior de 102 bilhões de marcos em 1968, o que correspondeu a um índice real de crescimento de aproximadamente 7,5%. Vinte anos mais tarde, em 1988, o mesmo aumento real teria significado um crescimento na razão de 4,4%, mas o excedente absoluto então gerado cifrou-se apenas em 83,4 bilhões de marcos. Não obstante, o índice de crescimento (3,6%) ainda foi muito alto, se comparado em relação com os aumentos na década de 1990. Tendências similares também podem ser mostradas em relação a outros países industrializados (ver Altvater 2002). Considerados na sua totalidade, os índices de aumento da produtividade do trabalho e da produtividade do fator são negativos na segunda metade do século XX, embora se situem acima do índice de crescimento do produto social. Por conseguinte, é liberada mão de obra no decurso do processo de acumulação. Por um lado, o crescimento parece ser uma solução para muitos problemas. Por outro, os limites financeiros, as consequências ecológicas dos elevados índices de crescimento e também as barreiras ecológicas de um crescimento de aumentos absolutos num nível elevado do PIB, já atingido, chamam atenção para o fato de que o crescimento gera, mas não soluciona, problemas.

5.3. CICLOS, CRISES, CATÁSTROFES

O crescimento elevado desde o início da industrialização esbarra, portanto, em limites. Taxas de lucro baixas e em queda desaceleram o processo de acumulação. Não são feitos investimentos e trabalhadores são demitidos. Capacidades ociosas não são aproveitadas, mas fisicamente desmontadas ou contabilmente depreciadas. Destrói-se o capital e, em não poucos casos, também vidas humanas. Essa é uma das condições para que o processo de acumulação possa novamente entrar em movimento: arrochos salariais reduzem as despesas de capital (variável) para o pagamento da mão de obra. As depreciações sobre o capital fixo reduzem a carga do estoque de capital, de modo que mesmo lucros mais baixos possibilitam um aumento da taxa de lucros. Se depois os créditos para o financiamento de investimentos se tornam mais baratos, pois os juros caem em virtude da reduzida demanda de investimentos, pode-se chegar a um novo surto de crescimento, a uma nova fase de crescimento positivo. As crises são de natureza cíclica e pertencem, por assim dizer, à "normalidade" do desenvolvimento capitalista.

David Ricardo chamara atenção para a queda tendencial da taxa de juros no decurso do desenvolvimento, mas fundamentara tal fato com os aumentos dos preços de gêneros alimentícios, uma vez que solos cada vez menos férteis seriam cultivados, devendo, portanto, subir o salário de subsistência dos trabalhadores industriais, compradores dos gêneros alimentícios. A distribuição altera-se em benefício dos salários e à expensa dos lucros. Ricardo não pôde ver os aumentos de produtividade da agricultura industrializada. Apenas mais tarde as descobertas de Justus Liebig revolucionaram a agricultura — e, com isso, o fundamento nutricional das pessoas. Marx, porém, analisou sistematicamente a queda tendencial da taxa média de lucro no contexto do processo reprodutivo geral do capital, podendo explicar, assim, o retorno cíclico das crises como uma expressão imanente da dinâmica de acumulação de uma sociedade capitalista em consequência da acumulação excessiva do capital e da taxa de lucros cadente.[7] A acumula-

---

[7] As explanações sobre o ciclo das crises encontram-se esparsas em toda a obra de Marx. Portanto, temos boas razões para afirmar que a análise das contradições do modo capitalista de produção enquanto tal é uma teoria de crises (ver a respeito disso Heinrich 1999, sobretudo o capítulo VIII).

ção é novamente iniciada com a alteração das proporções do processo capitalista de acumulação mediante a pressão sobre os salários e as condições de trabalho em benefício dos lucros. A taxa de lucro também é aumentada à medida que novos campos de aplicação para o capital são explorados, por exemplo, mediante a privatização de empresas e instituições públicas como nas décadas pregressas de hegemonia neoliberal. No mundo inteiro, as privatizações foram usadas para pilhar a propriedade pública, frequentemente apoiadas por meio de subsídios (reduções da carga tributária) em benefício dos ricos.

As crises têm graus diversos de profundidade e durações distintas. Por isso faz sentido distinguir entre "grandes" crises *das* formas sociais e "pequenas" crises *na* forma social (Altvater 1992). As estruturas sociais e as relações políticas não são questionadas em todas as crises econômicas, assim como seus efeitos sobre as condições de vida das pessoas também são distintos. Na tradição marxista, parte-se da hipótese de que as transformações forçadas nas "grandes" crises modificam o caráter do capitalismo.[8] Isso poderia ser mostrado com referência às fases históricas do desenvolvimento do capitalismo. Fernand Braudel contorna essa pergunta com a constatação de que "o capitalismo teria remanescido idêntico no decurso dessa grande mutação" [ele se refere à crise econômica mundial depois de 1929 — Elmar Altvater] (Braudel 1986b, p. 695). Isso é apenas uma meia verdade. O próprio Marx faz distinção entre o período manufatureiro pré-industrial do capitalismo e a "grande indústria". O critério distintivo é a espécie da "subsunção real" do trabalho

---

[8] A capacidade de adaptação faz com que o capitalismo seja um sistema mais estável do que muitos críticos admitiram. Em poucas palavras: crises econômicas e sociais não conduzem ao colapso, mas mais à estabilização do sistema capitalista. Esse fato pode ter motivado Hardt e Negri a ocuparem-se apenas marginalmente de crises. No "mercado mundial plenamente desenvolvido" com todas as suas redes, o processo econômico transcorreria livre de crises (Hardt/Negri 2002, p. 342). Mas isso é uma interpretação exagerada, pois o fato de as crises possuírem uma função depuradora não significa que elas sejam uma *quantité négligeable*. Em primeiro lugar, a "depuração" é extraordinariamente destrutiva, sobretudo para as massas subalternas. As crises financeiras das décadas pregressas são um exemplo disso. Em segundo lugar, as contradições do modo capitalista de produção são novamente acirradas depois de cada crise superada, de modo que as crises retornam periodicamente em forma histórica variável.

ao capital. A divisão do trabalho segue as qualificações subjetivas dos trabalhadores (como na manufatura) ou ela é inscrita à estrutura "objetiva" dos meios de produção industrial, acionados pela energia fóssil? Aqui as diferenças dos modos de apropriação, discutidas no capítulo III, devem ser consideradas. As crises não são cíclicas, mas sim de transformação, nas quais a sociedade se altera, a dominação se moderniza e os modos de apropriação também se modificam. Por um lado, o capitalismo permanece igual a si mesmo; por outro, ele faz isso apenas enquanto adapta os modos de regulação e acumulação às respectivas condições históricas.

O imperativo do crescimento traz um paradoxo em seu bojo, pois o crescimento tem, enquanto expansão, uma dimensão espacial e, por conseguinte, conduz a uma uniformização global, por exemplo, do modelo de bem-estar, dos padrões de consumo, das tecnologias e da organização da produção. A liberalização dos mercados e a desregulamentação permitem às empresas trocar de localização e assim ceder à pressão de terem de gerar lucros elevados. Isso se dá preponderantemente quando os custos salariais (salários, jornadas de trabalho, produtividades) são distintos nas diferentes "localizações". Entrementes, a transferência de empresas para regiões de salários baixos — ou a ameaça de efetuar essa transferência — exerce um efeito disciplinador sobre o nível dos salários nos países industrializados. Os sindicatos são enfraquecidos. É possível que, inversamente, com os novos empregos nas regiões de salários baixos o nível salarial tenda a aumentar, a não ser que as reservas ainda existentes de mão de obra agrícola e informal na Ásia e nas Europa Oriental, na América Latina e na África sejam inesgotáveis. O efeito disso para a acumulação capitalista seria fatal. Rendas regressivas das massas nos países industrializados, salários apenas insuficientemente elevados no "Terceiro Mundo" e, ao mesmo tempo, pretensões extremamente elevadas de rendimentos por parte dos investidores financeiros jogariam a acumulação real em uma grave crise. A demanda do Estado não ofereceria nenhuma saída, pois os governos não poderiam efetuar intervenções compensadoras sob o domínio dos critérios de Maastricht na União

Europeia ou da pressão dos programas de ajuste estrutural e disciplina orçamentária do FMI. Nesse caso, a visão negra de Chase-Dunn e Podobnik (1998), citada no capítulo anterior, não seria tão destituída de realismo. Portanto, precisamos considerar uma terceira categoria de crises. Excetuadas as crises cíclicas e a crise de transformação, não podemos excluir a crise enquanto desastre.

5.4. O PARADOXO DO DISCURSO DO CRESCIMENTO NOS LIMITES ECOLÓGICOS

O crescimento é o resultado de um processo real de transformação de energia e matéria. Aqui a entropia forçosamente aumenta, conforme mostra a economia termodinâmica (Georgescu-Roegen 1971). Também poderíamos expressar isso nos conceitos de Marx. Se interpretarmos o crescimento como uma acumulação do capital, ele tem uma dimensão valorativa e outra material. Esse dado é inevitável. Mesmo a "virtualização" da economia não pode ignorar que todos os processos econômicos vêm acompanhados de transformações de materiais e energia, modificando, assim, a natureza. Por isso, as consequências resultantes de uma natureza danificada para a sociedade não advêm de fora, como golpe externo, mas das contradições imanentes, que também se manifestam como conflitos sociais e políticos. A produção é sempre uma produção acoplada; nunca se geram apenas os valores de uso desejados, mas também — e sempre — os produtos secundários indesejados. Eles são sobretudo as emissões sólidas, líquidas e gasosas nas esferas da natureza. Na teoria econômica, esse nexo de ordem e desordem, de produção de riquezas por meio de quantidades mais elevadas de valores de uso e do aumento paralelo de emissões nocivas nas esferas da Terra é contabilizado nas rubricas "efeitos externos" e "custos sociais". Esse "fracasso do mercado" é uma das aporias fundamentais das teorias clássica e neoclássica. O sistema categorial só pode ser salvo se o tempo e o espaço, isto é, se as dimensões da natureza forem retiradas da teoria e colocadas, por assim dizer, entre parênteses. A economia deve ser compreendida como um acontecimento além do tempo histórico e do espaço geográfico. Do contrário, a teoria deveria considerar que transformações econômicas, a saber, o consumo de energia e matérias, produzem efeitos irreversíveis na natureza, não importando se as externalidades são internalizadas ou não. As teorias do mercado obviamente partem do pressuposto de que todos os efeitos da produção são regulados pelo mercado, de que os efeitos externos podem, portanto, ser internalizados, e que, então, os preços "dizem a verdade".

É um erro fundamental e muito grave compreender processos econômicos não como processos de geração de valor e, ao mesmo tempo, como transformações de matérias e energias. Esse erro produz consequências. Uma delas apresenta-se na forma da ilusão de que o problema da produção acoplada, que causa danos à natureza e à sociedade, poderia ser solucionado com os meios de uma economia de mercado e com estímulos para o aumento da eficiência (Bode 2005). Aqui não se vê que os "efeitos externos" não desaparecem da economia por terem sido externalizados. Eles retornam como "condições genéricas de produção" (O'Connor 1988). A produção e a reprodução do presente já ocorrem em um meio ambiente configurado por efeitos externos do passado, quer dizer, na natureza fabricada pelo homem. Esta consiste em um conjunto de meio ambiente produzido: as rodovias e pontes, os portos e cidades, os parques, lixões e áreas agricultáveis ou áreas de florestas de madeira industrializável, que hoje cobrem quase 100% da superfície terrestre. Mesmo os oceanos são cada vez mais "humanizados", isto é, cada vez mais se transformam em um produto do homem, pois os efluentes líquidos alteram a qualidade das águas, a pesca excessiva dizima a fauna e a flora marítimas, e o tapete permanente de ruídos interrompe o silêncio do mar. A natureza feita pelo ser humano abrange, portanto, a totalidade dos chamados efeitos externos. Quase todos esses efeitos são nocivos tanto para a natureza quanto para o ser humano, apenas raramente gerando efeitos positivos. Se levássemos a sério os efeitos externos, deveríamos chegar à conclusão de que a natureza realmente não é uma coleção de recursos mais ou menos úteis, mas uma totalidade extraordinariamente complexa de relações entre o ser humano e a natureza, relações estas que estruturam a economia.

Os efeitos negativos da poluição atmosférica e aquática, o desrespeito pelas condições naturais de segurança alimentar, bem como a utilização excessiva dos oceanos e a erosão de terras, têm importância para as condições de reprodução da força de trabalho. Os custos da redução da poluição atmosférica e do tratamento de efluentes líquidos pertencem aos gastos de capital e, por conseguinte, aumentam o capital fixo constante, gerando uma composição crescente do capital orgânico e uma margem decrescente de lucro. Tais efeitos só podem ser ignorados sob a hipótese heroica de que a natureza possui uma capacidade infinita de absorção dos efeitos negativos e uma correspondente capacidade de recuperação. No entanto, o processo de acumulação capitalista tende a transpor os limites das condições naturais de reprodução precisamente porque as coordenadas naturais de espaço e tempo são desconsideradas no cálculo (micro)econômico, pois na concorrência entre os capitais ganham aqueles cujos custos são baixos, mesmo que esse efeito seja atingido por meio da externalização. Quanto mais o crescimento avança no tempo e a expansão se estende no espaço, tanto mais opressivos se tornam os limites da natureza — tanto do lado dos recursos quanto do lado dos sequestros de carbono. O significado disso se evidencia, por exemplo, no petróleo, cuja produção talvez ultrapasse o ápice nas próximas décadas, embora, simultaneamente, cada vez mais demandantes de combustíveis de origem fóssil ingressem no mercado — e nem podem evitar isso, caso queiram tornar-se e permanecer competitivos em uma economia mundial baseada no regime das energias de origem fóssil.

O meio ambiente feito pelos homens é o "meio ambiente construído (*built environment*) [...], um capital fixo que funciona como quadro de referência físico para a produção (por exemplo, fábricas). Este último eu o denomino meio ambiente construído para a produção. Do lado do consumo temos uma estrutura paralela [...]. Alguns componentes estão diretamente incluídos no processo de consumo (bens duráveis de consumo, como fogões, máquinas de lavar etc.), enquanto outros atuam como quadro de referência físico para o consumo (casas, calçadas etc.). Chamo estes últimos de meio ambiente construído para o consumo" (Harvey 1989, p. 64). Na teoria marxiana, o meio ambiente construído pertence às condições gerais da produção, que em regra devem ser colocadas à disposição pelo Estado, pois não podem ser produzidas com lucro pelo setor privado. David Harvey enfatiza o significado do *spatial and temporal fix* no decurso da acumulação do capital: "[...] esse não é um setor menor da economia e ele é capaz de absorver quantidades maciças de capital de trabalho, particularmente sob condições geográficas de expansão e intensificação rápidas" (Harvey 2003, p. 63). Assim, o meio ambiente construído é uma peça central da acumulação e, por conseguinte, também uma causa importante tanto da dinâmica quanto das tendências do desenvolvimento capitalista para a geração de crises.

Segundo James O'Connor, o discurso sobre as condições gerais da produção é em princípio politizado, pois o Estado e os partidos políticos e movimentos sociais que movem o Estado sempre estão envolvidos. "Justamente porque elas não são produzidas e reproduzidas de modo capitalista, mas compradas, vendidas e utilizadas como se fossem mercadorias (as condições de fornecimento, quantidade e qualidade, lugar e tempo), elas devem ser reguladas pelo Estado ou pelos capitais que agem como se fossem o Estado. Embora a capitalização da natureza implique a penetração maior do capital nas condições de produção [...], o próprio Estado se posiciona entre o capital e a natureza ou faz a mediação entre o capital e a natureza. O resultado imediato disso é a politização das condições da produção capitalista" (O'Connor 1988, p. 23). Nesse discurso, as figuras politizantes são os partidos, a administração pública, os governos e os movimentos sociais, cujos conflitos não estão centrados apenas em torno das estruturas de classe e suas oposições, mas também são resolvidos com vistas à configuração das relações sociais com a natureza.[9] Também aqui se evidencia o significado do território para os conflitos sociais. Trata-se da sua configuração no sentido da reapropriação de direitos perdidos.

---

[9] James O'Connor chama as contradições resultantes das relações com a natureza de "segunda contradição do capitalismo", pois no desenvolvimento capitalista as condições gerais de produção, sem as quais o desenvolvimento não é possível, são degradadas ou mesmo destruídas. Exemplos não faltam e cobrem o espectro que vai desde o efeito estufa até o uso excessivo de pesticidas, passando pela salinização dos solos. O'Connor descreve a degradação das condições gerais de produção como uma "crise de subprodução". Assim no "marxismo tradicional" se reduz a crise à superprodução e à superacumulação do capital, mas no marxismo ecológico a uma "subprodução" das condições gerais de produção.

O crescimento transforma-se, portanto, em fetiche, cuja seiva vital consiste em fontes energéticas primárias de natureza fóssil, em especial de petróleo. Mas não devemos esquecer que o crescimento é a expressão da rentabilidade nem que sem o crescimento não há excedente, e o excedente deve ser produzido. A mais-valia é a base dos lucros. Esse fato anda de mãos dadas com uma inversão paradoxal no âmbito do discurso dominante sobre o crescimento. Nos primórdios da industrialização capitalista no fim do século XVIII, o índice de crescimento foi decuplicado num breve período histórico mediante a utilização de energias primárias de origem fóssil no acionamento do sistema de ferramentas industriais. Nessa época, no entanto, não existia um imperativo social do crescimento, pois as sociedades não estavam capitalizadas até a medula. Havia espaços não capitalistas, nos quais a lei do lucro, da acumulação e dos juros não tinha vigência plena. A agitação dromológica não integrava os estilos de vida e de trabalho em todos os lugares. De qualquer modo, o capitalismo podia desenvolver plenamente a racionalidade da dominação do mundo e a aceleração, que nele estavam germinalmente contidas, recorrendo às energias primárias de origem fóssil.

Hoje o crescimento está igualmente inscrito, como discurso não meramente ideológico, mas como um mecanismo de coação inerente ao conjunto de fatos [*Sachzwang*] das relações sociais, da produção, do consumo e do mundo vivido [*Lebenswelt*]. Mas ele não pode mais ser aumentado nos limites financeiros, ecológicos, econômicos e sociais da mesma forma como ainda foi possível no início do capitalismo industrial-fossilista. E o que será quando o combustível do crescimento — as energias primárias de origem fóssil — terminar nas próximas décadas? Isso é prognosticado por ecologistas e geólogos sérios (Deffeyes 2005; Campbell/Laherrère1998; Heinberg 2004; Global Challenges Network 2003). Então o poder da congruência de capitalismo e fossilismo terá passado, e a crise será inevitável, em virtude do que Braudel chamou de "golpe extremamente virulento". Ela poderá ter início como uma "crise energética", como a de 1973, a de 1981 ou a crise de 2004. Ela se transformará em crise do modelo de produção e de vida, se não puder ser superada simplesmente mediante o aporte de combustíveis de origem fóssil a um preço razoável ou por energias substitutivas não fósseis. Falta o combustível ao crescimento, que se transformou em fetiche e, portanto, deveria continuar sem restrições, pois o crescimento é um "crescimento lubrificado com petróleo" — e sem petróleo o veículo para.

CAPÍTULO VI A radicalização de contradições internas: repressão financeira e crises financeiras

Na longa história do sistema mundial capitalista nunca existiu uma fase tão dinâmica como aquela entre o fim da Segunda Guerra Mundial e meados da década de 1970. Mas a "Era de Ouro" chegou a um fim abrupto com a crise do petróleo, o desemprego em massa e o surgimento de um setor informal, com discursos sobre a "ingovernabilidade" e a "crise da democracia" e, sobretudo, com o colapso do sistema monetário mundial de Bretton Woods. O intervencionismo do Estado nacional de matriz keynesiana, determinante ao menos nos países industrializados durante o período que se seguiu à Segunda Guerra Mundial, foi destruído a partir do início da década de 1970 pela "contrarrevolução neoliberal", proclamada já em 1962 por Milton Friedman. O conceito de "destruição" (para não usar o conceito benjaminiano de "destroçamento" — ver capítulo I) não é nenhum exagero, e, apesar disso, essa destruição praticamente não foi percebida como tal pelos contemporâneos. Muito pelo contrário: foram empreendidas tentativas insuficientes de reviver o keynesianismo, embora o fundamento de seus negócios já tivesse se perdido. Refiro-me à soberania do Estado-nação na política econômica, ao compromisso corporativista de classes entre o trabalho assalariado e o capital, e ao primado do lucro na economia real diante dos rendimentos monetários.

Desde então as regras políticas e prescrições (para o comércio de mercadorias, os investimentos diretos e o fluxo restante de capitais) são desmontadas, *desregulamentadas*.[1] Os mercados são radicalmente *libe-*

---
[1] Isso não vale para a migração transnacional, mais regulamentada em várias regiões do mundo e em vários países do que em qualquer momento anterior da história.

ralizados e *abertos* pelo desmonte de taxas alfandegárias e outros obstáculos ao comércio nos mercados de *commodities*, pela eliminação dos controles do fluxo de capitais e pela introdução de padrões globais na regulamentação do setor financeiro nos mercados financeiros. Bens públicos e empresas estatais — quer dizer, os recursos de poder da intervenção estatal na economia — são *privatizados* em ampla escala e, com isso, são submetidos à lógica econômica da geração do lucro. Aos novos proprietários, as privatizações permitem lucros gigantescos mediante a exploração das novas possibilidades oferecidas pelos mercados globalizados. Se não fosse assim, como se poderia explicar o surgimento de uma classe de *novos ricos*, em todas as sociedades neoliberais até mesmo nas sociedades outrora tributárias do socialismo real existente, que durante décadas desconheceram uma acumulação privada digna de menção e produziram "oligarcas" podres de ricos de certo modo a partir do nada?

Depois da privatização de bens públicos, cidadãos com os mesmos direitos de acesso aos bens públicos são transformados em consumidores, que só podem comprar serviços públicos em conformidade com o seu poder aquisitivo monetário no mercado. No lugar do direito público e de padrões judicialmente cobráveis, temos o direito *soft* na forma de códigos de conduta, acordos voluntários e regras de governança. A regulação pública é substituída pela regulação privada. Nesse processo, a partir da década de 1970 as agências de *rating* adquiriram um significado crescente, e "os países precisaram levar em consideração os julgamentos de instâncias privadas muito mais do que no período fortemente controlado do pós-guerra" (Sinclair 2005, p. 3). Sua contribuição para a unificação global é tão importante como as políticas do FMI e do Banco Mundial, da OCDE e da OMC. Esse é o ponto de partida da crítica de Walden Bello (2004) à "globalização corporativa", isto é, à globalização em benefício dos grandes grupos. Ela é denominada por Perkins de "corporatocracia", uma forma de dominação na qual os grandes grupos, os bancos e os governos buscam dominar o mundo e se empenham em dividir a dominação entre si (Perkins 2005, p. 15).

Instituições inovadoras (fundos de investimentos, *Private Equity Funds*, Fundos Hedge etc.) recorrem a instrumentos inovadores para a pilhagem de nações inteiras. Também podemos inferir esses fatos das análises do FMI e do Banco Mundial, mas eles foram representados de forma especialmente crassa por pessoas que "caíram fora" do mundo das finanças (por exemplo, por Partnoy 1998 e Perkins 2005). Assim como eles hoje funcionam de forma desregulamentada, os mercados financeiros estão em vias de solapar todas as condições de eficiência econômica, coesão social e paz política. Seu modo de funcionamento, sobre o qual os economistas neoliberais afirmam potencializar a eficiência da alocação de recursos de investimento, desemboca em uma "quebradeira em prestações", em uma crise financeira com efeitos exclusivamente negativos para as respectivas sociedades, efeitos que não podem ser compensados e muito menos justificados com os lucros elevados de alguns especuladores. Nas explanações a seguir, discutiremos a propensão às crises própria dos mercados financeiros liberalizados.

6.1. A LIBERAÇÃO TOTAL DOS MERCADOS FINANCEIROS E AS PEIAS DA "BOA GOVERNANÇA"

O conjunto formado pela desregulamentação, pela liberalização e pela privatização é o reverso da globalização, da qual também se fala desde meados da década de 1970.[2] O mercado "desarraiga-se" da sociedade. Isso significa apenas que o cálculo do capital antes mencionado (Max Weber) — ou o princípio do lucro — determina a ação dos agentes econômicos, não a moral baseada em princípios fundamentais de natureza ética, solidariedade na sociedade global ou o comportamento agradável aos olhos de um "ser superior". Tudo isso existiu na história, e o fato de o mercado e a lógica da troca de equivalentes se terem tornado dominantes *em primeiro lugar* não é evidente *per se*, e *em segundo lugar*, apre-

---

[2]Note-se, porém, que o conceito de globalização só adquire relevância no discurso público no fim do socialismo real existente, depois que pareceu que não haveria mais nenhuma alternativa ao sistema capitalista. Por isso a bibliografia especializada sobre a globalização se avoluma somente na década de 1990 (ver a respeito disso Enquete-Kommission 2002).

senta traços claramente religiosos, indumentados num racionalismo secular radical. Esta é uma das razões pelas quais os sumo sacerdotes da modernidade, os economistas, entram em cena com pose extremamente solene e seguros de si — e não assaltados por qualquer dúvida — e pelas quais o capitalismo se manifesta como religião, como um ídolo digno de adoração.

Na economia de mercado capitalista desarraigada da sociedade, só o que conta é a lógica da valorização máxima do capital. O mundo não se transforma apenas em uma mercadoria, mas em muitas. O mundo mais desarraigado da sociedade pode ser encontrado onde pululam os Fundos Hedge, os investidores institucionais, os *shareholders*, os "analistas" das agências de *rating*: nos mercados financeiros globais, cuja expansão e influência crescente apontam para muito além do universo das finanças. Desde a década de 1970, os índices de crescimento de produtos financeiros são literalmente estonteantes (ver Enquete-Kommission 2002; Huffschmid 1999). Estima-se que a cada dia útil são processados em média 1 bilhão e 900 bilhões de dólares. Em comparação com isso, as exportações de mercadorias perfazem 9 trilhões de dólares por ano (Deutsche Bundesbank, Relatório Mensal de julho de 2005, p. 29 s.). Se supusermos 250 dias úteis por ano, esse volume é inferior a 2% dos negócios com divisas. Os 98% restantes são negócios puramente financeiros, relacionados apenas de modo mediato com a economia real. Os dados sobre as transações financeiras referente ao período que se seguiu a 1990 figuram no *World Economic Outlook* do FMI de abril de 2005, no qual este pergunta pela relação entre a globalização na economia real e a globalização financeira, bem como pelos possíveis desequilíbrios de desenvolvimento. No período de 1990 a 2003, nos países industrializados triplicaram os créditos financeiros diante do exterior e as obrigações externas em comparação com o PIB (IMF 2005, p. 109 ss.). Como causas, o FMI menciona os custos radicalmente menores de comunicação e transportes, bem como a redução das restrições. A UNCTAD apresenta uma listagem mais precisa: no período de 1991 a 2003, 114 alterações na regulação dos investimentos estrangeiros diretos por parte dos Estados-nação foram desfavoráveis para os grupos transnacionais, mas 15 vezes mais alterações na regulação, a saber, 1.771 alterações foram mais vantajosas para eles (UNCTAD 2004b: p. 8). Não admira que os movimentos transfronteiriços dos capitais tenham aumentado com grande dinamismo, conforme indica a tabela a seguir.

Tabela 6.1
A evolução dos mercados financeiros: Indicadores escolhidos

Ano		1970	1980	1990	2000	2003
Investimentos estrangeiros diretos (em US$ bilhões)[1]	Ingressos: Montantes no país		59 796	209 1.950		560 8.245
Investimentos estrangeiros diretos (em US$ bilhões)[1]	Saídas: Montantes no Exterior		28 590	242 1.758		612 8.197
Cross Border Mergers and Acquisitions (em US$ bilhões)[1]				154		297
Investimentos estrangeiros em portfólios (em % da capitalização do mercado)[2]	EUA Japão Grã-Bretanha Alemanha Canadá	1,5 9,5 4,9 2,0	2,3 2,0 11,4 2,7 2,1	3,5 10,7 34,0 10,2 6,0	7,8 13,6 42,6 30,0 18,7	7,4 16,7 48,1 31,1 14,3
Aplicações patrimoniais no exterior (em US$ bilhões)[3]	PI PE			2.282 114	9.701 366	26.810 1.479	36.039 1.849
Obrigações externas (em US$ bilhões)[3]	PI PE			2.485 552	10.531 1.298	28.419 3.527	39.039 4.208
Valor nominal de derivativos (em US$ bilhões)[4]						127.509[5]	169.658

(1) UNCTAD 2004b: 9
(2) IMF 2005: 114
(3) IMF 2005: 112
(4) IMF 2005: 165, respectivamente em fins de julho
(5) 2002
PI = países industrializados; PE = países emergentes

O desarraigamento de barreiras morais e vínculos de natureza civilizatória tende na direção do que em muitos países se chama de "capitalismo selvagem".[3] Por ele também se deve entender que as instituições e pessoas impõem os interesses dos *shareholders* e investidores contra todos os outros interesses sociais. Timothy J. Sinclair escreve que a atração das agências de *rating*, que puderam aumentar enormemente o seu poder e a sua influência no transcurso da globalização desde a década de 1970, não teria se dado de modo puramente "técnico", mas "vinculado a interesses sociais e políticos" (Sinclair 2005, p. 2). Por isso o desarraigamento não pode ser compreendido como a produção de um mundo técnico, asséptico da "catalaxia" nos termos de Hayek (da pura troca em uma economia sem as dimensões da sociedade e da cultura; ver capítulo II). Simplificando, podemos dizer, sem incorrer em erro, que o desarraigamento significa que os interesses do capital podem impor-se diante de todos os outros interesses. Isso explica em boa parte o poder extraordinariamente ampliado dos Fundos Hedge e dos *Private Equity Funds*, que, sem a menor consideração, defendem os interesses de seus *shareholders* (e o seu próprio interesse de gestão, pois os salários dependem da "performance", isto é, do rendimento obtido). Essa desconsideração de interesses da sociedade na corrida atrás do rendimento

---

[3] É sabido que Helmut Schmidt falou de um "capitalismo predatório", que às vezes entra em cena caminhando sobre "patinhas de veludo". Os britânicos se viram obrigados a fazer essa experiência nos últimos anos no universo do futebol, quando dois magnatas financeiros adquiriam a maioria das ações dos clubes de futebol Chelsea e Manchester United, ambos cotados na Bolsa de Valores. O Chelsea "pertence" ao oligarca russo Roman Abramovich, o Manchester United, desde maio de 2005, ao *tycoon* norte-americano Malcolm Glazer. Esse é um exemplo maravilhoso de que a Guerra Fria acabou, e dois atores, outrora irmãos inimigos, agora podem fazer os seus negócios dividindo o gramado. Os fãs, que se organizaram, depois da ida do "Manu para a Bolsa" na associação "Shareholder United", veem essa aquisição como uma espécie de desapropriação. Como dono de 75% das ações, Malcom Glazer pode fazer com o seu clube o que bem entender. O Manchester United é uma mercadoria. Essa espécie do futebol cotado na Bolsa de Valores e inteiramente mercantilizado está totalmente desarraigado do universo do histórico futebol de rua das classes inferiores ou do universo do esporte, que deveria ser dominado, em conformidade com uma ética desportiva entrementes fora de moda, não pelo lucro, mas pela equidade. O novo papel dos mercados financeiros desde a década de 1970 permitiu isso. Um clube de futebol de importância internacional pode ser um mero objeto de rendimentos, à semelhança de um portal da Internet cotado na Bolsa de Valores.

mais alto possível é o cerne da superficial "crítica do capitalismo"[4] de Franz Müntefering, presidente do Partido Social-democrata da Alemanha (SPD), e do pânico diante do desempenho desastroso do seu partido nas eleições estaduais de 2004 e 2005.

De resto, as crises financeiras das décadas anteriores mostram o grau de instabilidade do "regime de acumulação movido pela economia financeira" (Aglietta 2000; Chesnais/Serfati 2003) e a vulnerabilidade dos mercados financeiros desarraigados e liberados a crises. Isso se deve, não em último lugar, ao fato de os encargos financeiros da economia real e da sociedade em muitos casos conduzirem a exigências excessivas à capacidade de rendimento na produção do excedente ou da mais-valia. Essa pressão das finanças sobre a economia real poderia ser chamada de "repressão financeira".[5] "Movido pelas finanças", o regime de acumulação inaugura a possibilidade de forçar as expectativas de rendimentos dos atores do mercado financeiro, até agora "represadas", a alturas tais que as taxas de lucro do capital real já não bastam para satisfazer de

---

[4] A *Börsenzeitung* [Jornal da Bolsa de Valores] contesta essa crítica com o seguinte argumento: "A difamação política de tais investidores como gafanhotos é falha do ponto de vista econômico. Se analisarmos o financiamento dos Fundos Hedge, uma parte substancial dos seus ativos vêm de fundos de pensão dos EUA. Isso quer dizer que sobretudo os aposentados norte-americanos financiam a reestruturação urgentemente necessária da Alemanha! Os aposentados arcam, portanto, com o risco de um investimento errado, e com isso abrem mão, se ele ocorrer, de uma parte da sua aposentadoria" (Wolfgang Kazmierowski, *Vom Segen der Hedge-Fonds*, in Börsenzeitung, 27 de maio de 2005). Evidentemente os aposentados norte-americanos não foram consultados sobre a destinação de suas contribuições. Só um jornalista inadvertido consegue imaginar que os aposentados queiram participar da salvação da "localização Alemanha". É possível que os "velhinhos ávidos" desejem que os Fundos Hedge quebrem empresas e destruam empregos por meio de uma política agressiva de aquisições de ações. Mas eles não foram consultados. Tudo isso naturalmente não é destituído de riscos para os Fundos Hedge, que apreciam repassar os riscos aos fundos de pensões, que, por sua vez, no caso de um fracasso, repassam as perdas para os pensionistas. Também para isso não se buscou a anuência dos aposentados. Esse é um exemplo da loucura, quando o financiamento das pensões por aposentadoria é mudado na direção da cobertura de capitais privados, abandonando-se o financiamento solidário por rateio.

[5] É verdade que a maioria dos economistas neoclássico-neoliberais fala de "repressão financeira" apenas quando os mercados financeiros são regulados pelo Estado e as margens de liberdade dos atores particulares nos mercados financeiros são restringidas desse modo. Mais uma vez se mostra quão forte é a carga ideológica de conceitos. Nesse universo mental definido pelo ideário neoliberal, a repressão só pode ser exercida pelo Estado. Os particulares não possuem nenhum poder repressivo, pois estão sujeitos à concorrência.

modo sustentável as exigências monetárias. Qual empresa pode oferecer taxas de lucro que cheguem perto dos rendimentos dos 20% ou mais, cobrados nos mercados financeiros? Não é nada de novo que em determinadas fases de conjuntura os juros subam e pressionem os lucros e os rendimentos salariais da economia real. Mas o fato de os juros reais serem elevados, pressionando excessivamente a capacidade real de desempenho, hoje não é nenhum problema conjuntural, mas estrutural, e, ao mesmo tempo, global. Rendimentos acima de 20% são declarados *benchmark* nos mercados financeiros globais pelas agências de *rating* e pelos administradores dos fundos no interesse dos seus aplicadores financeiramente poderosos, embora as taxas de lucro (microeconômicas) sobre o capital real nunca possam ser aumentadas duradouramente a um nível comparável e as taxas de crescimento reais (macroeconômicas) do PIB sejam significativamente mais baixas. Os rendimentos de aplicações de longo prazo (por exemplo, obrigações do tesouro público) também são essencialmente mais baixos, chegando até mesmo a cair desde a virada do século. Rendimentos na escala dos dois dígitos nunca podem se tornar o centro de gravitação global das atividades econômicas. Até mesmo nos setores financeiros eles só podem ser obtidos por pouquíssimo tempo, e mesmo no curto prazo nunca podem ser obtidos por todos. Esse não é o caso nem mesmo quando a repressão, exercida pelos mercados financeiros na redistribuição de fluxos de renda em benefício dos proprietários de patrimônios financeiros e à expensa dos empresários e sobretudo dos trabalhadores e funcionários assalariados, for bem-sucedida, quando, portanto, na luta pela redistribuição entre as classes os bancocratas (Marx) ou o banditismo dos bancos (Jean Ziegler) saírem vencedores.

 Nesse processo é destruída a coerência social, imprescindível para a reprodução da sociedade e de um "bloco no poder". Essa é a expressão mais nítida do "desarraigamento", que agora mostra as suas dimensões contraproducentes — assim como a vassoura na história do aprendiz de feiticeiro. Por isso os sociólogos da economia há muito tempo já chamavam atenção para a importância de uma inserção da economia em estruturas e processos sociais, com vistas à competitividade dessa mesma economia. Na sua versão mais pura, o princípio da equivalência não sustenta, e as relações econômicas também se baseiam, enquanto relações sociais, no princípio da reciprocidade (ver a esse respeito o capítulo VIII). Além disso, a dominância do princípio do *shareholder value*, isto é, do financiamento das empresas pelos mercados de títulos de valores mobiliários, faz com que as direções das empresas atendam aos interesses dos fundos de investimentos, dos bancos e das companhias de seguros. Para que isso funcione, não basta recorrer exclusivamente aos mecanismos disciplinadores do mercado. Muito pelo contrário, no capitalismo dos *shareholders*, os gerentes de empresas podem produzir a falsa aparência de garantias boas, enquanto a empresa se endivida nos mercados de títulos de valores mobiliários. As garantias são destituídas de problemas enquanto a cotação das ações sobe, mas quando uma bolha especulativa estoura, as garantias também perdem em valor com a queda das cotações, e as empresas precisam reduzir seus engajamentos em títulos de valores mobiliários. Disso resulta uma contração dos mercados. No capitalismo dos *shareholders*, ou capitalismo de cassino, reforçam-se as tendências para cima, na direção das bolhas especulativas, mas também para baixo, rumo aos abismos da depressão.

O problema bem conhecido da dissociação dos interesses dos proprietários, da competência de gestão e do controle (Berle/Means 1932) e o problema conexo do *principal agent* agudizam-se no capitalismo dos *shareholders* a ponto de chegarem a escândalos que abalaram todo o sistema financeiro: assim foi nos casos das empresas Enron (2001), Vivendi Universal (2002), WorldCom (2002), Ahold (2003), Parmalat (2003), para mencionar apenas os maiores escândalos financeiros da virada do século. As perdas foram elevadas, e as empresas não precisaram ser apoiadas apenas pelos acionistas, fundos de credores e bancos credores, mas quase sempre pelos trabalhadores ou aposentados, pois em alguns casos os executivos das empresas também tinham comprometido o dinheiro dos aposentados (um caso especialmente chocante é o da Enron). Agora se poderia objetar que os juros reais abaixo do índice de crescimento real são um estímulo para o endividamento e não para a formação de patrimônio financeiro. Mas isso não é correto, pois cada patrimônio financeiro é um crédito, e, em termos de mecânica de saldos, correspondem-lhe dívidas no mesmo valor, que devem ser honradas com a taxa de juros reais. Por isso os fluxos de juros gerados a partir de saldos patrimoniais são tão importantes quanto esses próprios saldos. Se a taxa de juros reais for mais elevada do que o índice de crescimento do PIB, o serviço da dívida não pode mais ser custeado com os excedentes, mas apenas com a substância patrimonial dos devedores, que, por conseguinte, algum dia irão à falência.

Em última instância, também não tem fundamento a objeção de que juros reais elevados também podem ser pagos se o patamar da dívida de uma sociedade for baixo, mas os fluxos de renda forem elevados. Em primeiro lugar, patrimônios financeiros, que representam créditos, e dívidas, que representam obrigações, são distribuídos de forma desigual. Por isso o mercado financeiro é um veículo correspondentemente mais poderoso de redistribuição de devedores em proprietários de patrimônios financeiros quanto maiores forem os juros reais. Por isso o efeito distributivo de juros reais elevados é regressivo na sua tendência (ver Enquete-Kommission 2002). Se ainda por cima juros reais elevados forem calculados sobre patrimônios financeiros, estes crescerão em progressão geométrica (um tema que já ocupou Aristóteles), representando, assim, um peso crescente na economia, que, com sua força gravitacional, atrai parcelas cada vez maiores de fluxos de renda. Os proprietários de patrimônios financeiros, os grandes fundos e os aplicadores privados tornam-se, portanto, ainda mais ricos. A desigualdade crescente daí resultante pode ser observada em todas as sociedades e em escala mundial. O já citado "Relatório sobre a riqueza mundial" (World Wealth Report) informa sobre isso (www.us.capgemini.com/worldwealthreport06/wwr06_1.asp), sobretudo diante do fundo dos dados sobre a desigualdade social no mundo, tal como publicada no *Human Development Report* do UNDP (www.hdr.undp.org/reports/global/2005/pdfHDR05_chapter2.pdf).

Tudo indica que se faz necessária a inserção das empresas no sistema de uma "governança corporativa" (ver a respeito disso EZB 2005, pp. 93-

106), que presta apoio à repressão financeira também com um conjunto de regras sociais. São introduzidas regras de *"good governance"*, para dar um certo apoio aos mercados financeiros desarraigados. Essas regras acabam sendo absorvidas pelo "direito *soft"* da OCDE e da União Europeia e pelas regras do FMI. Para as agências de *rating*, eminências pardas do capitalismo dos *shareholders*, a Organização Internacional das Comissões de Valores (*International Organization of Securities Commissions* — IOSCO) também elaborou um *Código de Condutas Básicas* (EZB 2005, p. 104 ss). Os princípios fundamentais (*fundamentals*) não restringem, mas racionalizam, o poder das agências de *rating*. Uma boa governança corporativa e estatal passa a ser condição de concessão de créditos do FMI ou de recursos da cooperação para o desenvolvimento. É, por assim dizer, o espartilho externo de uma economia e de uma sociedade que saíram dos trilhos por causa da repressão financeira. As instituições internacionais exigem a observância de regras do sistema financeiro, pois a estabilidade do mesmo é "essencial para a estabilidade macroeconômica e financeira num mundo de fluxos de capitais cada vez maiores", como o FMI fundamenta as tarefas no "Financial Sector Assessment Programm" e nos "Reports on Observance of Standards and Codes" (ROSCs) (hptt://www.imf.org/external/np/fsap.asp).

O que importa, precisamente, não é apenas a estabilidade nos países, mas também nas empresas, nas quais os investidores internacionais precisam confiar. Isso também é importante para o sistema hegemônico da "potência mundial única", sendo, por conseguinte, uma questão política. A repressão financeira transforma-se, portanto, num conjunto repressivo e global de regras de "boa política", cuja qualidade se mede pelos objetivos, entrementes também concretizados pelas instituições internacionais, os grandes *"think tanks"*, e em parte também pelas organizações não governamentais com um sistema de indicadores (ver a apresentação dos complexos "indicadores de governança" em Kaufmann/ Kraay/Mastruzzi 2003, autores do Banco Mundial). A promessa dos fiscais com relação à "boa condução do governo" afirma que com uma gestão orçamentária "bem organizada", vale dizer, com déficits orçamentários menores, e com uma boa *"corporate governance"* seria possível acelerar o crescimento. "Uma boa "governança corporativa", afirma o Banco Central Europeu (EZB 2005, p. 95), "estimula o uso eficiente de recursos e com isso fomenta o crescimento econômico". Mesmo no mundo das relações financeiras, desvinculado do cotidiano, o crescimento da economia real é um fetiche não questionado. Com boas razões, pois sem o crescimento da economia real as exigências de rendimentos do setor financeiro não podem ser verdadeiramente satisfeitas, de sorte que as depreciações de valores financeiros poderiam vir a ser necessárias. O saneamento dos orçamentos deveria, porém, ser atingido em primeira linha "mediante o corte de subsídios, de transferências (como pensões) e da folha de pagamentos do governo", não por exemplo, por meio de "impostos crescentes e cortes de investimentos públicos" (Baldacci/Clements/Gupta 2003). Assim, a boa governança está longe de ser boa para todos: não é boa para os funcionários públicos nem para os beneficiários de rendas de transferência, mas é boa para as empresas muitas vezes transnacionais, favorecidas pelos encargos resultantes de investimentos do setor público, que por esse motivo também manifestam grande interesse na ampla liberalização da concessão de encargos do setor público, por um lado, e na sua racionalização e confiabilidade, assegurada por um "bom governo".[6]

Mesmo mercados desarraigados não podem desacoplar-se inteiramente da sociedade. À semelhança de Prometeu acorrentado, remanescem presos à rocha da política da sociedade e da cultura. Mas os grandes atores do mercado, sobretudo dos mercados financeiros, procuram quebrar as correntes e tentam incorporar tanto a sociedade quanto a esfera política. Em alguns países abatidos pelas crises financeiras dos últimos anos, os efeitos são devastadores.

---

[6]Nesse contexto, Susanne Söderberg também remete ao "Millennium Challenge Account" do governo Bush de março de 2002, que recorre, ao lado de critérios para a avaliação da atuação dos governos e o abastecimento da população, também a indicadores da "liberdade econômica" no respectivo país como critério de seleção para a concessão de "ajuda ao desenvolvimento". Ela chama isso de estratégia de "desenvolvimento preferencial" (Söderberg 2004).

6.2. POR QUE OS JUROS REAIS SÃO ELEVADOS

Originalmente juros elevados são uma consequência direta da tentativa de restabelecer e assegurar a hegemonia norte-americana nos mercados mundiais e na política mundial. Pretendeu-se fortalecer o dólar com meios de política monetária, pois a vantagem da economia real na competitividade desaparecera, em comparação com os concorrentes europeus e asiáticos. O balanço negativo de pagamentos desde 1971 foi um primeiro sinal de advertência, mas em meados da década de 1970 veio o grau de alarme "vermelho", quando o balanço de transações correntes tornou-se deficitário. Reagindo a isso, em 1979 os juros já foram elevados nos EUA pelo Federal Reserve durante a presidência de Jimmy Carter, a fim de barrar a desvalorização do dólar. Essa foi uma medida política, que entrou na história como "Choque de Volcker", em alusão ao nome do então presidente do Federal Reserve. Sob o governo subsequente de Ronald Reagan, a terapia de choque destinada ao fortalecimento do dólar norte-americano com meios de política monetária continuou energicamente até meados da década de 1980. Com efeito, os juros reais e o câmbio do dólar norte-americano aumentaram verticalmente. Isso foi um desastre para todos os que tinham contraído dívidas nessa moeda. Assim como Susan Strange, pode-se afirmar que a política norte-americana dos juros altos assinala a transição para uma "hegemonia predatória", para uma "nova ordem mundial" exploradora e financeiramente repressiva, uma hegemonia à expensa dos outros países. Com base em muitos exemplos, Perkins mostra como se utiliza a alavanca monetária diante de países endividados, de modo a forçar a adaptação da economia e o bom comportamento político (Perkins 2005).

Além disso, a partir de meados da década de 1970, o nível do crescimento real do PIB desloca-se para baixo, a saber, de 3,1% da média de todos os países do G7 na década de 1980 para 2,5% na década de 1990. Essa tendência continuou na primeira década do século XXI — naturalmente com desvios conjunturais. Há muitas razões para isso, dentre as quais mencionaremos apenas duas, com a brevidade possível: *em primeiro lugar*, os aumentos (reais) absolutos devem tornar-se cada vez maiores, acompanhando o nível crescente do produto social, apenas para que o índice de crescimento possa ser mantido em ritmo constante. Isso não oferece nenhuma dificuldade enquanto os limites potenciais dos fatores de produção não tiverem sido esgotados. No trabalho, esses limites existem, quando muito, em mercados de trabalho em tempo parcial nos países industrializados, devido ao desemprego estrutural; e nos países em desenvolvimento o grande setor informal constitui uma reserva quase inesgotável, desde que a acumulação formal comece a funcionar. Já no capital, os potenciais esbarram em limites que se pautam pela rentabilidade ou pela taxa de lucro atingível. Se esta não for suficientemente elevada em comparação com aplicações (financeiras) alternativas, os investimentos na economia real não serão efetuados, e o processo de acumulação e crescimento será sustado. Assim, os limites dos potenciais do capital serão tanto mais estreitos quanto mais baixa for a taxa de lucros, sobretudo em comparação com as aplicações financeiras. Por isso a repressão financeira estreita as possibilidades de crescimento, pois reduz a taxa de lucros sobre as instalações industriais.

Em segundo lugar, um aumento absoluto de fluxos de material e energia, paralelo ao nível do PIB já atingido, também produz efeitos econômicos negativos em virtude dos seus impactos ambientais, pois cada processo de produção é produção acoplada, o que também vale para o consumo. Esse fato recebe pouca atenção na teoria econômica neoclássica, pois os lados negativos da transformação de matérias e energias podem ser contabilizados como "efeitos externos". Longe dos limites dos ônus sobre recursos e sequestros de carbono não é necessário considerar as consequências ambientais da atividade econômica, valendo o inverso para os âmbitos na proximidade desses limites. A degradação do meio ambiente aumenta tanto os custos do trabalho quanto os do capital. Fazem-se necessários elevados dispêndios para solucionar o problema; eles pertencem às "condições gerais da produção", cujo peso no processo de acumulação deprime a taxa de lucro atingível (ver O'Connor 1988). Se nessa situação os juros reais são muito elevados, a taxa de lucro só pode ser elevada se a distribuição é alterada à expensa dos ganhos salariais. Nessa direção as medidas políticas produzem efeitos em muitos países;

na Alemanha, de modo especialmente pronunciado nas "reformas" do mercado de trabalho, realizadas pela coalização dos Partidos Social-democrata e Verde (Agenda 2010; "Legislação Hartz").

Estamos, pois, diante de uma situação paradoxal. A liberalização dos mercados financeiros, ocorrida desde a década de 1970, acirrou a concorrência entre as "praças financeiras" e as moedas, de modo que rendimentos (nominais) e taxas de juros crescentes não podem mais ser reduzidas, mas apenas superadas por ofertas mais elevadas, sob pena do êxodo de capitais e, no pior caso, de uma crise monetária e financeira. Por um lado, a concorrência global em regra força a baixa dos preços das mercadorias; por outro, ela aumenta o nível dos juros e rendimentos. A largada simultânea na corrida pela estabilidade conduz a índices decrescentes de inflação, de modo que os juros reais são igualmente empurrados para cima por esse mecanismo. Os investimentos se tornam mais caros, o que causa um impacto negativo no crescimento. Por um lado, cresce o abismo entre os aumentos reais de ganhos e, por outro, as expectativas monetárias de proprietários de capitais, garantidas nos juros, sobre parcelas dos fluxos de capitais. Os aumentos dos juros pressionam os investimentos e, com isso, a demanda pela moeda. A debilidade da demanda produz um efeito redutor nos preços e também influi negativamente no crescimento do PIB. Reduções das taxas de juros podem trazer alívio e alavancar o crescimento, pois os investimentos podem ser financiados a taxas mais favoráveis. Mas a concorrência das moedas em mercados financeiros globais liberalizados impede isso. Praças financeiras e moedas são atraentes apenas enquanto os rendimentos e, por conseguinte, os juros forem competitivamente elevados. Uma vez percorrida a espiral deflacionária durante um período suficiente, reduções das taxas de juros na direção de zero também não podem estimular investimentos, e a economia cai numa "armadilha de liquidez" keynesiana. Cria-se assim uma situação precária, pois a única base na qual a acumulação movida pelas finanças ainda poderia ser bem-sucedida, a saber, uma economia real dinâmica, é estrangulada e forçada na direção da crise precisamente por esse processo.

Isso aconteceu no Japão na década de 1990 e pode repetir-se em outras regiões do mundo. O processo está mal encaminhado. Apesar dos juros reais talvez decrescentes, como depois do estouro da bolha da *New Economy*, os investimentos na economia real não são feitos, pois a sua rentabilidade ainda é inferior. Por isso não funciona o mecanismo regularmente atribuído pelos manuais aos mercados financeiros, de direcionar as poupanças de modo eficiente em projetos de investimentos. As poupanças são elevadas. Providenciam uma redução dos juros reais, mas, não obstante, os investimentos remanescem num nível baixo, pois a globalização dos mercados financeiros faz com que não apenas os dados da evolução dos juros, mas também os dados da evolução das taxas reais de câmbio, entrem nas decisões referentes aos investimentos (ver Wolf 2005). Como as poupanças reais não são absorvidas e investidas na economia real, circulam errantes como o "Navio Fantasma" no espaço global da especulação financeira como "excesso de liquidez" (ver o diário alemão *FAZ* de 02 de julho de 2005: Dieter Kuckelkorn. "*Von Bubble zu Bubble*").

Como se chegou ao aumento dos juros reais em comparação com os índices reais de crescimento do PIB? Enquanto o sistema dos câmbios fixos de Bretton Woods funcionava razoavelmente (até 1973), os juros reais estavam abaixo do índice de crescimento real do PIB. Esse foi o pressuposto do jogo keynesiano de somas positivas de investimentos financiados por créditos, que trouxeram aos capitalistas, rendimentos (taxas de lucros) positivos com os quais era possível pagar os juros de crédito (igualmente positivos) aos credores. Só uma tal constelação permite as duas coisas em uma economia capitalista, a saber, o lucro e a acumulação de capital real — e, com isso, o crescimento positivo das rendas e — *ceteris paribus* — a geração de novos empregos e a estabilidade financeira.[7] Eis um jogo de soma positiva, que só pôde ser jogado durante

---

[7] Naturalmente as causas são mais complexas: elas têm a ver com o modelo de acumulação depois da Segunda Guerra Mundial, com a fase dos chamados milagres econômicos. Aqui, porém, esse nexo não pode ser analisado em pormenores. Ver, no entanto, as análises de método e empíricas de Altvater/Hoffmann/Semmler 1979; Armstrong/Glyn/Harrison 1991; Brenner 2000 — para mencionar apenas alguns dos muitos trabalhos sobre o capitalismo na segunda metade do século XX.

algum tempo. Tomadores de crédito — tanto públicos quanto privados — que tinham feito empréstimos em dólares norte-americanos quando os juros reais eram baixos, os índices de crescimento da economia mundial eram elevados e os *terms of trade*, isto é, os preços de exportação de matérias-primas e os preços de importação de bens industriais eram favoráveis, a partir do fim da década de 1970 precisaram amargar juros reais crescentes, uma demanda decrescente nos países industrializados, e a explosão dos preços do petróleo. Em muitos países isso não foi possível. Por isso esses países caíram na crise do endividamento. O México começou em 1982, e a ele seguiram-se quase todos os países do então chamado Terceiro Mundo. Nas décadas subsequentes, o nível dos juros reais subiu além do índice de crescimento do PIB — com breves interrupções durante o surto da New Economy. Quando a bolha da New Economy estourou em 2000 e os índices de crescimento real do PIB também refluíram, os juros reais estavam de novo acima dos índices do crescimento real nos países industrializados — e muito mais ainda nos países em desenvolvimento e nos países emergentes —, embora os juros reais estivessem em declínio. Mas o índice de crescimento do PIB caiu ainda mais.

A barreira do som de uma redução dos juros nominais é a margem de 0%. Uma margem menor inexiste, pois quem aceitaria emprestar dinheiro e ainda pagar um adicional?[8] A consequência disso é a seguinte: apesar de juros nominais decrescentes, os juros reais não decrescem abaixo do índice de crescimento real do PIB quando este se move em nível baixo na direção do zero nos países industrializados. Essa tendência ainda é reforçada pelo fato de o índice da inflação oscilar entre baixo e negativo em uma crise deflacionária (ver a esse respeito as contribuições em PROKLA 134: *Die kommende Deflationskrise*, 2004). Em virtude do risco país, ou risco de projeto, avaliado como elevado pelas agências de *rating*, a taxa de juros nos países em desenvolvimento e nos

---

[8]"Uma vez que os preços começam a cair, o risco de uma dinâmica adversa aumenta, em particular no caso de um choque de demanda. Na esteira de tal choque e no começo da deflação, as taxas nominais de juros também cairão. Mas as taxas reais de juros permanecerão positivas, dada a pressão zero sobre as taxas nominais. Quanto maior a deflação, mais elevadas as taxas reais [...]." (IMF: 2003, p. 9).

países emergentes está quase integralmente algumas centenas — e às vezes até alguns milhares — de pontos base (um ponto base equivale a um centésimo de porcento) acima dos juros globais de referência de Wall Street (*prime rate*) ou da praça bancária de Londres (LIBOR) (ver Banco Mundial 2003a, Tabela 4.b, p. 183 ss.; BIS 2003, p. 37). A tabela a seguir contém uma sinopse da evolução no longo prazo da relação entre os juros reais e o índice real de crescimento do PIB nos países industrializados. Até mais ou menos meados da década de 1970 os juros reais estiveram abaixo do índice de crescimento real do PIB; depois eles ficaram muito acima dele.

Tabela 6.2
Juros reais sobre títulos públicos de 10 anos dos países do G7, descontado o crescimento real do PIB

	Canadá	França	Alemanha	Itália	Japão	Reino Unido	EUA	média do G7
1959-71	−2,05	−3,93	−1,99	−3,02	−8,74	−0,38	−1,91	−3,15
1972-81	−3,57	−2,06	0,69	−6,44	−3,82	−2,76	−2,13	−2,87
1982-91	4,20	3,11	1,93	1,75	0,39	1,93	2,80	2,30
1992-01	2,14	2,76	2,61	3,15	2,25	1,38	0,62	2,13
À guisa de comparação								
1919-40								−0,03
1946-58								−0,36

Fonte: Felix 2002, p. 3; Enquete-Kommission 2002, p. 69

Nas décadas de 1960 e 1970 os juros reais foram relativamente baixos e durante algum tempo (em alguns países) até negativos, pois o índice da inflação era elevado. No entanto, a situação se inverteu: podemos constatar tendências deflacionárias nos preços das mercadorias e tendências inflacionárias nos "preços do capital", isto é, nos juros e rendimentos, pois por um lado a concorrência produz efeitos contrários sobre os mercados de bens e de trabalho, e por outro sobre os mercados financeiros. A concorrência global força os preços das mercadorias e os salários dos trabalhadores para baixo, pelo menos em grandezas reais. Nos mercados financeiros, os efeitos causados pela concorrência são muito mais complexos. Se os preços dos patrimônios monetários, quer dizer, os rendimentos de aplicações financeiras ou os juros sobre créditos, fossem expressos em uma única moeda ou se a possibilidade da transferência de ativos de uma moeda para outras inexistisse, os mercados financeiros reagiriam de modo comparável à reação de outros mercados, mas nos mercados financeiros liberalizados e diante da plena convertibilidade das moedas, estes últimos concorrem entre si, mais especificamente com referência às suas qualidades de moedas estáveis para aplicações. A concorrência das moedas e, por conseguinte, das "praças financeiras" tem por consequência a tendência crescente dos preços do capital, isto é, dos juros e rendimentos. Essa direção é apoiada por uma política de estabilização, quer dizer, pela política monetária dos bancos centrais e pelas políticas fiscal e tributária dos governos. No mundo globalizado, cada uma delas pertence ao cânone da "boa governança". Na União Europeia, ela chega mesmo a ter dignidade constitucional (se o Tratado da Constituição da União Europeia for aprovado). Há muito tempo o fato de as instituições monetárias terem perdido a soberania da política monetária por não poderem mais reduzir os juros sem provocar o êxodo de capitais é tema das discussões na economia política, que também acabou ingressando nas publicações do FMI (IMF 2005, p. 134).

Ao mesmo tempo, a liberalização dos mercados financeiros abriu novas possibilidades do financiamento externo de investimentos. Com isso os custos do financiamento do crédito foram reduzidos na sua totalidade e os compromissos externos aumentaram (IMF 2005, p. 117). Deve-se acrescentar, porém, que, em regra, somente as grandes empresas, os *global players*, têm acesso aos mercados financeiros globais —, não as pequenas empresas e as empresas de médio porte, que se veem cada vez mais distantes de créditos de baixo custo em virtude da globalização dos mercados financeiros (ver Enquete-Kommission 2002, p. 83 ss.). Assim, temos duas tendências: por um lado, o aumento dos juros reais, que gera um encarecimento dos créditos, e, por outro, os custos relativamente favoráveis de refinanciamento. Esses últimos beneficiam em especial os grandes tomadores de créditos (as grandes empresas transnacionais e os governos "confiáveis"), não as pequenas empresas e as empresas de médio porte e os governos de Estados fracos.

Em uma deflação de preços de salários por um lado, e uma inflação dos juros e rendimentos por outro, explica-se o disparate de executivos de banco considerarem rendimentos de 20% e superiores sobre o capital próprio como algo normal, e serem nisso apoiados pelos chamados analistas e pelos jornalistas de economia que rezam pela cartilha do capital, mesmo quando a economia, considerada na sua totalidade, está em estagnação. Ao mesmo tempo eles esperam dos assalariados a concordância com a redução dos custos do trabalho, quer dizer, com os arrochos salariais, o aumento das jornadas de trabalho, a redução dos chamados encargos salariais. Concessões nesse sentido são interpretadas como "patrióticas", pois com elas seria possível melhorar a competitividade da "Alemanha como lugar de investimentos" (ver FTD, 29 de março de 2004). Em tempos de globalização, as duas tendências resultam do efeito da concorrência global nos mercados de *commodities* e nos mercados financeiros. O fato de rendimentos muito acima do índice de crescimento só poderem ser pagos quando uma redistribuição global em benefício dos aplicadores de capitais e dos proprietários de ativos financeiros for iniciada e mantida nem é tematizado pelos governos e parlamentos, embora os caçadores de rendimentos eviscerem a população e pilhem o tesouro público, desse modo minando o estado social de direito e a democracia. Perdas de empregos, arrochos salariais e aumento da pressão de trabalho conduzem à pobreza e, às vezes, à miséria, mesmo nos países industrializados com uma tradição em termos de Estado de Bem-estar Social.

Diante da evolução dos juros e dos rendimentos em mercados financeiros liberalizados, nenhum país pode se dar ao luxo de "sair da linha", e essa linha se move na direção de juros elevados. As agências de *rating* também cuidam para que ninguém saia da linha. Delas depende o risco calculado de dívidas, e do risco estimado depende o índice dos juros cobrados. Ser rebaixado pode sair muito caro para os devedores, e não apenas para as empresas ou os governos individuais, mas também para o cidadão comum, ameaçado de cortes orçamentários ou aumentos das taxas de juros. A sabedoria monetária afirma que um país só deveria tomar emprestado capitais estrangeiros enquanto pudesse absorvê-los com sentido, isto é, em investimentos e de forma rentável. Se não estiver em condições para tanto, em algum momento encontrará dificuldades para pagar o serviço da dívida. As agências de *rating*, que zelam pela credibilidade, soarão o alarme, primeiro com discrição, depois em tom ameaçador.

Chegará o momento no qual o capital fugirá do país em proporções maciças, pois os capitais aplicados não geram rendimentos suficientes para os "investidores" residentes em países distantes — suficientes na comparação global com outras "localizações". No longo prazo, isso até está fora de cogitação, pois os rendimentos monetários para a atração de capital estrangeiro são tão elevados que os investimentos em capital real nem podem acompanhá-los. Assim, a importação de capitais, aliciada por juros altos, bloqueia a absorção na forma de investimentos em instalações produtivas. A consequência inevitável é o atraso em termos de competitividade, pois a importação de capitais valoriza a moeda. Isso se torna patente o mais tardar quando o serviço do capital importado enseja déficits no orçamento do Estado e no balanço das transações correntes. "Os mercados", sujeitos elevados à condição de fetiches, não apreciam isso, razão pela qual de repente passam a exercer pressão. Em que pesem todos os esforços, é impossível obedecer aos poderosos mecanismos de coação inerentes à própria realidade. As condições não podem ser cumpridas.[9] Portanto, não admira que nos rendimentos de aplicações financeiras, bem mais elevados que os rendimentos de aplicações na economia real, floresça sobretudo o setor financeiro, e os

---

[9] Em alguns casos, os fetiches têm até nome. George Soros, do fundo Quantum, para citar um exemplo, emite aqueles sinais que depois são seguidos pelo "rebanho" dos outros gestores de fundos (o chamado efeito *herding*) e produzem, na sua soma, uma crise financeira como a da Grã-Bretanha em 1992, a do México em 1994/95, a da Ásia em 1997, a da Rússia em 1998 ou a da Argentina em 2001 — para mencionar apenas as crises financeiras especialmente desastrosas da década de 1990.

mercados financeiros globais cresçam tempestuosamente (ver Tabela 6.1 e os dados da Enquete-Kommission 2002, p. 63 ss.), enquanto, ao mesmo tempo, a economia real é pressionada pelo setor financeiro transbordante.

Os juros reais elevados não são explicados apenas pelas tentativas de reconquistar a estabilidade mediante ofertas atraentes de juros e rendimentos a investidores em países afetados por crises financeiras e pelo êxodo de capitais, mas também pela concorrência entre as moedas, executada com juros altos e índices baixos de inflação. Por isso a Alemanha está entre os países com juros reais relativamente elevados em comparação com outros países industrializados, pois o Banco Central Europeu implementa uma política de juros nominais elevados para manter a estabilidade interna do euro e fortalecê-lo no exterior em relação às moedas concorrentes, sobretudo o dólar norte-americano. Com isso os juros reais são forçados para cima em países como a Alemanha, uma vez que tais países apresentam um índice inflacionário abaixo da média no espaço econômico do euro.

6.3. AS CONSEQUÊNCIAS DOS JUROS REAIS ELEVADOS

Os juros reais elevados e os rendimentos financeiros põem em movimento um círculo vicioso: fazem aumentar a pressão sobre o índice dos lucros na indústria, razão pela qual a contenção do índice de acumulação também freia o crescimento. Nessa constelação, as aplicações nos mercados de títulos mobiliários e outros mercados financeiros trazem rendimentos mais elevados do que aplicações na "economia real". No mundo dos países em desenvolvimento e dos países emergentes, juros reais altos compensam o risco país, estimado pelas agências de *rating* para uso dos atores nos mercados financeiros globalizados. Eles permitem às instâncias da política econômica cortejar os "investidores", atraindo sua confiança com o aceno de rendimentos elevados. Ou, nas palavras do Banco Mundial: "Retornos baixos nos maiores mercados poderiam ensejar um fluxo de fundos para dívidas mais remuneradoras de países em desenvolvimento, enquanto retornos elevados nos maiores mercados seriam uma atração para manter esses capitais em casa [...]" (Banco

Mundial 2003, p. 46 s.). Por conseguinte, o patamar comparativo dos juros é um fator essencial para as decisões dos aplicadores — tanto nos investimentos diretos de longo prazo quanto nos investimentos em portfólios nos prazos curto e médio —, pois "[...] investidores estrangeiros não são atraídos apenas pela remuneração mais elevada oferecida por obrigações de países em desenvolvimento, mas também pela expectativa de ganhos de capital resultantes da convergência das taxas de juros [...]" (Banco Mundial 2003, p. 55). Com efeito, as taxas de juros (incluso o adicional de risco) se aproximaram entre os grupos de países. Isso permite inferir um comércio pronunciado de arbitragem nos mercados globais.

Os investimentos tornam-se mais caros, e as pequenas e médias empresas são impedidas do acesso ao crédito. O encarecimento e o aumento da escassez de créditos atingem duramente o setor informal e aumentam o serviço da dívida — também nos orçamentos do setor público, frequentemente obrigados a assumir as dívidas podres de empresas privadas. As elevadas perdas do setor bancário em países como o México e a Argentina precisaram ser incluídas no orçamento do Estado, antes da privatização dos bancos, isentos de dívidas (ver a esse respeito Luna Martínez 2002). No início da década de 1980, foi necessário empenhar no Chile 40% do PIB para salvar o sistema bancário ameaçado de colapso; na Indonésia, depois da crise de 1997, também foi necessário empenhar 40%; no México, em 1995, aproximadamente 20%; na República Tcheca, em 1994, 15%; na Rússia, desde 1994, aproximadamente 40%, e na Argentina, de 1994 a 1997, cerca de 30% e depois de 2001 um montante ainda não calculado (ver World Bank 2000; p. 8; Luna Martínez 2002: p. 77).[10] A política de estabilidade pode ser justificada apenas pela esperança

---

[10] O fato de não se tratar apenas de problemas de países em desenvolvimento e de países emergentes é mostrado pelo uso de recursos públicos do Estado de Berlim no montante de mais de 20 bilhões de euros, destinados à proteção do Bankgesellschaft Berlin contra riscos, para salvar o banco da falência. Vinte bilhões de euros não são nenhuma "ninharia" para um país como a Alemanha, que ocupa uma posição de liderança no G7. O FMI calcula as perdas acumuladas do PIB nas crises monetárias e bancárias em 17,6% nos países industrializados e em 18,8% nos países emergentes (IMF 1998, p. 79).

neoliberal de que depois do purgatório dos juros reais elevados e da inevitável crise financeira a disposição de investir aumenta, com o consequente crescimento dos empregos e da renda. Mas literalmente não existe um só exemplo que dê sustentação a essa esperança.

O desenvolvimento do capitalismo movido pelos mercados financeiros aponta na direção do regime que David Harvey chamou de "acumulação por desapropriação" (Harvey 2003). Conforme já vimos no capítulo III, elementos de um capitalismo predatório e usurário "pré-moderno" revivem no capitalismo global "pós-moderno" (Altvater/Mahnkopf 2002, p. 168 ss.). Atores dos mercados financeiros apropriam-se de valores por cuja produção não têm nenhuma responsabilidade e da qual não participam, às vezes estando interessados apenas no plano dos juros (em inglês, significativamente, *interests*). A apropriação na forma de exigências de rendimentos (exigências monetárias, *claims*) torna-se mais importante do que a produção de excedentes, sem os quais as *claims* nem poderiam ser satisfeitas. Os modos de apropriação e produção entram em uma contradição, que se revela subitamente, quando os devedores não conseguem mais honrar as obrigações contraídas.[11]

Taxas de juros reais sobre o índice de crescimento do PIB são destituídas de problemas enquanto o estoque de ativos monetários for redu-

---

[11] No caso da Argentina, os aplicadores tinham subscrito obrigações do Estado por promessas de rendimentos extraordinariamente elevados, acima de 20%. Quando o país chegou à insolvência em 2001 e os empréstimos não puderam mais ser pagos, muitos aplicadores não compreenderam a falência como um limite real da repressão financeira, mas tentaram reforçar a repressão financeira com meios jurídicos e obrigar o Estado por via judicial a pagar a dívida do empréstimo. Ocorre que a situação da Argentina depois da crise de dezembro de 2001 foi tão terrível e sem esperanças que o governo se viu obrigado a deixar de pagar os empréstimos. Em negociações de conversão da dívida, em abril de 2005 o país conseguiu que 76% dos proprietários de obrigações do Estado aceitassem um acordo, no qual desistiram em média de 45% de suas exigências e concordaram com taxas de juros mais reduzidas e períodos de carência mais prolongados. Apesar dessa redução, a dívida pública ainda está em torno de 125 bilhões de dólares, em 2005 equivalentes a 72% do PIB. Sem novos créditos, o serviço da dívida nem pode ser pago. Mas tais créditos são condicionados pelo FMI e outras instituições. A mais importante é um superávit primário, destinado a custear o serviço da dívida. Há controvérsias em torno da definição do montante desse superávit primário, de quantos recursos restam à Argentina para custear o sistema educacional, os gastos sociais etc., em suma, sobre a prioridade atribuída às exigências financeiras. (Fonte: diversas notícias de jornais).

zido na proporção com o PIB. Então pode ocorrer que uma parte reduzida do crescimento do PIB se expresse em rendimentos de juros e uma parte correspondentemente grande, em rendas de contratos e lucros de empresas. Mas a dinâmica dessa constelação não pode ser perdida de vista. Juros reais superiores aos índices de crescimento do PIB manifestam-se como crescimento dos ativos monetários, cujas expectativas de rendimentos ou juros (*ceteris paribus*) com relação ao PIB aumentam em termos relativos (ver a esse respeito ver também Enquete-Kommission 2002, pp. 69-73).

Juros reais elevados ou rendimentos de ativos monetários — justamente em comparação com outras aplicações, sempre considerando os fatores de risco — tornam especialmente atraentes as aplicações desses ativos. Decerto isso gerou um impulso decisivo para a liberalização dos mercados financeiros, o desenvolvimento de produtos financeiros inovadores e novas estratégias de gestão, bem como para a utilização das margens de atuação criadas pela desregulamentação para pequenos e grandes negócios, negócios ilícitos, semilegais ou mesmo criminosos. Os recursos movidos pelos investidores financeiros são impressionantes. Os volumes dos recursos para aquisições de empresas por Fundos Hedge, *Private Equity Fonds* etc. na Europa cifram-se anualmente em mais de 60 bilhões de euros no período de 2000 a 2003 e em 76,6 bilhões de euros em 2004 (de acordo com o semanário *Die Zeit*, nº 14, de 31 de março de 2005, p. 24). Graças à política tributária e de desregulamentação implementada pelo governo da coalizão dos Partidos Social-democrata e Verde, um número crescente de alemães travou "conhecimento" com os Fundos Hedge e outros fundos ("*Hedge-Fonds stürmen Deutschland AG*", *in: FTD* de 03 de maio de 2005). Os Fundos Hedge acenam para os aplicadores com rendimentos elevados, mas são repletos de riscos. Em primeiro lugar, devido à desregulamentação, os riscos não são transparentes, só sendo, portanto, percebidos quando é tarde demais, quer dizer, quando um fundo enfrenta dificuldades ou está em situação de falência. Em segundo lugar, eles são concentrados em elevado grau, de modo que na ocorrência de uma crise, montantes elevados devem ser liquidados de uma só vez. Os mercados financeiros desregulamentados estão acometidos pelos vírus da "Enronitis" ou da "Parmalactose". A eles também se receita e aplica, conforme já vimos na primeira seção do presente capítulo, o remédio da boa governança, mas quase sempre de forma "suave", como apelo ao autocontrole voluntário das instituições financeiras ou como regra genérica de conduta, em última instância sem força vinculante. Pelo menos esta é a linha do "Financial Stability Forum" (ver a esse respeito Enquete-Kommission 2002, p. 100 ss.) e do Banco Central Europeu. Ocorre que isso não servirá em nada para os fundos no caso da especulação excessiva.

Economistas e políticos (neo)liberais percebem no abismo cada vez maior entre a evolução dos juros reais e os índices de crescimento do PIB tudo menos a repressão financeira; muito pelo contrário, nele identificam o estímulo positivo de ordenar as relações econômicas na economia e no Estado de forma racional e eficiente, para levar em conta o efeito disciplinador dos mercados financeiros. Os juros a serem pagos devem forçar os devedores a usar os montantes tomados de empréstimo para fins de investimentos de modo eficiente. David Felix (2002) critica essa "hipótese do mercado eficiente" como teoricamente questionável e empiricamente invalidada, pois a seleção de projetos condicionada pelos juros reais elevados não pode surtir os efeitos esperados: deixa-se de fazer investimentos de longo prazo, com efeitos no crescimento e na geração de empregos, em prol de engajamentos de curto prazo de aparente rentabilidade elevada. Estes, por sua vez, desempenharam um papel extremamente desestabilizador nas crises financeiras das décadas anteriores (ver a esse respeito Stiglitz 2002). Esse é um dos fundos racionais da crítica de Franz Müntefering aos Fundos Hedge e aos Private Equity Funds, que caem como "gafanhotos" sobre as empresas, pilham-nas e depois continuam sua marcha. Com efeito, os elevados juros reais, a alta liquidez dos proprietários de ativos financeiros, ainda favorecidos politicamente por medidas tributárias, e o planejamento no curto prazo tiveram por consequência a "miopia" da direção das empresas. Os efeitos de longo prazo de estratégias que visam lucros elevados no curto prazo são tão pouco considerados como a situação e os interesses dos *stakeholders*, isto é, dos trabalhadores, dos clientes, dos habitantes de um território. As empresas produtivas, focos de vitalidade e trabalho em uma região, são literalmente fatiadas pelos fundos interessados em rendimentos no curto prazo: as ações dos sócios são compradas por um fundo a um preço acima da cotação na Bolsa de Valores. A empresa é adquirida dessa forma. Os créditos que tiveram de ser levantados para a aquisição (em bancos "amigos") são hipotecados com o patrimônio das empresas adquiridas. Depois são levantados empréstimos garantidos pelas empresas compradas. Os rendimentos são usados para reembolsar os créditos. Aqui se calcula de tal modo que o fundo recebe um rendimento de 20% ou mais. No curto prazo, o cálculo deu certo. Mas a empresa, que antes da aquisição possivelmente não estava endividada, agora está altamente endividada e, portanto, perto da concordata (ver os exemplos que foram reunidos com referência à Comissão de Investigação da Lavagem de Dinheiro do Parlamento argentino, em Sin Patrón, 2004).

A liberalização dos mercados financeiros e de divisas não resultou em taxas de câmbio estáveis nem em juros reais (positivos, mas baixos) menos voláteis. Nem mencionamos aqui a prometida dinâmica do crescimento ou da geração de empregos. Muito pelo contrário, a volatilidade dos dois preços estratégicos do dinheiro é alta, e a taxa de juros, medida pelos índices de crescimento real do PIB, "danosa", conforme escreve até o Banco Mundial (Banco Mundial 2003, p. 56), ou "predatória", conforme diria Susan Strange, ou "canibal", conforme diria David Harvey. O modo de funcionamento da globalização financeira é bom apenas para os proprietários de ativos monetários, sendo danoso para todos os outros, ou seja, para os que dependem da remuneração do seu trabalho e de empregos.[12] O acúmulo de riqueza de uns aumenta e assume

---

[12]No Brasil, o Banco Central e o Ministério da Fazenda também implementam, sob o governo Lula, uma política de juros nominais extremamente elevados, de quase 20%, para estabilizarem o índice de inflação em 5% a 6%. Isso significaria juros reais de 14%. Não admira que o desemprego seja elevado e os rendimentos auferidos com o trabalho decaiam. Só cresce o setor informal, com empregos precários. Isso aponta para uma inequívoca "deterioração da qualidade do mercado de trabalho" (in: *O Estado de São Paulo*, 24 de junho de 2005). Eis uma prova de nossa tese, grosseiramente negligenciada na sociologia, de que a informalidade do trabalho só pode ser compreendida se também discutirmos a informalidade do dinheiro e da política (Altvater/Mahnkopf 2002).

dimensões extremas e até mesmo absurdas. A falta de empregos formais e o aumento dos trabalhos precários são consequências dos investimentos demasiado caros e por isso não efetuados. Os salários são pressionados pela política de estabilização, executada de acordo com o "Consenso de Washington" (Williamson 1990; 2003: Altvater/Mahnkopf 2004, p. 210) nos países emergentes e em desenvolvimento ou mediante recurso aos critérios do Tratado de Maastricht na União Europeia. Surge assim um capitalismo global rentista danoso, dotado de potencial de pressão financeira. Ele significa o seguinte: redistribuição da renda produzida com a ajuda dos mercados financeiros globais mediante a ajuda decisiva das instituições internacionais e dos governos nacionais dos países industrializados em benefício dos aplicadores de ativos financeiros, que assim aumentam não apenas seu potencial econômico, mas também sua influência política e midiática. Os elevados juros reais não são, por conseguinte, relevantes apenas para a compreensão do modo de funcionamento dos mercados financeiros. Também transformam a sociedade, a política e a cultura.

6.4. DA CONCORRÊNCIA INTERMONETÁRIA AO CONFLITO INTERMONETÁRIO

A repressão financeira também atinge os mercados nos quais se negociam moedas. Só se pode falar de moeda quando a moeda de um mercado é comparada com outras moedas, sejam elas diversas moedas nacionais ou moedas com substância material distinta. O dinheiro é a expressão do valor das mercadorias. Na história da humanidade, tal função foi exercida por um grande número de substâncias, começando pelo gado (*pecus*, daí *pecunia*), passando por escravos, conchas e placas de cobre, para terminar nos metais preciosos prata e ouro. Somente com o advento do mercado mundial as substâncias se transformam em "padrão". Ocorre que nem todas as substâncias se prestam para tanto. Apenas o ouro se transformou no *padrão ouro*. Ora, o dinheiro, na sua forma sonante, é suporte de valor, pois o próprio ouro tem valor, uma vez que é extraído do solo e refinado com um elevado dispêndio de trabalho.

Mas a substância natural não é compatível com a dinâmica do crescimento capitalista. Como os limites da natureza são genericamente desconsiderados no modo de produção capitalista, por que os limites naturais da substância natural ouro deveriam ser respeitados como dinheiro, considerando que o dinheiro é e expressa uma relação social? O surgimento do papel-moeda, isto é, de um dinheiro que simboliza o seu valor, corresponde à lógica do desenvolvimento capitalista; o dinheiro pode ser multiplicado quase sem limites e custos pela "máquina de imprimir cédulas". Isso, no entanto, tem uma consequência decisiva. Como o valor do dinheiro não está contido "intrinsecamente" na natureza do seu material, a responsabilidade pelo valor recai sobre as instituições. Com o abandono do padrão ouro surge, por conseguinte, o primeiro banco central moderno, que agora precisa assegurar o valor de "sua" moeda, isto é, a estabilidade do nível dos preços no tempo e da taxa de câmbio no espaço. A taxa de câmbio, no entanto, é a expressão do preço da respectiva moeda A em outra moeda B e vice-versa. As instituições responsáveis pela garantia do valor de ambas as moedas buscam a estabilização diante da respectiva outra moeda (ou diante de todas as outras moedas). Disso resulta a concorrência intermonetária.

Sob o regime do padrão ouro não pode haver nenhuma concorrência intermonetária plenamente desenvolvida. Esta só surge quando existem muitas ou várias moedas, e a taxa de câmbio se forma no mercado na troca com outras moedas. O pressuposto disso é a plena conversibilidade das moedas, ou seja, a ausência de restrições à circulação de capitais. O destino de uma nação pode depender da evolução da taxa de câmbio, uma vez que esta é idêntica à área de vigência da respectiva moeda. Um câmbio subvalorizado pode ser favorável às exportações e ao crescimento daí resultante. Nas décadas de 1950 e 1960, a República Federal da Alemanha ascendeu à condição de grande nação exportadora adotando uma "estratégia de subvalorização". Outras nações, assim como o Japão, também adotaram essa linha. Mas nem todas as moedas podem ser subvalorizadas ao mesmo tempo. Algumas precisam admitir a supervalorização, ficando assim expostas ao risco da desvalorização. Tais opções estratégicas só fazem sentido com vistas às exportações e importações de mercadorias, ou seja, em períodos de um primado unívoco do balanço de transações correntes. Se, no entanto, os mercados financeiros são liberalizados e globalizados, a estabilização da moeda é uma necessidade para evitar o êxodo de capitais. O balanço de capitais tem um primado inequívoco diante do balanço de transações correntes.

Como se regula a concorrência intermonetária? As taxas de câmbio podem ser definidas e depois defendidas por instâncias políticas. No entanto, também se pode abandonar a sua configuração ao "livre jogo" das forças do mercado. Uma das primeiras medidas de privatização no decurso da liberalização e desregulamentação no início da década de 1970 foi a transferência da definição das taxas de câmbio da responsabilidade dos governos e dos bancos centrais para os atores privados nos mercados monetários liberalizados. A gestão das taxas de câmbio foi entregue aos atores privados em mercados financeiros globais, aos bancos, às empresas, aos fundos, às agências de *rating* e aos autodenominados analistas, que operam em escala internacional. Deve-se, porém, acrescentar que há muitas soluções intermediárias entre as soluções nos "extremos" do espectro, a saber, entre as taxas de câmbio fixadas e garantidas por instituições públicas e as taxas de câmbio inteiramente flutuantes nos mercados liberalizados (ver a esse respeito Dieter 2005).

O sistema monetário do período subsequente à Segunda Guerra Mundial, decidido em 1944 em Bretton Woods, foi concebido para pôr termo à instabilidade monetária da década de 1930 e ao colapso do mercado mundial depois da crise econômica e durante a Segunda Guerra Mundial. O dólar norte-americano foi estabelecido como moeda mundial ou moeda-chave. Se uma moeda é ou pretende ser moeda-chave, deve cumprir várias funções. Deve (1) ser usada como *moeda de reserva e intervenção* dos bancos centrais, deve (2) servir como *moeda comercial*, na qual são celebrados os contratos de atores privados, deve (3) ser uma *moeda de aplicação* para os aplicadores de capitais. Além disso, deve (4) cumprir a função de *moeda de petróleo*, pois com ela se paga o preço estratégico do insumo energético das sociedades industriais (e também das sociedades "pós-industriais"): os conflitos resultantes dessa última função serão descritos no próximo capítulo.

Em 1944, em Bretton Woods, o ouro foi definido como âncora de valor do dólar norte-americano. Até o fim da década de 1960, a onça *troy* custava 35 dólares. A maioria das outras moedas do mundo tinha uma taxa de câmbio fixa com relação ao dólar norte-americano, cuja hegemonia já não era questionada em virtude do poder econômico, político e militar dos EUA. O dólar americano era moeda de comércio, aplicação, intervenção e reserva. Isso foi muito vantajoso para os EUA, pois eles conseguiam "ir às compras" em qualquer lugar do mundo com papéis "sem valor". Nos primeiros 15 anos depois da guerra, os EUA ainda tinham um elevado superávit no balanço das transações correntes; a economia norte-americana era superior à de todos os concorrentes. Por isso, o fluxo de dólares ocorria sobretudo com a ajuda de investimentos diretos, bem como com a ajuda militar e para o desenvolvimento. Os investimentos diretos tiveram como pressuposto a liberalização dos mercados de capitais, pela qual os EUA se empenharam no plano político (Helleiner 1994). A ajuda para o desenvolvimento possibilitou a formação do campo ocidental contra o bloco soviético. A partir da década de 1970, quando o balanço das transações correntes dos EUA passou a ser cada vez mais deficitário, os EUA puderam financiar essa situação, pois outros países acumulavam grandes reservas em dólares. À medida que os EUA estabeleciam o dólar como moeda mundial após a Segunda Guerra Mundial, e depois de 1971/73 defendiam a sua posição central, também depois da suspensão da vinculação ao ouro na concorrência intermonetária, providenciavam, por um lado, um "bem público global", a moeda global; e, por outro, cobravam um preço alto aos usuários desse bem (senhoriagem). Assim, para citar um exemplo, comparavam obrigações do tesouro dos EUA com os dólares que entravam em virtude dos excedentes de exportação com relação aos EUA e tinham juros mais baixos do que outras aplicações. Até hoje isso não mudou substancialmente. É como se os EUA pagassem em cheques, "que são aceitos como meio de pagamento, mas nunca apresentados" (*The Economist*, citado segundo o semanário *Der Spiegel* nº 23 de 2005, p. 133). Assim, o financiamento externo do déficit orçamentário dos EUA também foi possível; os EUA importavam quase 70% de todos os fluxos globais de capitais. Eis o outro lado da moeda da deficitária balança comercial dos EUA. Por isso a população norte-americana não precisa poupar — a cota de poupança é inferior a 1% — e assim pôde e pode manter um padrão de consumo mais elevado do que seria adequado à situação econômica do país. Os EUA também deixam que outros financiem suas guerras, em parte até aqueles que eles próprios combatem. A história do sistema monetário mundial a partir da segunda metade do século XX também poderia ser escrita como uma história da apropriação de vantagens de senhoriagem da superpotência.

O *Financial Times* vê isso de modo bem diferente. Os déficits do balanço de transações correntes e do orçamento público dos EUA seriam uma consequência do esforço excessivo de poupança em outras regiões do mundo, sobretudo nos países emergentes. Com efeito, as estratégias bem-sucedidas do aumento das exportações resultaram em excedentes de exportação, aplicados em reservas monetárias em obrigações do tesouro norte-americano. Assim, a desistência do consumo nos países emergentes permite aos cidadãos norte-americanos se refestelar em consumo num grau não justificado pela força da própria economia norte-americana. De onde, porém, vêm as grandes reservas cambiais? A razão mais importante são as experiências das crises financeiras da década de 1990, que não puderam ser evitadas, pois as reservas dos bancos centrais dos países afetados não foram suficientes para afastar os ataques especulativos.

O sistema da senhoriagem do dólar funcionou bem enquanto a hegemonia norte-americana e, por conseguinte, a hegemonia do dólar não eram efetivamente contestadas e, ao mesmo tempo, os mercados mundiais de capitais ainda não tinham sido completamente desregulamentados e liberalizados. Mas a maioria das moedas europeias já foi convertida no fim da década de 1950. Na sequência, ocorreram as primeiras turbulências cambiais. No cotejo com as crises posteriores, elas foram comparativamente inofensivas e resultaram dez anos mais tarde na implosão do sistema das taxas de câmbio fixas. Primeiro os EUA levantaram a âncora de ouro do dólar, abandonando a conversibilidade em ouro em agosto de 1971. Num segundo passo, dado no início de

1973, também foram eliminadas as relações cambiais fixas entre outras moedas e o dólar, surgindo dessa forma, o que Robert Triffin chamou de "não sistema" das taxas cambiais flexíveis.

A flexibilização das taxas cambiais a partir de 1973 resultou em uma intensificação da concorrência intermonetária, uma vez que também nos mercados de capitais os controles públicos foram eliminados — às vezes, pouco a pouco; às vezes, como na Grã-Bretanha, com um *"big bang"*. Os atores privados nem estavam interessados em uma estabilização das taxas de câmbio. Na concorrência entre as moedas fortes, a respectiva outra moeda fornece a medida pela qual se mede a própria força — a ser superada onde possível. A concorrência intermonetária se manifesta em sua plenitude depois da liberalização dos mercados financeiros globais. O preço de mercado das moedas sofre oscilações violentas. Assim, aumenta a chamada "volatilidade". Os especuladores ganham com as oscilações das taxas cambiais.[13] Ao mesmo tempo, a manutenção e o fortalecimento da estabilidade interna e externa do valor da moeda são declarados os objetivos prioritários da política econômica nos países industrializados. No plano da retórica, o objetivo do pleno emprego não foi abandonado, à diferença do plano das concepções de política econômica. Para dizê-lo em termos simplificados e um pouco exagerados: durante o sistema de Bretton Woods, das taxas de câmbio fixas, o primado estava na balança comercial; contudo, no sistema pós-Bretton Woods, o balanço de capitais ocupa o centro. Na balança comercial, valorizam-se as vantagens concorrenciais comparativas da "economia real", das respectivas *"localizações"*. A moeda funciona em primeiro lugar como meio de circulação de mercadorias e serviços. No balanço de capitais, porém, são expressos os atrativos comparativos das respectivas *"praças financeiras"*. A moeda funciona em primeiro lugar como meio de pagamento, como crédito. A "economia real" agora parece ser me-

---

[13] Por isso aqueles que, como Oskar Lafontaine, empreendem a tímida tentativa de reduzir as oscilações das taxas cambiais extremamente danosas para as pequenas e médias empresas e para os países mais pobres mediante a introdução de zonas-alvo, são combatidos com fúria e expulsos do cenário político, pois estragam os bons negócios dos aplicadores financeiros internacionais.

nos importante do que a "economia monetária", o que não causa admiração em movimentações diárias de aproximadamente dois bilhões de dólares nos mercados de divisas, das quais apenas uma reduzida parcela (cerca de 2%) seria necessária para os trâmites do comércio mundial ou o financiamento de investimentos diretos, isto é, para transações na "economia real". Para a estabilização de uma moeda, os atrativos da "praça financeira" para os proprietários de ativos monetários e outros aplicadores de capitais, que nos mercados de capital globais liberalizados podem saltar rapidamente de uma moeda para outra e assim pressionar moedas, são no mínimo tão importantes quanto a competitividade da "localização" no plano da economia real.

Nos EUA, os atores privados e públicos jogaram esse jogo com bravura e salvaram o dólar a partir do fim da década de 1970, quando ele chegara a um ponto baixo de dimensões históricas, com medidas de estabilização exclusivamente monetárias — com um aumento das taxas de juros. Enquanto um aumento da taxa de juros pelo banco central pode sinalizar, em meio a moedas fracas, uma desvalorização futura, pois os aplicadores estão convencidos do fracasso das medidas de estabilização da moeda, no fim da década de 1970 e início da década de 1980, o aumento das taxas de juros nos EUA contribuiu para que entrassem capitais em grande escala no país, e outras nações se vissem obrigadas a acompanhar o aumento da taxa dos juros. Para os credores e proprietários de ativos financeiros isso foi como uma dádiva de Deus, mas os tomadores de créditos se viram estrangulados. A crise de endividamento do Terceiro Mundo na década de 1980 foi provocada por essa medida. Uma outra consequência é a debilidade dos investimentos em virtude dos créditos caros (e, com isso, o aumento do desemprego).[14]

---

[14] As dimensões de um aumento da taxa de juros para a estabilização do valor da moeda contra um suposto perigo inflacionário podem ser absurdas. No Brasil, as taxas extremamente elevadas de juros nominais, fixadas pelo Banco Central, foram aumentadas mais uma vez, de 16,5% de setembro de 2004 até maio de 2005, mais especificamente para 19,75%, de modo que pessoas jurídicas precisavam pagar 65,7% por créditos e pessoas físicas 33,7% (dados segundo O Globo de 25 de junho de 2005). A consequência disso é uma contração dos créditos. A estabilização do valor da moeda na "praça financeira" Brasil é destrutiva para a "localização" Brasil ou, para evocar Walter Benjamin: a economia monetária estabilizada com fervor literalmente religioso destroça a economia capitalista real.

Na fase de profundas transformações iniciadas no princípio da década de 1970, durante algum tempo pareceu que o dólar norte-americano se veria obrigado a descer do trono do senhorio, pois foi depreciado no seu valor não apenas no exterior, mas também no plano doméstico, em uma inflação que era sobretudo uma consequência da corrida armamentista na Guerra do Vietnã. Todos os contratos firmados em dólares — inclusive as receitas em dólares de exportações de petróleo de países produtores de petróleo — sofreram perdas de valor em meio à inflação do dólar. Nessa fase os países exportadores de petróleo usaram a oportunidade da guerra árabe-israelense do *"Yom Kippur"* em outubro de 1973 para quadruplicar em pouco tempo o preço do petróleo, de 2,89 dólar/barril para 11,65 dólar/barril. Naquela época inexistia uma alternativa verdadeira ao dólar norte-americano, por isso remanesceu apenas a opção do aumento dos preços; de fato, a opção da mudança da "moeda petroleira" não existia. Todos os países importadores de petróleo perceberam o aumento do preço do produto como um choque, pois de repente se conscientizaram da dependência energética das sociedades industriais e das sociedades em vias de industrialização. Descobriu-se que essa dependência da fonte de energia primária era dispendiosa. Por outro lado, rendimentos elevados foram carreados para os tesouros dos países exportadores de petróleo, que se viram obrigados a encontrar aplicações adequadas para esse dinheiro. Aqui o sistema bancário internacional ajudou, pois podia fazer bons negócios na "reciclagem dos petrodólares". Os EUA tiveram poucos problemas com os elevados preços do petróleo, pois conseguiram convencer exportadores — como a Arábia Saudita — a gastar os petrodólares nos EUA, na aquisição de sistemas de armamento e encargos de construção para empresas norte-americanas. Perkins, que nesse processo desempenhou o papel de um assassino econômico (*economic hit man*), relata em detalhes impressionantes como esses negócios lucrativos de reciclagem foram entabulados e com que métodos à beira da legalidade eles foram implementados (Perkins 2005, p. 149 ss.). Regras, que neste caso poderiam ser obstáculos, foram cada vez mais desregulamentadas, e os mercados foram cada vez mais liberalizados e entregues a atores privados no curso das extensas privatizações.

Países ainda protegidos por controles da circulação de capitais foram obrigados à abertura de seus mercados. A abertura dos mercados de capitais integra a "condicionalidade" da concessão de créditos por organizações internacionais como o FMI. A abertura dos mercados de *commodities* é exigida pelo conjunto de regras da OMC. Os argumentos em favor de uma política de abertura são fornecidos pela doutrina neoliberal, hoje dominante. Em regra, os países que fizeram o dever de casa de forma especialmente modelar acumularam as piores experiências possíveis (ver sobre o caso da Argentina Sin Patrón 2004; Teubal 2004).

A contradição entre as funções de moeda-chave (moeda comercial, para aplicações, reservas, intervenções e negócios com o petróleo) também se manifesta no novo século. A desvalorização do dólar norte-americano diante do euro desde o início de 2003 à primeira vista produziu um efeito positivo para a economia dos EUA, uma melhoria da competitividade da "localização". Isso é bom para o dólar enquanto moeda comercial, uma vez que a desvalorização efetivamente estimula as exportações e freia a demanda por importações — o que não está nada certo, pois uma grande parcela das exportações de todos os países industrializados consiste no comércio entre unidades de produção e vendas de grupos transnacionais, que têm unidades de produção em todos os lugares do mundo. Por isso não está garantido que a economia norte-americana se beneficie incondicionalmente da desvalorização do dólar. Além disso, produtos semiacabados importados passam a ser caros para as empresas localizadas nos EUA. É possível que o lucro auferido com a desvalorização por meio do aumento das exportações seja absorvido por esse fenômeno. Se as exportações dos EUA devem aumentar na esteira da desvalorização, outros países devem entregar as suas parcelas proporcionais do mercado. Isso só não produz efeitos nos valores absolutos quando a economia mundial cresce com dinamismo em todos os países. Mas depois do estouro da bolha da *New Economy* e da política deflacionária executada em todas as regiões do mundo, é mais provável que haja conflitos comerciais, sobretudo entre os EUA, a Europa Ocidental e os países do Extremo Oriente. O risco de que uma desvalorização do dólar seja então interpretada como uma política do "mendigue junto ao seu vizinho" (*beggar thy neighbour*), ensejando medidas de resistência, não é nada pequeno.

Como moeda de reserva, o dólar de qualquer modo é enfraquecido por uma desvalorização, e como moeda para aplicações ele será menos interessante para os aplicadores de capitais. Mas aqui a cláusula "*ceteris paribus*" deve merecer especial atenção, pois os EUA são o país mais poderoso, a "única potência mundial", razão pela qual é uma nação para aplicadores de capitais. Mas os bancos centrais e os aplicadores particulares de capitais possivelmente retirarão capitais dos EUA se o dólar norte-americano perder em valor diante de moedas concorrentes de peso. Acontece que os EUA necessitam do fluxo de capitais do exterior para compensar os déficits do balanço de transações correntes e do orçamento público. Além disso, uma desvalorização considerável jogaria as relações financeiras globais em turbulências e "produziria um efeito similar ao de uma desglobalização" (FTD, edição de 30 de maio de 2003), a saber, retardaria ou até mesmo cancelaria parcialmente a integração da economia mundial. Essa é uma desglobalização desastrosa, bem diferente da desglobalização projetada por Walden Bello (2004) enquanto alternativa à corporatocracia e à "globalização das empresas" (*corporate globalization*).

Apesar dos déficits estruturais no balanço das transações correntes e no orçamento público, os EUA nunca se viram obrigados a efetuar adequações estruturais como as impostas pelo FMI aos países endividados do Terceiro Mundo. De acordo com o "Consenso de Washington", as sociedades afetadas por crises de endividamento e financeiras devem efetuar adaptações rigorosas, das quais, no entanto, os EUA como maior país devedor estão isentos. O "Consenso de Washington" não teria validade para Washington, pois, à diferença do Brasil ou da Guiné, da Tailândia e da Argentina, os EUA estão endividados na sua própria moeda. Nesse sentido, o termo "potência mundial única", dotada de privilégios extraordinários em comparação com todos os outros países do planeta, não é errado. É essa condição que permite que os EUA desfrutem ambas as vantagens: a do credor e a do devedor, enquanto consegue subtrair-se às desvantagens. Na condição de devedores, os EUA tiram proveito das vantagens da senhoriagem, pois podem, à diferença de outros países endividados, viver bem com déficits no orçamento público e no balanço das transações correntes. Os cidadãos norte-americanos podem permitir-se o elevado padrão de consumo — vale dizer, o *American way of life* —, embora estejam altamente endividados nos planos externo e interno. Além disso, as dívidas dos EUA são em grande parte públicas, sendo seu fiador a nação mais poderosa do planeta tanto em termos políticos quanto militares. Contudo, o pressuposto disso é, em primeiro lugar, uma quota de poupança elevada em outras regiões do mundo, que permite que os EUA e seus cidadãos ultrapassem os limites. Em segundo lugar, os mercados financeiros devem funcionar de modo que a poupança mundial seja canalizada para os EUA. Um mecanismo é o déficit norte-americano na balança comercial e no balanço das transações correntes; outro, os estímulos à exportação de capitais aos EUA. Estes consistem em rendimentos e juros atraentes e na garantia oferecida pela potência política e militar superior.

Surge, portanto, um conflito entre as funções da moeda comercial (de conseguir vantagens concorrenciais com a ajuda da taxa de câmbio) e aquelas da moeda para reservas e aplicações (assegurar a estabilidade da aplicação). Ocorrendo a queda do câmbio do dólar, todos os bancos centrais com reservas em dólares ou deverão aceitar perdas elevadas em divisas ou empreender a tentativa de migrar do dólar para outras moedas. Como, no entanto, existe apenas uma moeda alternativa, isso equivaleria ao fortalecimento do euro. Também aqui é recomendável aplicar uma "cláusula *ceteris paribus*", pois a força do euro depende da dinâmica da integração europeia. Crises como a que ocorreu depois do fracasso da cúpula orçamentária em junho de 2005 e depois dos referendos sobre o Tratado da Constituição na França e nos Países Baixos produzem efeitos diretos sobre a força comparativa do euro.

É difícil obter dados oficiais sobre o montante das reservas na carteira dos bancos centrais, pois os dados permitiram inferências sobre a capacidade do respectivo banco central de poder defender a moeda nacional em caso de emergência. No entanto, podemos identificar duas tendências nos dados disponíveis: em primeiro lugar, o drástico aumento das reservas em alguns casos. Tudo somado, elas quase quadruplicaram entre 1990 (858 bilhões de dólares) e 2004 (3 trilhões 400 bilhões de dólares). Uma grande parte do aumento deve ser atribuída à postura de reserva dos países emergentes. Com ela, eles procuram armar-se contra as crises financeiras. Nas reservas acumuladas, eles imobilizam capital, que não é usado para investimentos, mas também não é utilizado para gastos em programas sociais ou na melhoria das condições de vida da população. Assim, esses países abrem mão do bem-estar possível, na expectativa de estarem armados contra ataques especulativos à sua moeda e poderem defender a sua taxa de câmbio. Essa atitude, fundamentada nas traumáticas experiências das crises financeiras, é uma dádiva de Deus para os EUA, que podem financiar seus déficits a custos muito reduzidos e manter o próprio nível de consumo em patamares elevados, graças à desistência do consumo por parte de outros países.

A "dádiva de Deus" pode, porém, revelar-se um "presente de grego", caso as reservas em dólares sejam convertidas em euros. Isso torna compreensível a queixa de Stephen Roach, *senior economist* do banco de investimentos Morgan Stanley, de que os EUA teriam passado o controle de suas "finanças para mãos estrangeiras" (ver *Der Spiegel*, edição nº23 de 2005, p. 133).

Das reservas mundiais em divisas no valor de aproximadamente 3,4 trilhões de dólares, 60% são mantidos em dólares e cerca de 20%, em euros (Struve/Zschäpitz: *Die Dollar-Bombe ticket*, in: *Die Welt*, edição de 11 de março de 2005). Isso é a inversão de uma evolução que ocorre na década de 1990, na qual a participação do dólar norte-americano nas reservas mundiais em divisas aumentou de 55,3% (1992) para 68,1% (2000) (FMI 2002, p. 97; ver também: FTD, edição de 08 de maio de 2003, p. 29: FT, edição de 19 de março de 2005). Sobretudo os países com reservas elevadas em divisas desenvolvem uma estratégia de diversificação (FTD, edição de 07 de fevereiro de 2005). A OPEP também está passando a tirar reservas em dólares e no seu lugar construir reservas em euros e outras moedas. Isso envolve um deslocamento dos negócios de importação da OPEP dos EUA para a Europa (EZB, Relatório

Mensal de julho de 2005, p. 15). As razões são em primeiro lugar de ordem econômica, pois o crescente déficit gêmeo do balanço das transações correntes e do orçamento público dos EUA em algum momento inevitavelmente conduzirá a uma desvalorização do dólar norte-americano. Por outro lado, há também razões políticas, a saber, abandonar a dependência dos EUA, na qual um país inevitavelmente cai, ao acumular reservas excessivas na moeda norte-americana. Por isso, não apenas os EUA passam o controle de suas "finanças para mãos estrangeiras". Mas também os países com elevadas reservas em dólares associam o seu destino econômico à moeda norte-americana.

Tabela 6.3
Reservas mundiais em divisas, em bilhões de dólares norte-americanos

País	Fins de 2003	Fins de 2004	Alteração
Japão	674	845	+171
China	493	610	+207
Taiwan	207	242	+35
Coreia do Sul	155	193	+38
EU-12	188	173	−15
OPEP	112	133	+21
Rússia	78	125	+47
Hong Kong	118	124	+6
Índia	101	116	+15
Cingapura	96	113	+17
Malásia	43	62	+19
México	58	61	+3

Fonte: WestLB, ap. FAZ, edição de 23 de fevereiro de 2005

Por isso é compreensível que os bancos centrais tentem reduzir as suas reservas em dólares norte-americanos e em seu lugar comprar euros, apostando na "diversidade" de reservas cambiais (FT, edição de 19 de março de 2005). É evidente que isso não pode ser feito de uma só vez e à luz do dia, mas cautelosamente e com a maior discrição possível, pois os especuladores, assistidos pelas agências de *rating* e pelos analistas, também esperam nos mercados cambiais para descobrir tendências que possam usar para lucros rápidos. Se interpretarmos as reservas de divisas dos bancos centrais como um bem público, a sua apropriação especulativa nada mais é do que a privatização de um bem público.[15]

Quão realista é uma conversão das reservas cambiais em euros? De acordo com a decisão tomada em Maastricht em 1991, o euro foi introduzido em 1999, em uma situação marcada pela força do dólar. Foi uma manobra arriscada. Não admira que de início o euro só tenha conseguido apresentar uma imagem débil. Mas os cantos de cisne sobre o euro, entoados com frequência no fim da década de 1990, não tinham suporte na realidade (e em parte eram mascarados, no plano ideológico, por um extemporâneo nacionalismo monetário), pois subestimavam sistematicamente a dinâmica do projeto de integração europeia. Com certeza as diferenças dos custos salariais por peça e dos índices da inflação na "Eurolândia", enquanto dados econômicos fundamentais, não recomendavam uma taxa de câmbio comum e uma taxa de juros uniforme na região do euro. Já em 1991 era possível ver que, no caso da perda dos instrumentos das políticas cambial e de juros, restaria apenas a adaptação dos salários, inclusive dos encargos salariais no orçamento social, para que as condições de estabilidade estipuladas no Tratado de Maastricht pudessem ser cumpridas.[16] No início do novo século, a população de

---

[15]Quando, em 1991, o Fundo Quantum de George Soros "quebrou" o Banco da Inglaterra com um formidável e bem-sucedido golpe especulativo, o banco ficou mais pobre em aproximadamente 1 bilhão de libras esterlinas, e os fundos privados enriqueceram precisamente na mesma proporção. O fato de Soros ter usado parte dos recursos apropriados para as suas fundações na Europa Oriental para fomentar uma "sociedade aberta" não altera esses fatos em nada. A apropriação privada do bem público das reservas cambiais dirige-se contra uma sociedade aberta.

[16]Antes chamamos atenção para esse fato (ver Altvater/Mahnkopf 1993) e colhemos, em meio a um generalizado entusiasmo em torno do euro, críticas violentas, justamente também da parte dos sindicatos. Mas era igualmente claro que o projeto da União Monetária Europeia já não podia ser sustado no final da década de 1990, por isso também nos distanciamos com igual clareza daqueles que queriam reverter a união monetária quando já era tarde demais (ver Altvater 1998d). Em parte essas pessoas foram as mesmas que no início da década tinham defendido o projeto da moeda comunitária e que depois, no fim da década, quiseram fazer oposição à introdução do euro. O dito atribuído a Gorbatchov: "Quem chega tarde demais é punido pela vida" também vale na política monetária. Mas vale também: "Quem adverte cedo demais é punido pela opinião dominante."

quase todos os países europeus sente quão difícil isso é e que sacrifícios a sociedade precisa fazer nesse processo. Os salários sociais são cortados (sobretudo os benefícios do Estado de Bem-estar Social), e os salários individuais começam a ser pressionados.[17] Também na Europa o primado da política de estabilidade conduz a uma "deterioração do mercado de trabalho, com índices elevados de desemprego e uma redução dos empregos formalmente bons em benefício de ocupações precárias".

O passo na direção da União Monetária Europeia não pode mais ser revertido — e caso possa ser revertido, o preço político a ser pago será muito elevado. Hoje o euro existe. Depois da desvalorização inicial diante do dólar norte-americano, ele logrou experimentar uma valorização (diante do seu câmbio mais baixo em 2002) de 50% (no verão europeu de 2005). Devido à debilidade do Japão, atualmente o euro é a única moeda relevante em concorrência com o dólar. O yuan chinês (*renminbi*) é uma moeda futura — e isso já com vistas ao tamanho e à dinâmica da economia chinesa. Mas o yuan deve ser desligado do dólar, ao qual está acoplado, e valorizado, para que possa ser interessante como moeda para aplicações e reservas. Moedas subvalorizadas permitem obter superávits na balança comercial e atrair investimentos diretos, mas o resultado é o fortalecimento do dólar norte-americano, pois os excedentes de exportação e as importações de capital da China expressam-se como aumento das reservas em divisas, que na sua maior parte consistem em dólares norte-americanos. Se a China pretende tornar a sua própria moeda atraente como moeda para aplicações e reservas, o renminbi deve ser desacoplado do dólar. Caso isso venha a ocorrer algum dia, teremos um triângulo de moedas-chave. Essa seria, conforme ensina a teoria do caos, a constelação menos estável, a não ser que esse triângulo estivesse vinculado a um regionalismo monetário na América do Norte, no Extremo Oriente e na Europa Ocidental, o que resultaria em uma maior regionalização da economia mundial (ver Dieter 2005).

---

[17]Seria, porém, um erro responsabilizar a introdução do euro pelo desmonte das instituições do Estado de Bem-estar Social, pois os salários e o orçamento deste são pressionados sobretudo pelos mercados financeiros globalizados e seus elevados juros reais.

6.5. O CAPITALISMO DESANDA

A grande importância da esfera monetária nos tempos da globalização remete a uma transformação profunda e radical da reprodução capitalista. O crescimento agora é sobretudo necessário para satisfazer as "exigências monetárias" dos proprietários de ativos financeiros, referentes a uma taxa de lucro média adequada — e não apenas as exigências dos capitalistas industriais. Sem crescimento, o "modelo de acumulação impulsionado pelas finanças" não consegue funcionar. Rendimentos superiores a 20% só podem ser pagos aos acionistas se são distribuídos não apenas os excedentes oriundos do crescimento, mas se um processo global de redistribuição formidável e muitas vezes violenta a partir da substância patrimonial das sociedades e em benefício dos *shareholders* é posto em marcha. O capitalismo global é, portanto, predatório e míope, e os atores econômicos são aqui apoiados pelos governos e pelas organizações internacionais. Rosa Luxemburgo já enfatizou e Hannah Arendt já confirmou (conforme nos lembra Harvey 2004) que os rendimentos extremamente elevados exigem uma redistribuição à expensa das camadas subalternas e em benefício das elites econômicas e políticas, que implodem o quadro econômico de um compromisso moderado de classes nos termos do Estado de Bem-estar Social. A consequência disso é que também as classes subalternas, de olho na redução dos seus próprios ônus, acabam por interessar-se na desapropriação de outras classes, em virtude dos mecanismos globais dos mercados financeiros. Esse é o fundamento econômico da simultaneidade de globalismo e (neo)nacionalismo, da retórica neoliberal do livre comércio, da livre circulação de capitais e das encenações de conflitos geopolíticos. Assim também se explica a já citada afirmação cínica de Cecil Rhodes de que a luta de classes no plano doméstico poderia ser sustada pela política imperialista de desapropriação nas colônias (ver para tal o capítulo III). Justamente em tempos de globalização surgem, portanto, movimentos nacionalistas e neofascistas — não como resposta à economia da desapropriação, forçada pelos mercados financeiros, mas como sua expressão legítima.

A expansão do crime organizado mostra o quanto o capitalismo de arbitragem e especulativo, também denominado "capitalismo desastroso" (Fidler 2005), desandou. No nexo de desregulamentação, liberalização e privatização, por um lado, e minimização do Estado, por outro, os mercados privados passaram a ocupar o proscênio dos acontecimentos, em detrimento das instituições públicas e das organizações da sociedade civil. Apagam-se as fronteiras entre a busca legal do lucro, as transgressões ilegais do marco legal e a exploração criminosa dos novos espaços de atuação. Enron, Worldcom, Parmalat, o contrabando de drogas, pessoas e armas, a corrupção em grande escala, a chantagem política etc. já não são mais fenômenos marginais. Aproximadamente 15% do comércio mundial ou cerca de 5% do PIB mundial são gerados de forma ilegal e criminosa. Destroem-se assim os recursos morais internos do sistema capitalista — em consequência da abertura neoliberal dos mercados, da desregulamentação e expulsão do Estado dos processos no âmbito da economia. Os atores econômicos orientam-se segundo os sinais emitidos pelo mercado. Quando rendimentos de dois dígitos emitem o sinal e, por conseguinte, são a medida, isso sugere apenas que é recomendável atender, mesmo que com métodos criminosos, ao sedutor canto das sereias, que promete rendimentos elevados.

As tendências de crise dos mercados financeiros globais e o lado negro do crime organizado, da lavagem de dinheiro, da corrupção e das fraudes devem ser interpretados como indícios do acirramento das contradições internas do capitalismo moderno. Em virtude da desigualdade extrema num mundo cindido em credores e devedores, elas já comprometeram e minaram os recursos morais (Pogge 2005) necessários para um mínimo de coerência num mundo globalizado. Uma das suas consequências é também uma frenagem na dinâmica do sistema capitalista. Se ela for acompanhada do golpe externo da desestabilização, conforme enfatiza Fernand Braudel, é bem possível que o capitalismo, tal como o conhecemos, esbarre nas suas fronteiras.

CAPÍTULO VII O choque externo: a era do petróleo chega ao fim

7.1. O TERROR NÃO VEM DE FORA, MAS DE DENTRO

Quem procura, com Fernand Braudel, um golpe de fora, um "golpe extremamente virulento", logo se lembrará das imagens do World Trade Center em 11 de setembro de 2001 e sentirá a insegurança causada pelos ataques terroristas como os de Bali, Djerba, Madri, Istambul ou Londres, que poderão ser seguidos por outros. O que leva pessoas a tais atos de demência, a crimes de homicídio pelos quais elas aceitam também a própria morte? Precisamos compreender por que o terror foi levado até os centros do poder e da violência do Ocidente, qual é o seu fundo social e econômico e quais são as intenções políticas dos terroristas. Veremos em seguida que os atentados terroristas estão ligados às guerras dos EUA e seus aliados contra o Iraque, a Iugoslávia e o Afeganistão e que aumentaram depois, com a "guerra contra o terrorismo" proclamada em 2001 pelo presidente norte-americano George W. Bush. Afinal de contas, essa guerra é feita de modo a derrubar e ocupar militarmente "Estados-canalha", eliminar regimes indesejados e substituí-los por governos dóceis. Nessas agressões, a população civil também é maltratada e submetida a um regime de terror. Depois do encerramento das operações bélicas no Iraque em maio de 2003, foram mortos, até meados de 2005, entre 39 mil e 100 mil iraquianos (dados do jornal *FR* de 13 de julho de 2005): cidades inteiras, como Fallujah, foram destruídas pelo exército norte-americano. Executado por "potências ocidentais civilizadas" na luta contra o terrorismo, o terror das bombas provoca um novo terrorismo.[1] Eis uma escalada em espiral que ninguém pode dizer onde vai parar.

O que motiva governos eleitos em países democráticos a bombardeios, ao uso da tortura, a graves violações dos direitos humanos, à instalação de um "império da barbárie" (ver Clark/Foster 2005)? A necessidade de ter de fazer "guerra contra o terror" não pode ser uma resposta nem uma justificativa. A guerra contra o terror também deve ter outros objetivos, talvez mais importantes. Com efeito, está em pauta, sobretudo, a influência geoestratégica nas regiões petrolíferas do Oriente Médio e da Ásia Central.

As guerras sempre foram feitas em torno de fronteiras e territórios. Enquanto global, essa guerra parece ser sem fronteiras e não estar direcionada a nenhum território específico, pois o planeta inteiro e o espaço extraplanetário pertencem ao "teatro" da guerra ao terrorismo. Mas essa é apenas uma meia verdade, pois os militares carecem de territórios nos quais possam construir bases a partir das quais possam fazer a "guerra contra o terrorismo" em escala global. Entrementes, os EUA dispõem de no mínimo 725 bases militares no mundo inteiro, boa parte das quais construída só depois de 2001. Elas se agrupam geoestrategicamente em torno dos territórios petrolíferos e da conexa logística (oleodutos, rotas de navios-petroleiros) (Johnston 2004, p. 11 ss.). Por isso a influência territorial é tão importante na guerra contra o terror quanto nas "guerras tradicionais". Mas, nos conflitos atuais, não está em jogo o deslocamento de fronteiras entre Estados-nação (isto é, o "crescimento" do Estado, invocado pelos velhos geopolíticos das primeiras décadas do século XX), como no "velho imperialismo", com a finalidade de estender as fronteiras do território dominado. Apesar disso, as fronteiras são relevantes, sobretudo a fronteira da disponibilidade de petróleo, a seiva das economias modernas. O objetivo do imperialismo petroleiro é o deslocamento da fronteira de disponibilidade. Nesta

---

[1] Ainda não existe uma definição internacionalmente consensual de terrorismo e terrorismo de Estado. O secretário-geral da ONU elaborou uma proposta, segundo a qual "[...] constitui terrorismo qualquer ação que vise causar a morte ou lesões físicas sérias a civis ou não combatentes com o objetivo de intimidar uma população ou forçar um governo ou uma organização internacional a realizar qualquer ato ou abster-se de realizá-lo [...]" (Annan 2005, Art. 91).

eclodem conflitos violentos em torno do acesso aos recursos, que contêm o germe de conflitos militares entre poderosos países consumidores de petróleo e produtores de petróleo, bem como entre os próprios consumidores, pois quando o petróleo acaba e ao mesmo tempo o seu consumo aumenta, as lutas de distribuição são inevitáveis.

Na dimensão geoeconômica, essas lutas são realizadas, no mercado mundial com preços, quotas, quantidades e moedas; *na dimensão geopolítica*, elas também são realizadas com meios políticos — que cobrem o espectro da influência diplomática ao suborno e à chantagem — e recorrendo-se ao poderio militar. No âmbito do abastecimento energético com meios geopolíticos, as forças armadas e o setor privado são interligados (Wuppertal Institut 2005, p. 93). Não se pode confiar apenas no mercado; a garantia militar do abastecimento com energia também entra no jogo. Porém, isso conduz ao acirramento dos conflitos. "O bombardeio de pessoas inocentes em Bagdá, Djenin e Cabul é tão bárbaro quanto o bombardeio de Nova York, Madri ou Londres [...]" (Tariq Ali *in*: TAZ, edição de 09 de julho de 2005). O terrorismo, portanto, não é, de nenhum modo, um golpe de fora, desferido por atores fundamentalistas de atentados suicidas. Ele também é uma reação às tentativas — que remontam a décadas — das potências ocidentais de obter influência nas grandes regiões do petróleo e ampliá-la, apoiando regimes ditatoriais e oprimindo as populações. E ele também é uma reação ao terror do Estado na "guerra contra o terrorismo". Essa guerra nem pode ser ganha, por isso tampouco pode ser terminada, uma vez que não está claro qual adversário deve ser vencido sob quais condições.

Aqui precisamos levar em consideração a nova situação histórica nos tempos da globalização. Somente "no século XXI as guerras pela supremacia colonial e imperial não podem mais se restringir aos países atropelados e espoliados pelos donos autonomeados das colônias. Este é um fato da vida moderna. Um vez eclodida a guerra, globaliza-se o campo de batalhas" (Deidre Griswold, in: Junge Welt, edição de 09 de julho de 2005). Centenas de milhares de heróis ainda puderam ser massacrados pelas tropas coloniais alemãs na Namíbia sem que uma única bomba explodisse em Berlim. Durante a Guerra do Vietnã, o campo de batalhas se restringiu à Indochina, não acontecendo nada nos EUA (excetuados os protestos e as manifestações contra a guerra). Tudo indica que esses tempos hoje acabaram. As tentativas de fazer uso de meios militares para deslocar ainda mais a fronteira do consumo de petróleo no conflito mundial em torno da distribuição, a fim de que os habitantes dos países industrializados ainda possam saciar sua sede de petróleo por mais alguns anos, embora as reservas petrolíferas estejam acabando e um número cada vez maior de países se acotovele diante do "bebedouro de petróleo", produziram efeitos retroativos nos países consumidores — a saber, atentados terroristas. Por isso o terrorismo não é um golpe de fora. Muito pelo contrário, as reservas de petróleo, em vias de extinção, produzem um novo e "bárbaro" imperialismo petroleiro, corresponsável pelo terrorismo moderno.

Nas páginas a seguir pretendo ocupar-me sobretudo com os limites dos recursos de petróleo e gás, não apenas por serem fontes primárias de energia, que hoje possuem uma importância central, mas porque aqui podemos mostrar com especial clareza quão grande e eficaz é o golpe externo da disponibilidade limitada das fontes fósseis de energia, que abala o capitalismo tal como o conhecemos. Assim como há aproximadamente 250 anos a revolução industrial-fossilista introduziu uma transformação profunda em todas as áreas da vida, na produção e no consumo, na política e na cultura, uma ordem estável só poderá surgir depois do fim do regime energético fóssil com fundamento em energias renováveis. Antes, porém — e esta é a terrível mensagem do terrorismo e da guerra contra o terrorismo —, o mundo poderá ser jogado num caos global (detalhado, por exemplo, por Deffeyes 2005: p. 8 ou Heinberg 2004, p. 331 ss.).

Bjorn Lomborg (2002) argumenta contra essa tese que os riscos ambientais em regra são representados em termos exagerados. Se fizéssemos cálculos frios, veríamos que algumas medidas de proteção ambiental e de consertos ecológicos são mais dispendiosas do que os próprios danos sofridos pelo meio ambiente. Por isso seu livro tem o provocador título *"Apocalypse No!"*. Isso pode ser certo ou errado. Ninguém pode sabê-lo com precisão, e isso por uma razão simples, mas não tranquilizadora: é impossível monetizar as transformações da natureza causadas pelo homem. A natureza não se deixa avaliar em grandezas monetárias, por isso não dispomos de um critério que nos permita medir e comparar com segurança os custos do impedimento e do conserto de danos ambientais nem dos próprios danos ambientais. Por isso os cálculos do *Intergovernmental Panel on Climate Change* (IPCC), efetuados por Nicholas Stern, Lomborg e outros, apresentam desvios tão significativos entre si. Mais claros ainda são os limites da avaliação monetária da preservação da natureza e dos danos por ela sofridos quando consideramos a evolução. Simplesmente não sabemos nada sobre os efeitos secundários, terciários etc., sobre os danos ambientais, por exemplo, do efeito estufa. Por causa dessa insegurança insuperável, a Conferência da ONU sobre "Meio ambiente e desenvolvimento", realizada em 1992 no Rio de Janeiro, declarou o princípio da prevenção como fio de prumo de toda e qualquer ação política. Mas Lomborg responde a isso com o argumento de que todas as decisões políticas, em todas as áreas da vida social, devem ser tomadas em meio à insegurança e na certeza de consequências irreversíveis. Por isso deveríamos efetuar uma ponderação entre os gastos causados pelas decisões e o rendimento auferido a partir delas, pois devemos evitar que o dinheiro seja "queimado para solucionar problemas relativamente irrelevantes, retendo-se os recursos necessários para a solução de problemas bem mais importantes" (Lomborg 2002, p. 409). Essa é uma filosofia do tipo "canhões no lugar de manteiga",* destinada a "esquecer o nosso medo do colapso iminente". De acordo com essa teoria, os limites, dos quais tanto já se falou, não existem.

7.2. DISCURSOS SOBRE A FINITUDE

O fato de as reservas das fontes fósseis de energia serem finitas é certo e não é contestado por nenhuma pessoa de sã inteligência, pois mesmo se estimarmos os "últimos recursos extraíveis" em 3 trilhões de

---

*Alusão a um *slogan* cunhado no Terceiro Reich por Hermann Goering. (*N. do T.*)

barris (*US Geological Survey* de 2000; ver também Jeomans 2004; Deffeyes 2005, p. 43, que indica o número 3 trilhões e 12 bilhões, uma diferença de valor irrelevante), teremos, num consumo atual de 25 bilhões de barris por ano (por dia teríamos então 75 milhões de barris), apenas 120 anos até a última gota de petróleo — um período breve em termos de história universal. Projetado sobre o passado, esse período estende-se de 1885 até os dias atuais. Nesse período consumiu-se quase 1 trilhão de barris de petróleo (sobre esse número, ver também Deffeyes 2005). Em 26 de julho de 2005, o jornal *Financial Times* publicou um anúncio de duas páginas da empresa petroleira Chevron, no qual se podia ler: "Levamos 125 anos para consumir o primeiro trilhão de barris de petróleo. Consumiremos o próximo trilhão em 30 anos." Em outras palavras: a indústria do petróleo também tem consciência da finitude das fontes fósseis de energia, tanto que a British Petroleum pretende que a sua sigla BP seja interpretada com "Beyond Petroleum" (Além do Petróleo). Mas o cálculo otimista com base em 3 trilhões de barris, que nos poderia provocar suspiros de alívio, de qualquer modo é destituído de realismo; os dados foram exagerados sem cerimônia. Mesmo que esses trilhões de barris estivessem depositados na crosta terrestre, com as técnicas hoje disponíveis não poderiam ser extraídos a um preço aceitável. E só os deuses sabem se algum dia esse será o caso. Por isso, o alcance estático, isto é, o tempo que as reservas garantidas ainda duram, supondo-se a continuidade do consumo atual, em regra é indicado como sendo de cerca de 40 anos: "As reservas comprovadas de petróleo bastam para atender à demanda mundial nos níveis atuais por mais 40 anos. Mas esse cálculo subestima significativamente o volume de recursos de petróleo eventualmente extraíveis com tecnologia aperfeiçoada ou a preços mais elevados do próprio petróleo [...]" (IWF 2005, p. 161). Aqui deveríamos acrescentar um outro "mas", seguido de um ponto de interrogação: O que aconteceria se, no decurso de uma industrialização bem-sucedida na China, na Índia, na África e em outros lugares, a demanda de petróleo aumentasse rapidamente além dos "níveis atuais", talvez até mesmo além da extração adicional dos "recursos talvez extraíveis"? De qualquer modo, a *International*

Energy Agency (IEA) calcula, no seu *World Energy Outlook* de 2004, um aumento da demanda de petróleo em 60% até o ano 2030. Por isso a referência aos recursos talvez extraíveis é apenas um consolo fugaz, que prontamente perde sua eficácia se também incluirmos a demanda no prognóstico.

Quarenta anos não é um período longo se considerarmos a sequência geracional da humanidade, mesmo que com a aplicação de uma "tecnologia aperfeiçoada" seja possível acrescentar mais alguns anos. Talvez já a próxima geração, ou a geração subsequente à próxima, ficasse apenas com barris enferrujados mas vazios, com uma infraestrutura em vias de degradação de oleodutos que atravessam continentes inteiros, e com grandes quantidades de CO_2 poluindo a atmosfera. Quarenta anos é um longo período quando os aplicadores de recursos financeiros esperam a amortização de suas aplicações em poucos anos e os gestores de fundos forçam a alta dos rendimentos no curto prazo. Visto sob essa perspectiva, o fim dos recursos de petróleo está muito além do horizonte, a partir do qual os atores econômicos efetuam seus cálculos. Portanto, esse tema não os interessa. Por esse motivo a renovação da infraestrutura do petróleo foi negligenciada nas décadas anteriores, pois os *shareholders* das sociedades produtoras, comercializadoras e beneficiadoras de petróleo estão mais interessados nos rendimentos atuais sobre os seus *shares* do que na segurança futura do abastecimento geral com petróleo. Por esse motivo os rendimentos das ações das companhias petroleiras devem ser elevados mediante aumentos de preços até a medida dos rendimentos de aplicações financeiras, antes de serem efetuados os investimentos necessários na infraestrutura de exploração, no transporte ou refino e nas redes oleodutos. Tais investimentos são estimados pela IEA em 16 trilhões de dólares.

É evidente que as pessoas politicamente responsáveis conhecem os limites do petróleo britânico no mar do Norte, mas, na disputa eleitoral pela Câmara dos Comuns na Grã-Bretanha em maio de 2005, esse tema foi tirado da agenda, pois nenhum partido sabia como responder à pergunta sobre as consequências do esgotamento das antigas jazidas petrolíferas do mar do Norte para a economia e a sociedade britânicas. De qualquer modo, o horizonte temporal não ultrapassa um mandato eleitoral. Nesse sentido, os noruegueses foram mais previdentes. Colocaram parte das receitas advindas das exportações do petróleo no mar do Norte num fundo, que deve ser utilizado a partir do dia em que o petróleo não jorrar mais nos poços. No entanto, é perfeitamente questionável se o fundo poderá trazer os rendimentos esperados se o crescimento real for freado em virtude da escassez de petróleo.

Assim, a objetividade dos limites dos recursos é relativizada pela subjetividade dos discursos geofísicos, econômicos e políticos. Por isso, nesse debate encontramos todas as posições: o fim da era do petróleo ainda estaria muito distante, e a era do hidrogênio começaria no momento em que o petróleo acabasse. Os potenciais da energia nuclear ainda não estariam esgotados nem de longe, conforme se afirma; o pico da exploração de petróleo deveria ser atingido logo e, a partir de então, só seria possível viver com um consumo de energia radicalmente reduzido (ver Heinberg 2004). De resto, não importaria o consumo da última gota de petróleo, mas o momento no qual a extração no mundo inteiro seria maior do que as novas reservas encontradas, pois então inevitavelmente superaríamos o pico da exploração de petróleo (*peak oil*) e uma demanda adicional a partir do crescimento econômico ou da entrada de novos países consumidores em função da industrialização não poderia ser atendida ou só poderia ser atendida a preços crescentes. Esse pico, afirmam os representantes da "Association for the Study of Peak Oil" (ASPO), deveria ser esperado o mais tardar em meados da próxima década. Então a curva da oferta não poderia ser crescente no mercado global de petróleo, mesmo com preços crescentes, ao passo que a curva da demanda aumentaria devido à considerável inelasticidade em relação ao preço. Sob essas condições, o mercado de petróleo nem poderia funcionar como um mercado concorrencial. Por isso, o mercado de petróleo está cartelizado no lado da oferta desde 1960 pela OPEP e, no lado da demanda, pelas grandes empresas transnacionais de petróleo (outrora as "sete" irmãs, que foram reduzidas em virtude de aquisições: BP, Shell, Total Fina Elf, Exxon Mobil, Chevron Texaco). A tarefa da regulação do preço do petróleo diante de um fracasso do mercado condicionado pela natureza deveria ser assumida por instituições e organizações internacionais.

Uma gota de petróleo só pode ser queimada uma vez. Essa é uma lei da natureza. A energia armazenada nos recursos de natureza fóssil é convertida — por meio de mecanismos e processos adequados — em energia de trabalho, que serve para gerar os valores de uso que queremos ter para a satisfação das nossas necessidades.[2] Ao mesmo tempo são gerados produtos de queima, na maioria das vezes depositados como emissões na atmosfera.[3] Ao lado do calor de exaustão e de efluentes líquidos, a geração de energia nuclear produz o lixo radioativo, cujo período de semidesintegração é de alguns milênios. Em relatório apresentado em 1972, o Clube de Roma chamou atenção para os limites resultantes da finitude dos recursos energéticos e minerais (Clube of Rome 1973). Na época, o argumento estava mal fundamentado e facilitou a crítica maldosa dos *Cornucopians*, isto é, os que veem a natureza da Terra como uma cornucópia, quase inesgotável e explorável sem limites. Mas os *Cornucopians* estavam redondamente enganados. Tinham confiado demais no fato de que — abstração feita da finitude da Terra, que, porém, na sua opinião poderia vir a ser um problema apenas num prazo muito longínquo — antes existem limites da rentabilidade econômica da exploração de recursos. Por isso esses limites são relevantes, não os da natureza. Ocorre que os limites econômicos são variáveis, pois reagem de modo sensível às variações dos preços e dos juros. Além disso, as tecnologias e os processos de exploração científica também se alteram, de modo que, apesar da utilização de recursos, é possível explorar reservas sempre novas. Se os tipos convencionais de petróleo acabam, ainda existem os

---

[2] Nesse texto as outras formas de utilização do petróleo como matéria química de base das indústrias química e farmacêutica não são analisadas, embora se afirme repetidas vezes que o petróleo como matéria básica seria demasiadamente precioso para poder ser queimado.
[3] Aumenta a entropia do sistema. Essa é uma outra expressão do fato de a ordem diminuir, razão pela qual mesmo que a energia do universo permaneça a mesma (1ª Lei da Termodinâmica), a energia utilizável para o rendimento do trabalho estará disponível com qualidade decrescente (com vistas ao rendimento do trabalho; 2ª Lei da Termodinâmica). Mas o que é o sistema? Um sistema é definido para seus limites. Mostramos que com a transição para o modo de produção capitalista-industrial as fontes de energia de natureza fóssil se transformaram praticamente na única força de acionamento, e que a sua utilização transformou a Terra num sistema energético fechado — com uma "parede corta-fogo" entre a energia de acionamento utilizada pela indústria e oriunda de estoques fósseis e a energia de fluxo do sol, que mantém a vida no planeta (ver a esse respeito o capítulo IV).

tipos não convencionais, isto é, a areia petrolífera, o petróleo do fundo do mar, o óleo de xisto etc. — e esses tipos não convencionais ainda existiriam em quantidade suficiente no Canadá, na Venezuela, na Austrália, no Brasil, na China, nos EUA e mesmo na Estônia (Yeomans 2004, p. 111). A finitude da Terra é, portanto, uma grandeza flexível e não uma barreira definida. Assim se explica que em meados da década de 1990 as reservas comprovadas de petróleo fossem 55% maiores do que em 1980. A impossibilidade física de que uma taça de vinho que bebemos se encha cada vez mais não constitui nenhum problema para alguns economistas quando escrevem sobre a disponibilidade de petróleo. "No decurso do tempo aumentaram tanto a extração do petróleo quanto o volume das reservas conhecidas." E se a exploração é feita "de forma competente, ela ainda hoje conduz à descoberta de novas jazidas" (Weizsäcker, C. Ch. 2004, p. 8). Os economistas neoclássicos têm dificuldades para compreender que os processos econômicos estão vinculados à natureza. Afinal de contas, a produção e o consumo também são processos de transformação de matérias e energias, e elas ocorrem no espaço e no tempo. Os economistas neoclássicos não compreendem a obviedade de que a Terra é finita, de que algum dia a crosta terrestre estará cheia de furos como um queijo suíço, e que não serão encontradas novas reservas ou que reservas porventura encontradas só poderão ser exploradas a custos muito altos. Na ótica dos economistas neoclássicos ou neoliberais, a evolução dos preços no mercado de petróleo tem "entre pouco e nada a ver com a finitude das reservas de petróleo" (*FAZ*, edição de 06 de julho de 2005: Folker Dries, *Von Öl und* Ölhysterie). Mas o preço do petróleo, que cresce inevitável e consideravelmente, influirá — eis o cerne da tese sobre o *peak oil* — na demanda e nas estruturas de consumo do petróleo entre os países do planeta, entre os ramos da economia e nos padrões de consumo. De qualquer modo, serão provocadas mudanças estruturais tão formidáveis na economia que praticamente não se pode imaginar que elas possam ser superadas pela "mão invisível" do mercado.

Até agora foram extraídos no mundo inteiro aproximadamente 944 bilhões de barris (*Guardian*, edição de 21 de abril de 2005; John Fical,

The end of oil is closer than you think; Deffeyes 2005, p. 35 ss.). Atualmente, a exploração dos campos de petróleo se cifra em cerca de 25 bilhões de barris por ano. A capacidade das novas jazidas encontradas é inferior. Foram-se — e provavelmente nunca retornarão — os belos tempos em que as descobertas de novas jazidas eram maiores do que a exploração e nos quais o alcance da utilização do "ouro preto" podia aumentar apesar do seu consumo crescente. Para uma compreensão melhor, deve-se distinguir entre recursos e reservas. Os primeiros ainda existem em ampla escala no "reino da natureza", ao passo que os segundos já estão mais próximos da disponibilidade por parte dos seres humanos. Os maiores recursos são (1) os recursos conhecidos ou supostos, não importando se exploráveis ou não. Trata-se dos chamados recursos "últimos". Menores são (2) os recursos em princípio exploráveis ainda não encontrados, mas que supostamente poderão ser encontrados (para fins de delimitação, ver também BBGU 2003, p. 47 ss.). Um conjunto parcial deles inclui (3) as reservas estimadas como exploráveis com as técnicas existentes e os preços vigentes no mercado, que consistem em jazidas conhecidas e documentadas (*proven reserves*). Elas são definidas pela OPEP como "uma quantidade estimada de todos os hidrocarbonetos estatisticamente definidos como petróleo bruto ou gás natural, que são demonstrados pelos dados geológicos e de engenharia com certeza razoável como extraíveis nos anos futuros a partir de reservas conhecidas e sob as condições econômicas e operacionais atualmente existentes" (de acordo com Shelley 2005, p. 12). Portanto, existe um estoque "objetivo" graças à finitude da Terra. Mas hoje ele é quase irrelevante para o debate em torno da energia. A humanidade contemporânea não pensa em períodos mais longos de história universal, nem faz planos neles baseados.

Quando fica difícil encontrar novas reservas sob a crosta terrestre, não estamos distantes de inventar reservas no papel, pois o montante das reservas também é influenciado pela política comercial das empresas. As indicações dos grandes grupos produtores de petróleo sobre as suas reservas são imprecisas e elaboradas de modo nada transparente.[4] As possibilidades de produção dependem da relação entre reservas e exploração. Quanto maiores as reservas, tanto mais favoráveis as perspectivas de aumento da produção — e tanto melhor para a evolução das cotações nas bolsas de valores. Em 2004, o grupo produtor de energia Royal Dutch/Shell teve de reduzir as informações sobre suas reservas de 19,4 bilhões para 15,9 bilhões de barris (ver *FTD*, edição de 12 de janeiro de 2004), pois as reservas tinham sido estimadas muito acima da realidade. Isso não se deveu ao fato de que errar é humano, mas a um engano consciente, pois as condições da exploração e extração de novas reservas se tornam cada vez mais difíceis. "Novos recursos estão em profundezas cada vez maiores e entornos cada vez mais difíceis", afirma a Exxon (ver também *FTD*, edição de 12 de fevereiro de 2004, *FTD*, edição de 10 de março de 2004, e *FTD*, edição de 24 de março de 2004). Com uma justificativa similar, a companhia mexicana Pemex também reduziu em 53% suas informações sobre as reservas nos campos submarinos do golfo do México. Originalmente, as reservas eram contabilizadas com 54 milhões de barris (El Universal, edição de 18 de abril de 2005, p. 1).

Como o valor da companhia na bolsa depende das reservas, é grande a tentação de subestimar as dificuldades da exploração e superestimar as possíveis reservas. Quando além disso os salários dos executivos dependem da cotação do grupo na bolsa de valores, falsificações ou informações exageradas das reservas se convertem em moeda sonante. Isso, evidentemente, está dirigido contra os interesses dos aplicadores na bolsa de valores, que precisam avaliar com realismo o valor da empresa, no âmbito das suas estratégias de aplicação. Por isso o órgão fiscalizador da

---

[4]Deffeyes zomba do número de 3 trilhões e 12 bilhões de barris de petróleo, que a U.S. Geological Survey estimou como reservas: "O que parece ter acontecido é ilustrado pela história da Shell, entrevistando como potenciais empregados um geólogo, um geofísico e um engenheiro especialista em extração de petróleo (do tipo que faz estimativas sobre reservas). Uma pergunta foi: 'O que é duas vezes dois?' O geólogo respondeu que seria isso provavelmente mais do que três e menos do que cinco, mas que o assunto poderia exigir alguma pesquisa adicional. O geofísico jogou as informações no seu *palmtop* e anunciou que seria 3,999999. O engenheiro de petróleo saltou e fechou a porta, baixou as persianas, desconectou o telefone e perguntou calmamente: 'O que você quer que seja?'" (Deffeyes 2005, p. 43 s.)

bolsa exige maior transparência e a observância de padrões de avaliação de reservas. A avaliação é, portanto, "objetivada" quando o petróleo foi transformado no universo da economia num valor de capital; já no universo das quantidades físicas, a avaliação é subjetiva em alto grau.

A subjetividade da estimativa da reserva também se revela num exame dos interesses dos países produtores e dos interesses dos países consumidores de petróleo, pois as informações sobre reservas com frequência são usadas como "meios de propaganda". Os países da OPEP querem evitar que os países consumidores procurem fontes alternativas de energia ou possam reforçar a sua busca de petróleo em outros lugares (Global Challenge Network 2003, p. 183). Em contrapartida, os países não membros da OPEP querem fazer crer que ainda haveria petróleo em quantidade suficiente no mundo, ao qual se poderia recorrer se a OPEP apertasse o torniquete dos preços. No âmbito da OPEP, os membros podem reclamar uma cota maior se as reservas forem estimadas em patamares elevados. Essa foi, ao que tudo indica, uma das razões pelas quais a Nigéria não corrigiu as informações erradas da Royal Dutch/Shell, embora as autoridades competentes tivessem conhecimento disso (*FR*, edição de 21 de abril de 2004). De resto, esse não é um caso isolado, mas chega mesmo a ser costume na história da OPEP. Assim, na década de 1980 "seis das 11 nações da OPEP aumentaram suas estimativas de reservas em montantes colossais, na razão de 42% a 192%; eles só fizeram isso para aumentar suas cotas de exportação (Campbell/Laherrere 1998). Em 1983, o Iraque informou (durante a guerra contra o Irã) um aumento de suas reservas em 11 bilhões de barris, embora nem um único campo petrolífero tivesse sido explorado. Por isso é duvidoso o número, com frequência mencionado, de 11 bilhões de barris, dos quais o Iraque pretende dispor. Em 1985, o Kuwait também informou um aumento das reservas na razão de 50% sem apresentar provas. É significativo que as reservas de petróleo dos países não filiados à OPEP não tenham apresentado o salto para cima nas informações sobre reservas visível em alguns países da OPEP.

Inexistem, portanto, dados "objetivos" sobre as reservas de petróleo. Por isso as informações sobre reservas na "BP Statistical Review of World Energy" devem ser vistas com restrições, assim como as informações da IEA, tributárias das informações dos grandes grupos de petróleo (Kutter

2004). Economistas neoliberais estão firmemente convictos de que os "fenômenos de escassez crescente" não surgiram em virtude de limites naturais, mas devido à falta de "construção de capacidades" econômicas (Weizsäcker, C. Ch. 2004, p. 7). Gargalos no abastecimento com energia poderiam ser superados mediante investimentos "maciços". Na compreensão desses economistas neoliberais, a natureza é apenas um conjunto de "capital natural", formado pela concessão de direitos de propriedade sobre pedaços da natureza. O capital natural é parte do portfólio dos investidores, podendo ser substituído por capital monetário — e vice-versa. Saltam então aos olhos, enquanto solução artificial de um problema causado por limites naturais, os investimentos na exploração de novas jazidas ou na pesquisa para o aproveitamento de petróleo não convencional, na logística de transporte e nas refinarias, nas redes de transmissão de energia elétrica ou na qualificação dos engenheiros ("capital humano") etc. Considerando tudo isso, a IEA fala de um "subinvestimento" a ser compensado até o ano 2030 por investimentos no montante de 16 trilhões e 400 bilhões de dólares, destinados à melhoria das redes de transmissão (60%), à extração de petróleo e gás (38%) ou de carvão (2%) e à qualificação de engenheiros (*FT*, edição de 07 de maio de 2005, p. 17).

No entanto, a IEA não pode negar inteiramente as condições naturais da produção de petróleo, pois a causa do "subinvestimento" não é percebida apenas na necessidade das empresas no capitalismo dos *shareholders* pagarem "dinheiro em espécie aos *shareholders* e às companhias internacionais", como informa Fatih Birol, o *chief economist* da IEA, mas também no fato de que as empresas sofrem de "falta de acesso" a campos petrolíferos novos e fecundos (*FT*, edição de 06 de maio de 2005). Argumenta-se, outrossim, que surtos futuros de escassez da matéria-prima resultariam em aumentos de preços que tornariam rentáveis os investimentos adicionais necessários e o desenvolvimento de energias alternativas — pelas quais se entende, sobretudo, o desenvolvimento da energia nuclear. Os consumidores só precisariam estar dispostos e em condições de pagar o correspondente preço de mercado e assumir os riscos. Esse discurso não reflete o fato de que diante de preços crescentes do petróleo alguns consumidores nas regiões mais pobres do mundo são excluídos do acesso à oferta global de petróleo; tampouco reflete as consequências para a política de desenvolvimento e a política energética.

Todas essas tendências podem ser contra-arrestadas por juros reais elevados, pois quanto mais altos os juros, tanto menos vale a pena fazer estoques, devido aos elevados custos do armazenamento. Provavelmente essa é uma das razões pelas quais não foi possível enfrentar o aumento do petróleo bruto em 2005 com o lançamento de estoques no mercado ou o aproveitamento de capacidades ociosas das refinarias, pois esses estoques e essas capacidades ociosas inexistiam. Na OPEP, para citar um exemplo, as reservas de produção de mais de 10 milhões de barris por dia (mbd) no início da década de 1980 caíram para menos de 2 mbd em 2004 (*FAZ*, edição de 02 de abril de 2005, p. 21). A mencionada demanda de investimentos acumulou-se devido aos altos juros reais. Em virtude da miopia dos aplicadores, fenômeno correlato aos altos juros reais, tende-se mais a favorecer a extração atual à expensa da extração futura. A extração, portanto, é forçada quando os juros são altos, ao passo que o armazenamento e o processamento do petróleo são influenciados negativamente, pois os juros representam uma parcela importante dos custos de armazenamento e produção.

Se a hipótese neoclássica da possibilidade de substituição do "capital natural" pelo capital financeiro for correta, os limites das fontes de energia serão irrelevantes. Um golpe de fora de extrema virulência, conforme Braudel o caracterizou como condição de uma superação do capitalismo, não será dado, pois cada limite pode ser suspenso por meio de investimentos de capitais. Naturalmente não pode haver limites e, por conseguinte, finitude no universo dos bens privados, da demanda privada e do monitoramento do mercado. Os limites existem apenas em consequência da escassez de capital. Essa, porém, pode ser solucionada quando os rendimentos aumentam. E se depois disso ainda houver limites, vale o consolo de que eles se expandem. "Há muitos pontos de extração em alto-mar que serão explorados no decorrer do tempo. Mas não sei (quanto óleo) existe ali, e, na verdade, ninguém sabe. Esse é o tipo de limite que temos. As coisas estão desordenadas" (Morry Adelman, ap. Schoen 2004). Mas o "limite" não é apenas a aventura do descobridor, mas também o conflito e a luta pelos últimos e cada vez mais escassos recursos. No limite aparecem cada vez mais concorrentes, todos com pretensões de apropriar-se dos recursos de energias fósseis do planeta. Aumenta a demanda por petróleo, pois todos os novos países em vias de industrialização, por exemplo, a Índia e a China, dependem do combustível do crescimento, do aumento da produtividade e da mobilidade, e os países já altamente desenvolvidos praticamente não estão em condições nem dispostos a reduzir sua demanda. Entre 1990 e 2003, a China e a Índia, juntas, responderam por mais de um terço da demanda adicional de consumo (UNCTAD 2004, p. 52), embora os dois países respondam por apenas 15% do Produto Social Mundial (IWF 2005, p. 158). Os países da OCDE ainda consomem cerca da metade da produção anual de petróleo.

A demanda de petróleo não é estacionária, mas aumenta na medida do crescente dinamismo das respectivas economias nacionais. Sem dúvida crescente, a eficiência energética não consegue barrar efetivamente o aumento do consumo. Pode até ensejar consequências adversas, pois se em virtude da maior eficiência energética os produtos se tornam mais baratos, aumenta a demanda, o que faz com que também aumentem as quantidades de produtos e, por conseguinte, o consumo de energia. As economias nacionais devem sua dinâmica às energias, cuja utilização é imprescindível para o aumento da produtividade. O aumento da produtividade é um *must*, que deve ser adotado por todos os países (ou todas as localizações) por motivos de competitividade. Na economia mundial contemporânea, regulada pela OMC e pelas instituições de Bretton Woods, pela OCDE e pela EU, nem é possível ignorar essa orientação e não acompanhar a "corrida dos endemoninhados" (Paul Krugman). Conforme vimos, o crescimento elevado é o critério da boa governança. Assim, as instituições que zelam pela boa governança de governos e empresas tangem a humanidade na direção de uma crise energética, da qual ela não conseguirá escapar enquanto não se redirecionar para as fontes de energia alternativas, renováveis. Em outras palavras: por um lado, o limite pode ser estendido, mas, ao mesmo tempo, ele se aproxima paradoxalmente cada vez mais, pois um número cada vez maior de consumidores avança sobre os recursos de petróleo do planeta. Portanto, precisamos nos ocupar da oferta e demanda de petróleo, ou seja, dos mercados de energia.

7.3. LIMITES DA OFERTA DE PETRÓLEO: *PEAK OIL*

Antes do ápice da extração (*peak oil*), o aumento das reservas encontradas é maior do que a produção anual. Depois do *peak*, o aumento das reservas é menor do que a extração anual. Com a crescente exploração de um campo de petróleo, a extração se torna mais difícil e, portanto, mais dispendiosa. Isso tem a ver, sobretudo, com a redução da pressão com a qual o petróleo é pressionado na direção da superfície. O retorno de energia (*energy return*) relativo à energia colocada (*energy input*), necessária para a extração, torna-se menor. Pode tornar-se até negativo, e então todo o empreendimento da extração de petróleo é irracional em termos energéticos. A queda de pressão deve ser compensada mediante a prensagem de água nova nas rochas e o bombeamento do petróleo até a superfície, num processo que consome muita energia. Compensar a queda de pressão desse modo pode ser tão caro que a extração não seja mais rentável e campos petrolíferos sejam abandonados. Isso ocorre com frequência nas plataformas em alto-mar, quando a profundidade é grande (como na costa angolana) ou o mar congela no inverno, com isso aumentando a viscosidade do petróleo bombeado. Acrescem poluições em maior escala ou dificuldades técnicas de executar perfurações em profundidades cada vez maiores e perfurações horizontais em grandes profundidades. Mesmo se a técnica de extração for consideravelmente aperfeiçoada, a energia empregada para a extração regridirá inexoravelmente, seja por via lenta e contínua, seja em súbita e drástica queda. Pode, contudo, ser rentável usar uma forma de energia para a extração de petróleo para preservar a outra forma de energia, o petróleo. Assim, para citar um exemplo, a energia gerada em usinas hidrelétricas pode ser oferecida a um preço menor do que a energia na forma de petróleo. Do ponto de vista econômico, pode, portanto, ser rentável o que é irracional do ponto de vista energético, pois o dispêndio de energia para a geração de energia elétrica é maior do que o ganho de energia na forma de petróleo.

Ao elaborar prognósticos sobre o alcance de reservas de petróleo, Marion King Hubbert, um geólogo a serviço da Shell, foi o primeiro a considerar, na década de 1950, a finitude dos recursos não renováveis em decorrência de uma lei da natureza. Nos seus cálculos, Hubbert prognosticou com admirável precisão o ponto culminante da extração de petróleo nos EUA, indicando o início da década de 1970. Com efeito, os EUA desde então precisam importar cada vez mais petróleo para saciar sua sede, pois sua demanda, à diferença da curva da extração de petróleo, aumenta com o crescimento da economia em escala linear ou mesmo geométrica, apesar da crescente eficiência no consumo de energia. O mais tardar desde então o abastecimento com petróleo transformou-se num elemento da estratégia de segurança nacional, formulada com especial clareza no "Relatório Cheney" de 2001 (Cheney 2001). O fundamento dessa estratégia de abastecimento com petróleo é o aproveitamento das diferenças de situação de extração nas diversas regiões petrolíferas: há regiões que já se encontram além do *peak* na linha decrescente da extração, regiões que produzem no pico, e regiões pre-*peak*, que ainda poderiam aumentar a extração, sobretudo com a inclusão de petróleos não convencionais (areia petrolífera e óleo de xisto). Como a extração nas regiões *post-peak* e *pre-peak* tende a regredir, faz-se mister aumentar as quantidades extraídas das regiões *pre-peak* e assegurar o transporte para os centros de consumo para compensar as perdas (ver o cenário em Global Challenges Network 2003, p. 83).

Se considerarmos a "curva de Hubbert" da produção de petróleo (ver a representação em Deffeyes 2005, pp. 35-51), deveremos avaliar as reservas com maior cautela do que de uso nas companhias de petróleo. Por isso a *Association for the Study of Peak Oil* (ASPO) informou reservas mundiais de 780 bilhões de barris para o ano de 2003, ao passo que a BP informou quase 1 trilhão e 150 bilhões de barris. A IEA apoia seus cálculos das reservas de energia nas informações transmitidas pelos grandes grupos, de modo que os dados "oficiais" reproduzem os exageros dos dados informados pelos atores privados. Shelley recorre aos dados da OPEP, que informa reservas globais na grandeza de 1 trilhão e 67,2 bilhões de barris. Disso, 647,7 bilhões de barris, quase 80% das "reservas comprovadas" globais, se distribuem entre os países-membros da OPEP (Shelley 2005, p. 23). As diferenças são, portanto, consideráveis. No lugar dos 262,7 bilhões de barris de reservas garantidas informadas pelo estudo da BP com relação à Arábia Saudita, estão garantidos, quando muito, 130 bilhões — menos da metade (Kutter 2004; www.feasta.org). Em alguns casos, porém, a ASPO apresenta uma estimativa das reservas acima das informações da BP ou da IEA, como no caso do México, da Argentina, do Cazaquistão, da Noruega ou do Reino Unido. Pressuposta a constância da demanda, o alcance do petróleo reduz-se aproximadamente na proporção do valor mais baixo estimado pela ASPO. Ocorre que a demanda aumenta.

De acordo com informações do FMI, mais de 50% das reservas documentadas de petróleo bruto concentram-se no Oriente Próximo e no Oriente Médio (Arábia Saudita, Irã, Iraque, Emirados Árabes Unidos, Kuwait). A Venezuela dispõe de 6%; a Rússia, de 5%; a Líbia, de 3%; a Nigéria, de 2%; os EUA também de 2% e o Canadá de 13% das reservas de petróleo, mas esses dados incluem o petróleo não convencional (areia petrolífera, óleo de xisto). O resto do mundo dispõe de 13% das reservas (IWF 2005, p. 163).

Muitos argumentos sugerem que o ápice da extração mundial de petróleo deverá ser atingido o mais tardar no decurso da próxima década e não em 40 anos ou ainda mais tarde. Com base nos dados sobre a produção de petróleo, Kenneth Deffeyes, geólogo na esteira de M. King Hubbert, chega ao surpreendente resultado de que a produção mundial de petróleo já atingiu seu ápice por volta do "Dia de Ação de Graças pelas colheitas em 2005" (Deffeyes 2005, p. 3 ss.; Schoen 2004). Cada campo individual de petróleo tem um *peak*, um ápice da extração. Heinberg apresenta uma lista dos picos de extração nos vários países e regiões do planeta. De acordo com essa lista, o pico de extração (*peak oil*) na América do Norte já foi atingido ou deve ser esperado em 1983 (nos EUA no início da década de 1970; no México, em 2005), na América do Sul e na América Central, em 2006; na Europa, em 2006; na ex-União Soviética, em 1987; no Oriente Médio e no Oriente Próximo, em 2009; na África, em 2006; na Ásia e no Pacífico, em 2004. Para o mundo inteiro, Heinberg (2005, p. 175 s.) calcula o pico de extração para o ano de 2006. Na sua essência, esse número não diverge da estimativa de Deffeyes. Ainda que as informações sobre as reservas sejam incertas, isso não vale para as informações sobre a extração de petróleo, pois o petróleo produzido é contado ao menos duas vezes: no poço de perfuração e no embarque nos navios-petroleiros ou na estação de bombeamento para o oleoduto e na chegada à refinaria.

Tabela 7.1
Reservas de petróleo de acordo com a BP e a ASPO em bilhões de barris (2003)

País	BP 2003 (em bilhões de barris)	ASPO 2003 (em bilhões de barris)
Arábia Saudita	262,7	144,0
Irã	130,7	59,9
Iraque	115,0	62,2
Abu Dhabi	97,8	48,5
Kuwait	96,5	60,3
Venezuela	78,0	34,6
Rússia	69,1	60,0
Líbia	36,0	28,8
Nigéria	36,0	25,0
EUA (sem o Alasca e o Havaí)	30,7	25,2
China	23,7	24,3
Canadá	16,9	5,8
México	16,0	22,4
Catar	15,2	4,1
Argélia	11,3	14,1
Brasil	10,6	2,0
Noruega	10,1	13,0
Cazaquistão	9,0	36,0
Angola	8,9	3,9
Azerbaijão	7,0	12,7
Omã	5,6	6,9
Índia	5,6	4,9
Equador	4,6	2,2
Grã-Bretanha	4,5	9,3
Indonésia	4,4	9,4
Austrália	4,4	4,4
Malásia	4,0	4,0
Egito	3,6	3,4
Argentina	3,2	5,6
Síria	2,3	2,5
Colômbia	1,5	3,4
Mundo na sua totalidade	1.148	780

Fonte: www.peakoil.net

Portanto, o fim da era fóssil não deverá acontecer no próximo século, mas possivelmente aqui e agora. Mesmo se o *peak oil* ocorresse mais tarde, não se pode derivar disso nenhum argumento em favor da sua irrelevância para as nossas ações. Não é relevante se a ocorrência se dará em um ou dez anos, pois até agora nenhum preparativo foi feito para a época a seguir. O *peak oil* praticamente não é registrado; por conseguinte, não pode ser um elemento no discurso sobre a finitude de recursos fósseis e sobre as consequências para o futuro do capitalismo fóssil. Korpela escreve sobre a época que se seguiu à primeira crise de energia no início da década de 1970: "Quando, no início do século XX, as descobertas eram muito mais rápidas do que o aumento do consumo, raras vezes alguém se queixava do esgotamento. Mesmo quando o surto das descobertas nos EUA atingiu o ápice na década de 1930, poucos tomaram conhecimento disso. As novas descobertas ao redor do mundo eram tão grandes que havia pouca preocupação mesmo em 1947, quando os EUA começaram a importar petróleo, já que sua própria indústria de petróleo não podia mais atender à crescente demanda. Finalmente, em 1970, a produção de petróleo chegou ao ápice nos EUA, mas mesmo isso passou despercebido. Foi necessário o embargo do petróleo em 1973 para alertar a opinião pública e suas lideranças para o fato de que os recursos de petróleo são limitados e que estava na hora de passar para carros menores, isolar melhor as casas e iniciar outros esforços de conservação" (Korpela 2002). Mas essa advertência já foi de novo esquecida no início do século XXI. Preparativos para uma época que se seguirá à era do petróleo não estão sendo feitos. Eles também são difíceis, pois a humanidade entrou em dois séculos na era fóssil, e isso foi comparativamente fácil, em função da congruência de formas capitalistas, racionalidade e fontes fósseis de energia descrita no capítulo IV. Alternativas deveriam ser encontradas em poucas décadas (se não em menos tempo), e transições seriam aceitáveis apenas se efetuadas com coordenação política. Quando ocorrem grandes rupturas de estruturas, não podemos confiar no mercado. Por isso os cenários sobre a era que se seguirá ao *peak oil* restringem-se ao aumento da eficiência e à busca de fontes alternativas fósseis de energia (energia nuclear ou petróleos não convencionais), para que se possa enfrentar a escassez prognosticada do petróleo e mais tarde também do gás natural (Hirsch Report 2005). Por isso as energias renováveis são desconsideradas, pois exigem uma reestruturação abrangente e profunda da sociedade, o que quer dizer que a questão do poder político não pode ser desconsiderada na transição para as energias renováveis (Scheer 2005). No Relatório Hirsch a transição para energias renováveis é rejeitada como alternativa com o argumento superficial e falso de que elas seriam demasiadamente caras.

7.4. DEMANDA DE PETRÓLEO E MERCADOS DE ENERGIA

Demandantes e ofertantes não são idênticos, daí os conflitos. Sob as condições do livre comércio, tais conflitos podem ser irrelevantes, pois, de acordo com a doutrina do livre comércio, todos os participantes se beneficiam do intercâmbio. Nos mercados de petróleo, porém, o comércio não é livre, pois, *em primeiro lugar*, os atores mais importantes são grupos transnacionais com poder de mercado dos dois lados, no da oferta bem como no da demanda. *Em segundo lugar* os exportadores de matérias-primas podem cair na armadilha da dependência por causa de um regime de livre comércio. De qualquer modo, os países ricos recebem acesso aos recursos dos países produtores de matérias-primas e podem usar o petróleo como combustível da sua indústria, com cuja ajuda ampliam sua vantagem na industrialização (conforme foi exposto genericamente por Chan 2002 com vistas aos efeitos do livre comércio).

Uma vez que por razões de competitividade sob o regime do livre comércio o crescimento é forçado em todos os países, a demanda por energia aumenta. A coação para aumentar a competitividade assume as feições institucionais do FMI ou da OMC ou resulta das regras de governança, promulgadas pelos países industrializados e suas organizações, como a OCDE, a UE ou o G7/G8. Os esforços em prol da melhoria da competitividade visam a um aumento da produtividade, ou seja, à aceleração de todos os processos relacionados à produção e à circulação.

Estes só podem ser atingidos com energias fósseis, das quais tanto mais se precisa, quanto maior já for o nível de crescimento atingido. De acordo com a "Estratégia de Lisboa", a Europa deve ser transformada na região mais competitiva do mundo. Mantidos a estrutura de produção, os padrões de mobilidade e as preferências de consumo, tal estratégia se caracterizará por um aumento extremo no consumo de energia, mesmo que a eficiência no uso aumente.

As projeções do FMI e da IEA já mostram isso sobre o consumo de petróleo. Para 2004, estima-se um consumo global de 82,4 mbd (já explicou as siglas antes), que até 2030 deverá aumentar na razão de aproximadamente 70%, para 138,5 mbd. O consumo do setor de transporte perfez 46,3 mbd em 2003. Até 2030 deverá aumentar na razão de aproximadamente 80%, para 82,8 mbd (IWF 2005, p. 166). Uma grande parcela do crescente consumo de petróleo no setor de transporte deve ser creditada à industrialização dos países não membros da OCDE, em especial ao aumento da frota de carros de passeio. De acordo com os cálculos do FMI, entre 2002 e 2030 o número de carros de passeio deverá aumentar no mundo inteiro de 751 milhões para 1 bilhão e 660 milhões. Nos países membros da OCDE, o número de automóveis deve aumentar de 625 milhões (desse contingente, 234 milhões nos EUA) para 920 milhões (desse contingente, 312 milhões nos EUA). Na China, entre 2002 e 2030, o número deverá aumentar de 21 milhões para 387 milhões; no âmbito dos países não filiados à OCDE, de 126 milhões em 2002 para 741 milhões em 2030 (IWF 2005, p. 182). Esses indicadores são dramáticos, pois significam que mesmo depois de 2030, caso o cenário se torne realidade, o consumo de petróleo permanecerá em nível elevado apenas para manter em mobilidade a frota de automóveis.[5]

---

[5] O cenário não considera nenhum efeito colateral do aumento da densidade de automóveis, isto é, o efeito estufa, a impermeabilização das paisagens por ruas e rodovias, o consumo de material, a poluição das águas, o ruído, os acidentes, bem como as consequências de uma estrutura de assentamentos de habitações e prédios comerciais orientada segundo as necessidades do automóvel. Se todos esses efeitos forem contabilizados, esse cenário que aposta exclusivamente na mobilidade privada e individual é um quadro de horrores. Resta o consolo que ele não é muito realista.

Em 2004, a demanda crescente defrontou-se com um conjunto de oferta de países não membros da OPEP no montante de 50,4 mbd. Em 2030, as quantidades estimadas estarão entre 64,1 e 77,2 mbd. Portanto, os países não membros da OPEP atendem a uma parte da demanda, que cresce em quase 70% — uma parte, que diminui na razão de mais de 60% a aproximadamente 50%. Ora, supõe-se que os países da OPEP poderiam ampliar com flexibilidade a sua produção se isso fosse necessário (*"Call on OPEC"*). Em 2004, a extração da OPEP chegou a 32 mbd. Em 2030, ela deve compensar com 61,3 mbd a 74,4 mbd a diferença entre a demanda global e a oferta dos países não membros da OPEP, isto é, cumprir uma função de amortecedor pelo fato de a extração ter mais do que duplicado (IWF 2005, p. 170). Isso só é possível quando se supõe que os países da OPEP em geral ainda se encontram em uma confortável posição *pre-peak*. Supõe-se, sobretudo com relação à Arábia Saudita, que a oferta de petróleo poderia ser ampliada por força da demanda crescente por meio de novas perfurações, pois na Arábia Saudita localizam-se aproximadamente 25% das reservas globais tidas como garantidas (ao menos em conformidade com as informações oficiais). Por isso a Arábia Saudita é um *swing producer*, que deve compensar quedas de produção em outros lugares. Mas os "gigantescos campos de petróleo da Arábia Saudita já podem ter atingido o seu *peak* e poderiam entrar em declínio em apenas três anos" (www.petroleumnews.com). Mesmo que isso seja um exagero, muitos indícios sugerem que as informações feitas pela Arábia Saudita não são reais (cf. Tabela 7.1).

A chamada "Maximum Sustainable Capacity" (MSC) só pode ser mantida se novas reservas substituírem as exploradas. Saudi Aramco, a maior empresa produtora de petróleo do mundo, parte da hipótese de que a MSC da Arábia Saudita, tal como os EUA e outros países industrializados do Ocidente desejam, pode ser aumentada de 10 a 12 mbd até 2015, mas apenas pelo período de 18 anos, ou seja, até 2033. A partir desse ano a extração deveria ser reduzida até 2050 mais ou menos pela metade, a saber, para aproximadamente 6 mbd, se novas reservas não fossem exploradas. Mas a probabilidade de que novas reservas desse tamanho sejam encontradas para manter a MSC em 12 mbd é reduzida. Um cenário similar — com números diferentes, mas tendência idêntica — poderia ser esboçado para todas as regiões de petróleo e para o mundo inteiro. Se a Arábia Saudita não puder ou não quiser mais assumir o papel do *swing producer* e reagir negativamente ao *call on OPEC*, o Iraque deve entrar com suas reservas, que são consideradas elevadas. Para tal fim o Iraque é mantido na docilidade. As bases militares dos EUA na Arábia Saudita e no Iraque são a garantia militar da resposta positiva ao *call on OPEC*.

Como existem regiões que ainda não atingiram plenamente o *peak*, os grandes países consumidores de petróleo (em primeiro lugar os EUA), cuja produção própria encontra-se na fase do *Post-Peak-Decline*, conseguem apropriar-se, com a ajuda do regime do livre comércio, dos recursos de outros países. Essa situação pode ser comparada à da Grã-Bretanha no fim do século XIX. Embora o mercado de petróleo nem possa funcionar com uma oferta restrita por força da natureza (quer dizer, não por força da economia), mobiliza-se o princípio do livre comércio. Ele sempre permite aos grandes países demandantes impor, no plano da economia, seus interesses diante dos ofertantes e, sobretudo, diante de demandantes mais fracos. Tal "anomalia de mercado" com limites de oferta com uma simultânea demanda crescente já existiu no século XIX, só que no mercado de carvão. Já em 1865 Stanley Jevons (em seu livro *The Coal Question*) "acenou com o fantasma do esgotamento das jazidas de carvão e com isso da ameaça do declínio de uma Inglaterra que devia seu poder ao carvão" (Débeit/Deléage/Hémery 1989, p. 177). Os temores eram infundados, pois na época o carvão importado de baixo custo inundou o mercado britânico, eliminando dele cada vez mais as minas de carvão britânicas. Não foram, portanto, limites naturais, mas limites econômicos que causaram, em meados do século XIX, a dor de cabeça dos proprietários das minas britânicas de carvão. As leis econômicas da oferta e da procura acabaram por impor-se, mas isso ocorreu apenas porque os limites naturais das jazidas carboníferas estava muito distantes. Por isso o exemplo do carvão britânico não pode ser transportado do século

XIX para o século XXI, pois os processos de mercado de oferta e procura nos mercados globais de petróleo transcorrem pouco antes ou já durante o ápice da extração de petróleo. A consequência disso é que as condições naturais interferem como variável restritiva nos processos de mercado.

Se o petróleo é escasso, torna-se correspondentemente caro diante de uma demanda elevada. Em tal situação, os preços apontam para cima e são extremamente voláteis, isto é, fazem saltos para cima, mas também podem cair por algum tempo. No entanto, tudo indica que isso não ocorrerá no longo prazo: a tendência de longo prazo aponta para cima, para valores que podem superar em muito 100 dólares/barril. Os aumentos genéricos dos preços e a volatilidade dos mercados são estímulos para negociar contratos sobre a mercadoria petróleo nos mercados de futuros. A globalização financeira criou todas as condições institucionais e os instrumentos financeiros para que o caráter duplo da mercadoria petróleo se concretize na sua plenitude. Como valor material de uso, o petróleo é o combustível mais importante do capitalismo fóssil; como valor de troca, é um bem comercializado nas bolsas de matérias-primas, e, nos mercados financeiros, os contratos de petróleo são negociados como mercadorias. Sob essas condições os movimentos atuais de preços no mercado de petróleo não são mais determinados, principalmente nos mercados de matérias-primas, mas cada vez mais nos mercados financeiros também, de modo que os preços podem permanecer elevados, embora ofertas adicionais cheguem ao mercado ou os consumidores restrinjam o consumo de petróleo. Este passa a ser objeto de especulações "depois que os *fundos hegde*, mas também os bancos de investimentos e mesmo os fundos de pensão, até agora investidores conservadores, descobriram as matérias-primas como uma nova praça de brinquedos" (*FAZ*, edição de 02 de julho de 2005: Dieter Kuckelhorn, *Von Bubble zu Bubble*). Durante o transporte até Roterdã, uma carga do navio-petroleiro da Arábia Saudita troca várias vezes de "proprietário" ou, para ser mais preciso, de pessoa ou empresa que tem direitos contratualmente assegurados ao petróleo, podendo aliená-los. Assim, o óleo, que ainda não foi extraído, já é vendido em operações a termo.

Em primeiro lugar, que significado tem o preço do petróleo para os países industrializados? No plano doméstico, ele praticamente não pode ser influenciado, embora seja um parâmetro central do desenvolvimento, pois no primeiro momento o aumento de preços é bom para os países exportadores e ruim para os países importadores de petróleo, resultando, no fim, em uma redistribuição global do patrimônio em benefício dos exportadores e à expensa dos importadores. O Banco Central Europeu confirmou isso no seu relatório mensal de novembro de 2004 (pp. 55-69), ao mesmo tempo deixando claro quais grupos da sociedade precisam suportar sobretudo a adequação a um preço mais elevado do petróleo: os trabalhadores assalariados, pois a "necessária mudança setorial" devida aos aumentos do preço do petróleo — "poderia ser dificultada por disposições legais de proteção contra demissões ou outras formas de proteção contra demissões, que protegem parte dos trabalhadores contra os choques. Do mesmo modo, um aumento salarial insuficiente pode dificultar a necessária redistribuição num plano superior ao setor da economia ou às empresas" (p. 66 s.). O Banco Central Europeu argumenta nos seguintes termos: se os salários fossem elevados em virtude do aumento dos custos de vida, uma "espiral de salários e preços" seria posta em movimento. Por isso a redistribuição constatada em benefício dos exportadores de petróleo não deveria onerar os beneficiários dos juros e lucros. Os ônus do ajuste são suportados pelos assalariados. De modo extremamente indireto e pouco transparente, o aumento do preço do petróleo (que se afigura, por assim dizer, como causado pela natureza) é usado como veículo para implementar uma redistribuição à expensa dos assalariados. Assim, o conflito imperialista global em torno do petróleo encontra um reflexo nas tradicionais constelações de classe entre o trabalho assalariado e o capital. O preço crescente do petróleo deverá ser pago sobretudo pelos assalariados. A fraqueza dos sindicatos nos países industrializados é usada para atingir esse objetivo.

Em segundo lugar, mesmo os países exportadores de petróleo não estão como que à vontade para converter a riqueza fóssil em bem-estar econômico. Por um lado, os "postos de gasolina" dos países consumidores recebem *royalties* e outras receitas; por outro, estas nem sempre são empregadas com racionalidade para o desenvolvimento social e econômico de um país produtor. Por isso o termo "maldição da riqueza em recursos naturais" não é despropositado. Nas palavras do fundador venezuelano da OPEP, Juan Pablo Perez Alfonzo, o petróleo "é um excremento do diabo" (Karl 2003, p. 1), pois a riqueza é canalizada para os grandes países consumidores para neles ser transformada num bem-estar do qual os países ricos em recursos participam de modo apenas condicionado. Os mecanismos com os quais a riqueza em recursos naturais é transformada em maldição são bem conhecidos e foram analisados com frequência. Em princípio, a concentração na exportação monoestrutural de um recurso natural é sinônimo da impossibilidade de desenvolver uma economia diversificada com redes nos planos regional ou nacional. Não se formam os *linkages*, os elos entre os graus de produção e entre a produção e o consumo, entre a economia e a sociedade (Hirschman 1981). Esse problema é ainda mais acirrado quando um país com reservas em matérias-primas está endividado e depende de receitas em divisas para poder honrar o serviço da dívida. Então se força uma concentração na extração dos recursos granjeadores de divisas, com o consequente impedimento de uma economia diversificada de produção. Com seus programas de ajustes estruturais, organizações internacionais como o FMI e o Banco Mundial forçam essa modalidade de especialização, que, além disso, ainda é justificada com uma interpretação extremamente unilateral do teorema ricardiano das vantagens comparativas. As oportunidades de desenvolvimento de uma economia extrativista unilateral são menos favoráveis do que as de uma economia diversificada de produção (ver a esse respeito Altvater 1998c) — e infelizmente é difícil alterar o percurso do desenvolvimento, da extração à produção diversificada, por motivos econômicos, sociais e políticos. As classes e os grupos interessados na extração impedem o desenvolvimento de setores modernos, pois estes com frequência ofereceriam melhores condições de trabalho. A mão de obra barata da extração se tornaria mais cara, e os rendimentos auferidos com a produção e venda de matérias-primas se reduziriam. Além disso, a colusão entre o setor extrativista, a burocracia estatal e as empresas transnacionais, quase sempre de mãos dadas com a corrupção, é um obstáculo considerável para o desenvolvimento. Não se formam iniciativas estatais para a superação dos bloqueios. Em regra, os interesses econômicos no mercado mundial reforçam essas tendências, apoiadas na sociedade pelo surgimento de um setor informal. Se em tal situação forças rivalizantes pretendem apoderar-se das matérias-primas, o resultado inevitável é a guerra em torno dos recursos naturais, que pode se afigurar como uma guerra civil ou um conflito étnico. Existem muitos exemplos disso, sobretudo na África (Costa do Marfim, Serra Leoa, Congo, Sudão) e na América Latina (Colômbia). Saqueados os recursos, remanesce tão somente um "buraco negro", conforme Euclides da Cunha já escreveu no início do século XX sobre a exploração de minérios em Minas Gerais. O futuro foi jogado fora. Diminuem os lucros no mercado, e os "efeitos externos" negativos, os chamados custos sociais, manifestam-se em sua plenitude como obstáculo ao desenvolvimento.

Em terceiro lugar, os efeitos do aumento do preço do petróleo são muito desvantajosos para alguns países importadores, pois uma parte considerável das receitas em divisas a partir de exportações deve ser gasta na importação do petróleo. Por isso, no capitalismo moderno, o conceito da "pobreza energética" designa não apenas uma desvantagem natural, mas também um atraso econômico, a saber, a dificuldade de poder gerar as divisas para custear a importação de petróleo necessária. Em muitos países, a importação de petróleo é um dos maiores itens na balança comercial. Na Ucrânia, a parcela que as importações de energia detêm no total das importações se cifra em 36,5%; na Índia, em 32,0%; no Paquistão, em 23,5%. Mesmo na Indonésia, país produtor de petróleo, a parcela está em 23,5%, o que deve ser visto como indício insofismável do lento esgotamento das reservas petrolíferas.

Tabela 7.2
Importação de combustíveis e receitas de exportações de países selecionados, em 2002 (em milhões de dólares)

País	Importação de Combustíveis	Total das Receitas de Exportações	Parcela das Importações de Combustíveis	
			em Todas as Importações em %	nas Receitas de Exportações em %
Argentina[a]	798	26.610	3,9	2,9
Brasil	7.549	60.362	15,2	12,5
Peru	1.034	7.688	13,7	13,4
México	4.455	160.682	2,3	2,7
Paquistão	3.004	9.913	26,7	30,3
África do Sul	3.269	29.723	13,0	11,0
China	19.285	325.565	6,5	5,9
Índia[a]	15.935	49.251	31,7	32,4
EUA	121.927	693.860	10,1	17,6
UE	129.868	939.804	13,9	13,8

[a] 2001
Fonte: WTO, Trade Statistics 2003; cálculos do autor.

A Tabela 7.2 não transmite mais do que uma fotografia instantânea. Mostra que em alguns países a parte das receitas de exportação, a ser gasta nas importações de petróleo, é muito elevada. Em tal situação, não é possível financiar outras importações (instalações, artigos de consumo), a não ser com ajuda de créditos do exterior. Isso lembra a superação do "primeiro choque de preços do petróleo" na década de 1970, quando muitos países importadores de petróleo do "Terceiro Mundo" contraíram dívidas externas para poderem pagar o aumento da conta do petróleo. Isso foi possibilitado pela "reciclagem dos petrodólares", isto é, pelo refluxo das receitas dos países produtores de petróleo advindas da venda do petróleo (depois do aumento do preço de 1973, de 2,89 dólares/barril para 11,65 dólares/barril no curtíssimo prazo) para o sistema bancário dos países industrializados do Ocidente, sobretudo dos EUA. Os bancos estavam muito interessados em se livrar dos petrodólares, repassando-os aos governos do Terceiro Mundo. Isso também funcionou, pois de início os juros eram baixos. Mas aumentaram desde o fim da década de 1970 (ver capítulo VI), quando o preço do financiamento externo da conta do petróleo revelou ser muito elevado. Esse financiamento externo levou ao caminho da dependência, preparado pelas instituições internacionais e pelas empresas de consultoria (ver a respeito disso Perkins 2005 com muitos exemplos), e à crise do endividamento da década de 1980, que para a maioria dos países do Terceiro Mundo foi uma "década perdida". Quase não se pode esperar que duas décadas depois as lições tenham sido aprendidas, pois interesses poderosos permitem apenas uma curva muito fraca de aprendizado político. Assim, o encarecimento do petróleo pode produzir um duplo efeito negativo: *em primeiro lugar*, ele freia o crescimento econômico, nos países em desenvolvimento mais do que nos países industrializados; *em segundo lugar*, o endividamento pode conduzir ao financiamento da conta do petróleo na crise, na qual investimentos e consumo são restringidos para que se possa honrar o serviço da dívida.

Em comparação com outros consumidores de petróleo, os EUA estão bem posicionados em uma situação de preços crescentes do petróleo, pois, em primeiro lugar, podem pagar a conta do petróleo em dólares com a sua própria moeda, não necessitando, pois, endividar-se. Em segundo lugar, os concorrentes também são afetados pelo aumento dos preços. Assim, a competitividade não se deteriora. No entanto, os EUA imediatamente teriam um problema imenso caso tivessem de pagar pelo petróleo em moeda estrangeira, pois a sua produção própria regride anualmente em cerca de 300 mil barris,[6] e a maior parte do consumo de petróleo dos EUA (aproximadamente 60%, com tendência crescente) é hoje assegurada com importações no valor anual de cerca de 130 bilhões de dólares.

---

[6] Os EUA são um país *post-peak*, mesmo que tentem afastar esse destino mediante a exploração de novos campos de petróleo. Para atingirem esse objetivo, também estão dispostos ao sacrifício de zonas de proteção da natureza no Alasca, ecologicamente de grande valor. No Relatório Cheney de 2001 sobre a segurança energética dos EUA, essa linha de atuação já é indicada: "Os sete primeiros capítulos concentram-se no aumento da produção doméstica de energia, sobretudo mediante a remoção das barreiras regulatórias a uma maior exploração das reservas domésticas de petróleo, gás natural e carvão, e mediante a aposta mais ampla na energia nuclear" (Klare 2004, p. 61).

A isso também remete o vice-presidente dos EUA, Cheney (ex-presidente da Halliburton), no seu já mencionado relatório sobre a segurança dos EUA em matéria de petróleo, apresentado em maio de 2001 (isto é, antes de 11 de setembro de 2001). A produção doméstica deveria regredir até o ano de 2020 de 8,5 para 7 mbd, mas o consumo aumentaria de 19,5 para 25,5 mbd. A lacuna deveria ser preenchida com importações, que até 2020 aumentariam na razão de 68%, de 11 para 18,5 mbd. Por isso a garantia do abastecimento com energia passa a ter prioridade máxima na política externa dos EUA. Para os EUA, um privilégio de decisiva importância foi a possibilidade de pagar as crescentes importações de petróleo em dólares. Nenhum outro país importador de petróleo tem uma vantagem similar. Diante de um déficit do balanço de transações correntes de 553 bilhões de dólares em 2003, o financiamento das importações de petróleo em outra moeda (sobretudo em euros) produziria efeitos estruturais formidáveis na economia norte-americana — e na economia mundial considerada na sua totalidade, pois os outros países precisariam importar mais bens dos EUA e poderiam exportar menos para eles. Esse seria então o fim caótico de uma divisão global do trabalho, na qual os EUA fazem com que seja financiado um excedente elevado e crescente de importações pelos exportadores, endividando-se altamente nesse processo, mas também dispondo da possibilidade de desvalorizar essas dívidas mediante uma desvalorização do dólar, isto é, de causar danos aos seus credores (sobretudo ao Japão, à China, à Coreia do Sul e a outros países asiáticos).

7.5. CONFLITOS EM TORNO DO PETRÓLEO: O IMPERIALISMO DO PETRÓLEO

À medida que o petróleo se torna uma mercadoria escassa e ao mesmo tempo o mundo inteiro precisa recorrer a ele em escala crescente e, por conseguinte, cada vez com mais avidez, pois as alternativas do abastecimento com energia foram desenvolvidas em grau demasiadamente insuficiente, acirram-se os conflitos em torno da distribuição da mercadoria escassa. Verifica-se, então, que a queima de petróleo não produz apenas efeitos negativos no meio ambiente, mas também representa um risco para a convivência pacífica dos povos. Na prática, a ideologia neoliberal de que petróleo poderia ser mantido disponível até um futuro distante mediante investimentos na exploração, nas instalações de extração, nas redes de transporte e nos oleodutos é corrigida pela *realpolitik* neoliberal. Esta também inclui a chantagem política ou a pressão militar, para obter ou manter o acesso ao petróleo na atualidade e não apenas no futuro, quando os investimentos deveriam estar amadurecidos. No mundo do mercado, a escassez natural é transformada em escassez econômica, e isso significa o aumento dos preços da mercadoria cada vez mais escassa. Até aqui tudo bem. Acontece que a escassez transforma o petróleo cada vez mais escasso em "bem posicional" (Hirsch), atribuível pelo mecanismo do mercado apenas se muitos, incapazes de pagarem o preço, forem excluídos do uso. Assim, bens posicionais são, ao mesmo tempo, "bens oligárquicos" (Harrod 1958). Então tudo depende dos recursos, que os consumidores do petróleo puderem mobilizar para a compra do "ouro negro". Já nos ocupamos desse tema. No universo da política, a escassez natural, que não pode mais ser regulada mediante a formação de preços de escassez no mercado, é percebida como risco para a segurança. Por isso, bens posicionais ou oligárquicos também são distribuídos mediante o recurso ao poder político e à força militar.[7] Os mecanismos do mercado e do poder político de modo nenhum são alternativos. Atuam em conjunto, reforçam-se um ao outro e encontram uma correspondência ideológica na combinação de retórica neoliberal pró-mercado e ameaças neoconservadoras de intervenção militar.

Quando o alcance não aumenta mais como até agora no *pre-peak*, mas regride tendencialmente no *post peak decline*, a "segurança energética" se transforma em objetivo da política estratégica na economia

---

[7]Um outro princípio da distribuição é o da solidariedade, mas ele só pode adquirir vigência em movimentos sociais e políticos. Nas estratégicas da segurança de petróleo esse princípio desempenha um papel tendente ao zero, mas ele está presente nos movimentos sociais. Os protestos contra a privatização dos hidrocarbonetos na Bolívia, articulados sobretudo pelas populações indígenas, e as exigências de usar as riquezas fósseis não em benefício de lucros privados, mas do povo, obedecem ao princípio da solidariedade.

exterior. Isso ocorre sobretudo nos países industrializados, que, à diferença dos países em desenvolvimento, podem mobilizar um potencial suficiente de poder para atingir o objetivo estratégico do abastecimento com petróleo.[8] Uma política hegemônica global como a dos EUA, que pretende conduzir duas guerras ao mesmo tempo em regiões distintas do planeta, a manutenção de mais de 700 bases militares em todos os continentes, o predomínio global no ar e no mar com a logística conexa, só é possível com energias fósseis, não com energias renováveis. O próprio novo imperialismo tem um inequívoco fundamento fóssil. Por isso as potências imperialistas estão ávidas por petróleo e dispostas a controlar o acesso a ele.

O novo imperialismo do petróleo também contém elementos não militares. Dele fazem parte o controle da oferta e da demanda; por conseguinte, a influência do preço do ouro negro, o controle da logística de transporte e das rotas de distribuição do petróleo dos países produtores até os países consumidores, com oleodutos ou navios-petroleiros, e, não em último lugar, a definição da moeda de faturamento do preço do petróleo (ver Klare 2003; Altvater 2005). Os países consumidores de petróleo com poder político e militar, bem como com potencial econômico, podem influir na sua própria segurança energética. A política de segurança energética não é tema para nações pobres e pouco poderosas. É um projeto dos países industrializados, seja de uma aliança deles, seja de uma política unilateral ou, ainda, da combinação de ambas. Por isso a política de segurança energética aumenta as desigualdades no mundo. Trata-se de um imperialismo do petróleo implementado pelos países ricos, que avançam sobre recursos naturais que não podem estar à disposição, de todas as pessoas na mesma medida. Analisada em perspectiva sistemática no capítulo III, a apropriação imperialista ocorre no século

---

[8] Os países emergentes também têm a sua estratégia de segurança energética. Isso vale para a China e a Índia, mas também para o Brasil, no qual a Petrobras, uma empresa de capital aberto, cujo acionista majoritário é o Estado, busca adquirir direitos de exploração do petróleo não apenas no Irã e em outros países do Oriente Próximo e do Oriente Médio, mas também na África. Assim a empresa estatal de petróleo é incluída na estratégia da segurança nacional em matéria de energia.

XXI de forma muito concreta no avanço sobre os recursos, sobretudo as fontes fósseis de energia.

7.5.1. Petroestratégia

O petróleo só pode entrar no mercado (isto é, no mercado de petróleo e nos mercados de futuros) e nele ser negociado se a matéria-prima for extraída do subsolo e apropriada; se, portanto, forem adquiridos direitos de propriedade. O ato da valorização primária do petróleo pressupõe o controle das jazidas, a concessão de direitos implementáveis de propriedade, quer dizer, também a exclusão legal (não necessariamente legítima) de pretensões alheias. Essas condições são regulamentadas de modos muito distintos. Em uma série de casos o petróleo foi estatizado, sendo adquirido pelos grandes grupos apenas depois da extração. Em alguns casos, os próprios grupos petroleiros dispõem das jazidas, para as quais adquiriram concessões ou mesmo direitos de propriedade (ver a esse respeito Mommer 2002). Nos países onde este é o caso, por exemplo, na Indonésia, os territórios petrolíferos formam uma espécie de "Estado no interior do próprio Estado". Seria possível escrever longas histórias sobre a valorização primária de matérias-primas em geral e das fontes fósseis de energia em especial (ver, por exemplo, Kleveman 2004). A influência política dos ricos países industrializados sobre os países produtores de petróleo já pertence à história. Dela faz parte o golpe de 1952 contra o governo iraniano de Mossadegh, apoiado pela CIA, e o estabelecimento do regime ditatorial do xá Reza Pahlevi. A pressão exercida pelos EUA sobre a Arábia Saudita é relatada por Perkins (2005, p. 142 ss.). Na Bolívia, grupos transnacionais conseguiram acesso às jazidas de petróleo e gás natural (e assumiram o abastecimento de água em várias cidades, depois de privatizados os recursos hídricos), aliando-se à burguesia nacional compradora. Esse projeto de apropriação foi apoiado por grupos transnacionais dos EUA (ver também Narr 2003, p. 590 s.). Sobretudo a população indígena da Bolívia resiste à exclusão do acesso às riquezas naturais, vinculada à valorização primária para o mercado mundial. Entrementes, a sociedade boliviana está tão cindida por violentos conflitos sociais e políticos que se fala de "duas Bolívias": uma apoia a política neoliberal de privatização das riquezas naturais e sua entrega aos grupos transnacionais, enquanto a outra luta pela autonomia territorial dos povos indígenas e pela nacionalização dos hidrocarbonetos (petróleo e gás natural). Esses são apenas alguns exemplos. Outros poderiam ser citados.

O controle dos territórios petrolíferos integra a política energética dos grandes países consumidores de petróleo. Essa é uma consequência direta do *peak oil*. Não se pode mais gastar à vontade, na certeza de que petróleo extraído em quantidades suficientes e submetido à valorização primária seja oferecido a preços favoráveis nos mercados mundiais. Não importa o que a retórica do livre comércio possa sugerir: com uma oferta restrita por força de *limites naturais* e uma demanda crescente por força de *fatores econômicos*, é impossível formar preços equilibrados de mercado. Por isso as regiões de extração conhecidas, sobretudo aquelas que têm reservas elevadas, não apenas possuem uma eminente relevância *geoeconômica*, mas, antes de mais nada, uma eminente relevância *geoestratégica*. Essas regiões são o Oriente Médio e o Oriente Próximo, isto é, a península arábica, a região do Golfo e o Cáucaso Ocidental, a Ásia Central a leste do mar Cáspio, além de regiões africanas do Sudão Meridional, no leste até a Nigéria, e no oeste, até a Mauritânia. A estratégia de segurança do acesso ao petróleo por parte dos poderosos países consumidores visa a essas regiões. Ao lado delas, também entram na mira dos EUA o México, a Venezuela, a Colômbia, a Rússia, o Azerbaijão, o Cazaquistão, a Nigéria e Angola, denominados por Klare (2004, p. 115 ss.) os "oito alternativos", pois eles podem contribuir para a oferta de petróleo com até 13,5 mbd. Os EUA tentam tornar-se o "poder externo predominante" no Oriente Médio e na Ásia Central (*ibid.*: p. 68) e manter essa posição diante da União Europeia, da Rússia, da China e da Índia. A isso servem as bases militares, distribuídas por toda a região e construídas sobretudo depois de 11 de setembro de 2001.

Implementa-se, para tal fim, também a estratégia da "mudança de regimes", de forma especialmente brutal no Iraque, mas também com método suaves no Quirguistão, na Geórgia, na Ucrânia e alhures.[9] Em conjunto com governos amigos, visa-se à dominação geoestratégica dos territórios petrolíferos e do entorno regional (Yeomans 2004, p. 121). Trata-se de considerações inequivocamente geopolíticas, que determinam a política do petróleo e fizeram com que Zbigniew Brzezynski enfatizasse, já em meados da década de 1990, o papel decisivo da Ásia Central para a hegemonia global dos EUA (Brzezynski 1997).[10] Foi iniciado um novo *great game* pelo acesso aos recursos de petróleo e sua distribuição, à semelhança do fim do século XIX e novamente na mesma região do mundo, na Ásia Central, no Cáucaso, no Oriente Próximo e no Oriente Médio. Exerce-se pressão para que a "estratégia da extração máxima" (Klare 2004, p. 82 ss.; Kleveman 2004), também expressa nos dados da IEA e do FMI, possa ser imposta aos países produtores de petróleo.

O Iraque é interessante para os geopolíticos de Washington: *em primeiro lugar* possivelmente o país dispõe de 11% das reservas mundiais de petróleo — e um petróleo de alta qualidade, com reduzidos custos de extração; *em segundo lugar*, interliga o espaço geopoliticamente importante formado pela Ásia Central, o Oriente Próximo e o Oriente Médio; *em terceiro lugar* os ocupantes do país podem influir na política de preços da OPEP. Yeomans (2004, p. 135) escreve: "Conservadores na administração Bush e fora dela salivam diante da ideia de usar o petró-

---

[9]Na "constelação pós-nacional" isso é considerado "política mundial interna". Na Ucrânia, as "massas populares" foram às ruas, assim também no Líbano, na Geórgia e alhures, quase sempre com apoio financeiro, midiático e logístico de fora, inclusos a chantagem e o suborno de parte da "única potência mundial" (ver Genté/Rouy 2005). Aqui os acontecimentos da política interna de repente são o alvo da política externa. A expansão da democracia é um método de garantia da dominação da constelação imperialista no Oriente Médio e no Oriente Próximo, bem como além dessas regiões.
[10]A guerra contra a Iugoslávia também pode ser interpretada como medida para completar a nova estratégia de tenaz da OTAN, que se estende dos países bálticos no Norte até a Grécia e a Turquia, passando pela Polônia, República Tcheca e Hungria. Desse modo, a Rússia é cercada, ao mesmo tempo surge uma ponte entre a Europa Ocidental e os Orientes Próximo e Médio. No novo cinturão da OTAN, ex-Iugoslávia inclusa, foram construídas importantes bases militares dos EUA, de decisiva importância para a estratégia global da dominação imperialista das regiões petrolíferas da Ásia Central até a África, passando pelos Orientes Médio e Próximo.

leo iraquiano como uma arma para destruir a OPEP [...]. Retirando-se da OPEP, o Iraque estaria livre das cotas de produção que o cartel define para manter seu preço médio de 25 dólares/barril. Energizado pelos investimentos da companhia de petróleo do Ocidente, o Iraque então poderia aumentar sua própria produção, provocando uma queda nos preços do petróleo e reduzindo a margem de lucro dos membros da OPEP." Por isso a mudança de regime, provocada pelos bombardeios na guerra de 2003, foi funcional no sentido da estratégia energética; diante desse objetivo, todas as outras razões da guerra então alegadas são irrelevantes, conforme admitem sem rebuços os protagonistas da agressão (ver Wolfowitz). Assim os EUA providenciaram para si uma excelente posição estratégica no controle das jazidas e rotas de transporte de petróleo com a ajuda das guerras contra o Afeganistão e o Iraque — se os cálculos dos estrategistas do petróleo dos EUA se provarem corretos, o que de nenhum modo está certo. Os concorrentes deveriam ser excluídos da exploração e extração. Daí as repugnantes pechinchas entre as empresas petrolíferas e os governos que as apoiavam depois do provisório fim da guerra em maio de 2003, com vistas a licenças de perfuração, encomendas de consertos, construção de instalações de abastecimento, fornecimentos ao exército norte-americano etc.

Como fator político, a OPEP perde em peso na determinação da quantidade de oferta e do dimensionamento dos preços quando os EUA, como maior país consumidor de petróleo, controlam a alavanca do preço com a ajuda do Iraque, seu protetorado; isso já foi devidamente registrado. Acresce que os países ricos em petróleo e areia petrolífera têm, devido à "reciclagem" de seus petrodólares, fortes interesses monetários nos países industrializados (no setor imobiliário, na indústria, nos bancos e fundos), o que os motiva a manter o preço do petróleo baixo, uma vez que um preço elevado prejudicaria os rendimentos de suas aplicações financeiras. Interesses bem diversos têm os países produtores de petróleo com grandes contingentes populacionais, como a Indonésia, a Nigéria, a Argélia e a Venezuela, que perderiam suas receitas advindas da exportação se o preço do petróleo caísse e não poderiam compensar tais perdas mediante receitas de capital sobre petrodólares aplicados nos países industrializados.

Os custos da extração não são determinados apenas pelas condições geológicas de uma jazida, mas também pelas relações sociais e políticas. A guerrilha iraquiana parece estar em condições de interromper rotas de transporte e oleodutos. Isso encarece os custos dos consumidores de petróleo. E um acordo com a resistência à ocupação norte-americana também não poderá ser negociado sem concessões. "No fundo", o petróleo iraquiano pode ser extraído com facilidade, mas devido à desestabilização do país causada pela guerra e pela ocupação, ele só pode ser comercializado a custos elevados no mercado. Por isso os neoliberais conservadores no *establishment* norte-americano, obcecados pelo poder, não confiam nos mecanismos geoeconômicos da oferta e da demanda. Por um lado, pregam o mercado; por outro, implementam uma geopolítica rigorosa, que também não tem escrúpulos em recorrer às ações militares. O neoliberalismo radical de mercado, o neoconservadorismo centrado na política de poder e o novo militarismo celebram uma aliança que produziu George W. Bush e seus seguidores. O unilateralismo da administração Bush é agressivo e visa à criação da segurança exclusiva para os que vivem na "pátria" [*homeland*], sob a tutela do "Departamento de Segurança Interna dos Estados Unidos" [United States Department of Homeland Security], contra outras pessoas de outros países.[11] Essa é a realidade do "império" obcecado pelo poder e pelo mercado, do qual Hardt e Negri (2002) apresentam a imagem, mais tendente ao *kitsch*, de um simpático capitalismo de redes.

---

[11] O unilateralismo dos EUA apregoa objetivos universalistas (democracia, liberdade, bem-estar, direitos humanos, tudo englobado no conceito da boa governança) e pode recorrer aos métodos mais horríveis (agressão bélica, violações de direitos humanos como em Abu Ghraib ou Guantánamo), pois o objetivo santifica os meios. A complementaridade de unilateralismo e universalismo, no fundo opostos, é analisada por Chantal Mouffe 2005 mediante recurso a Carl Schmitt.

7.5.2. A logística de transporte como tendão de aquiles

Na luta contra o regime dos talibãs no Afeganistão, os EUA tiveram a oportunidade de fincar o pé como potência militar também nos países da Ásia Central, perto das novas fontes de petróleo e gás natural da região no entorno do mar Cáspio, bem como nos países a serem atravessados pelos oleodutos e gasodutos. Assim a Ásia Central transformou-se em uma espécie de "Oleodutistão" no âmbito da estratégia de petróleo dos EUA, assim como a região do Cáucaso a oeste do mar Cáspio (*Asia Times online*, edição de 25 de janeiro de 2002). Os governos fazem política menos para melhorar as condições de vida da população e mais para proteger os campos de petróleo e oleodutos. Isso exige uma mudança para regimes pró-ocidentais. O jornal *Asia Times* afirma: "É ilustrativo notar que todas as regiões ou todos os países que casualmente são um obstáculo às rotas do Oleodutistão até o Ocidente foram submetidos ou a uma interferência direta ou a uma guerra total [...]" (*ibid.*)

Isso se verifica de forma assaz rude no traçado dos oleodutos. O oleoduto de Baku Azerbaijão até o porto turco de Ceyhan, passando por Tbilissi (Geórgia), evita passar por território russo, embora sua construção tenha sido muito cara devido à sua maior distância e esteja sujeita a riscos. Estes se devem, por um lado, aos cerca de 60 mil pontos de solda, que não podem ser 100% seguros, de modo que vazamentos com impacto sobre o meio ambiente não podem ser excluídos; por outro, também à possibilidade de atentados na região intransitável e controlável apenas a custos elevados. Os conflitos internos na Geórgia e os conflitos na Turquia Oriental influem na rentabilidade desse oleoduto.

O sistema de oleodutos a leste do mar Cáspio deve passar pelo Afeganistão e pelo Paquistão até o oceano Índico — e não pelo caminho mais breve que passaria pelo Irã até o golfo Pérsico. Aqui se manifesta uma contradição: o que seria recomendável pela proximidade geográfica e pela racionalidade econômica é politicamente inaceitável, não sendo, por conseguinte, realizado; e um projeto politicamente desejado deve ser realizado em condições econômicas que o privam de sentido. Mas, contudo, não apenas os EUA são ativos no Cáucaso, na Ásia Central e na

Ásia Meridional. A Rússia e a China também procuram implementar seus interesses por um abastecimento seguro com petróleo, abstração feita da União Europeia, que por meio de alianças com a Rússia e a Turquia também interfere como ator regional no *new great game*.

A síndrome geoestratégica do Oleodutistão não se restringe ao espaço da Ásia Central. Também podemos encontrá-la em países africanos (Sudão, Chade, Camarões, Nigéria etc.) e na América Latina (Colômbia,[12] Equador). O fato de a garantia geoestratégica do abastecimento com petróleo também incluir o controle das rotas dos navios petroleiros é documentado, entre outras provas, pelo envio da marinha de guerra alemã ao Chifre da África e à entrada para o mar Vermelho. À primeira vista, o objetivo é a "caça aos terroristas", mas a razão verdadeira é a proteção das rotas dos navios petroleiros na direção do canal de Suez. Na "Conferência dos Doadores" para o Iraque, realizada em outubro de 2003 em Madri, o Banco Mundial e a ocupação norte-americana do Iraque destinaram as maiores somas à reconstrução das instalações de extração do petróleo e à proteção policial e militar (*FTD*, edição de 25 de outubro de 2003). A superpotência militar pode, portanto, conquistar o território de um país produtor de petróleo, mas depois as garantias militar e policial da exploração do petróleo no território e do transporte para os países consumidores levam a um aumento vertical dos custos. Assim se explica que o Pentágono tenha estimado os custos de proteção militar da extração e do transporte no montante de aproximadamente 20 dólares/barril. Esse valor deveria ser acrescentado ao preço do petróleo, justamente diante da afirmação sempre repetida de que as fontes renováveis de energia seriam excessivamente caras em comparação com o petróleo.

Caso os EUA, depois de ocuparem o país, tenham buscado um acesso ao petróleo iraquiano mais barato e com maior segurança no abastecimento, isso poderá revelar-se uma ilusão diante dos elevados custos

---

[12] No âmbito do "Plan Colombia", em fevereiro de 2003 o Congresso dos EUA autorizou um total de 532 milhões de dólares de ajuda militar, sendo 92 milhões de dólares para a "Brigada XVII, cuja exclusiva tarefa consiste em garantir um oleoduto da Occidental Petroleum [Corporation]" (*TAZ*, edição de 17 de fevereiro de 2003).

de proteção militar dos campos de petróleo, dos oleodutos e das rotas de transporte. A petroestratégia da apropriação imperialista de recursos pode tornar-se uma "brincadeira cara", pois um território deve ser ocupado contra pretensões concorrentes, e as rotas dos navios petroleiros e dos oleodutos devem ser protegidas militarmente. Isso pode resultar em ônus excessivo mesmo para uma superpotência imperial como os EUA.

7.5.3. Moeda de pagamento do petróleo

Os EUA seriam o único país para o qual um encarecimento do petróleo não seria necessariamente uma desvantagem, pois, *em primeiro lugar*, o petróleo caro afetaria também a China, o Japão e outros concorrentes efetivos ou potenciais dos EUA. Além disso, a "velha" Europa bem como a "nova" também amargariam as desvantagens do combustível caro das sociedades industrial e pós-industrial. *Em segundo lugar*, esse deverá ser o caso enquanto o petróleo for faturado em dólares norte-americanos. O controle de uma grande parte da oferta nos mercados globais de petróleo por parte dos EUA cuidaria para que as faturas de petróleo também fossem emitidas no futuro em dólares.

As elites dos EUA esperam poder pagar as faturas de petróleo em dólares, embora se suspeite de que o dólar possa ser desvalorizado devido aos crescentes déficits no orçamento público e no balanço das transações correntes, podendo-se, por isso, constatar uma tendência ao afastamento do dólar e à aproximação do euro (*FAZ*, edição de 07 de julho de 2003, p. 13). Sob a impressão da "vitória" dos EUA no Iraque, em maio de 2003 a OPEP decidiu continuar faturando o preço do petróleo em dólares, apesar da fraqueza do dólar e da robustez do euro. Mas diante do crescente déficit gêmeo, não é improvável que os exportadores de petróleo passem a cobrar o preço em euros, sobretudo se os bancos centrais (conforme mencionado no capítulo VI) passarem a converter as suas reservas cambiais de dólares em euros. A guerra contra o Iraque também produziu o efeito secundário de que tendências nessa direção (na Venezuela, no Iraque e na Líbia) foram freadas num primeiro momento.

Mas se os EUA não reduzirem seu déficit gêmeo e não lograrem sair do pântano iraquiano mediante uma retirada, elas retornarão. Por isso o Banco Central Europeu pôde informar, no seu relatório mensal de julho de 2005 (p. 15), que os países da OPEP passaram do dólar para o euro (ver também capítulo VI).

Se os EUA não pudessem mais pagar as crescentes importações de petróleo em dólares, mas se vissem obrigados a pagá-las em euros, se deparariam com um problema gigantesco.[13] Se as importações anuais de petróleo, conforme expõe o Relatório Cheney, aumentarem de 4 para cerca 7 bilhões de barris em 2020, de momento serão necessários 200 bilhões de dólares para o pagamento da fatura de petróleo, considerando-se o preço de 50 dólares/barril. Em 2020, esse valor subiria para aproximadamente 350 bilhões de dólares, equivalentes a cerca de 260 bilhões de euros ao câmbio no início de 2005.

O conflito em torno do petróleo, em torno do controle das reservas, da oferta quantitativa e da formação do preço é seguido pelo conflito em torno da moeda na qual se paga pelo petróleo. A concorrência intermonetária entre o dólar e o euro (e no futuro, eventualmente, o yuan) poderia sofrer uma escalada, pois o abastecimento da economia mundial com a própria moeda acarreta vantagens de senhoriagem, sobretudo quando o preço do petróleo é faturado na moeda própria. Sabe-se da importância da função de uma moeda-chave como moeda de pagamento do petróleo desde que a finitude dos recursos de petróleo não interessa apenas aos ambientalistas, mas entra como fato nas reflexões estratégicas do abastecimento futuro com energia. Enquanto não havia alternativa ao dólar norte-americano, esse problema tendia a ter importância secundária, conforme mostrou com muita clareza a crise do petróleo de 1973. Na época, os países produtores de petróleo só dispunham da opção de aumentar o preço do produto em dólares, o que eles conseguiram realizar, quadruplicando o preço em outubro de 1973.

---

[13]Em virtude do imenso papel dos EUA na economia mundial, as consequências não se restringiriam aos EUA, mas afetariam a economia mundial na íntegra. Se os EUA precisam reduzir o déficit da sua balança comercial, isso produz efeitos sobre a taxa de câmbio, e com isso em todos os países que têm reservas em dólares e nos países com grandes exportações para os EUA. Esse problema só pode ser sugerido aqui.

Mas com o euro, desde o início do novo século surgiu uma alternativa. Por isso é inevitável que o conflito em torno do faturamento do petróleo irrompa sempre de novo.

7.6. CONFLITOS NA ESTUFA

Ocorre que a tendência do regime fóssil à gestação de conflitos também se revela no trato com as emissões, sobretudo com os gases-estufa e suas consequências para a natureza e a sociedade. Aqui, assim como no "lado da oferta" das reservas de petróleo, também não estão em jogo fatos objetivos, mas discursos. Mesmo os naturalistas mais duros têm "opiniões", que creem ser mais duras do que as constatações *soft* das ciências sociais. Mas não é esse o caso. Os dados sobre as reservas de petróleo não são "corrigidos" apenas no lado do *input* do abastecimento com energia. No lado do *output*, isto é, no lado dos gases danosos ao clima, ocorre a mesma coisa. Assim, o presidente do Conselho do Meio Ambiente da Casa Branca, Philip A. Cooney, falsificou os resultados de uma análise de climatólogos sobre o aquecimento global, o derretimento das geleiras e a elevação do nível do mar. O nexo entre o consumo de energia, os gases-estufa e o aquecimento global foi reduzido na sua importância.[14] Mesmo os naturalistas "duros" cultivam seus preconceitos e não usam dados confiáveis, seguem argumentações abstrusas, se elas se encaixam nos preconceitos, e abusam das suas posições na comunidade científica para impô-las.[15]

---

[14] Antes de assumir o cargo na Casa Branca, Cooney trabalhou no *American Petroleum Institute*, que representa os interesses da indústria petroleira (Andrew C. Revkin, *Bush Aide Softened Greenhouse Gas Links to Global Warming*, in: *New York Times*, edição de 06 de junho de 2005).

[15] Isso nem sempre deve ser tão absurdo como no caso do renomado biólogo David Bellamy, que quis demonstrar com dados extraídos da Internet, de um site da seita direitista LaRouche, sem indicação da fonte, que a espessura e o número de geleiras não diminuiu, mas aumentou. Especialmente engraçada e ao mesmo tempo entristecedora é a divergência dos dados, explicada por Monbiot. O relatório da seita mencionara 55% das 625 geleiras observados no mundo inteiro, que teriam aumentado e não diminuído. No relatório de Bellamy, os 55% foram transformados no número 555, ao que tudo indica por ele não ter acionado a tecla *shift* do teclado do seu computador ao registrar o número percentual, razão pela qual saiu um "5" adicional no lugar do símbolo "%", pois "5" e "%" encontram-se na mesma tecla (Monbiot 2005). Esse é um exemplo especialmente tosco da subjetividade dos discursos sobre fatos objetivos.

Não devemos esquecer que o Protocolo de Kyoto, transformado em fevereiro de 2005 em direito internacional vinculante depois de assinado pela Rússia (em outubro de 2004), foi elaborado por causa dos danos das emissões de gases-estufa. Os EUA não assinaram esse acordo multilateral. A tentativa de forçar os EUA a assinar o protocolo conduziu a uma diluição do seu conteúdo, que reduz o efeito do acordo. Uma redução dos gases-estufa na razão de 5,2% nos países industrializados até 2012 é demasiado insuficiente, e os "mecanismos flexíveis" previstos pelo protocolo (comércio de certificados de emissões e compensação de reduções em outros países na própria conta de emissões) não se prestam para reduzir a emissão dos gases-estufa (ver Scheer 2005, p. 181 ss.). A evolução do clima não se deixa impressionar pelas obrigações contraídas pelos signatários do Protocolo de Kyoto. O efeito estufa ameaça a segurança do meio ambiente, a segurança alimentar, a segurança habitacional, a saúde das pessoas no mundo inteiro. Além disso, ele já resultou em custos econômicos calculáveis, pois o número das condições e ocorrências incomuns de tempo e de tempestades com danos elevados aumenta em todo o mundo, tendo triplicado desde a década de 1960. Para meados do século XXI são esperados a cada ano custos na grandeza de 2 bilhões de dólares, dos quais possivelmente 840 bilhões de dólares afetariam a Ásia, 325 bilhões, os EUA, e 280 bilhões de dólares, a Europa (Kemfert 2004). Os custos anuais médios octuplicaram entre as décadas de 1960 (54 bilhões de dólares) e 1990 (432,2 bilhões de dólares).[16]

O Protocolo de Kyoto também não pode alterar isso em nada, pois, *em primeiro lugar*, exige uma redução demasiado baixa das emissões de CO_2 para que o efeito futuro sobre o clima pudesse ser suavizado. *Em segundo lugar*, ele se refere apenas às emissões futuras e não prevê uma regulamentação para os gases-estufa já depositados na atmosfera. Em virtude da inércia do sistema, esses gases permanecem na atmosfera até cem anos, sem que se tenha um conhecimento suficiente da dinâmica de

---

[16]Essas informações foram prestadas pela companhia de seguros "*Münchner Rückversicherung*", que busca se armar com seus cálculos de prêmios para enfrentar o efeito estufa e as suas consequências. As informações contêm apenas os danos segurados, não todos os danos decorrentes em escala mundial (http://www.munichre.com/default_d.asp).

longo prazo da afecção das várias camadas da atmosfera nos seus complexos efeitos recíprocos. Mesmo uma redução das emissões de gases-estufa a partir de hoje não sustaria o efeito estufa de imediato, mas apenas em algumas décadas. *Em terceiro lugar*, o Protocolo de Kyoto não inclui os países em desenvolvimento na estratégia de redução, embora os países em desenvolvimento sejam obrigados pelo FMI, pelo Banco Mundial e pelas instituições de ajuda ao desenvolvimento a adotar as regras da boa governança e, com isso, a industrialização. Por conseguinte, também são forçados ao aumento das emissões de gases-estufa, mesmo sem alteração das circunstâncias. *Em quarto lugar*, os mecanismos do Protocolo de Kyoto estão em conformidade com o mercado, oferecendo, por isso, muitas possibilidades de subtrair-se às consequências, à medida que são abertos novos campos de negócios. Isso vale sobretudo para o comércio com certificados de emissões bem como para as possibilidades de fuga contidas na *Joint Implementation* e no *Clean Development Mechanism* (ver Scheer 2005, p. 181 ss.). *Em quinto lugar*, o Protocolo de Kyoto vale apenas até 2012. Ninguém sabe o que deverá ocorrer nos anos seguintes.

Por isso importa avançar ao mesmo tempo em dois caminhos, a saber, reduzir mais as futuras emissões de gases-estufa do que está previsto no Protocolo de Kyoto na sua versão atual e, além disso, organizar a proteção contra as consequências já agora previsíveis do aquecimento do clima. David King, consultor do governo de Tony Blair na Grã-Bretanha, caracterizou esse desafio como "o maior perigo enfrentado pela humanidade em cinco mil anos de civilização" (de acordo com Hertsgaard 2005). Portanto, o desafio primacial não é mais a proteção da natureza contra atividades humanas, sobretudo de natureza econômica, mas a proteção do ser humano contra uma natureza perturbada ou destruída, que reage na forma de catástrofes. O relatório publicado em novembro de 2006 por Nicholas Stern por encomenda do governo britânico procurou calcular as consequências da destruição da natureza para a economia global. Isso é especialmente importante porque números concretos produzem um certo efeito sugestivo na opinião pública, embora devesse ser claro que danos causados à natureza nunca podem ser monetizados de forma precisa. Não obstante, Nicholas Stern calcula danos na grandeza de sete bilhões de dólares, causados pelo efeito estufa — danos esses, na sua opinião, evitáveis, se forem investidos cerca de 350 bilhões de dólares por ano na proteção da natureza. Diques são construídos contra as marés cheias e o previsível aumento do nível do mar, enquanto urbanistas e arquitetos armam-se contra o aumento dos furacões. As possibilidades de proteger-se contra a natureza dependem dos recursos materiais. Por isso as sociedades ricas, que têm acesso aos recursos energéticos, estão em posição melhor do que outras sociedades, que se veem privadas desse acesso. A única opção que resta aos habitantes dos países mais pobres talvez seja o êxodo, isto é, a fuga. A desigualdade global resultante do desequilíbrio ambiental é negligenciada em modelos que contabilizam apenas os custos e benefícios do efeito estufa e das catástrofes climáticas e chegam com ajuda da monetização do que nem é monetizável a alternativas decisórias e prioridades pseudorracionais (ver Cline 2004 e a discussão do seu texto em Lomberg 2004, p. 44 ss.). A irreversibilidade de todas as transformações de substâncias e energias, condicionada pela termodinâmica, é estranha aos construtores de modelos econômicos. Por um lado, eles geram números concretos; por outro, na sua ignorância eliminam os acontecimentos naturais do foco da análise (cf. sobre a economia termodinâmica e a crítica das hipóteses básicas da teoria econômica Georgescu-Roegen 1971). Assim, eles continuam presos a abstrações falhas (ver à guisa de crítica, Heinberg 2004; Scheer 2005).

Assim como do lado do abastecimento com energia fóssil, também aumentam os riscos para a paz mundial do lado das emissões causadas pelo consumo de energia. Entrementes o Pentágono também se prepara com medidas preventivas unilaterais para enfrentar as consequências de um possível colapso do clima por causa de um aumento da temperatura. A linha política da administração Bush não é a proteção preventiva do clima para evitar a sua mudança abrupta, mas a defesa militar contra as consequências das transformações climáticas. Sobretudo os fluxos migratórios esperáveis devem ser contidos em tempo hábil com meios militares. Aqui não se calculam apenas os fluxos — já hoje consideráveis

— de refugiados que abandonam regiões mais pobres devido a problemas ambientais, mas também os fluxos esperáveis de refugiados das regiões mais ricas da Europa Central e Setentrional.

Peter Schwarz e Doug Randall, membros da Global Business Network e autores de um estudo encomendado pelo Pentágono, supõem (com base em dados do Intergovernmental Panel on Climate Change — IPCC) que até o fim do século XXI a temperatura média da Terra aumentará até 5,8°C. Se em virtude do aumento da temperatura parte da capa de gelo da Groelândia derreter, a espessura e o teor de salinidade das águas do Atlântico Norte diminuirão. Isso pode conduzir à interrupção da corrente do golfo. Os indícios desse processo já podem ser percebidos, pois a corrente vertical na região ártica, na qual, em virtude de seu maior peso específico, a água salina desce para as profundezas abaixo do gelo polar, movendo-se para o sul, poderia ser interrompida se o teor de salinidade da água ficasse reduzido com o derretimento da capa de gelo da região ártica. A redução da corrente vertical fria nas profundezas do mar também significaria o fim da corrente horizontal quente na superfície do golfo para o norte; por conseguinte, o fim das temperaturas amenas na Europa Ocidental e Setentrional.[17] Portanto, o aquecimento global pode, paradoxalmente, resultar em resfriamento climático regional, por exemplo, na Europa (mas também no Pacífico Norte). Os efeitos sobre o abastecimento com gêneros alimentícios ou o consumo de água e energia poderiam assumir dimensões catastróficas. Teme-se a eclosão de conflitos violentos. Esse cenário é considerado pelo Pentágono nos seus planejamentos (Schwarz/Randall 2004). Os EUA precisam proteger-se contra "o mal", que pode chegar na forma da migração de grandes massas populacionais.

Questiona-se, porém, se uma proteção duradoura contra as reações dos sistemas naturais (atmosfera, oceanos, biosfera etc.) é possível, prin-

---

[17]Esse cenário também é visto como uma possibilidade pelos oceanógrafos. Pesquisas de Peter Wadhams da Universidade de Cambridge sobre as correntes profundas no Atlântico Norte revelaram que a água fria, que desce às profundezas do mar, se torna mais reduzida e que a capa de gelo no polo Norte afinou em 46% nos últimos vinte anos. A corrente do golfo transporta 27 mil vezes mais calor para a Grã-Bretanha do que o calor que poderia ser colocado à disposição por todas as usinas do país (ver Jonathan Leake, *Britain faces big chill as ocean current slows*, in: *The Sunday Times*, edição de 08 de maio de 2005).

cipalmente quando a proteção consiste no isolamento de outros, que talvez tenham de ser até combatidos por via militar. O capitalismo não chega ao fim mediante a sua implosão e o seu desaparecimento no decurso de uma "Revolução de Veludo", como outrora o socialismo real existente. Mais provável é uma explosão social, pois os preparativos para o tempo que se seguirá ao pico da extração de petróleo são demasiado tíbios. O golpe, ao qual se referiu Fernand Braudel, vem de fora. Mas ele se acirra drasticamente devido à incapacidade de as sociedades capitalistas se prepararem de modo adequado para um período depois do petróleo, embora o grupo petroleiro British Petroleum (BP) aprecie fazer propaganda com a marca registrada "Beyond Petroleum" ("Para além do petróleo"). Inexistem "absorventes de choques" nas economias e sociedades do capitalismo moderno que possam, no plano interno, reagir de modo adequado ao choque externo da escassez do petróleo. O choque de fora perturba a acumulação do capital, pois desde o início da revolução fóssil-industrial apoia-se no abastecimento sem problemas de fontes fósseis de energia (primeiro do carvão, depois do petróleo e do gás natural). Construiu-se uma parede corta-fogo intransponível diante das fontes renováveis de energia. Assim, nenhuma alternativa real estará à disposição depois do *peak oil* e diante da catástrofe climática. O preço do petróleo aumentará, mas não por motivos ecológicos, isto é, para dar uma oportunidade às fontes alternativas de energia. Pois se o consumo global de petróleo não baixar, serão demandadas as reservas não convencionais de petróleo, da areia petrolífera e do xisto de óleo até o petróleo extraído das profundezas do mar e os condensados de gás natural. A extração e o refino dessas fontes de energia são dispendiosos. Do ponto de vista ecológico, as fontes não convencionais de energia fóssil são ainda mais danosas do que a extração e o consumo do petróleo convencional. Os danos colaterais da extração são enormes para a natureza, e a liberação de gases prejudiciais ao clima é muito elevada.

A energia nuclear tampouco representa uma alternativa, pois o urânio também é uma matéria-prima limitada, para o qual, em princípio, valem os mesmos argumentos desenvolvidos com relação ao petróleo e ao gás. Apenas para reatores de fusão a disponibilidade limitada do combustível não teria importância, pois ele sempre pode ser submetido à superconversão. Mas a tecnologia ainda não está amadurecida a ponto de os reatores de fusão poderem ser usados. Seus riscos para o meio ambiente, a saúde e o convívio dos seres humanos são inestimavelmente elevados. Além disso, existem desvantagens graves, que contribuíram para que depois da euforia nuclear da década de 1950 a resistência à energia nuclear tenha aumentado a partir da década de 1970. A segurança das usinas não é garantida, uma vez que um acidente pode produzir efeitos descomunais no longo prazo. Essa é uma das muitas lições extraídas do desastre de Chernobil, mas ela foi reprimida. Além disso, as usinas nucleares geram resíduos que devem ser isolados de todos os ciclos naturais durante milênios. Há dúvidas sobre a possibilidade desse isolamento. Acresce ainda o grande risco da proliferação, quando a energia nuclear deve substituir os hidrocarbonetos, mesmo em escala apenas parcial. Os conflitos em torno do enriquecimento de urânio no Irã apontam para os riscos: no caso do Irã, esses riscos são instrumentalizados como alavanca de uma pretendida mudança de regime, que não os reduziria. O número de usinas nucleares necessárias para substituir as usinas com base em energias fósseis torna o seu controle praticamente impossível, de modo que a construção da bomba atômica seria facilitada. A energia nuclear é o cenário de horrores de um caminho alternativo de desenvolvimento, destinado a afastar-nos das fontes fósseis de energia.

    A simples redução e conversão da frota de automóveis de algumas centenas de milhões para combustíveis não fósseis levaria muitos anos se fosse implementada passo a passo. O Relatório Hirsch (2005) chamou atenção para esse fato, lembrando também os enormes custos da medida. Mais difícil ainda é a conversão da técnica e da organização industrial, da infraestrutura urbana, das condições de habitação e de vida. Por isso não existe nenhuma resposta à pergunta fundamental: o que substituirá a congruência histórica única de formas capitalistas, energias fósseis e uma racionalidade europeia incorporada ao sistema industrial? Uma vez não respondida essa pergunta, predominará a política da repressão. O *peak oil* não é registrado, e o ameaçador efeito estufa é combatido com meios ineficazes.

Não obstante, será imperioso encontrar uma resposta. Daí as perguntas que nos ocuparão no capítulo VIII: Existem "no interior da sociedade" as "alternativas dignas de credibilidade" e convincentes, esperadas por Fernand Braudel, que contêm a chave da transição para um regime energético não fóssil e nesse sentido sustentável? Será possível evitar uma explosão autodestrutiva mediante a indicação de caminhos convincentes de saída do regime energético fóssil, que já esbarra em seus limites? Serão possíveis uma economia solidária e com isso também um tratamento solidário dos recursos naturais, e existem discursos práticos que possamos retomar no âmbito do projeto da "pesquisa coletiva"?

CAPÍTULO VIII Alternativas com credibilidade no interior da sociedade: solidariedade e sustentabilidade

Só por meio de um processo revolucionário uma sociedade pode superar as formas sociais definidoras do capitalismo, o qual também surgiu historicamente, uma vez que brotou das formas feudais (ao menos na Europa). Em regra, as muitas ações humanas que ocorrem no processo histórico só se revelam revoluções *ex post facto*. Ao agirem em nexos sociais, as pessoas transformam suas relações sociais, às vezes em pequena escala e no plano local, às vezes com grandes efeitos em termos de história universal, às vezes em silêncio, e às vezes em lutas sociais violentas. Muitas vezes os contemporâneos nem sabem que com sua vida cotidiana e seus experimentos sociais preparam o caminho para uma transformação revolucionária das formas sociais da produção e do consumo. Por conseguinte, uma revolução social não ocorre por ordem de uma elite partidária informada ou da elite de um movimento social. Muitas pessoas precisam chegar — tanto na análise quanto nas suas esperanças e utopias e nos objetivos políticos delas resultantes — ao que se denominou (com Marx) *general intellect*, ao conhecimento comum dos movimentos sociais e políticos. Precisa-se de muito tempo para debates, para definir a direção das ações. Uma revolução social não é um golpe, mas um processo interativo de muitos experimentos sociais, a estender-se por longos períodos.

Hermann Scheer rejeita explicitamente o conceito de revolução. Seus argumentos, porém, não são convincentes. *Em primeiro lugar*, ele reserva o conceito de revolução para designar "uma subversão das relações dominantes num curto espaço de tempo" (Scheer 2005, p. 237). Aqui, em primeiro lugar, nunca está garantido que a revolução não seja seguida por uma contrarrevolução, que, portanto, a subversão fracasse. Para que o curto prazo e o caráter abrupto de processos históricos não sejam transformados em medida da formação de conceitos, poderíamos, *em segundo lugar*, compreender a profunda transformação das relações de produção e de consumo na transição para as energias renováveis como uma revolução, como uma transformação social mais radical do que aquela provocada pela "tomada da Bastilha". Comparando a Revolução Francesa à Revolução Industrial, Friedrich Engels escreve: "Enquanto na França o furacão da Revolução varreu o país, a Inglaterra passou por uma transformação profunda e silenciosa, mas nem por isso menos formidável. O vapor e as novas máquinas-ferramentas transformaram a manufatura na grande indústria moderna, revolucionando, assim, todas as fundações da sociedade burguesa [...]" (MEW 19, p. 197). Aqui, remete-se, portanto, às duas faces da revolução: à subversão política, por um lado, e à transformação da formação social, por outro. Ambas podem desenvolver-se de acordo com as circunstâncias específicas paralelamente, em sequência temporal, em sincronia em diferentes países (como na Inglaterra e na França). Os andamentos são distintos.

Já foi dito que Adam Smith, que viveu e escreveu durante a revolução industrial-fossilista do século XVIII, não a compreendeu imediatamente, e por isso também não tinha nenhuma ideia da medida revolucionária, na qual o carvão serviria, enquanto fonte de energia, para o acionamento de máquinas industriais. Isso pode acontecer com ele, embora James Watt, empenhado no aperfeiçoamento da máquina a vapor, lecionasse na mesma universidade. Smith viu perfeitamente a decomposição do trabalho e o efeito dessa decomposição, a produtividade crescente, mas não viu que ali se prenunciava — em pequena escala — o sistema da "grande indústria", como Marx a denominaria mais tarde. Muitas vezes na história, não apenas durante a Revolução Industrial, as pessoas já se encontraram em meio a um processo revolucionário sem que pudessem identificar isso em todo o seu alcance. Por isso não devemos imaginar uma revolução como um "Assalto ao Palácio de Inverno", algo estrategicamente ordenado e planejado. Ela ocorre somente se as relações estiverem maduras.

Isso corresponde ao entendimento antes mencionado de Fernand Braudel, segundo o qual o capitalismo só chegaria ao fim sob golpes muito violentos de fora em combinação com alternativas convincentes, apresentadas por atores sociais e políticos "no interior" do sistema. Um desses golpes externos são as fronteiras do regime energético fóssil (analisadas nos capítulos IV e VII), que põem termo à congruência de capitalismo, fossilismo e racionalismo. Podemos imaginar, no entanto, não apenas golpes de fora, mas também outros, resultantes dos processos de mercado, que se desenrolam no plano interno, e do acirramento das contradições. Os desastrosos efeitos das crises financeiras já foram examinados no capítulo VI. Agora, coloca-se a pergunta pelas alternativas convincentes que amadureçam no interior do sistema. Será que elas existem, genericamente?

Alternativas políticas não são inventadas em conventículos acadêmicos ou políticos. Elas surgem na e a partir da práxis política, social e econômica das pessoas, em meio aos movimentos sociais. Estes são uma oficina de ideias, um *intellectual messy center*. Múltiplas concepções sobre o futuro do trabalho, a redução da jornada de trabalho, a reconfiguração do Estado de Bem-estar Social, uma renda cidadã, a produção e o consumo em regime cooperativado, formas alternativas de dinheiro e crédito, de regulamentação dos mercados financeiros globais etc. estão sendo desenvolvidas e introduzidas no processo político. Aplicações práticas de energias alternativas, planos da sua implementação social, programas de fomento político são colocados na ordem do dia. A implementação de alternativas sempre é matéria controvertida, por isso inexistem transformações sociais sem conflitos políticos. Apenas uma parte dos conflitos inevitáveis em torno de concepções e interesses é decidida com base nos argumentos mais fortes. Quem possui o poder econômico e político não depende, necessariamente, de argumentos bons e convincentes.

É possível "transformar o mundo sem assumir o poder", conforme sugere John Holloway (2002) ao interpretar o movimento dos zapatistas? Seria bom, mas é improvável. Aqui a distinção entre poder instrumental e poder criativo (*ibid.*, p, 40 ss.) também não nos faz avançar. O movimento zapatista foi comparativamente bem-sucedido na transformação das relações de poder em Chiapas e esteve em via de não se envolver com o poder do Estado e as regras de uma democracia parlamentar. Mas em algum momento também surge a necessidade de construir um contrapoder, de formar coalizões para reprimir os donos do *status quo* que defendem o sistema com seu poder. Mesmo se o capitalismo estiver na iminência do seu fim, ele não entrará em colapso numa implosão histórica, à semelhança do socialismo real existente. *Em primeiro lugar*, as formas difundidas de consciência produzem um efeito estabilizador, que interpretam o poder contido nas relações sociais como um mecanismo externo de coação inerente ao próprio objeto, diante do qual o indivíduo (e mesmo muitos indivíduos somados) é impotentes. O poder tem, portanto, dois lados. Ele é exercido ativamente e suportado passivamente. As disposições dos dominados para aceitarem a dominação são decisivas para a *governabilidade* (Foucault 1993); por conseguinte, também para a estabilidade da dominação.

Em segundo lugar, os mecanismos de coação inerentes ao próprio mercado assumem uma forma institucional, vale dizer, política. Os enfoques alternativos de uma economia solidária e sustentável são enfrentados por todas as instituições do capitalismo globalizado com medidas de ajustes estruturais, a imposição de condicionalidades na concessão de créditos em combinação com os mecanismos de coação inerentes aos mercados liberalizados. O *lobby* fóssil e nuclear mobiliza todas as forças na economia, política, ciência e sociedade contra um regime energético sustentável e a introdução de energias renováveis em larga escala. Uma possibilidade consiste em mobilizar a criatividade para neutralizar essas forças, mas também será necessário mobilizar um contrapoder, para que as concepções programáticas de solidariedade e sustentabilidade possam ser implementadas na realidade. Aqui não apenas os movimentos sociais desempenham um papel importante, mas também os partidos, os parlamentos e os governos. Embora as transformações sociais possam ser banais, continua sendo verdadeiro que sem conflitos políticos em busca do poder as alternativas à sociedade são absorvidas como por um "atrator estranho", conhecido da teoria do caos, quer dizer, de forma imprevisível, e integradas de forma transformista, isto é, estabilizando o poder e a dominação. Na maioria dos casos, a integração é forçada pelos guardiães do *status quo*, pela polícia e, às vezes, também pelo exército.

Quem quer transformar o mundo deve configurar a economia de forma solidária e lidar de modo sustentável com a natureza. Daí o título talvez programático do presente capítulo: "Solidariedade e sustentabilidade". Do ponto de vista normativo, esse nexo pode ser bem fundamentado. Reflete também as experiências de movimentos sociais e políticos. Na era da globalização, muitas atividades de movimentos sociais objetivam a reapropriação do território. A privatização do abastecimento de água deve ser cancelada, pois a água é um meio de vida e não uma mercadoria. Na pauta estão também a conquista e a configuração de espaços públicos urbanos. Fábricas são ocupadas por trabalhadores em protesto ao seu fechamento pelos seus proprietários. Esses são apenas alguns poucos exemplos. Seriam essas lutas revolucionárias, pelo fato de apontarem para um caminho além do capitalismo? Ninguém sabe, embora isso seja possível.

8.1. LÓGICAS DE AÇÃO: EQUIVALÊNCIA, RECIPROCIDADE, REDISTRIBUIÇÃO E SOLIDARIEDADE

Movimentos sociais que objetivam alternativas à sociedade do mercado capitalista devem emancipar-se das lógicas de ação pré-definidas pelo mercado. A existência de várias lógicas de ação já é um indício da insustentabilidade do pessimismo histórico do fim da história, uma vez impostos os princípios do mercado e da democracia. Com efeito, a mera evocação histórica da organização da economia nos mostra quão distintos foram os modos de coordenação de economia e sociedade nas diversas culturas e épocas, quão distintos são os padrões de pensamento e ação que se constituem nas ações sempre reformantes e rotinizadas. Um dos que mais pesquisaram sobre isso foi Karl Polanyi (1979).[1] Só no capitalismo moderno, com suas instituições globais e em consequência da

---

[1] Para conhecer uma visão de conjunto sobre a evolução do comércio e dos mercados em sociedades pré-capitalistas e sobre as categorias adequadas para a sua interpretação, vale a pena ler a introdução de S. C. Humphreys (1979, pp. 7-59) a "*Ökonomie und Gesellschaft*", coletânea de artigos de Polanyi.

uniformização global, a diversidade das lógicas de ação é reduzida a um padrão dominante — a saber, o da *equivalência*, fundamentado no plano da teoria no âmbito do "pensamento único" do neoliberalismo e imposto no plano da prática no âmbito do sistema das relações de mercado.

8.1.1. Equivalência

A ordem capitalista assenta primacialmente na troca de *equivalentes* no mercado. Mercadorias de igual valor são intercambiadas no mercado. O próprio dinheiro é um equivalente do valor mercantil da mercadoria comprada ou vendida. Em regra, a exploração e apropriação de um excedente ocorrem não por meio do logro na esfera da circulação, quer dizer, no mercado, embora todos os atores do mercado tentem fazer isso, "tirando vantagem". Existe a "troca desigual", que desempenhou um papel relevante na história do capitalismo e ainda é hoje muito difundida. Mas o caráter único do modo de produção capitalista consiste no fato de que equivalentes são trocados e que, não obstante, uns emergem desse processo com um *surplus* sobre os seus *avances*, com uma mais-valia sobre seus adiantamentos de capital, com mais dinheiro (D') do que no início. Max Weber fundamenta isso como "cálculo do capital". Marx designou isso D' [em alemão, G', de "*Geld*", dinheiro] (o G maiúsculo + o g minúsculo), no fim do processo, em comparação com D [em alemão, G], no início do mesmo. Em regra, também a mão de obra recebe o pagamento do equivalente do seu valor na forma do salário. Por isso o trabalho no capitalismo é assalariado. Mas essa troca de equivalentes precede o processo de produção, no qual os trabalhadores e as trabalhadoras trabalham mais tempo do que necessitariam para a sua reprodução. No mercado de trabalho, o trabalhador (ou a trabalhadora) assumiu o compromisso de trabalhar um determinado período em condições previamente definidas, e esse período inclui o tempo necessário à reprodução, assim como o tempo do trabalho a mais, necessário à geração da mais-valia. O salário, porém, encoberta essa diferença entre o tempo necessário de trabalho e o tempo do trabalho a mais. Cada minuto parece ter sido pago. Essa aparência estabiliza o sistema, pois cada um retorna para casa com seu quinhão "justo" e, a rigor, não tem motivos para queixar-se. Se, apesar disso, ele sentir-se insatisfeito, paga pelos próprios erros. Quem não encontra um emprego no mercado de trabalho deve buscar a culpa em si mesmo. O processo do mercado legitima-se pela sua objetividade e pela "justiça" dos resultados inerente a essa objetividade. Ninguém pode duvidar dessa justiça com bons argumentos.

Por isso Marx pode dizer que os pressupostos da transformação do dinheiro em capital (e, por conseguinte, a produção de excedentes ou de mais-valia) enraizam-se tanto na esfera da circulação quanto na esfera da produção. Os parceiros em geral, quer dizer, também os parceiros específicos no mercado de trabalho, "celebram contratos como pessoas livres, de direitos iguais. O contrato é o resultado final, no qual às suas vontades se confere uma expressão jurídica comum. Igualdade! Pois eles se referem uns aos outros apenas enquanto proprietários de mercadorias e trocam equivalentes por equivalentes. Propriedade! Pois cada um dispõe apenas do que é seu. Bentham! Pois cada um dos dois só se interessa por si. O único poder, que os consorcia e relaciona, é o do seu amor próprio, da sua vantagem especial, dos seus interesses privados. E justamente porque cada um varre apenas em seu próprio benefício e nenhum em benefício do outro, todos realizam, em virtude de uma harmonia preestabelecida das coisas ou sob os auspícios de uma previdência oniesperta, apenas a obra da sua vantagem recíproca, do bem comum, do interesse da coletividade" (MEW 23, p. 190). Marx parafraseia aqui o mantra da economia política clássica, que até hoje é entoado pelos realejos dos economistas.

Não espanta que o princípio da equivalência seja definido como fundamento de toda e qualquer ordem baseada na concorrência. Ele é tudo menos um motivo de impedimento da apropriação a partir da propriedade privada. Sob condições capitalistas, a desigualdade resulta da igualdade. A própria concorrência produz o efeito de uma "coação muda das relações econômicas" (*ibid.*, 765). Os indivíduos agem segundo as regras da racionalidade econômica e não por se orientarem por interesses da coletividade. Sob o império do princípio da equivalência, cada indivíduo age para si; assim, ele coincide com a tendência economicamente dominante da privatização e individualização, também apoiada politicamente, por exemplo, pela constituição de entidades do tipo "Eu S.A.". Reencontramos isso nas justificativas da ordem neoliberal como expressão de igualdade, liberdade e, em última instância, também justiça. O princípio da equivalência obedece a uma lógica singela, cuja descoberta e prática pressupõe, no entanto, o ancoramento social do racionalismo europeu. Um processo histórico complexo deve ter chegado a termo e ter produzido essa simplificação grandiosa. A complexidade social é, portanto, reduzida à "lógica única" do princípio da equivalência. Essa é a dimensão de teoria econômica do desarraigamento do mercado da sociedade, em termos de história real. Somente depois de isso ter ocorrido no decurso da grande transformação na direção da economia capitalista de mercado a economia pôde desenvolver-se como uma ciência, à qual os interesses da sociedade são inteiramente alheios. A partir de então não é mais possível compreender que os atores sociais não obedecem apenas ao cálculo econômico do *homo oeconomicus*, mas têm outros interesses, não passíveis de fundamentação ou mesmo justificação em termos econômicos.

No entanto, a equivalência sofre restrições imanentes. Alguns bens são "oligárquicos"; isto é, quanto mais amplo, geral (e por conseguinte democrático) o acesso a eles, tanto menor o seu valor de uso (Harrod 1958). Se um excesso de pessoas usa o automóvel, este se converte em autoimóvel; se um excesso de turistas procura a "praia dos sonhos", os sonhos se desvanecem; se um excesso de visitantes frequenta um museu, a fruição da arte produz estresse. Por isso a equivalência sempre pode referir-se apenas ao valor de troca e à sua troca, não ao valor de uso, "suporte do valor de troca". O benefício que se pode extrair disso é desigual. Essa transformação não acontece apenas com bens e serviços individuais, mas também com feixes de mercadorias, por exemplo, com aquelas mercadorias que perfazem o *American way of life*. Esse bem oligárquico exige para a sua produção o uso maciço de fontes fósseis de energia. Como elas são limitadas, o bem pode estar disponível para alguns povos, mas não para todas as pessoas do planeta com a mesma qualidade. Não é possível globalizar as dimensões sociais e culturais do modelo ocidental da produção e do consumo. A globalização é uma tendência poderosa, mas a globalidade não é atingível, e isso sobretudo por causa dos limites ecológicos do planeta Terra. O princípio da equivalência e o homólogo princípio da escassez exigem a abundância, quer dizer, o contrário da escassez. Esta última, contudo, aparece inevitavelmente nas "fronteiras do espaço ambiental" (ver pormenores em Altvater/Mahnkopf 2004).

Como os bens oligárquicos podem ser distribuídos? Poderíamos (1) aceitar a desigualdade com o efeito paradoxal do princípio da equivalência, para prolongar futuro adentro o padrão ocidental de vida para nações e camadas privilegiadas. O fato de outras nações permanecerem pobres resulta do modo de funcionamento dos mercados financeiros globais, que punem os devedores. No entanto, o pressentimento obscuro se transmuda cada vez mais em certeza de que, em última instância, mecanismos econômicos de manutenção da desigualdade são insuficientes, razão pela qual (2) precisam ser complementados por coação política — e possivelmente também militar. As nações ricas estão em via de preparar-se para enfrentar esse fato com novas estratégias militares e concepções "ampliadas" de segurança. No longo prazo, um mundo de desigualdade e de uso desmedido dos recursos pelos privilegiados, de modo que aos menos privilegiados o caminho da modernização prometida fica barrado, não pode continuar sendo um mundo pacífico. Poderíamos, no entanto, (3) configurar a distribuição de modo solidário, ou seja, democratizar as condições oligárquicas. É evidente que isso só seria possível com um abandono do modelo ocidental do crescimento e do consumo; portanto, com uma domesticação dos princípios capitalistas da equivalência e apropriação, e mediante a reorientação segundo um outro regime energético, de base solar, e na direção de uma economia solidária. Por isso o princípio da equivalência nem pode ser generalizado.

8.1.2. Reciprocidade

O *princípio da reciprocidade* deve ser distinguido do princípio da equivalência. Onde aplicado, não se trocam equivalentes nem em quantidade e qualidade nem em nexos temporais identificáveis, mas o princípio da troca remanesce enquanto tal: de uma doação deriva uma obrigação. A regulação da reciprocidade não é óbvia nem igual nas diferentes culturas, épocas e classes de uma sociedade. Isso quer dizer que os participantes da troca deixam que sua memória atue na troca individual. Por isso a troca não tem apenas *um único significado* para as classes, os gêneros e as etnias, mas talvez *muitos significados*. O princípio da reciprocidade abrange muitas lógicas de ação, não apenas a da troca. É um padrão ancorado na cultura, isto é, não inteiramente desarraigado da sociedade e, assim, mais complexo do que o princípio da equivalência. O respeito, o reconhecimento, os vínculos étnicos e outros, a expiação, a alegria espontânea etc. codeterminam o que é uma contribuição ou contrapartida recíproca.

Mesmo que exista uma distância considerável com relação ao princípio da equivalência, a reciprocidade não a contradiz. Os dois princípios podem complementar-se, e esse, em regra, é o caso, pois mesmo que o mercado se desarraigue da sociedade, na maioria das vezes a vida econômica não se regula com base na equivalência, mas conforme a reciprocidade (Mahnkopf 1994). Isso começa de modo trivial, quando a conta de uma refeição comum é rateada *per capita* no restaurante, embora uns tenham consumido pratos mais baratos do que outros. Isso continua quando alguns alunos necessitam de maior ajuda, e a professora lhes dá mais atenção do que aos outros, embora, em princípio, todos tenham direitos iguais aos serviços da professora. E isso não termina com contribuições a mais de empresas em negócios que trocam equivalentes com comitentes. As condições de reciprocidade estão muito distantes da ordem "cósmica" de Hayek, resultante da troca. Mas só assim é possível o surgimento de *clusters* produtivos de empresas não interligadas por meras relações de troca.

Aqui é frequente a transgressão das fronteiras na direção do vasto campo da corrupção. Este é o caso quando o "poder confiado" é usado para obter vantagens particulares, mais especificamente à expensa de terceiros. Quando se trata de uma simples equivalência, isso nem pode ocorrer. A reciprocidade, porém, está aberta a relações de corrupção. Resultam então duas relações de equivalência que se sobrepõem ou duplicam: uma com as grandezas de mercado de um negócio formal, a outra na forma do *do ut des*,* de um pagamento por uma contribuição sem a qual a primeira nem teria sido possível. Isso, porém, é influenciado pelas relações recíprocas, pois os custos do *do ut des* são incluídos no preço da transferência formal, organizada em conformidade com o mercado, contendo então todos os elementos da troca desigual. Encargos concedidos por administrações municipais para quaisquer serviços de infraestrutura, por exemplo, a construção de uma usina de incineração de resíduos, tornam-se correspondentemente caros. Nessa relação, a sociedade, quer dizer, os contribuintes, é o terceiro idiota, que precisa suportar o ônus da corrupção.

Como a reciprocidade não se opõe à equivalência, podemos imaginar as combinações mais distintas. Em sociedades modernas, nas quais dominam o mercado, a concorrência e a troca, a reciprocidade tenderá mais a garantir o mecanismo do mercado e o princípio da equivalência do que a conquistar uma importância *sui generis* em comparação com eles. Mesmo se na Legislação Hartz na República Federal da Alemanha vale o princípio da individualização, retoma-se o princípio da reciprocidade, por exemplo, quando os rendimentos do companheiro são computados no cálculo do auxílio-desemprego. Na "política de localização" também se aposta na reciprocidade, pois *"clusters* produtivos" de competitividade local na concorrência global em regra não se formam apenas graças às relações de mercado, mas por meio de relações sociais recíprocas. Na rede de relações recíprocas, os funcionários de empresas

---

*A variante brasileira do *do ut des* [Dou para que dês] afirma: "É dando que se recebe." Originalmente atribuída a São Francisco de Assis, adquiriu *status* de máxima no governo durante a presidência de José Sarney (1985-1990). (N. do T.)

privadas, da administração pública e de associações da sociedade civil estão "interligados". Essa é uma referência clara ao paradoxo de que a produtividade e a competitividade não são aumentadas apenas pelos efeitos do mercado desarraigado da sociedade, mas carecem do arraigamento social em relações pautadas pela reciprocidade. Registre-se aqui que as fronteiras entre a reciprocidade e a corrupção são permeáveis. Exemplos podem ser citados em todos os lugares: *Colonia corrupta* (Rügemer 2002), o sistema Leuna (Kleine-Brockhoff/Schirra 2001), a Tangentopoli italiana (Magatti 2003), Halliburton e o governo dos EUA no Iraque, Volkswagen ou Infineon no verão da corrupção em 2005 na Alemanha. A lista poderia continuar *in infinitum*.

8.1.3. Redistribuição

O *princípio da redistribuição* fundamenta uma distribuição de recursos em uma sociedade organizada quase, mas nem sempre, de modo hierárquico. Foi subjacente ao planejamento centralizado no socialismo real existente, embora esse sistema conhecesse muitas relações formais e sobretudo informais de mercado. A redistribuição pressupõe uma sociedade razoavelmente compreensível, com relações sociais e econômicas não demasiado complexas. Do contrário, F. A. von Hayek teria razão com a sua crítica da economia socialista planificada ao afirmar que ela não estaria em condições de solucionar o problema da informação. Mercados, eis a tese de Hayek, seriam sistemas de fornecimento e processamento de informações, e a concorrência seria sobretudo um processo de descobertas. Isso vale de modo especial no plano global, no qual é difícil imaginar um sistema redistributivo.

Alex Callinicos defende uma posição bem distinta. Infere da sua crítica do capitalismo contemporâneo a necessidade do planejamento socialista, isto é, de um sistema de redistribuição, e acrescenta: "Entendo por planejamento socialista um sistema econômico no qual a alocação e o uso de recursos são definidos de modo coletivo, com base em decisões tomadas por via democrática [...]" (Callinicos 2004, p. 130). No período seguinte, porém, ele declara o caráter "hipotético" desse sistema econômico redistributivo, planificado de modo socialista, que se distingue de sociedades de classe pré-capitalistas, "nas quais a alocação também era regulada coletivamente pelos mecanismos listados por Polanyi — reciprocidade, redistribuição e economia doméstica —, mas esses mecanismos, considerados na sua totalidade, não eram democráticos [...]" (*ibid.*). Coloca-se também a pergunta pelas fronteiras de uma sociedade (com vistas ao território, aos membros da sociedade e aos excluídos). Essa pergunta é respondida de modo coerente por Callinicos na era da globalização: "Para ser efetivo, um planejamento socialista deveria ocorrer em escala internacional" (*ibid.*, p. 131). O planejamento não deveria ser organizado nos moldes do Estado-nação, como na ex-URSS, ou em uma nova espécie de COMECON, mas na "forma de um processo político de coordenação negociada [...], no qual as decisões seriam tomadas direta ou indiretamente pelas próprias pessoas afetadas" (ibid., p. 134). Isso é demasiado apodíctico — e demasiado simples: que decisões seriam tomadas direta ou indiretamente pelas próprias pessoas afetadas? E como se pode configurar um processo democrático que coordene o envolvimento das pessoas nos pampas argentinos, na Sibéria russa, no Iraque ou no vale do Ruhr e na Flórida e leve em conta tanto os interesses de gestores de fundos em mercados globais quanto os interesses de camelôs em Mumbai? Continua válida a seguinte constatação: o princípio redistributivista pode ter sido adequado para sociedades pequenas e compreensíveis, baseadas em valores idênticos, mas não pode funcionar num mundo globalizado. Por isso uma economia planificada não é uma solução, mesmo que seja desejável.

8.1.4. *Solidariedade*

Resta o *princípio da solidariedade e justiça* (*fairness*). Ele se opõe aos princípios da equivalência e da reciprocidade, pois parte da coletividade — e não do indivíduo — e das suas relações mediadas pelo mercado, podendo adquirir vigência apenas na forma organizada. Ele também contradiz o princípio da redistribuição, pois sua aplicação não exige nenhuma regulação hierárquica de economia e sociedade de cima para baixo. Muito pelo contrário, a solidariedade surge somente com ampla participação da base da sociedade. Exige esforços comuns para solucionar um problema comum. Cada pessoa presta a sua contribuição solidária de acordo com as suas possibilidades, isto é, nas condições da justiça. Por isso a solidariedade pressupõe uma consciência de comunidade e comunhão íntima em uma sociedade, cujo fundamento pode ser uma cultura, etnicidade, localidade, classe ou experiência de vida que transcenda as classes, com o objetivo de superar em conjunto um grande problema, por exemplo, o desemprego, a pobreza ou a ausência de relações jurídicas (ver Zoll 2000).

Assim surgem na "solidariedade orgânica", conforme expõe Emile Durkheim, a "consciência coletiva" e a coesão social contra a tendência à anomia, ligada à divisão do trabalho e ao isolamento crescentes (Durkheim 1983, Livros II e III). Por conseguinte, não podemos desconsiderar o contexto social das relações de mercado na análise da solidariedade. O "desarraigamento do mercado da sociedade", uma das condições da equivalência e, em maior grau, também da reciprocidade, é contra-arrestado em relações solidárias e justas. Segundo Durkheim, corresponde às exigências da moral tudo o que se pode tornar uma fonte de solidariedade contra as "pulsões do egoísmo" e as tendências à alienação da divisão "mecânica" do trabalho. Nisso também assenta, em última instância, a "solidariedade internacional" do movimento operário. A sua luta por melhores condições de trabalho e de vida é uma luta comum, que transcende todas as fronteiras (inclusive a fronteira entre os Estados nacionais). No entanto, a história do século XX provou de modo doloroso que essa solidariedade não suporta ônus muito elevados.[2]

---

[2] Johann Ph. Becker formulara na Associação Internacional de Trabalhadores que a "solidariedade, a fraternidade e a paz entre os homens não [poderiam] ser trazidas à luz por pregações moralistas, mas apenas ser vivificadas pela propriedade, produção, administração e usufruto comunitários" (citado *ap.* Schieder 1972, p. 579). O conceito de solidariedade presta-se como conceito *passe-partout* de declarações de intenções, proferidas em tom amável por partidos e organizações. Usado dessa forma, é esvaziado de seu sentido e arrancado dos nexos da sua tradição. Ulrich von Alemann criticou isso com intenção polêmica (Alemann 1996). A solidariedade não é, portanto, um programa idealista, mas carece da base material. Isso se verifica também com base nas experiências de uma economia solidária moderna.

As necessidades e o modo de sua satisfação são o fundamento da divisão do trabalho. Esta exige o reconhecimento recíproco dos indivíduos enquanto indivíduos sociais. Nesse sentido, Marx fala nos *Grundrisse* do "sistema das necessidades e do sistema do trabalho" (Marx 1853, 427). Em virtude da reciprocidade social das necessidades, estas deveriam ser distinguidas claramente da avidez. A avidez também é uma necessidade, mas uma necessidade sem contrapartida, uma satisfação da necessidade à expensa da sociedade, sem a disposição de querer satisfazer as necessidades de outras pessoas com os frutos do próprio trabalho. Para Marx, a propriedade privada é a base material da avidez, pois unilateraliza os seres humanos, de modo que eles só podem compreender algo como próprio depois de se terem apropriado dele. Isso é antissocial, por isso a moral entra em jogo, uma compreensão do caráter social das necessidades e da sua satisfação pelo trabalho social.

Por isso E. P. Thompson utiliza o conceito de "economia moral" para todas aquelas atividades econômicas que foram contrapostas à economia formal de mercado ou devem assegurar fora dela a sobrevivência mediante a ação conjunta e solidária. A economia moral possui seus próprios critérios sobre o que é percebido como legítimo e social, que não podem ser retrorreferidos ao princípio da equivalência. E. P. Thompson escreve a esse respeito: "Mas esses protestos movem-se no âmbito de um consenso popular sobre o que é legítimo ou ilegítimo no mercado, no moinho, na padaria etc. Esse consenso, por sua vez, assentou num entendimento, coerente e definido pela tradição, de normas e obrigações sociais e das funções econômicas adequadas de vários membros na sociedade. Resumida, constituiu o que poderíamos denominar 'economia moral' dos pobres [...]" (Thompson 1980, p. 69). A solidariedade parte, portanto, da comunidade, que assenta num sistema comum de valores e num fundo comum de experiências; por conseguinte, também numa memória comum, coletiva. Esta transmite uma pré-compreensão comum em conflitos políticos, sem que essa pré-compreensão tivesse de ser produzida, por exemplo, com a ajuda de cursos de treinamento. As relações de equivalência e reciprocidade não estão excluídas, mas não se desarraigam com o mercado da sociedade, permanecendo "arraigadas" na sociedade. A economia moral é uma defesa prática contra o "desarraigamento" do mercado da sociedade, quer dizer, contra os mecanismos econômicos de coação inerentes à própria realidade. Disso resultam os conflitos com as potências do mercado, sobretudo do mercado mundial. Tais conflitos sempre possuem uma dimensão política, pois na maioria dos casos os *"movimentos comunitários"* se veem obrigados a voltar-se contra governos e construir um contrapoder nas suas lutas, ocupando e administrando territórios e ao mesmo tempo forjando alianças com organizações da sociedade civil e às vezes também com partes do aparelho de Estado.

No sistema global, os mecanismos descritos do crescimento e da globalização financeira resultaram em situações de extrema desigualdade, nas quais as pessoas precisam organizar a vida e mesmo a sobrevivência. Quase uma em cada duas pessoas dispõe de menos de 2 dólares/dia, definidos pelo Banco Mundial como limite de pobreza (para a América Latina e a África esse limite é avaliado em 1 dólar/dia). Ao mesmo tempo, a riqueza é altamente concentrada (UNDP 2003; Kovel 2002). A desigualdade extrema no mundo globalizado, no qual os pobres sabem da riqueza e os ricos se defrontam com a pobreza, suscita problemas morais que os ricos deste mundo apreciam ignorar. No melhor estilo idealista, Pogge aposta num "país mais poderoso", num "[...] líder moral que nos leve a tomar consciência de nossas responsabilidades e representá-las vigorosamente junto com os nossos interesses" (Pogge 2005, p. 25). Essa esperança é pouco realista, pois não pode ser realizada pela redistribuição monetária *secundária*, pela ajuda (ao desenvolvimento) prestada aos pobres. Muito pelo contrário; é necessário alterar os modos de funcionamento do mercado mundial, que determinam a *distribuição primária* e são responsáveis pela deplorável desigualdade extrema e por isso também pela injustiça no mundo. Considerando isso, as iniciativas que partem de baixo, assim como o movimento pelo comércio justo ou os enfoques de uma economia solidária cooperativada, afiguram-se uma solução mais realista do que a espera pela "liderança moral" de um "país mais poderoso".

A história conhece muitos exemplos de economia solidária. Mencionemos aqui apenas as cooperativas do século XIX na Inglaterra ou na Europa continental, as cooperativas no Brasil e em outros países da América Latina na segunda metade do século XX, as gestões coletivas e a tontina na África,* ou ainda a autogestão dos trabalhadores na Iugoslávia, que desde os anos 1970 experimentou a decadência depois de quase duas décadas de sucesso. No entanto, predominam os princípios da equivalência e da reciprocidade. As forças de vinculação do mercado são tais que mesmo os excluídos da economia formal do mercado capitalista permanecem "presos" aos seus princípios, presos, portanto, aos padrões de raciocínio e às lógicas de ação da equivalência e reciprocidade. Os enfoques de uma economia solidária alternativa desenvolvem-se na contramão das tendências dominantes (neoliberais) de sujeição das sociedades às leis do mercado global. Por isso precisamos discutir, juntamente com a dominância da equivalência e da concorrência também na crise social, a insegurança existencial amplamente difundida das pessoas, antes de nos voltarmos para a economia solidária e suas tendências evolutivas.

8.2. O "NEOLIBERALISMO DE BAIXO"

A informalização e a precarização do trabalho podem ser decifradas como formas gradualmente escalonadas da "globalização da insegurança" (ver Altvater/Mahnkopf 2002). Contra essa decisão, de início levantaram-se as "vozes" muito audíveis dos sindicatos, mas também de diversos movimentos sociais e partidos políticos, na forma de protestos, manifestações e ocupações de fábricas. Mas as "vozes" muitas vezes ecoaram sem que fossem ouvidas. Em vez disso, as pessoas nos países industrializados reagiram de modo semelhante ao das pessoas nos países em desenvolvimento: com a "opção pela saída". Movem-se do desemprego formal na direção de empregos precários na economia informal, quase sempre não

---

*O autor refere-se a grupos locais de poupança em diversos países da África Ocidental, por exemplo, República dos Camarões que são denominados "tontinas", mas consistem mais em esforços coletivos de poupança. (*N. do T.*)

por livre e espontânea vontade, mas obedecendo aos constrangimentos ditados pela necessidade. Entretanto, a precarização do trabalho é até um objetivo político, ativamente visado na Alemanha na Agenda 2010 e nas chamadas "Leis Hartz": redução dos benefícios de transferência pagos no âmbito da política estatal de compensação das desigualdades, redução dos salários individuais, dificultação da proteção sindical por meio de alterações da legislação sobre as demissões, das regras de cogestão e razoabilidade etc. O objetivo declarado é a redução dos custos do trabalho; na concorrência global, o trabalho deverá se tornar tão barato quanto a oferta de "pechinchas" na lojinha da esquina, para permitir que no outro lado os rendimentos aumentem.

As "reformas do mercado de trabalho" na Alemanha (Agenda 2010 e Hartz I-IV) e alhures impõem a todos os afetados a lógica individualista do princípio da equivalência. Cada pessoa procura individualmente um emprego, e as empresas oferecem empregos no mercado de trabalho... também individualmente. Isso só funciona se uma oferta suficiente é colocada à disposição e se o sistema de informações e intermediação atua de modo eficiente. Esses sistemas ainda podem ser melhorados de forma relativamente simples. Já a primeira premissa é problemática, mesmo quando não se apela apenas ao espírito empreendedor, mas se constitui e fomenta de saída "Eu S.A". Muitas, se não a maioria das "Eu S.As.", fracassaram rapidamente, à semelhança do que também ocorreu com outras medidas que obedeciam ao princípio individualista e não apostaram na solidariedade. Sem experiências e sem capital suficiente, a autonomia individual envolve uma elevada insegurança social e pessoal, e, portanto, muitos riscos. O risco não é suavizado pelas agências do mercado de trabalho. Isso só poderia acontecer se a segurança social fosse colocada à disposição como um bem público. Mas justamente esse bem público foi privatizado em parte pelas neoliberais "reformas do mercado trabalhista". Surgiu, assim, um "mundo intermediário", com esperanças de um emprego formal, todos os traços distintivos da privatização dos riscos, que não são reduzidos nem por um seguro particular nem com o bem público da segurança garantida pelo Estado de Bem-estar Social. A coação social e política de ter de vender a pele num mercado de trabalho cuja força de absorção é reduzida para a oferta de trabalho é o outro e feio lado da medalha das liberdades neoliberais para os especuladores nos mercados financeiros e os consumidores com alto poder aquisitivo nos mercados de bens.

Faltam ao trabalho informal as qualidades de vínculos empregatícios normais. Estes consistem sobretudo em contratos regulares e judicialmente cobráveis, na proteção contra demissões sem justa causa, na previdência social, na representação dos interesses dos trabalhadores pelos sindicatos, nos direitos de ser ouvido e de cogestão, nos salários e nas jornadas de trabalho que permitem uma vida digna. Por um lado, os dados sobre o trabalho informal, a economia informal ou paralela [*Schattenwirtschaft, black economy*] — esses dois conceitos designam fatos apenas em parte idênticos — devem ser interpretados com grande cautela. Mas independentemente de como se mede e avaliam os dados, aumenta o significado da informalidade, isto é, o número dos que foram excluídos da economia formal. Isso vale sobretudo para os países do chamado Terceiro Mundo, e desde o colapso do socialismo real também existe nos países em vias de transformação na Europa Central e Oriental. Em muitas regiões do mundo, principalmente na América Latina, na África e na Ásia, o número de trabalhadores com empregos informais é superior ao daqueles com empregos formais. Também nos países industriais desenvolvidos da América do Norte e da Europa o "vínculo empregatício normal" regulamentado desde a década de 1970 pelos direitos trabalhista e social perde a sua dominância empírica e sua função normativa como ideal norteador (conforme constatou recentemente também o Banco Central alemão no seu relatório de julho de 2005). No início do século XXI, a segurança socioeconômica, tal como definida pela OIT (ILO 2000; 2001), parece ter se tornado um privilégio de uma minoria social na maioria dos países do mundo.[3]

---

[3] Entrementes, a bibliografia especializada sobre o trabalho informal e precário expandiu-se a ponto de ninguém mais ter condições de conhecê-la. Marginalizado durante décadas, o tema passou a ocupar o centro da atenção. Mesmo o Banco Mundial descobriu-o e em 2005 abriu uma "*Online Discussion*" sobre o tema "*How to tackle the Problem of Rising Informality*" [Como enfrentar o problema do aumento da informalidade].

Por que sob as condições da globalização o setor informal aumenta à expensa dos vínculos empregatícios formais, sobretudo nas regiões urbanas de grande concentração demográfica? Em princípio, a dinâmica do livre comércio zela para que a produtividade mais elevada, obtida pela intensificação da divisão do trabalho e pela especialização cada vez maior, conduza à liberação de mão de obra. Por um lado, existem mais bens, bens melhores e mais baratos, para os consumidores com poder aquisitivo nos "velhos" e "novos" países consumidores com uma renda anual *per capita* superior a 7 mil dólares (ver Wuppertal Institut 2005, p. 82 ss.). Tudo somado, trata-se de aproximadamente 1,7 bilhão de pessoas no mundo inteiro que vivem melhor na economia global de mercado. Tais indivíduos são os vencedores da globalização. Por outro lado, a *população redundante* aumenta com a redução do trabalho necessário por unidade de produção, pois ela não pode ser recanalizada no ciclo econômico mediante um crescimento compensatório. Além disso também crescem aquelas áreas da economia nas quais os padrões do mercado mundial não são observados. Em consequência disso, a socialização mediante o trabalho e o dinheiro se dá — no todo ou ao menos em parte — fora das estruturas formais. Vista assim, a informalização é o resultado do fracasso dos mecanismos de coação inerentes à globalização, que são uma criação humana e que se busca contornar com métodos informais. As vítimas desses mecanismos são quase sempre os perdedores da globalização.

O setor informal cumpre a função de uma espécie de "esponja" para todos aqueles trabalhadores que se tornaram "supérfluos" com a concorrência global das localizações. *Em primeiro lugar*, o setor informal serve à garantia da subsistência das economias domésticas urbanas. Isso é sinônimo de "feminilização da garantia da sobrevivência", pois a responsabilidade pela subsistência das famílias está quase sempre nas mãos das mulheres. *Em segundo lugar*, o setor informal contribui para uma solução de fato da crise do mercado de trabalho, pois produz — apesar das discriminações consideráveis impostas pelo Estado — um grande efeito na criação de empregos. Aqui o acesso ao mercado é relativamente simples, o investimento de capital é reduzido, a técnica empregada é simples, a intensidade do trabalho, portanto, é elevada, e os salários são baixos. *Em terceiro lugar*, o elevado efeito empregador do setor informal assenta no fato de que pequenas empresas (locais), que não seriam competitivas caso observassem os padrões sociais e ecológicos, devendo, por conseguinte, desaparecer do mercado, compensam a sua deficiente competitividade com a hiperexploração da mão de obra, seja no tocante aos salários ou no tocante às medidas preventivas de acidentes e à definição da jornada de trabalho. O mesmo mecanismo que no caso das pequenas empresas obriga à desconsideração das normas e padrões prova ser, no caso das grandes empresas transnacionais, com as quais as microempresas do setor informal estão estreitamente relacionadas em cadeias globais de produção de fornecimento, um recurso para o aumento da competitividade. Por isso *em quarto lugar*, o setor informal, é, para as empresas transnacionais com suas sucursais no exterior, um reservatório quase inesgotável de mão de obra barata. O recurso aos subcontratadores possibilita aos grupos transnacionais uma redução dos custos e um aumento da flexibilidade, pois muitos riscos podem ser transferidos aos fornecedores dependentes. Ao mesmo tempo, a *subcontratação* é um meio adequado para desvencilhar-se de obrigações legais e da responsabilidade pelos trabalhadores, por um lado economicamente dependentes das empresas transnacionais; por outro, juridicamente independentes delas.

O setor informal é, portanto, uma espécie de absorvente de choques da globalização,[4] e nessa função é inserido no projeto neoliberal da dominação de cima para baixo. Mas a informalização também é o resultado da práxis de pessoas afetadas pelas consequências da globalização. Por falta de alternativas convincentes e praticáveis, elas seguem uma estratégia do "neoliberalismo de baixo" (Wilpert 2003). Desenvolvem

---

[4]Como o setor informal pode neutralizar os "golpes de fora" da globalização como um absorvente de choques, passa a ser projeto político da garantia da dominação. Quase ninguém expressou isso com tanta clareza como o presidente brasileiro Fernando Henrique Cardoso. A concorrência global força um aumento da produtividade. Este, por sua vez, só é possível se nos setores que produzem para o mercado mundial os custos são reduzidos, quer dizer, a produtividade é aumentada. O resultado inevitável é a liberação de mão de obra, que, no entanto, é absorvida ao menos em parte por empregos no setor informal (*Folha de São Paulo*, edição de 28 de janeiro de 1996).

aquelas "técnicas do *self*", da adaptação e condições dadas por fora, quer dizer, uma mentalidade subalterna, que facilita o governo no sentido da concepção foucauldiana da "governabilidade" (Foucault 1993; ver também Opitz 2004). A combinação de controlar, punir e autodisciplinar é um fundamento sólido para a inserção dos trabalhadores precarizados e informalizados no projeto neoliberal de mercado, pois as pessoas precisam garantir a vida e a sobrevivência, e à medida que agarram as menores oportunidades de mercado, e obedecem à mesma lógica de ação de que fazem uso, em grande estilo, os executivos das grandes empresas transnacionais e os políticos dominantes. A congruência dos padrões de ação é um fator essencial da integração de sociedades socialmente cindidas. A exclusão da população marginalizada, ocupada no setor informal e em condições precárias, parece estar suspensa.

Já Rudolf Bahro (1976) chamou atenção para o fato de que as necessidades emancipatórias — e, por conseguinte, a ação transformadora da sociedade — só podem se desenvolver em um contexto no qual a segurança mínima da vida esteja garantida. Quem luta pela sobrevivência não pode se engajar ao mesmo tempo pela realização emancipadora de uma outra sociedade, mas permanece aprisionado no sistema do mercado e nas leis que o regem.

Por essa razão, livros como o de Hernando de Soto (2000) sobre os "*Mistérios do capitalismo*" (título da edição alemã de 2002: *Abram alas para o capital!*) alcançam tanto êxito não apenas na América Latina, mas no mundo inteiro. A obra propõe medidas simples, à primeira vista convincentes, para reintegrar os atores da economia informal e os excluídos como membros de plenos direitos na sociedade dos proprietários. Para tal fim, devem ser concedidos direitos de propriedade privada, a concorrência e o princípio da eficiência no rendimento devem ter vigência. Ocorre que os atores da economia informal vivem como pequenos capitalistas num mundo no qual predomina a lógica da apropriação. O pequeno estoque de capital do qual dispõem pode servir de garantia para créditos que lhes permitam financiar investimentos. Os atores da economia informal, como no fundo todas as pessoas, são empreendedores natos. Precisam apenas dispor dos direitos para que possam dar livre curso ao seu espírito empreendedor.

Essa ideia convertida em mensagem propagandística é perigosamente simplória, pois as pessoas não são empreendedoras natas; além disso, é impossível que todas as pessoas nasçam como capitalistas. Afinal de contas, os capitalistas dependem da disponibilidade de mão de obra assalariada para que possam gerar seus lucros. Só por isso já deveriam existir assalariados natos e um "espírito do trabalho assalariado". Mas disso ninguém fala, pois o efeito produzido seria constrangedoramente absurdo. Acresce que nas sociedades modernas, os títulos de propriedade de terras em regra já foram outorgados, de modo que haveria uma colisão de direitos de propriedade. Mesmo o "faroeste" norte-americano, apresentado por De Soto como exemplo positivo, está mal escolhido, pois os títulos de propriedade dos *squatters*, que teriam sido outorgados com exemplar ausência de burocracia, significaram a expulsão e a morte da população indígena.

No livro de Hernando de Soto, o dinheiro também tende a desempenhar um papel marginal. O autor enuncia a tese lapidar "Dinheiro pressupõe propriedade" (De Soto 2002, p. 79), quando a avaliação da propriedade nem é possível sem dinheiro. Sabe-se do cálculo do capital que a propriedade vale tanto quanto os rendimentos por ela auferidos. Cinco mil dólares por ano com uma taxa de juros de 5% são o rendimento ou o excedente de um valor calculado de capital de 100 mil dólares. Em outras palavras, o valor da propriedade não é uma grandeza fixa, mas depende dos rendimentos e da taxa de juros. Esta última é estabelecida nos mercados financeiros globais. Se os créditos tomados pelos novos proprietários efetivamente lhes são de serventia, depende da taxa dos juros e da evolução dos negócios. Muitas pessoas se viram obrigadas a experimentar de modo assaz concreto esses nexos abstratos, analisados por Keynes na década de 1930, no decorrer das crises financeiras mais recentes. Quem adquirira um pequeno patrimônio e havia tomado créditos bancários teve de aprender que os rendimentos podem não ocorrer e que, ao mesmo tempo, os custos elevados do refinanciamento são renegociados pelos bancos na forma de taxas de juros mais altas. A consequência foi a bancarrota maciça dos devedores. Por isso a propriedade por si só está longe de ser o beijo do príncipe que desperta a Bela Adormecida.

No entanto, o argumento de Hernando de Soto também pode ser invertido. Pode servir de justificativa às ocupações de terras pelos movimentos dos camponeses sem terra, por exemplo, pelo Movimento Sem-Terra (MST) no Brasil, ou pelas ocupações de fábricas em países como a Argentina. Aqui não está em pauta o princípio dos direitos de propriedade, enunciado por De Soto, mas a utilização social e solidária de áreas não agricultadas e fábricas paradas. Trata-se aqui de uma reapropriação de espaços que antes foram tirados das pessoas, dos quais elas foram desapropriadas. Talvez o mecanismo hegeliano da "astúcia da razão" se sirva dos argumentos expostos por De Soto na defesa do "neoliberalismo de baixo" para fundamentar algo bem distinto, a saber, uma economia solidária...

8.3. SEGURANÇAS HUMANAS CONTRA O MERCADO

Por uma série de razões, as inseguranças apresentam, no entendimento do neoliberalismo, mais vantagens do que desvantagens. Evitam as tentativas de realização de necessidades emancipatórias, pois as inseguranças forçam os atores econômicos sempre de volta para a concorrência e não deixam emergir a solidariedade. Além disso, elas funcionam, eis a hipótese neoliberal, como estímulo às inovações. Mas uma ordem de mercado que fomenta a concorrência também deve oferecer confiabilidade para decisões de empresários e consumidores. Apenas em meio à segurança interna e externa criada pelo Estado os capitalistas podem cuidar de seus negócios e cultivar a suas "paixões tranquilas" (Hirschman 1984). Não está assegurado, contudo, que a "segurança da empresa" sempre seja congruente com a "segurança humana" ou a "segurança socioeconômica", e não entre em contradição com os direitos humanos. Por conseguinte, o conceito de segurança está longe de ser unívoco.

Isso já pode ser observado em Adam Smith, que vê o sentido das "obras e instituições públicas" (Smith 1776/1976, pp. 244-282) no fato de que elas "facilitam [...] o comércio da sociedade" (p. 245), no plano doméstico por meio de infraestrutura, no exterior por meio da representação diplomática e da proteção militar do comércio exterior britânico e das companhias comerciais britânicas. A segurança de uns pode, portanto, envolver perfeitamente a insegurança de outros; a segurança do "comércio britânico" não é sinônimo da maior segurança dos trabalhadores e camponeses nas colônias. As medidas de ajuste estrutural do Fundo Monetário Internacional e do Banco Mundial também visam à segurança econômica dos atores da economia. Por um lado, a política de abertura de economias nacionais ao comércio de mercadorias, aos investimentos diretos e às aplicações financeiras melhorou as oportunidades de bons negócios de grupos transnacionais e aumentou a sua segurança econômica no sentido de um entorno político e social favorável ao setor privado. Mas a vítima dessa política é a segurança socioeconômica no sentido abrangente desenvolvido pela OIT.[5]

O Programa de Desenvolvimento das Nações Unidas (UNDP ou, na sigla portuguesa, PNUD) define o triângulo de *desenvolvimento humano — segurança humana — direitos humanos* como o campo no qual a globalização pode ser dimensionada no interesse das pessoas (ver as referências explícitas a esse tema em Commission on Human Security 2003), mais especificamente mediante a oferta de bens públicos (a respeito, ver também Mahnkopf 2003). Esse triângulo recorta diversos pla-

---

[5]A segurança socioeconômica é o conceito abrangente de (1) *segurança no mercado de trabalho*, isto é, possibilidades suficientes de ocupação no mercado formal de trabalho; (2) *segurança ocupacional*, mediante uma proteção eficaz contra demissões; (3) *segurança da qualificação*, garantida por um sistema educacional e de formação profissionalizante que permite a aquisição e a preservação de capacidades e conhecimentos; (4) *segurança do emprego*, na atividade concreta garantida pelo caráter profissional do trabalho; (5) *segurança no local de trabalho*, mediante uma proteção extensa no local de trabalho e contra acidentes; (6) *segurança da renda*, mediante regulamentações referentes ao salário mínimo, à indexação dos salários, a um abrangente sistema de seguridade social para os casos de doença, velhice, desemprego, invalidez, e à tributação progressiva da renda, e (7) *segurança da representação*, isto é, a garantia da representação dos interesses coletivos no mercado de trabalho mediante sindicatos e associações patronais independentes, a autonomia na negociação de contratos coletivos de trabalho, direitos de greve etc. (ver a esse respeito mais extensamente Altvater/Mahnkopf 2002). Esses elementos de segurança socioeconômica são realizados só raras vezes, mesmo em vínculos empregatícios formais. Trata-se, portanto, de uma concepção normativa, não de um conceito analítico.

nos de significado. Os direitos humanos são universais, irrevogáveis e também não relativizáveis. Já a segurança humana pode ser produzida sob condições históricas, culturais e econômicas distintas. Mesmo que os direitos humanos incluam os direitos sociais ("segunda" e "terceira" geração dos direitos humanos), não abrangem todas as dimensões da segurança humana colocadas em risco pelas incertezas que surgem no decorrer das transformações globais. A concepção da segurança humana "precede", portanto, de certo modo, a dos direitos humanos, pois a perda da segurança humana pode levar à violação dos direitos humanos, pois estes perdem o seu substrato material. Só quando a segurança humana apoia a defesa dos direitos humanos o desenvolvimento adquire um "semblante humano". Só quando a segurança alimentar está garantida (ver a esse respeito Friedmann 2004) o direito humano à vida digna não é uma proclamação vazia.

A segurança humana depende essencialmente da disponibilidade de bens públicos, que abrangem (1) regras confiáveis em uma sociedade, (2) o impedimento de instabilidades e a restituição de relações estáveis porventura desestabilizadas (por exemplo, em crises financeiras), (3) os serviços públicos ["*Daseinsvorsorge*"]* naquelas etapas da vida humana nas quais os indivíduos ou as famílias não estão em condições de cuidar com recursos próprios da educação ou da formação profissionalizante, da conservação ou da restituição da saúde, da seguridade social na velhice ou também da alimentação e moradia, do abastecimento com água e da eliminação de efluentes líquidos, (4) o acesso a todos os bens e servi-

---

*Na esteira do termo ligeiramente distinto "*Daseinsfürsorge*" do filósofo Karl Jaspers (1931), o termo alemão "*Daseinsvorsorge*", mais tarde também usado na sociologia e na ciência política, foi introduzido no direito administrativo alemão pelo jurista conservador Ernst Forsthoff (1902-1974) em uma pequena publicação de 1938, intitulada "*Die Verwaltung als Leistungsträger*" ("A administração pública como titular de prestações"). Levou em conta a mudança de paradigma da administração pública, tradicionalmente definida como "administração interventiva" ("*Eingriffsverwaltung*"), na direção da "administração prestadora de serviços" ("*Leistungsverwaltung*"). De modo genérico, "*Daseinsvorsorge*" (literalmente, "medidas preventivas para a garantia da existência") pode ser traduzido por "serviços públicos" a serem assegurados pelo Estado, tais como transporte público, abastecimento com gás, água e eletricidade, coleta de lixo, coleta e tratamento de efluentes líquidos, hospitais, cemitérios, instituições de educação e cultura etc. (N. do T.)

ços essenciais à existência humana e (5) a infraestrutura material e imaterial da sociedade. Em duas palavras: a segurança humana é garantida pela disponibilidade de bens públicos.[6]

Se a segurança humana assenta de forma tão central na disponibilidade de bens públicos, as poderosas forças econômicas e políticas, que insistem na privatização de bens públicos, representam um risco para a segurança humana. Então o abastecimento das pessoas com bens públicos se torna uma oferta, apresentada apenas quando não só existem necessidades, mas quando elas podem ser traduzidas em demanda com poder aquisitivo. Então predomina o princípio da equivalência, formulado em conformidade com o mercado, deixando pouco espaço para a solidariedade. Nesse caso, as pessoas não podem mais reivindicar suas necessidades de segurança na condição de cidadãs e cidadãos de um Estado de Bem-estar (Social) em meio aos seus iguais, mas precisam comprar a segurança de empresas de segurança, à maneira de consumidores no mercado. A segurança humana torna-se uma mercadoria e, portanto, uma questão referente ao bolso do indivíduo. Como a insegurança faz aumentar a demanda por segurança, aqueles que ofertam a mercadoria "segurança" estão até interessados em relações de insegurança. Então a segurança também pode ser esperada de muros, grades e portões, bem como de vigilantes, controladores, policiais e outros agentes armados das forças mantenedoras da ordem — ou ela é a consequência da ignorância social.[7] A segurança poderia ser obtida no "condomínio fechado" (*gated community*) dos incluídos, contra os excluídos, onerados com um grau elevado de insegurança e falta de proteção. Sob as condições da inse-

---

[6] Por conseguinte, será necessário combinar os discursos sobre a segurança humana (quer dizer, as necessidades) com os discursos sobre bens públicos (quer dizer, o abastecimento). Isso, porém, não pode ser feito aqui (ver, no entanto, Altvater 2003b).

[7] Ver a esse respeito os exemplos em Pogge (2005), que pergunta como é possível que nos ricos países industrializados não se tome conhecimento da extrema pobreza e miséria de 2,8 bilhões de pessoas. Que déficits morais devem ser cultivados para que isso seja e continue possível? Inversamente: quais preparativos devem ser tomados para a redução das desigualdades globais? Contra Sen (1999) e outros, que pensam mais em soluções nacionais, o próprio Pogge enfatiza a importância de instituições globais para a regulação de mercados, embora sem incluir no seu horizonte analítico os mecanismos econômicos dos mercados de bens, dos mercados financeiros e de trabalho, nos quais essa desigualdade é gerada e reforçada.

gurança, o padrão de ação da solidariedade não pode ser formado. No lugar dele, muitas pessoas esperam a segurança de governos autoritários. Em uma pesquisa de opinião realizada na América Latina pelo Programa de Desenvolvimento das Nações Unidas, 44,9% das 18.643 pessoas entrevistadas em 18 países responderam que aceitariam um regime autoritário, se ele lhes garantisse a segurança econômica (UNDP 2004). Assim, a busca da segurança em uma situação caracterizada pela insegurança pode tornar-se perigosa para a democracia. Igualmente ameaçada está uma organização solidária da economia, pois a segurança é esperada "de cima". Além disso, facilmente as pessoas entram no reino sombrio das atividades informais ou na ilegalidade e criminalidade, bem como abandonam sua pátria e passam a viver precariamente como refugiados e migrantes.

Hardt e Negri (2002: 224) identificam no nomadismo maciço de trabalhadores não a expressão da insegurança material, mas a recusa e a busca de libertação, bem como de novas e melhores condições de vida. Holloway também interpreta a migração como "uma forma de fuga, repleta de esperanças de poder fugir ao capital", como "luta pela autonomia", como "o NÃO que ressoa nesta ou naquela forma não apenas nos locais de trabalho, mas em toda a sociedade" (Holloway 2002, p. 216 s.). Infelizmente, isso só acontece em alguns poucos casos. Não é a regra da migração. A fuga não leva os fugitivos para longe do capital, mas quase sempre os arrasta para os braços de traficantes de pessoas e exploradores sinistros. A migração é uma forma de "saída", e, apesar disso, deveríamos perguntar por que homens e mulheres migrantes não levantam a sua "voz". Holloway mais tarde aplicou essa distinção, desenvolvida já no início da década de 1970 por Alfred Hirschman (1970), à sua interpretação da fuga da República Democrática Alemã ("saída") e das Manifestações de Segunda-feira" em 1989 ("voz"). Mas o "grito" das pessoas, registrado repetidas vezes por Holloway na sua interpretação existencialista da história, não é "voz", mas expressão inarticulada de um profundo sentimento de desamparo.

A segurança humana é um elemento da economia solidária e justa, e, inversamente, a economia solidária é um pré-requisito para a melhoria das seguranças socioeconômica e humana. Enquanto experiência de vida permanente, a insegurança pertence à ordem baseada na concorrência e aos efeitos produzidos pelo princípio do rendimento. Uma economia solidária só poderá ser concebida se o território no qual ela é praticada estiver assegurado. Os ocupantes de terras e fábricas precisam de um mínimo de segurança humana para cultivar a terra e fazer com que as fábricas produzam. Em regra, essa segurança não pode resultar dos efeitos do mecanismo do mercado em conformidade com o princípio da equivalência. Mesmo líderes populistas e autoritários podem prometer segurança, mas não podem garanti-la. Isso eles nem querem, pois seu poder assenta na difusão da insegurança. A produção da segurança exige a oferta de bens públicos por parte de instituições políticas atuantes nos âmbitos local, nacional ou mesmo global. Isso acontecerá apenas se os movimentos sociais exercerem a correspondente pressão e se empenharem por alternativas de uma economia solidária e sustentável.

8.4. A REAPROPRIAÇÃO DO ESPAÇO E DO TEMPO PELOS MOVIMENTOS SOCIAIS

A economia solidária é obra de movimentos sociais no seu empenho em reapropriar o espaço e o tempo. Por isso esses movimentos também podem ser chamados de "movimentos socioterritoriais" (Mançano Fernandes 2005). Os sem-terra apropriam-se de áreas que outrora lhes foram tiradas ou negadas. Trabalhadores, que perderam seu emprego na crise, ocupam as fábricas paradas (*"fábricas recuperadas"*). Movimentos de bairros (*community movements*) defendem espaços públicos e instituições públicas contra as tentativas de privatização e contra a repressão para a imposição de estratégias neoliberais de privatização. A reapropriação de espaços territoriais não é obra do acaso. Em muitos países da América Latina, da África e da Ásia, os Estados estão enfraquecidos pelas crises financeiras e seus subsequentes ajustes estruturais que parece pouco promissor encaminhar reivindicações sociais aos respectivos governos. Os governos se subtrairão até mesmo às reivindicações legítimas remetendo aos mecanismos de coação inerentes ao mercado — e muitas vezes usarão a polícia e as forças armadas como mantenedores do *status quo*. Muitas empresas nacionais foram assumidas por grupos transnacionais depois da abertura dos mercados nacionais e da privatização total (que muitas vezes foi uma condicionalidade dos programas de ajustes estruturais do Fundo Monetário Internacional). Os grupos transnacionais possuem muitas opções estratégicas e podem recusar-se com facilidade às reivindicações dos movimentos sociais por meio do êxodo de capitais e do deslocamento da produção ou podem atrair as forças mantenedoras da ordem para o seu lado, corrompendo-as.

Por isso a política neoliberal das décadas passadas resultou em muitos países em transformações profundas da constelação político-econômica. Os Estados foram enfraquecidos, e o capital ocupou o espaço global. Por isso muitas vezes só resta aos novos movimentos sociais a ocupação territorial *in loco* para satisfazer suas exigências de melhoria das condições de vida. Isso só se pode dar por meio da autogestão quando o Estado nacional é fraco ou o governo se notabiliza pela "má condução do governo" ou pelo desgoverno (o movimento zapatista denomina o sistema governamental mexicano *mal gobierno*), e os bens e serviços sociais, necessários à uma vida boa, não podem ser adquiridos no mercado em virtude da falta de poder aquisitivo. Nos conflitos socioterritoriais surgem espaços públicos antes inexistentes. Pretensões de propriedade privada são, por assim dizer, socializadas, mas não no sentido do movimento operário tradicional, que apostava nesse empenho no Estado e compreendia a socialização em primeiro lugar como estatização. A socialização é o resultado de atividades sociais configuradas em redes no espaço territorial.

Surgem áreas autônomas administradas pelos próprios movimentos. Aqui não se trata de reinvenções. Lucio Gambi lembra que o movimento de resistência italiano, a *resistenza*, administrava os territórios por ele conquistados, ocupados e defendidos com autonomia, criando, assim, estruturas estatais alternativas antes da refundação do Estado italiano depois da Segunda Guerra Mundial (Gambi 1994, p. 89 ss.). Mostra, exemplificando com os vales alpinos, que a autonomia territorial é influenciada pelo relevo e pelos pressupostos econômicos da respectiva região. Por conseguinte, movimentos socioterritoriais não são influenciados apenas pela história e pela cultura, pelas relações políticas e pelos desenvolvimentos econômicos, mas também pela característica geográfica do território. Durante a criação de espaços autônomos, o território, as relações sociais e as relações de poder político sofreram uma transformação.

A autonomia não possui apenas uma dimensão territorial, espacial, mas também uma dimensão temporal. A autonomia de tempo também é um objetivo de movimentos sociais, que por isso também poderiam ser denominados sociotemporais. A apropriação do tempo "perdido" enquanto "tempo disponível" é uma reação às exigências do capital de prolongar a jornada de trabalho além de todas as medidas.[8] Em tempos de desemprego maciço, a pressão de prolongar a jornada de trabalho é especialmente forte, pois os sindicatos estão enfraquecidos. Ao mesmo tempo, cresce o "exército de reserva" dos desempregados. Nem uns nem outros dispõem de autonomia de tempo. As pessoas com jornadas de trabalho demasiado longas sofrem por não terem tempo suficiente para a recreação física e psíquica e por não poderem se beneficiar das ofertas culturais e sociais. Já os desempregados carecem do poder aquisitivo ("dinheiro é tempo") para poderem demandar essas ofertas, sem considerar aqui os efeitos da falta de reconhecimento dos desempregados em uma sociedade centrada no trabalho. Em virtude dessas oposições, sempre ressurgem movimentos empenhados em solucionar o problema junto com os sindicatos por meio de uma redução da jornada de trabalho. "A economia de tempo de trabalho é igual ao aumento do tempo livre, isto é, do tempo para o desenvolvimento pleno do indivíduo, que, por sua vez, retroage como a maior força produtiva sobre a força produtiva do trabalho" (Marx 1953, p. 599). Também na reprodução a autonomia do tempo é objeto central de controvérsias, tendo sido colocada na

---

[8] Marx observa nos *Grundrisse*: "A jornada de trabalho, enquanto medida da riqueza, define a própria riqueza como fundamentada na pobreza, e o *disposable time* [tempo disponível; no original, em inglês] como existente na e pela oposição ao tempo para o trabalho para a geração do excedente [*Surplusarbeit*], ou define todo o tempo de um indivíduo como tempo de trabalho e a degradação desse indivíduo ao mero trabalhador, a sua subsunção ao trabalho. Por isso a maquinaria mais desenvolvida agora coage o trabalhador a trabalhar mais tempo do que o selvagem ou do que ele mesmo trabalhava com as ferramentas mais simples, rudimentares." (Marx 1953, p. 596)

agenda sobretudo pelo movimento feminista. Um aspecto dessa autonomia recreativa do tempo é também a autonomia da nutrição (Vinz 2005). A autonomia de tempo, por conseguinte, não deve ser imposta apenas diante do capital. Ela exige transformações nas relações entre os gêneros, uma reestruturação dos espaços de vida em termos bem práticos: da sala de estar até a cozinha. Regras sociais profundamente radicadas nas pessoas também podem ser um obstáculo, se exigem uma submissão a ritmos de tempo que entram em conflito com tempos próprios. A infraestrutura material, por exemplo, os sistemas de tráfego e seus horários, restringem a autonomia de tempo. A sua ampliação exige, portanto, ajustes estruturais consideráveis.

Novos movimentos sociais são mais múltiplos do que os "velhos movimentos sociais". O movimento operário tinha um adversário inequivocamente identificável, o capital, mas os conflitos de classe em sua essência eram institucionalizados no terreno demarcado pelo Estado-nação, ocorriam em espaços sociais, nos quais importavam grandezas monetárias (sobretudo o patamar dos salários), condições e jornadas de trabalho, possibilidades de participação nas empresas, na sociedade e no sistema político. Assim, o campo de conflitos era razoavelmente compreensível, ao menos em comparação com os conflitos sociais dos nossos tempos. Era formado pelo triângulo das organizações do movimento operário, do capital e do Estado-nação. A forma dos conflitos era definida pela organização, pelo partido e pelo sindicato. Com frequência, a questão do poder reduzia-se ao conflito sobre a ocupação das "posições de comando" no aparelho ampliado do Estado. Durante um período de transição, era possível uma espécie de "dominação dupla", que, no entanto, deveria ser em algum momento encerrada inequivocamente em favor da tomada do poder. Assim ao menos argumentava-se na ala "revolucionária" do movimento operário; na ala "reformista", os atores ajeitavam-se no campo demarcado pelo triângulo e obedeciam às regras corporativistas nele vigentes.

Nos conflitos socioterritoriais as coisas se passam de modo diverso. Isso se deve, *em primeiro lugar*, aos temas, não mais relacionados de modo preponderante ao Estado-nação. Em tempos de globalização, eles se estendem da regulação de mercados globais financeiros e de mercadorias e da reconfiguração de instituições globais, do impedimento do colapso do clima no planeta Terra, do combate as epidemias modernas, como a AIDS, até a organização da resistência coordenada contra a ocupação do Iraque pelos EUA, até a defesa local de biótopos contra a infraestrutura automotiva ou até o impedimento da recanalização de rios para favorecer a agricultura de orientação exportadora. A globalização e as já expostas tendências de crise do capitalismo tal como o conhecemos são novos desafios que os "movimentos sociais antigos" não conheciam e talvez não precisassem conhecer. Por isso os atores também são distintos, e eles não têm mais a mesma base classista do movimento operário tradicional. Nisso expressam-se as transformações históricas estruturais do capitalismo e da situação social dos atores. Os conflitos sociais possuem, por conseguinte, muitas dimensões e devem ser travados em muitos espaços, dos mercados globais até a comunidade local.

Em segundo lugar, os conflitos ocorrem cada vez mais também fora das relações "formais" entre as classes, na área crescente da informalidade, pois um número cada vez maior de pessoas é excluído dos sistemas formais de produção e distribuição. Contra isso formam-se movimentos empenhados pela solidariedade e sustentabilidade: movimentos cooperativistas, ocupantes de terras e fábricas, associações de bairros, grupos de ambientalistas e os que se engajam pela introdução de energias renováveis. A lógica da ação não é mais ditada sobretudo por princípios de distribuição monetária, também não é definida em primeiro lugar pela "centralidade do trabalho", mas pelos múltiplos interesses sociais e culturais que se entrecruzam no território.

Resulta disso, *em terceiro lugar*, uma nova forma de conflitos. As organizações conduzidas de modo centralista foram enfraquecidas pelos mesmos desenvolvimentos que também transformaram o Estado e o capital. Por isso, a forma hoje adequada de condução do conflito é a formação de redes múltiplas de grupos, iniciativas e organizações, que regularmente se encontram em foros e reuniões deliberativas em planos distintos — nos planos local, nacional e global —, trocando experiências, promovendo reflexões teóricas e decidindo sobre ações e campanhas conjuntas. Trata-se de um processo político aberto, no qual se pode abrir mão de um programa vinculante. O lugar dos conteúdos programáticos é ocupado pelo método da elaboração de objetivos e dos passos estratégicos para atingi-los. Isso corresponde aproximadamente ao que Lelio Basso pretendeu expressar com a concepção da pesquisa coletiva (*ricerca colletiva*).

Essa integração de movimentos sociais em redes no espaço é algo diferente das redes imaginadas por Hardt e Negri (2002, 2004). O capitalismo globalizado, transformado em "Império" ("Empire"), deveria ser reproduzido mais como rede de trabalhos imateriais, e o trabalho do capital teria chegado, na "democracia global", às mãos da "multidão". "Se isso ocorre, a dominação capitalista é derrubada pela produção, pela circulação e pela comunicação" (Hardt/Negri 2002, p. 352). Isso é mais do que uma esperança que também pode ser ilusória? Será que o capitalismo moderno enquanto "Empire", baseado em redes de atividades imateriais e em uma "biopolítica" integradora de todas as esferas da vida, é corretamente compreendido? Será que uma "multidão [...] de personagens biopolíticos" (trabalhadores industriais, trabalhadores imateriais agricultores, desempregados, migrantes) (Hardt/Negri 2004, pp. 10, 179) está em vias de surgir? Essa tese deve ser posta em dúvida, pois, se os "personagens biopolíticos" se movem, isso ocorre em espaços sociais com dimensões territoriais, onde os conflitos são resolvidos "face a face".

A diversidade amorfa de etnias, nacionalidades, culturas e experiências pode dar a impressão da "multidão". Mas esta se torna sujeito apenas mediante a evolução de uma identidade na diversidade. Os pressupostos para tanto existem, pois os interesses são muito semelhantes, e essa é uma forte razão do significado de uma instituição como o Fórum Social Mundial e muitos fóruns sociais regionais, realizados periodicamente desde a virada do século. Isso é a busca da identidade na aceitação da diversidade no espaço global. Será que se pode imaginar um "acirramento" se os sujeitos são pensados como uma "multidão", sem que se efetue o corte feito por Hobbes, a saber, uniformizar a multidão por intermédio de processos de representação e consenso? "*A multitude of men are made one person when they are by one man, or one person, represented; so that it be done with the consent of every one of that multitude in particular*" (Hobbes, *Leviathan*, capítulo XVI: "Of Persons, Authors, and Things Personated"). Na representação, a diversidade não pode desaparecer, mas uma uniformização de objetivos e formas de conflitos é necessária, e ela pode ser atingida no processo da pesquisa coletiva, que justamente não deve conduzir a um fim programático, a uma uniformização formal, mas muito pelo contrário.

Em quarto lugar, também os novos sujeitos sociais estão sujeitos à dialética de reforma e revolução revelada por Rosa Luxemburgo. Algumas ONGs aceitam ser investidas — na melhor das hipóteses, com intenção reformista — das funções de Estados "fracassados" ou "em vias de colapso", ou aceitam ser cooptadas pelo Banco Mundial para poderem implementar de modo mais eficiente projetos de desenvolvimento. São integradas de forma subalterna no modo global de funcionamento da dominação capitalista (às instituições da *global governance*), com frequência no âmbito de missões da ONU ou outros projetos internacionais de paz e ajuda. Em regra elas ajudam a minorar a miséria de pessoas diretamente afetadas. Não é pouca coisa. Mas ao mesmo tempo, providenciam que o sistema responsável pela miséria por elas minorada seja estabilizado e perpetuado. ONGs reformistas tentam pôr ordem no caos da restauração na expectativa de que do próprio sistema possa emergir a compreensão da necessidade de um desenvolvimento inteiramente diferente, alternativo. A crença em uma razão, que toma conhecimento dos limites ecológicos e sociais, predomina sobre a consciência analítica de que também os atores mais racionais, mais conscientes em termos ecológicos e sociais obedecem aos mecanismos de coação inerentes ao sistema. Por isso importa radicalizar a questão já proposta por Rosa Luxemburgo: "socialismo ou barbárie" ou, nas palavras dos zapatistas, "solidariedade ou barbárie". Só que não podemos imaginar o socialismo como ele existiu realmente no "breve século XX". A barbárie só pode ser evitada mediante a transição para uma sociedade sustentável (em uma "sociedade mundial solar"/Scheer 2002/por meio de uma "revolução solar"/Altvater 1992). Isso não é um acontecimento único de tomada do poder, mas uma transformação, dimensionada no longo prazo, de todas as formas de trabalho e de vida em conexão com o uso de energias renováveis contra o poder excessivo dos mecanismos de coação objetivamente inerentes ao sistema [*objektive Sachzwänge*] e os representantes subjetivos do regime convencional das energias fósseis.

Portanto, e *em sexto lugar*, importará sempre conquistar e ocupar espaços autônomos do novo e novos ritmos de tempo contra os defensores do *status quo*. Isso também foi feito no movimento rebelde de Chiapas, quando o EZLN colocou uma nova forma de soberania popular contra a soberania do Estado, não querendo conquistar o poder de Estado, mas estabelecer novas relações de poder. Isso só pode ser feito com a ajuda de estruturas de autogestão e fora da administração pública, ou seja, por intermédio de estruturas paralelas do sistema educacional e de saúde, de segurança pública e de assistência social. Aqui os zapatistas foram bem-sucedidos, o que levou autores como John Holloway a contestar a relevância da questão do poder. No entanto, o EZLN sempre se viu obrigado, desde a criação de comunidades autônomas em 1994, a defender-se contra a polícia e o exército, bem como contra grupos paramilitares, e com violência armada. A coletividade assente na soberania popular esteve envolvida desde o seu surgimento em uma guerra de baixa intensidade. Por isso os zapatistas tentaram mobilizar a sociedade civil mexicana nas cidades e a opinião pública internacional em favor de sua causa. Apesar de encontros espetaculares de solidariedade, isso só foi realizado em parte. Por isso uma lição a ser aprendida pode ser formulada nos seguintes termos: em tempos de globalização e de um Estado nacional fraco, movimentos locais dispõem de mais margem de atuação do que em tempos de um Estado nacional forte. Não obstante, permanece um dilema: só algumas das funções estatais podem ser assumidas de modo legítimo pela coletividade assente na soberania popular, não todas as funções (por exemplo, não a tributação). Por esse motivo, o duplo governo é muito frágil. Ele se transforma ou em uma espécie de "coabitação" ou se vê diante da alternativa de ser dissolvido na direção da transformação (revolucionária) do poder no Estado ou na liquidação (contrarrevolucionária) da soberania popular zapatista.

Em sexto lugar, pode fazer sentido, nesse contexto, pensar sobre o "comunismo", sobre uma "sociedade além da mercadoria, do dinheiro e do Estado" (Heinrich 2004, pp. 216-221). Mas isso não basta, pois as transformações sociais em meio à sociedade capitalista estão principiando, provocadas por movimentos sociais radicados no "aqui e agora". Por isso elas podem pensar sobre o "comunismo", mas elas atuam no entorno capitalista. Coloca-se, porém, a questão de se e até que ponto a práxis econômica e política aponta para além de formas capitalistas. Qual é o potencial transcendente da economia solidária e da sociedade sustentável?

8.5. A RESPOSTA AO "NEOLIBERALISMO DE BAIXO": A ECONOMIA SOLIDÁRIA

Na Europa e em outros continentes, há muito tempo já existem experiências com um *terceiro setor, sem fins lucrativos*, de cooperativas, grupos de autoajuda, fundações de utilidade pública, redes de troca, instituições de microcréditos etc., que não se deixam orientar pelo princípio individualista da equivalência, mas pelo princípio coletivo da solidariedade, por uma "horizontalidade deliberativa" de todos os envolvidos, conforme Elgue (2005: p. 43) a denomina. Trata-se de um processo de democratização econômica e social, no qual os portadores de uma economia solidária se transformam em "sujeitos autoconscientes". Aqui as pessoas socialmente desaparecidas no intermúndio da informalidade podem reemergir, ocupando espaços e territórios sociais e autogerindo-os segundo seus próprios interesses.

A OCDE estima que "aproximadamente 39,5 milhões de pessoas em empregos de tempo integral estão empregadas no setor sem fins lucrativos (excluídas as cooperativas tradicionais) nos 35 países analisados pelo projeto da Universidade Johns Hopkins, que realiza um estudo comparativo do setor sem fins lucrativos. O setor sem fins lucrativos emprega

3,6% da população em idade de trabalho e representa 7,3% dos empregos não agrícolas e 45% dos empregos do setor público. Considerado uma economia separada, ele seria a sexta maior economia do mundo [...]. Nos países para os quais foi possível obter dados comparativos, o setor sem fins lucrativos recentemente também mostrou sinais de crescimento rápido entre 1990 e 1995, o emprego no setor sem fins lucrativos cresceu na razão de 23% em comparação com um índice de crescimento de 6% para a economia considerada como um todo" (OECD 2003, p. 11). A tabela a seguir transmite uma ideia das grandezas de uma economia que já contém elementos de solidariedade.

Tabela 8.1
Mão de obra na economia sem fins lucrativos nos países da OCDE

País	Número de Trabalhadores em Regime Equivalente ao Tempo Integral	Parcela de Toda a População Civil (em %)
Áustria	233.662	6,91
Bélgica	206.127	5,85
Dinamarca	289.482	12,56
Finlândia	138.580	6,92
França	1.214.827	5,93
Alemanha	1.860.861	12,56
Grécia	68.770	1,81
Irlanda	151.682	12,57
Itália	1.146.968	5,88
Luxemburgo	6.740	4,16
Países Baixos	769.000	14,69
Portugal	110.684	2,51
Espanha	878.408	7,45
Suécia	180.793	5,15
Reino Unido	1.622.962	7,32

Fonte: OECD 2003, baseada em dados compilados por CIRIEC, 1999, pp. 17-18.

Cerca de 1,9 milhão de pessoas trabalham na Alemanha em empresas cooperativadas ou de utilidade pública (Birkhölzer 2005). Genericamente, é difícil fornecer dados exatos, pois muitas instituições assaz distintas pertencem à economia social e solidária: os aparelhos de ONGs, cooperativas, instituições de ajuda, instituições de pesquisa e consultoria, que, porém, pertencem em parte ao setor público (institutos universitários) ou ao setor privado (consultoria jurídica) (Birkhölzer/Kistler/Mutz 2004; Elgue 2005, p. 44 ss.). Em parte as cooperativas estão integradas ao mercado mundial. As cooperativas agrícolas e pecuaristas da Argentina contribuem substancialmente para as exportações do país. Isso não é diferente no Brasil.

Em muitos casos a economia solidária e as novas cooperativas são filhas da necessidade (Altvater/Mahnkopf 2002, p. 187 ss.). Se, como na Argentina em 2001, o dinheiro formal desaparece, surgem bolsas de escambo, são fundadas cooperativas para o abastecimento da população pobre, fábricas são assumidas pelos trabalhadores (ver os relatórios em Sin Patrón 2004). Na Argentina, o número das redes de troca subiu de apenas 2 em 1995 para cerca de 400 em 2000 e para 5.000 em 2002, um ano depois da grande crise de 2001 (Hintze 2003: p. 20). O papel das redes de troca não deve ser superestimado. Isso também vale para as moedas substitutivas, quando o *currency board*, isto é, a vinculação fixa do peso argentino ao dólar norte-americano, foi suspenso. Elas desaparecem em parte depois da superação da fase da maior penúria. No Chile, os habitantes dos bairros pobres também asseguraram a sobrevivência em modelos cooperativados nos amargos anos da ditadura de Augusto Pinochet.

No Brasil também surgiram coletivos e cooperativas, que representam uma crítica prática do individualismo forçado pelo neoliberalismo e, ao mesmo tempo, são uma força social e política. A Associação Nacional dos Trabalhadores em Empresas de Autogestão e Participação Acionária (ANTEAG) já foi fundada há mais de dez anos, tendo assumido tarefas tradicionais nos setores de ensino, consultoria e defesa dos interesses diante do governo, dos sindicatos e na esfera pública. O presidente Luís Inácio Lula da Silva reagiu a esse novo desafio e nomeou um encarregado de economia solidária (Paul Singer). Assim se pode prestar uma contribuição à integração dos trabalhadores informais e dos excluídos; o Estado nacional soberano reconhece os setores constituídos pela soberania popular como alternativas e não os combate. Essa iniciativa é o oposto da instrumentalização tendencialmente cínica do setor informal como "absorvente de choques" dos efeitos negativos da globalização pelo antecessor de Lula, Fernando Henrique Cardoso. O setor informal não é uma solução de emergência, muito menos ainda uma solução para a crise da economia formal, conforme Mario Vargas Llosa ou Hernando de Soto não se cansam de explicar em exageros tipicamente neoliberais.

Velhas experiências das cooperativas são, portanto, redescobertas, surge uma economia "moral" ou "solidária". Paralelamente aos correspondentes esforços de "capacitação" ("*capacity building*") e "empoderamento" ("*empowerment*"), presta-se uma contribuição à "alfabetização econômica" (Pierre Bourdieu). Decerto tudo isso só funciona quando instituições formais prestam ajuda, isto é, não se apresentam como bloqueios do novo e, com isso, dos movimentos, quando organizações não governamentais se fazem presentes com suas experiências, quando intelectuais apoiam essas tendências, universidades fazem um trabalho de formação e prestam consultoria às cooperativas, aos ocupantes de terras e fábricas e a outras empresas e associações cooperativadas. Tal consultoria é necessária. Necessita-se de apoio técnico e consultoria jurídica. Isso também vale para a resposta às perguntas referentes a financiamentos ou para a consultoria de cozinhas populares em questões de nutrição por parte de institutos universitários de nutrição. No Brasil, essas instituições de apoio de uma economia solidária são denominadas "incubadoras". Trata-se da ajuda na garantia da sobrevivência e na configuração econômica da produção, das compras e vendas. De certo modo, trata-se de uma consultoria empresarial para empresas cooperativadas pequenas e de médio porte. A internet também desempenha um papel importante, por exemplo, para redes de troca ou para a consultoria a cooperativas e outras iniciativas.

Na "alfabetização econômica", o sistema educacional se reveste, portanto, de um significado especial. Elgue (2005, pp. 52-57) apresenta todo um catálogo de reivindicações e princípios, que se estendem da transmissão de princípios de solidariedade e espírito cooperativista em todas as etapas do sistema educacional formal até a formação profissionalizante e a contínua capacitação de atores da economia solidária, ao apoio de associações de produtores rurais, ao fomento de empresas para adolescentes, de fundos de auxílio para empresas saneadas, à formação de um fórum de professores e pesquisadores no campo da economia solidária, e, finalmente, até a cooperação supranacional das instituições de economia solidária nos Estados membros do MERCOSUL, fundado no início da década de 1990. Esses princípios e reivindicações também incluem o agenciamento de microcréditos para o desenvolvimento local, a criação de um equilíbrio social e a assunção de responsabilidade social.

Além disso, também está em jogo o apoio de ações de ocupações de fábricas e terras. *Em primeiro lugar*, coloca-se sempre a pergunta pela legalização. Por isso o Estado está envolvido, pois os governos têm competência para tomar decisões que legalizam ou não as ocupações. No longo prazo, sem o apoio político aos trabalhadores, que continuam gerindo por conta própria empresas falidas (denominadas *empresas recuperadas* na Argentina), os projetos em regra estão condenados ao fracasso. Isso vale sobretudo para a defesa contra os latifundiários, muitas vezes extremamente violentos, e seus capangas quando camponeses sem terra ocupam áreas improdutivas. Os paramilitares também desempenham um papel macabro no impedimento de alternativas da cooperação solidária. Com frequência o poder público permite que eles ajam. No Brasil, os assassinatos de pequenos produtores rurais e ocupantes de terras, bem como de seus ajudantes (representantes de igrejas, de ONGs ou de órgãos individuais da mídia), ensejaram protestos internacionais. A violência contra os que se reapropriam do território do qual foram privados só pode ser evitada com a construção de um contrapoder e a pressão sobre os governantes.

As iniciativas mais locais de uma economia solidária necessitam, portanto, da complementação e do apoio nos planos nacional e global. O modo de funcionamento e o desenvolvimento da economia solidária dependem não apenas das iniciativas dos membros e apoiadores ativos, mas também da política dos governos. De um governo de orientação neoliberal não se pode esperar ajuda. Projetos políticos e sociais de solidariedade civil contra o mercado não são apoiados. Não se tolera nenhuma alternativa ao princípio individualista da equivalência e da concorrência. Isso muda nos governos com um mínimo de responsabilidade social. Por um lado, a crise das finanças públicas estreita a margem de ação dos governos e administrações municipais. Por outro, existem muitas possibilidades de apoio a projetos alternativos. Isso foi mostrado pelos governos dos presidentes argentino Kirchner, do brasileiro Lula e pelo governo de Hugo Chávez na Venezuela — citados aqui apenas como exemplos. De resto, os governos também podem intervir no plano macroeconômico, melhorando assim as condições gerais dos empregos. Diversas lógicas de ação atuam e se imbricam, portanto, no território: as dos movimentos e as dos governos, as dos partidos políticos e as das organizações da sociedade civil.

Mas aqui não importam apenas os governos e o plano do Estado-nação. A crise do mercado formal de trabalho também é uma conseqüência da globalização, sobretudo (mas não apenas) da propensão dos mercados financeiros globais a crises. Sem a sua regulação, muitas medidas nos planos local ou nacional não surtiriam efeito algum. Por isso a organização ATTAC acertou instintivamente, por ocasião de sua fundação em 1998 na França, quando colocou a introdução de um imposto sobre transações em divisas no centro das reivindicações de uma reforma da economia mundial. Mas esse é apenas um elemento de regulação entre muitos outros. No debate internacional em torno de uma reforma da arquitetura financeira e da ordem do comércio mundial, movem-se as ideias reformistas entre a corrente principal, claramente neoliberal, de um esvaziamento do poder das instituições e de um fortalecimento dos mecanismos de mercado (do princípio da equivalência), e ideias centralistas de um Plano Marshall global no sentido do princípio da redistribuição, antes exposto. Portanto, também aqui encontramos mais uma vez os princípios da equivalência, da redistribuição e da solidariedade quando se trata de assistir ao parto de uma nova ordem global, e uma decisão entre os princípios se faz mister. Muitas pessoas se movem na formulação das suas alternativas entre os paradigmas dominantes na ciência e na política econômica, acabando enredadas em propostas incompatíveis. Walden Bello critica isso ao comentar a discussão sobre as reformas da ordem institucional global (ver Bello 2004, pp. 91-104), para pleitear uma nova virada paradigmática, que inclui tanto a *desconstrução* de instituições globalizantes existentes, sobretudo a OMC, o FMI e o Banco Mundial, quanto a *reconstrução* de uma economia "desglobalizada", baseada em ciclos regionais e locais. Mas essa crítica fica presa ao plano conceitual de um movimento global e não considera suficientemente os conflitos em torno do território e as novas identidades aqui advenientes. Por isso uma mudança paradigmática se faz necessária no plano global.

Em princípio, importa uma nova forma de articulação das economias local, regional e nacional e das instituições do mercado mundial. A articulação das economias informal e formal, de pequenas e grandes empresas, da economia local e global pode ser configurada de forma diferente da sujeição subalterna aos mecanismos de coação inerentes ao mercado mundial. Dominante não é a concorrência, mas o princípio da solidariedade. Na opinião de Walden Bello (2004, p. 114), esse enfoque "[...] conscientemente subordina a lógica do mercado, a busca da eficiência dos custos, aos valores da segurança, da equidade e da solidariedade social [...]".[9] De importância decisiva em um novo paradigma de economia solidária será, portanto, a interligação entre os diversos planos e a construção de formas de organização e de estratégias de ação coletivas. A sociedade necessita do território, e os movimentos sociais sempre devem reapropriar-se dele, contrariando as estratégias da desapropriação fomentadas pelo neoliberalismo. Uma sociedade é sempre a totalidade dos nexos locais, nacionais e globais que se entrecruzam no território. Por isso a solidariedade sempre se refere a essas muitas camadas, conforme mostram Kössler e Melber (2002). Ela estende-se, portanto, do território local até o espaço global.

Na Venezuela, o nexo de alternativas econômicas nos *barrios* (bairros) no local e nas empresas do mercado mundial é patente, já pelo significado da sociedade petrolífera estatal (Petróleo de Venezuela S.A.,

---

[9] O comércio justo (*fair trade*) pode ser um exemplo disso. Na Alemanha, o faturamento aumenta (de acordo com o jornal *TAZ*, edição de 27 de abril de 2004), mas em primeiro lugar ainda é reduzido (quase 60 milhões de dólares) e, em segundo lugar, altamente concentrado. Na Alemanha, dois terços do comércio justo concentram-se em um único produto, o café.

PDVSA) para as receitas da exportação, a evolução das taxas de câmbio, as receitas e, com isso, também para as despesas do Estado, incluídos os gastos para fins sociais. A empresa transnacional PDVSA apoia pequenos projetos sociais nos bairros. Não estamos, portanto, apenas diante de um capitalismo de *shareholders*, mas diante de um capitalismo que também distribui um pouco aos *stakeholders* (ver o relatório da *Folha de São Paulo* de 26 de junho de 2005). O peso econômico da PDVSA é considerável, para não falar da importância simbólica da sociedade petrolífera na vida política da Venezuela. Os neoliberais caracterizam a utilização das receitas do petróleo para fins sociais, para o "empoderamento" da economia solidária, um erro econômico (ver *The Economist*, 19/2005). Para eles, cada enfoque contrário às forças do mercado é um erro; portanto a economia solidária não passa de um erro. Mas para refutar essa visão destrutiva, basta lançar um olhar sobre a história, na qual Karl Polanyi, conforme já mencionamos, identificou uma série de princípios da ação econômica. O fato de o destino de seres humanos ser abandonado às forças do mercado é uma evolução recente: tem suas origens sobretudo no início da Revolução Industrial e apresenta um nexo com o desarraigamento do mercado da sociedade.

A respeito disso, Paul Singer escreve que a economia solidária representa uma decisão em favor de um determinado trabalho e um determinado estilo de vida além dos mecanismos de coação inerentes à economia. A cooperação e a solidariedade são preferidas à luta concorrencial de todos contra todos na "sobrevivência dos mais aptos". Nesse sentido, a economia solidária é uma espécie de "visão de mundo", uma crítica radical, pois também é uma prática do capitalismo tal como ele realmente existe no Brasil e alhures. Singer conclui que a economia solidária não apenas é uma resposta das pessoas às necessidades resultantes no decorrer da crise, mas também uma opção de perspectiva para partidos de esquerda, sindicatos e outros movimentos — de grupos indígenas, de pequenos produtores rurais, de sacerdotes — que com sua combinação de liberdade individual, segurança, igualdade e justiça socioeconômicas e humanas podem apontar para desenvolvimentos além do capitalismo (Singer 2003). A alternativa da economia solidária é muito forte e atraente, pois para a maioria das pessoas o projeto político neoliberal — não importa se imposto de cima para baixo pelos dominantes ou se praticado na base da sociedade — não oferece nenhuma perspectiva de uma vida digna, em paz, com liberdade e segurança.[10] No fim da história, predomina a desesperança; as contradições internas e o seu acirramento em crises, bem como os choques externos — que produzem efeitos no interior das sociedades na forma de aumentos dos preços das energias e como veículo da redistribuição à expensa das parcelas mais pobres da população — deixam vestígios na política. Contra esses efeitos e vestígios a economia solidária difunde a esperança pelo simples fato do trabalho nela receber novamente um sentido social.

8.6. SUSTENTABILIDADE: A SOCIEDADE SOLAR

A economia solidária também é um passo na direção de uma economia solar, na qual as fontes fósseis de energia determinam cada vez menos a vida e o trabalho e se põe termo ao uso predatório dos recursos naturais, pois solidariedade no espaço exige um tratamento cuidadoso da natureza. A solidariedade no tempo é a consideração dos interesses das gerações futuras, às quais o planeta Terra não pode ser legado em petição de miséria. A direção geral da sustentabilidade pode ser designada inequivocamente e está bem fundamentada. As energias fósseis devem ser substituídas muito rapidamente por energias renováveis (Global Challenges Network 2003; Scheer 2005; Wuppertal Institut 2005) devido ao prazo exíguo fixado pelo *peak oil*, o pico da extração de petróleo (que em breve será atingido). O consumo de recursos também deve

---

[10] O conceito de "dignidade" é uma faca de dois gumes, por isso ele não foi usado aqui. Tal conceito foi introduzido pelos zapatistas no debate político da esquerda. Foi absorvido muito rapidamente, p. ex., por Holloway (2002). O *Movimiento de Trabajadores Desocupados* na Argentina também segue o lema "trabalho, dignidade, transformação social" (Dinerstein 2003). Mas o conceito também é usado por direitistas, por exemplo, para fazer uma guerra "patriótica" contra todos os que violam a dignidade do "povo sérvio". O conceito de dignidade só é aceitável se ele se refere a todas as pessoas, não a um grupo de pessoas, quer se trate de etnias, religiões ou classes

ser restringido por causa da ameaça da evolução da vida devido à perda da biodiversidade. Por isso Kössler e Melber (2002, p. 147) escrevem: "Diante desse pano de fundo, a solidariedade não se afigura mais tanto um postulado moral, mas, muito pelo contrário, no longo prazo, uma [...] condição de vida da humanidade. Em princípio, ela é exigida pelo nexo objetivamente dado do mundo [...]."

A dificuldade consiste no fato extremamente provável de que as energias renováveis e o consumo menor de recursos não apresentem as vantagens da congruência com o capitalismo tal como o conhecemos desde a Revolução Industrial e como ele foi apresentado no capítulo IV: como um sistema de apropriação dos excedentes crescentes com o aumento da produtividade. As energias renováveis são mais lentas que as energias fósseis. Não possuem os potenciais de aceleração das energias fósseis, a não ser que sejam transformadas nas mesmas energias secundárias (combustíveis, eletricidade), nas quais também se converte a energia primária fóssil. Também é mais difícil usar as energias renováveis independentemente do lugar da sua geração, pois a logística de transporte não pode ser organizada com tanta facilidade como no caso das fontes fósseis de energia. Por conseguinte, as energias renováveis exigem estruturas descentralizadas de geração e consumo de energia.

No discurso neoliberal, essas "desvantagens" das energias renováveis condensam-se sob condições gerais capitalistas a custos elevados. Por isso, na ótica neoliberal, os preços das energias renováveis serão competitivos "por um bom tempo". Mesmo a energia nuclear poderia ser obtida a preços mais favoráveis se os elevados custos externos decorrentes dos riscos praticamente incalculáveis fossem desconsiderados. Nesse discurso, a transição para recursos renováveis não seria outra coisa senão um "desperdício de recursos econômicos" (Von Weizsäcker 2002, p. 15). Em um projeto de grande envergadura, Lomborg e outros empreenderam a tentativa de estabelecer "prioridades". Recorrendo à análise de custos e benefícios durante longos períodos de tempo, eles procuraram fundamentar que a transição para energias renováveis resultaria muito cara para a humanidade em comparação com outras tarefas (Lomborg 2004; comentários críticos a essa tese em Heinberg 2004,

p. 177 ss.; Scheer 2005, p. 220 ss.). As razões desse argumento podem ser traduzidas no velho adágio popular: primeiro a camisa, depois o casaco.* De onde vem o pano para a camisa e o casaco, como ele é tecido e costurado, isso está além do horizonte dos cálculos.

Nesse discurso ocorreu uma troca, à qual já nos referimos de passagem e rapidamente. Não se trata mais de proteger a natureza contra as sobrecargas resultantes das atividades econômicas dos seres humanos, mas de proteger os seres humanos contra as consequências negativas da destruição da natureza. Por isso se pode abrir mão de uma estratégia da transição para energias renováveis se ela for mais cara para os países industrializados do que a construção de diques mais altos contra a elevação do nível do mar ou a construção de casas com proteção contra o calor. Aqui, contudo, se desconsidera a distribuição desigual das possibilidades financeiras de assegurar a proteção dos seres humanos contra as intempéries de uma natureza desequilibrada precisamente por esses seres humanos. Os países pobres dispõem de menos possibilidades de defesa do que os países ricos. Além disso, as consequências caóticas da destruição da natureza sequer são racionalmente calculáveis, de modo que a tentativa de compensar os custos da destruição da natureza com os custos da proteção contra as consequências dessa destruição estão liminarmente fadadas ao insucesso.

Em princípio, podemos trilhar três caminhos na transição para um regime de energias renováveis: o da "revolução da eficiência", o da "revolução da suficiência" e o de uma nova aliança de natureza e sociedade, isto é, de uma transformação profunda da relação social com a natureza (denominada "consistência" — Wuppertal Institut 2005, p. 165 ss.). O primeiro caminho é o mais simples, por isso todos os programas de reestruturação ecológica apreciam remeter a ele (Weizsäcker, E. U./ Lovins, A. B./ Lovins, L. H. 1997; Bode 2005). Ele não conduz para fora do regime energético fóssil, mas prolonga a sua duração no sentido

---

*Não fosse o desenvolvimento do raciocínio a partir dos componentes dessa antiga expressão idiomática alemã, as melhores traduções para o português seriam "Cada qual pensa primeiro em si" ou os provérbios lusitanos "A caridade bem-ordenada começa por nós mesmos" e "Primeiro os dentes, depois os parentes". (N. do T.)

da congruência de capitalismo, industrialismo e fossilismo. Quase nenhum problema ecológico pode ser solucionado por esse caminho. Em regra — e de acordo com todas as experiências acumuladas até agora —, o consumo menor de energia e natureza por unidade de produto é excessivamente compensado por quantidades crescentes, pois a redução dos custos e, por conseguinte, também dos preços dos produtos (claro está, com a observância da cláusula *ceteris paribus*) resulta no aumento da demanda e, portanto, na produção mais elevada. A "revolução da eficiência" anda de mãos dadas com as condições do mercado e as estruturas de dominação na sociedade capitalista. Uma maior eficiência ecológica também possibilita às empresas reduzir custos e — conforme Marx escreve — "economizar capital constante" (MEW 235: cap. V, sobretudo p. 110 ss.),[11] aumentando com isso a taxa de lucros. Com a acumulação estimulada desse modo, aumenta o consumo de recursos, que no fundo deveriam ser poupados por uma maior eficiência. O presidente norte-americano George W. Bush intima a China e a Índia a uma "maior eficiência no consumo de energia" — não para provocar uma virada ecológica na direção da sustentabilidade global, mas para aliviar a pressão sobre os preços do petróleo, a fim de que os consumidores dos EUA não sofram com os preços elevados da energia e eventualmente tenham de reduzir o seu consumo de petróleo (*"Bush urges greater energy efficiency in China and India to ease oil prices"*, *FT*, edição de 17 de maio de 2005). Por isso a proposta de um crescimento eficiente, apresentada por Thilo Bode (Bode 2005), é contraproducente com vistas às consequências ecológicas. A estratégia do aumento da eficiência se torna perigosa no momento em que ela usada para postergar as medidas necessárias para sair

---

[11] Por isso a referência a uma "revolução da eficiência" figura nos programas de quase todos os partidos; ela não custa nada, nem o esforço de reflexão. É como se Deus nos tivesse abençoado com uma constelação *win-win*, que teria solucionado todos os problemas econômicos, sociais e ecológicos num golpe de mestre. Nos materiais para o novo Programa de Princípios do Partido Social-democrata, encontramos a seguinte afirmação atrevida: "A 'revolução da eficiência', necessária para o consumo de recursos, integra o trabalho com o meio ambiente. Melhora a competitividade de empresas, reduz os custos das importações de recursos [...]" etc. Fossem as coisas tão simples... [Willy-Brandt-Haus-Materialien *"Eine neue Politik der Arbeit"*, SPD Programmkommission, AG 5, janeiro 2005)

do regime energético fóssil. Conforme foi mostrado no capítulo anterior, tais medidas são abrangentes e deveriam ser iniciadas em breve, a fim de serem eficazes no momento em que o pico da extração de petróleo tiver sido atingido ou talvez até superado.

No caminho da suficiência (ver a esse respeito Wuppertal Institut 2005, p. 167) chega-se ao menos até os limites do capitalismo fossilista: padrões de produção e consumo são colocados à disposição, pois se dá mais importância ao valor de uso na configuração do trabalho e da vida do que ao valor de troca. Trata-se de uma estratégia que se orienta pela *oikonomia* aristotélica, isto é, pelas medidas das necessidades limitadas de uma economia familiar e não pela falta de limites da arte *crematística** do enriquecimento. Mas a moderação só será bem-sucedida se o caminho superar os limites do capitalismo e conduzir a uma galáxia pós-capitalista, pois no modo de produção capitalista não importa a satisfação de necessidades no âmbito dos limites fixados pela natureza humana, pela comunidade pequena (e pelo metabolismo natural em particular), mas apenas o lucro — daí a acumulação e o crescimento — e, por conseguinte, também a demanda limitada apenas pelo poder aquisitivo monetário. Por essa razão o princípio da suficiência permanecerá ineficaz no âmbito do capitalismo, pois a autorreferencial falta de limites do capitalismo se imporá contra os limites da suficiência. Medidas publicitárias fomentadoras do consumo e os mecanismos de coação inerentes à competitividade na produção cuidarão para que o consumo de energia e o impacto sobre os recursos não se detenham diante dos limites traçados

---

*Como esse termo, usado por Aristóteles na *Ética a Nicômaco*, não está consignado nos dicionários Houaiss e da Academia de Ciências de Lisboa, transcrevemos aqui a explicação de *Wikipedia*:

"Crematística é um conceito aristotélico que advém das ideias de *khréma* e *atos* — busca incessante da produção e do açambarcamento das riquezas por prazer. Foi mencionado no livro *Ética a Nicômaco*.

A prática crematística consiste em colocar a procura da maximização da rentabilidade financeira (acumulação de numerário) antes de qualquer outra coisa, em detrimento, se necessário, dos seres humanos e do meio ambiente. É da natureza da prática crematística recorrer a diversas estratégias de ação nocivas, como especulação financeira, degradação sócio ambiental etc., sem preocupação com as consequências." (http://pt.wikipedia.org/wiki/Cremat%C3%ADstica)

pela suficiência. As possibilidades abertas pela produção e demanda são aproveitadas na íntegra, pois autovinculações, que possuem um caráter mais apelativo, não surtem efeito. Günther Anders já mostrou isso em visão pessimista na sua obra *Die Antiquiertheit des Menschen* [O caráter antiquado do homem] (Anders 1980): o que é possível, também será feito. Quando muito, autorrestrições são ajudas passageiras. Na melhor das hipóteses, o indivíduo nobre, que se recusa às coações sociais da realização do possível e ao mesmo tempo à ampliação dos limites das possibilidades, existe no convento, e os conventos perderam a sua relevância conformadora da sociedade na Idade Moderna.

A terceira via de uma nova aliança de economia, ecologia e sociedade, de produção, consumo e natureza (consistência) muitas vezes é discutida apenas como uma solução técnica inteligente. A economia é a economia de ciclos, e além do aumento inevitável da entropia não surgem resíduos, pois eles podem ser usados de forma inteligente. O caminho da aliança começa onde a estratégia da suficiência se revela um beco sem saída: nele não se erige a moderação como princípio de vida. Muito pelo contrário, são restringidas as possibilidades do aumento da produção e da demanda. O meio para tanto é a perturbação da congruência de formação social capitalista, fontes fósseis de energia e racionalidade industrial de dominação do mundo (já exposta no capítulo IV), à medida que são usadas fontes renováveis de energia no lugar das fontes fósseis. A parede corta-fogo, da qual falamos antes, é derrubada. O fomento das energias renováveis em larga escala é o meio para esse fim, o de libertar a Terra da camisa de força do sistema fechado das energias fósseis, retransformando-a em um sistema aberto de energias, que processa sobretudo os raios solares. A produção e o consumo — quer dizer, a economia — devem ser organizados como os sistemas naturais de conversão da energia solar, que possibilitam a vida na Terra. Sequer resta outra alternativa à humanidade, pois no lado do *input* a disponibilidade das fontes fósseis de energia é limitada, assim como no lado do *output* é limitada a capacidade da natureza de suportar emissões. Evidentemente, a "parede corta-fogo" é defendida contra um novo regime energético com muito poder pelos guardiães do *status quo* e seus cúmplices. Algumas razões foram discutidas em pormenores por Hermann Scheer, que analisou sobretudo a política de bloqueio dos grandes grupos fornecedores e distribuidores de energia na Alemanha (Scheer 2005, p. 123 ss.). Mas a defesa do *status quo* do regime energético fossilista também é empreendida mediante recurso ao poder militar e aos instrumentos da subversão, da chantagem, do suborno e da sabotagem, conforme vimos no capítulo VII (ver Perkins 2005).

Fontes alternativas de energia estão à disposição: a energia eólica, a energia fotovoltaica, a energia hídrica, a energia térmica, as marés e a biomassa. Nenhuma dessas energias pode satisfazer as condições da congruência de sistema energético e capitalismo que nos últimos dois a três séculos possibilitaram uma dinâmica de crescimento única na história da humanidade. Isso também vale para a tecnologia do hidrogênio, propagada como nova fonte de energia, embora seja apenas uma energia secundária, e suas condições de armazenamento no tempo e de transporte no espaço até hoje não tenham sido esclarecidas de modo satisfatório; mas isso talvez possa mudar. Muitos pensam que a congruência tão vantajosa e prática também poderia ser preservada com energias renováveis, mas é verossímil que isso prove ser uma ilusão. Em princípio, por um lado seria possível substituir as fontes fósseis e nucleares de energia por fontes de energias renováveis na geração da eletricidade, mas isso já é difícil nos dias atuais. Na Alemanha, foram gerados, em 2004, 607 bilhões de Kwh, 27,5% com energia nuclear, 26,1% com hulha, 22,8% com carvão de pedra e 10,2% com gás natural. Devemos, portanto, 60% da geração de energia elétrica às energias fósseis e outros quase 30% à energia nuclear. Esses dados não expressam apenas a predominância opressiva das indústrias fósseis e nucleares e dos grupos econômicos que as controlam. Eles também remetem à força dos interesses que influem na política energética. Apenas cerca de 10% da energia elétrica é gerada a partir de fontes renováveis. Não há dúvida de que essa relação pode ser modificada em benefício das fontes renováveis, conforme mostram os dados de Estados-membros da União Europeia. Em média, na Europa dos Quinze a parcela das energias renováveis na geração de energia elétrica está em quase 15%, devendo ser elevada para 22,0% até 2010 (Diekmann/Kemfert 2005, p. 442). Mas já nos combustíveis para a frota de automóveis esbarramos em limites da substituibilidade de fontes fósseis por fontes renováveis. A conversão da frota de automóveis, do consumo de combustíveis fósseis (gasolina, óleo diesel, querosene) para biocombustíveis, é quase impossível sem uma transformação profunda dos sistemas de transporte, de novas concepções de mobilidade e de um novo papel que a agricultura deverá assumir enquanto ramo do setor energético. A transformação do regime energético exige transformações no modo de produção e no estilo de vida. Aqui também importa a redução do consumo de energia na sua totalidade (mediante a economia de energia), quer dizer, a redução do número de nossos "escravos energéticos".

Uma nova congruência de energia e produção nunca poderá ser atingida se as estruturas de produção e consumo permanecerem as velhas, totalmente dimensionadas para o regime energético fóssil. Essa é uma razão importante pela qual a sociedade solar só pode ser realizada com e em uma economia solidária. Muitos experimentos realizados no mundo inteiro já seguem essa linha de orientação. Trata-se de uma tarefa hercúlea, que não poderá ser cumprida em pouco tempo. Por conseguinte, alternativas convincentes e dignas de crédito existem no "interior da sociedade", e tais alternativas também podem ser bem fundamentadas do ponto de vista ético (ver, por exemplo, Sachs 2005). Considerando o futuro da humanidade, é de importância decisiva que a chegada ao pico da extração de petróleo (*peakoil*) e sua superação sejam aproveitadas como oportunidades para uma mudança de direção. Se isso não ocorrer no período histórico atual, poderá ser muito tarde.

Será que essas alternativas ao capitalismo tal como o conhecemos possuem força transcendente? Será que elas iniciam uma mudança de paradigma ou será que, em última instância, permanecem na "cápsula da servidão capitalista"?* A pergunta não pode ser respondida pelo autor, mas só pela história, obra da práxis de pessoas contemporâneas conscientes de si, hoje inseridas num "nexo mundial" (Kössler/Melber 2002, p. 147; 153), gerado pela globalização. Mas é de essencial importância para a práxis social e política — inclusive na consciência de que ela poderá ser influenciada por isso — ter mostrado as alternativas existentes no âmbito do capitalismo, que apontam na direção de uma sociedade desglobalizada, solidária e solar, bem como ter identificado as restrições sociais, políticas, econômicas e ecológicas. Não é muito. Mas, de qualquer modo, é possível fundamentar que outro mundo, cujos contornos (ainda) não conhecemos ao certo, é possível além do capitalismo tal como o conhecemos.

---

*As palavras entre as aspas aludem a uma famosa citação de Max Weber, modificada aqui pelo adjetivo. (*N. do T.*)

CAPÍTULO IX Mundos possíveis. Da ciência à utopia

"Onde fica o lado positivo?", pergunta Erich Kästner.* A pergunta se justifica depois de uma análise pormenorizada do capitalismo tal como o conhecemos. Não basta representar o *status quo*; é necessário pensar no que é desejável e possível (eis Máximo Górki, citado por Bloch 1973, p. 1602), pois o capitalismo não só chega ao seu termo, como se depois dele nada houvesse. Não existe apenas o mundo real, tal como ele se nos apresenta; também existem mundos possíveis que podem ser criados. O capítulo VIII mostrou como uma economia e uma sociedade solidárias e sustentáveis podem nascer das crises de uma sociedade capitalista. Será que elas se distinguem positivamente do mundo contemporâneo ou será que elas apontam uma tendência na outra direção? Perguntando em outras palavras: seriam elas uma resposta possível à pergunta de Erich Kästner? Essa falta de clareza causou intranquilidade a Leibniz, que então perguntou pela razão de o mundo real ter surgido justamente como "o melhor de todos os mundos possíveis", entre um número infinito de possibilidades. Leibniz tinha a resposta na algibeira: a divina providência realizou a melhor opção. Esse foi o tema do capítulo inicial desse livro: a encarnação do positivo é a realidade histórica respectivamente dada. Em contrapartida, o último capítulo deverá

---

*Erich Kästner (1899-1974) foi poeta, romancista, jornalista e autor de livros infantis famosos em gerações passadas. Entre 1928 e 1932 publicou quatro coletâneas de poemas, que documentam muito bem o clima social e político dos últimos anos da República de Weimar e retratam o mundo com olhar crítico, a partir da perspectiva do operário e pequeno-burguês. A citação é do último poema da coletânea *Ein Mann gibt Auskunft* [*Um homem informa*], de 1930. Nele, o autor responde a críticos imaginários que lhe atestam uma visão negativista do mundo. (*N. do T.*)

discutir se há perspectivas de outros mundos além do capitalismo — e como elas são. Não podemos justificar a realidade dada; precisamos nos ocupar de utopias.

Também para Robert Musil as possibilidades não são menos reais do que a realidade. Em *Homem sem qualidades* ele explana: as possibilidades têm "algo de muito divino em si, um fogo, um voo, uma vontade de construção e um utopismo consciente, que não teme a realidade, mas trata-a como tarefa e invenção [...]. É a realidade que desperta as possibilidades; e nada seria tão errado quanto negar isso [...]" (Musil 1978: p. 16 s.). Por conseguinte, seria imperfeita a análise científica do mundo tornado real se também não explorássemos e efetivássemos, por meio da práxis, as potencialidades nele contidas. "O efetivamente possível inicia com o germe, que contém o que está por vir", formula Ernst Bloch (1973, p. 274). Este não vem sobre nós de fora. Na prática explicita-se como uma possibilidade em vias de se tornar realidade, de acordo com um plano utópico de construção. Muitos participam desse processo, o movimento pacifista, o movimento feminista, as cooperativas e muitos outros atores.

Por isso, afirmar com o movimento de crítica da globalização que "um outro mundo é possível" é mais uma redução, pois o mundo possível existe apenas no plural, e a realidade histórica é configurada a partir de muitas possibilidades, por meio da práxis social. Aqui, os Naturalistas argumentariam com o conceito de probabilidade. Só o mundo mais provável dentre os muitos mundos possíveis tem a chance de tornar-se real. De que depende a probabilidade? Em primeiro lugar, da "força normativa do fático" ou seja, dos mecanismos inerentes ao próprio objeto, perante os quais os "realistas" conservadores se curvam e os quais eles executam com as suas práticas políticas. Mas a probabilidade da realização de um outro mundo também aumenta devido às utopias, aos projetos sociais alternativos dos que não levam a realidade a sério, mas empreendem a sua transformação. O futuro é aberto, e ele é feito. É possível influir nas condições gerais que definem as probabilidades de realização de um determinado mundo entre muitas possibilidades. Em parte as condições gerais são trazidas como peso morto do passado, sobretudo quando são fundidas como infraestrutura em concreto armado e esculpidas em pedra. Mas em parte elas são construídas em tentativas sempre novas a partir de fora, por exemplo, por meio dos programas de ajuste estrutural das instituições financeiras internacionais, que não admitem nenhuma alternativa ao "Consenso de Washington". Isso pode frear o voo da utopia, de modo que ela não se desloque mais do lugar. Isso pode privar a práxis da sua força transformadora. A continuação do *status quo*, "*the same procedure as every year*",* passa a ser a máxima dominante da ação.

A utopia concreta no sentido de Ernst Bloch é algo distinto da utopia abstrata dos utopistas que só confrontam a pífia realidade com a imagem do Belo e do Melhor, sem mostrar como a utopia pode explicitar e desenvolver-se concretamente a partir das condições sociais e quais sujeitos com quais práticas cuidam dessa explicitação e desse desenvolvimento. As tentativas de conformar a sociedade de acordo com a imagem abstrata de um outro mundo são desenhadas na prancheta por "engenheiros sociais (a partir da razão pura)" (Bloch 1973, p. 676). Só podem fracassar. No entanto, a alternativa não consiste na substituição da antecipação utópica com meios inadequados, pela análise e extrapolação científica. A insistência na objetividade científica e a convicção de que a história transcorreria de acordo com leis "de bronze" enfraquecem definitivamente a vontade para a práxis (Bloch 1973, p. 677). Por conseguinte, a utopia não pode contrapor abstratamente à realidade pífia uma Idade de Ouro, e a ciência não pode se restringir à elaboração das "leis do movimento" da sociedade na qual vivemos. Nesse ponto também entra a crítica feminista da economia política. "*The End of Capitalism (As We Knew It)*" é compreendido sobretudo como discurso, como desconstrução da economia política marxista, que pouco espaço deixa à interpretação e aos movimentos alternativos (Gibson-Graham 1996). Isso é importante,

---

*"A mesma sequência de cada ano": palavras de Miss Sophie em *Dinner for one*, peça humorística escrita em inglês em 1963 pelo roteirista Lauri Wylie por encomenda de um canal de televisão da Alemanha do Norte e até hoje em vários países europeus um dos maiores campeões de audiência de todos os tempos. A peça tem apenas dois atores e retrata o jantar por ocasião do 90º aniversário de Miss Sophie. O jantar é servido pelo mordomo James, que a cada prato pergunta *The same procedure as last year, Miss Sophie?*, ouvindo em resposta: "*The same procedure as every year, James.*" (N. do T.)

mas não substitui uma análise das fronteiras reais da acumulação capitalista (contradições internas e fronteiras naturais do abastecimento de energia) e a utopia concreta, a certificar-se de suas potencialidades.

A utopia concreta abrange na mesma medida o conceito e a antecipação, ou: "O marxismo [...] só é uma instrução para a ação se ele é, na sua apreensão conceitual [*Griff*], ao mesmo tempo uma antecipação [*Vorgriff*]: o objetivo concretamente antecipado rege o caminho concreto" (Bloch 1973, p. 678). Isso foi antecipado por Marx nas *Teses sobre Feuerbach*, na famosa 11ª tese: "Os filósofos apenas interpretaram o mundo de diversas maneiras; importa transformá-lo" (ver Marx MEW vol. 3, p. 7).*

Mas a utopia concreta está presa com âncoras pesadas no fundo real da sociedade capitalista. Por isso não pode simplesmente iniciar uma grande viagem, pois a pergunta de Erich Kästner evoca incondicionalmente uma advertência de Antonio Gramsci: em todos os países avançados a sociedade burguesa "transformou-se em uma estrutura muito complexa, capaz de oferecer resistência às 'implosões' catastróficas do elemento diretamente econômico (crises, depressões etc.) [...]" (Gramsci 1967, p. 345 s.). A experiência mostra o acerto dessa advertência. A ela também se refere Georg Fülberth (2005), para expressar seu ceticismo diante de um possível colapso do sistema. Em última instância, o sistema capitalista saiu fortalecido das suas grandes crises na *Era dos extremos* (Hobsbawm 1995). As transformações sociais e políticas na esteira das grandes crises do século XX custaram inúmeras vítimas entre as ditaduras e nas guerras, e é possível que o século XXI não se distinga positivamente dessa história, na qual as possibilidades contidas em determinadas situações históricas foram aniquiladas com violência brutal pelos defensores do *status quo*. Isso também se repete na atualidade, como vimos no capítulo VIII. Por isso os mundos possíveis não se encontram num leque de ofertas apresentadas à livre escolha do cliente. O cálculo de probabilidade

---

*As "Teses sobre Feuerbach" podem ser lidas na íntegra em *A ideologia alemã*, de Karl Marx e Friedrich Engels, publicada pela Ed. Civilização Brasileira em organização e tradução de Marcelo Backer. (*N. do E.*)

ou a divina providência também não governam de modo abstratamente neutro. O mundo real é o resultado de conflitos, de lutas sociais.

Gramsci não ressaltou apenas a solidez da sociedade burguesa apesar ou mesmo por causa de suas crises, mas também formulou a pergunta pelas condições sob as quais a hegemonia da burguesia pode ser minada e substituída pela hegemonia das classes subalternas ou da esquerda política. Ao fazê-lo, pensou em sociedades constituídas em Estados-nação, com sua respectiva cultura e história, e essa cultura e história sempre foram de decisiva importância para permitir a resistência das estruturas da sociedade civil diante dos choques da crise econômica. Gramsci descreveu a complexidade dos conflitos hegemônicos como "guerra de posições", pois diante das casamatas das instituições da sociedade civil, a guerra frontal de movimentos e ataques atola-se em muitos circuitos de defesa. A representação desse problema na linguagem militar não deixa de ser problemática, mas a mensagem é clara. Hoje a situação descrita por Gramsci é incomparavelmente mais difícil, pois as estruturas da sociedade civil são influenciadas por processos econômicos globais, conflitos políticos e relações entre classes. Assim como o poder, as casamatas protetoras das instituições da governança global também estão distribuídas no espaço global, na economia, na política e na sociedade. Elas são protegidas pelos bastiões dos poderosos Estados-nação, que não oferecem a possíveis desafiantes um ponto cego a partir do qual eles possam agir. Acresce que também as utopias concretas no mundo diferem de acordo com as experiências, o círculo cultural, o desenvolvimento econômico e a nacionalidade, e a pluralidade das possibilidades em tempos de globalização possui uma dimensão geográfica.

Gramsci não pôde considerar uma evolução histórica diferente, que ocupa o centro desse trabalho: o fato de o capitalismo e as estruturas da sociedade civil, que lhe são adequadas, esbarrarem em limites não por causa das contradições e crises internas, mas sobretudo por causa das fronteiras externas da natureza. Contudo, essas fronteiras estão, conforme já ressaltamos várias vezes, interiorizadas na relação capitalista com a natureza e, por conseguinte, tão inerentes ao capitalismo como as contradições sociais resultantes do vínculo de trabalho assalariado. As reservas de petróleo, em vias de desaparecimento, poderão desestabilizar o mecanismo de reprodução do capitalismo. Conforme nos mostra Gramsci, as esferas social e política podem desenvolver mecanismos estabilizadores de defesa diante de conflitos sociais e de tendências a crises econômicas. Já diante das fronteiras da natureza do lado dos recursos (sobretudo diante do *peak oil*) e dos sequestros de carbono (colapso do clima), isso é incomparavelmente mais difícil e talvez até sem perspectivas de êxito (chamo atenção para o fato de que formulo aqui com cautela). A demandada transformação da relação social com a natureza é tão radical que as tradicionais formas de reprodução do capitalismo, tal como o conhecemos, e com ele a hegemonia da burguesia, se veem colocadas em xeque. Só nas fronteiras do regime energético fóssil podemos perceber com a necessária nitidez quão central é a relação social com a natureza para a reprodução econômica do sistema, para a dominação política, para a hegemonia dos dominantes. Também fica claro quão deficiente é a maior parte da bibliografia sociológica, pois, em regra, a relação social com a natureza é colocada além do horizonte do conhecimento e quase sempre também além do horizonte da curiosidade teórica. O limite da natureza afigura-se um bloqueio de desenvolvimento pelo qual muitas possibilidades são excluídas. Isso vale especialmente para todas aquelas utopias que partem de recursos planetários como de uma cornucópia, da qual seria possível servir-se por toda a eternidade. Utopias projetadas sobre essa base afiguram-se abstratas, pois nem são atingíveis pela práxis concreta e pelos desenvolvimentos dela decorrentes. Não podem sequer explicitar-se no mundo real, pois carecem de potencialidade. Ao mesmo tempo, os limites dos recursos naturais são uma encruzilhada, na qual se abrem novas possibilidades sobre as quais a discussão no âmbito do sistema das energias fósseis era inadequada e impossível. Muda-se, portanto, o curso do desenvolvimento. Isso não acontece automaticamente nem de um dia para o outro. Mas quão longo pode ser o período de transição em termos genéricos?

    Um outro mundo é possível, conforme postula com otimismo o movimento articulador de críticas à globalização. Um outro mundo é necessário, dizem os que têm consciência da dramaticidade do *peak oil* e partem da hipótese de que num período historicamente breve, no curso de apenas poucos anos ou poucas décadas, será necessário promover uma profunda transformação nas condições de vida e de trabalho: afastando-se das fontes fósseis de energia na direção das energias renováveis. Essa questão não é de natureza técnica, embora as alternativas de política energética quase sempre sejam reduzidas a exigências de aumentar a eficiência da extração, do transporte e da queima de energias fósseis (ver, por exemplo, o Relatório Hirsch 2005). Muito pelo contrário, a pergunta provoca conflitos hegemônicos, conflitos com os representantes dos comerciantes de energias fósseis, com as grandes empresas abastecedoras e, sobretudo, com os operadores de usinas de energia nuclear, que declaram a energia nuclear como alternativa diante do petróleo em vias de desaparecimento.

As alternativas da economia solidária e da sociedade sustentável foram discutidas no capítulo VIII. A economia solidária e sustentável nada mais é do que a tomada de partido pelos "utopistas" com senso da possibilidade. Agarra-se às oportunidades que o desenvolvimento atual oferece, utilizando-as para a realização do mundo possível. Isso sempre ocorre em um conflito político global com os "realistas", que obedecem aos mecanismos de coação do regime fóssil, embora ele chegue ao seu termo. Nesse conflito é possível conquistar novos espaços de atuação para alternativas hoje nem sequer imagináveis. Como as muitas pequenas iniciativas locais na direção de uma sociedade solidária e solar devem ser integradas no contexto global? E qual é a relação com as alternativas políticas macroeconômicas? O que impulsiona os movimentos a se empenharem em prol de alternativas, de uma economia solidária, de uma sociedade solar?

Para responder a essas perguntas devemos levar em consideração o tempo. No segmento de tempo que se estende do passado até o presente, estamos mais ou menos à vontade; por conseguinte, sentimo-nos seguros sobre um chão que acreditamos conhecer. Pode-se discutir sobre interpretações de estatísticas, relatórios e análises. Mas o que aconteceu não pode ser anulado nem alterado. Para a análise do presente enquanto história existem regras baseadas em métodos científicos, às quais mesmo o "detetive mais frio" (Bloch 1973, p. 1621) deve ater-se. Não obstante, ela não é "objetiva", por ser controvertida. Afinal de contas, podemos inventar *ex post facto* as rimas e falsificações necessárias à composição da nossa própria história. Podemos, assim, gerar uma falsa identidade, mas não podemos transformar o falso em verdadeiro e assim dar um fundamento ao futuro. Em algum momento a história falsificada será reconhecida enquanto tal. Precisamos, portanto, lutar pela interpretação da história, e isso com virulência tanto maior quanto mais próxima a história estiver do presente.

No segmento de tempo que se estende do presente até o futuro a segurança da análise enquanto "prognóstico *ex post facto*" inexiste. Não dispomos de análises do que ainda não aconteceu, e prognósticos são em regra um substitutivo muito pobre, pois os cientistas reivindicam a capacidade de prever os resultados das ações de muitas pessoas e de calcular as relações recíprocas do futuro, o que é uma empreitada absurda. Quase sempre o presente é prolongado, enquanto presente, com um sinal positivo, denominado futuro. Onde faltam alternativas, perde-se a esperança. Hoje, o otimismo que se pode extrair da derivação filosófica de Gottfried Wilhelm Leibniz — de que o respectivo mundo atual é também o melhor de todos os mundos possíveis — pode ser coberto de chacota e sarcasmo com razões muito melhores do que no *Cândido* de Voltaire, escrito há mais de dois séculos e meio. Se "o melhor de todos os mundos possíveis" chega a constituir-se, isso também acontece pela práxis reflexiva dos próprios indivíduos, por meio de um processo discursivo de "pesquisa coletiva", conforme escreveu o socialista italiano Lelio Basso nas décadas de 1960 e 1970. Essa é a combinação da análise científica e da utopia.

As muitas iniciativas práticas no mundo são um motivo suficiente para sair da fatalidade da falta de alternativas. Existe uma espécie de currículo para o segmento de tempo que se estende do presente até o futuro. Mas ele não é uma "imagem" do mundo tornado real, que só nos faz sentir a falta da clareza da facticidade. Prever, afirma Antonio Gramsci, significa "observar bem o atual e o pretérito em movimento. Observar bem significa identificar com precisão os elementos fundamentais e permanentes do processo. Mas é absurdo pensar em um prognóstico puramente 'objetivo'" (Gramsci 1967, p. 329). O futuro não é um fato a ser prolongado a partir do passado e do presente. É feito. Não "deve ser, por exemplo, inventado a partir da cabeça, mas descoberto por meio da cabeça nos fatos materiais preexistentes da produção" (Engels: MEW vol. 19, p. 210). Trata-se, portanto, da potencialidade nas relações presentes, mas estas não contêm apenas um futuro, mas muitos futuros possíveis. Por isso não se pode tratar apenas de descobrir os "fatos materiais preexistentes da produção", mas da concretização de utopias e conflitos em torno de sua implementação prática, pois não faz sentido querer projetar no futuro os "fatos materiais da produção" se o fundamento energético da produção, se a congruência de capitalismo, racionalidade, sistema industrial e energias fósseis começa a apresentar fissuras e não está mais assegurada. Nesse sentido, a passagem do pico da extração de petróleo é também um ponto de ruptura para a elaboração de projetos sociais alternativos. Algumas utopias, que pressupõem um regime energético fóssil em condições de funcionamento, já não existente depois do *peak oil*, deixam de ser concretas, tornam-se abstratas no sentido negativo do termo e devem ser eliminadas da multiplicidade dos mundos possíveis. Isso vale para os projetos técnicos futuros com fundamento nos "fatos materiais da produção", como a automação de fábricas e lares, a mobilidade infinita e uma oferta de bens de consumo que satisfaça todos os desejos. Depois do *peak oil*, tornam-se concretas outras utopias, que antes, enquanto o petróleo estava disponível em abundância, não eram concretas. A regionalização da economia mundial, o retardamento da produção e do transporte ("desaceleração"), a "descompressão" de tempo e espaço — em suma, a "desglobalização" — não remanescerão meras ideias. São possibilidades a serem necessariamente convertidas em realidade. Muitas variantes são possíveis nesse processo. A realização da liberdade, da justiça e da vida boa não está prefigurada. Define e nomeia-se apenas o terreno no qual a utopia concreta se torna realidade.

Muito depende, portanto, da avaliação da continuada disponibilidade do petróleo. Ninguém contesta que o petróleo e outras fontes fósseis de energia estão se esgotando, pois nenhum ser terreno pode mudar a finitude dos recursos. Há controvérsias acerca do quadro temporal. O pico da extração de petróleo (*peak oil*) será ultrapassado em poucos anos ou apenas em algumas décadas? A resposta é difícil, conforme mostrou a análise empreendida no capítulo VII. Só uma coisa é certa: devemos trabalhar em cima de alternativas para o regime energético fóssil, já hoje ou o mais tardar amanhã. Mas será que a alternativa poderá ser colocada na camisa de força das infraestruturas do regime energético fóssil ou imaginar, enquanto utopia concreta, um outro mundo possível, fundamentado em energias renováveis? Mesmo que o *peak oil* ainda esteja a décadas de distância, o conflito em torno dessa questão central já se desenrola hoje. Os conservadores procônsules do *status quo* apostam no tempo, bem como na esperança gerada pelo neoliberalismo de que será possível encontrar uma solução técnica para o problema energético, desde que os preços das fontes de energia aumentem e os investimentos na extração de petróleo não convencional (areia petrolífera e xisto betuminoso, óleo de xisto, petróleo do fundo do mar) e também na técnica nuclear, sobretudo em reatores de fusão, se tornem rentáveis. Então também seria possível continuar todas as infraestruturas materiais (por exemplo, para automóveis), o sistema de dominação poderia continuar funcionando como desde o início da era fóssil. Os estilos de vida, os padrões de produção e consumo, e com eles os padrões fósseis de interpretação da cultura política, poderiam ser continuados e desenvolvidos. E o capitalismo não chegaria ao fim se as fronteiras da natureza se revelassem inexistentes. Possivelmente ele funcionaria de modo menos racional e eficiente se o petróleo leve árabe não pudesse mais ser bombeado nas refinarias para satisfazer a demanda global crescente por petróleo, mas os petróleos não convencionais tivessem de ser extraídos e refinados com grande dispêndio de energia. Mas o capital poderia ser aliviado dos custos mais elevados por meio de uma redistribuição à expensa dos trabalhadores e de uma continuada poluição da natureza. Então os conflitos aumentariam em qualquer caso, mas eles não teriam por objetivo um regime energético alternativo. Encaixariam-se na lógica tradicional de conflitos distributivistas, com cuja realização as classes dominantes já puderam acumular muitas experiências no decorrer dos séculos. O desenvolvimento da técnica nuclear teria por consequência um risco de difusão de armas atômicas, com tendência de expansão na direção do incontrolável. Essa seria a mais negra de todas as utopias, um futuro conflito nuclear, que instauraria o inferno na Terra.

Mas o regime energético fóssil também é levado ao extremo quando se trata de extrair os petróleos não convencionais em grande escala: a areia petrolífera no Canadá ou na Venezuela, os óleos de xisto nos EUA ou na região do mar Báltico ou o petróleo do fundo do mar diante das costas brasileiras e o petróleo ártico no mar de Barents. Como a extração e o rendimento são avaliados em grandezas monetárias, isto é, em termos econômicos, é possível justificar com argumentos econômicos, diante de um aumento do preço do petróleo, o elevado dispêndio de energia e material na extração de petróleos não convencionais, sobretudo se uma outra forma de energia, por exemplo, a hidrelétrica, pode ser produzida a baixo custo, valendo, portanto, a pena transformá-la na energia fóssil do petróleo. Mas isso pode tornar-se inteiramente irracional do ponto de vista energético, pois o dispêndio de energia é maior do que seu rendimento (taxa de retorno energético), o que significa que o EROEI (*energy returned on energy invested*) se torna negativo. Isso tem relevância, pois a produção de energia aumenta incondicionalmente a entropia, e a energia obtida não serve nem para reembolsar o dispêndio de energia. E o aumento da entropia significa de qualquer modo uma deterioração das condições ambientais. Aqui fica especialmente claro como a economia e a ecologia entram em contradição, como toda a relação de sociedade e natureza, própria do capitalismo, chega aos seus limites. Esses limites se tornam cada vez mais limites sociais, pois surgem movimentos sociais que criticam e combatem essa irracionalidade energética devido às suas consequências desastrosas para a natureza e a vida humana.

Isso muda se a sustentabilidade e solidariedade se transformam em imagens norteadoras de uma utopia concreta, pois nesse caso estarão em disponibilidade não apenas as fontes de energia, mas também seus modos de utilização. A infraestrutura deveria ser adaptada se, por exemplo, as exigências e necessidades de mobilidade já não pudessem ser satisfeitas com o automóvel no transporte individual, se o planejamento urbanístico não separasse mais as funções da habitação, do trabalho e do lazer, mas tivesse de considerar a proximidade dessas esferas da vida, se as casas fossem construídas de modo a evitar a necessidade de aquecimento no inverno e a refrigeração no verão. Então, estas são tarefas de toda a sociedade, que não podem ser cumpridas apenas no plano local. Por isso importa o arraigamento num projeto alternativo, que inclua tanto uma transformação das estruturas temporais entre o trabalho e a reprodução quanto o desacoplamento de receitas monetárias do rendimento do trabalho. Isso é mais do que a redução da jornada de trabalho reivindicada em cada programa alternativo, pois o objetivo é a transformação de estruturas temporais, que não é uma consequência evidente *per se* da redução da jornada de trabalho. O verdadeiro objetivo é o abandono do produtivismo, que surgiu com a revolução industrial-fossilista, subjugou a vida das pessoas e correspondeu de modo tão fantástico às condições da valorização e acumulação do capital, que o capitalismo — conforme já vimos no capítulo V — pôde festejar verdadeiros triunfos na produção do bem-estar nos dois séculos pregressos. No outro lado da medalha figuram — conforme já discutimos no capítulo VI — as crises sociais e econômicas, as injustiças sociais que vão até a exclusão de grandes parcelas da humanidade da fruição do bem-estar produzido, às vezes com uma violência que não promove apenas a exclusão, mas resulta na *extinção* social e, em certos casos, até física das pessoas afetadas. As destruições da natureza também só poderão ser detidas se detivermos a depredação dos recursos e o ônus excessivo das esferas da natureza, tão úteis para o produtivismo. As explanações do capítulo VIII sobre o papel do Estado nesse processo da realização do possível só podem ser enfatizadas. É praticamente inconcebível que tarefas tão grandiosas como a realização de uma sociedade sustentável e solidária possam ser cumpridas sem que uma multiplicidade de bens públicos nos planos local, nacional e global sejam colocados à disposição e sem a implementação de uma política econômica, social e energética, que não apoie os procônsules conservadores do *status quo*, mas se abra às alternativas da sustentabilidade e solidariedade.

Ao refletir sobre as alternativas, na observação precisa das transações no âmbito da relação social com a natureza, não poderemos abrir mão dos instrumentos úteis da economia política e da economia termodinâmica, pois esta última afirma que a extração de energias fósseis e nucleares não convencionais talvez necessite de um dispêndio de energia maior do que a energia que pode ser gerada. Esse irracionalismo deverá expressar-se na economia. Ele também significa que devemos considerar no balanço todo o ciclo de energia e matérias, inclusive os seus "efeitos externos". E nesse caso pode ocorrer — e a probabilidade dessa ocorrência é muito elevada — que o regime energético fóssil necessite cada vez mais de energia para tornar disponível a energia fóssil (e nuclear) e que os resíduos sólidos, os efluentes líquidos e as emissões gaseiformes coloquem em risco a reprodutibilidade dos sistemas naturais e, por conseguinte, a evolução das espécies. Essa "observação precisa" é o forte fundamento analítico da utopia concreta de uma sociedade sustentável e solidária. A economia política e a sua crítica, por sua vez, podem mostrar que e como o mercado e o poder apoiam as forças da inércia, mas como estas geram, em surtos sempre novos, as crises, por vezes catastróficas, que destroem milhões de pessoas e as motivam à busca prática: de utopias concretas de solidariedade e sustentabilidade contra o lucro, o desmonte social e a destruição do meio ambiente. Quase sempre, são as condições históricas e as ideias germinais que encorajam para a realização da utopia concreta — no mundo inteiro, de modos diversos. Eis o lado positivo, Sr. Kästner.

Siglas

ASPO	*Association for the Study of Peak Oil* / Associação para o Estudo do Ápice da Extração do Petróleo
ATTAC	*Association pour une Taxation des Transactions financières pour l'Aide aux Citoyens* / Associação pela Tributação das Transações Financeiras para ajuda aos Cidadãos (movimento internacional de crítica da globalização)
PIB	Produto Interno Bruto
BIT	*Bilateral Investment Treaty* / Tratado Bilateral de Investimentos
BP	*British Petroleum*
CIA	*Central Intelligence Agency* / Agência Central de Inteligência
UE	União Europeia
EZB	*Europäische Zentralbank* / Banco Central Europeu
FAZ	*Frankfurter Allgemeine Zeitung* (jornal)
FMI	Fundo Monetário Internacional
FR	*Frankfurter Rundschau* (jornal)
FTD/FT	*Financial Times Deutschland* / *Financial Times* (jornal)
G7	Grupo dos 7 (países industrializados: EUA, Canadá, Grã-Bretanha, França, Itália, Alemanha, Japão)
G77	Grupo dos 77 (países emergentes e em desenvolvimento)
G8	Grupo dos 8 (G7 + Rússia)
IEA	*International Energy Agency* / Agência Internacional de Energia
ILO	*International Labour Organization* / Organização Internacional do Trabalho (OIT)
IPCC	*Intergovernmental Panel on Climate Change* / Painel Intergovernamental de Mudanças Climáticas
LIBOR	*London Interbank Offer Rate* / taxa de juros cobrada pelos bancos londrinos
mbd	*million barrels per day* / milhões de barris (de 159l) por dia (de petróleo)
MEW	*Marx-Engels Werke* / Edição das obras de Marx e Engels na Editora Dietz (República Democrática Alemã)
MSC	*Maximum Sustainable Capacity* / capacidade máxima sustentável (da extração de petróleo)

NAFTA	*North American Free Trade Agreement* / Tratado Norte-Americano de Livre Comércio
NSS	*National Security Strategy* / Estratégia de Segurança Nacional (dos EUA, de 2002)
OCDE	Organização de Cooperação e Desenvolvimento Econômico
OMC	Organização Mundial do Comércio
OPEP	Organização dos Países Exportadores de Petróleo
PDVSA	*Petróleos de Venezuela, S.A.*
TAZ	*Die Tageszeitung* (jornal alemão)
UNCTAD	*United Nations Conference on Trade and Development* / Conferência das Nações Unidas para o Comércio e Desenvolvimento
UNDP	*United Nations Development Program* / Programa das Nações Unidas para o Desenvolvimento (PNUD)
WestLB	*Westdeutsche Landesbank* (instituição bancária de direito público, 10º maior banco alemão)

Bibliografia

Acosta, Alberto (2004). *Erdöl in Ecuador*. In: PROKLA 135 — Zeitschrift für kritische Sozialwissenschaft, Ano 34, fasc. 2, junho 2004, pp. 199-222.

Aglietta, Michel (1979). *A Theory of Capitalist Regulation: the US Experience*. Londres: New Left Books.

Aglietta, Michel (2000). *Ein neues Akkumulationsregime. Die Regulationstheorie auf dem Prüfstand*. Hamburgo: VSA.

Akapinger, Michael/Cibola, Marco (2005): *Fair Shares?* In: FTmagazine, 11 de junho de 2005, ed. n° 109, pp. 18-24.

Albert, Michel (1991). *Capitalisme contre Capitalisme*. Paris: Éditions du Seuil.

Alemann, Ulrich von (1996). *Solidarier aller Parteien — verschont uns! Eine Polemik*. In: Gewerkschaftliche Monatshefte, novembro-dezembro de 1996.

Altvater, Elmar (1992). *Der Preis des Wohlstands oder Umweltplünderung und neue Welt(un)ordnung*. Münster: Westfälisches Dampfboot.

Altvater, Elmar (1992). *Die Zukunft des Marktes. Ein Essay über die Regulation von Geld und Natur nach dem Scheitern des 'real existierenden Sozialismus'*. Münster: Westfälisches Dampfboot.

Altvater, Elmar (1998a). *Die prästabilierte Harmonie, die unsichtbare Hand und die moderne Globalisierung*. In: Sitzungsberichte der Leibniz-Sozietät, vol. 23, Ano 1998, fasc. 4, pp. 5-38.

Altvater, Elmar (1998b). *Masse und Macht im Zeitalter der Globali*sierung. In: Leviathan — Zeitschrift für Sozialwissenschaft, Ano 26, fasc. 1, 1998, pp. 133-151; com ligeiras modificações também *in*: Pattillo-Hess, John/Mario R. Smole (edd.): Canettis Masse und Macht, oder wie man das Jahrhundert an der Gurgel packt, Viena: Löcker Verlag, pp. 9-25.

Altvater, Elmar (1998c). *Theoretical Deliberations on Time and Space in Post-Socialist Transformation*. In: Regional Studies, vol. 32.7, 1998, pp. 591-605.

Altvater, Elmar (2002). *The Growth Obsession*. In: Panitch, Leo/Colin Leys (edd.): Socialist Register 2002: A World of Contradictions. Londres: Merlin Press/ Fernwood Publishing/Monthly Review Press, pp. 73-92.

Altvater, Elmar (2003a). *Monetäre Krisen und internationale Finanzarchitektur*. In: Stiftung Entwicklung und Frieden (ed.). Globale Trends. Fakten, Analysen, Prognosen — 2004/05. Frankfurt am Main, pp. 137-156.

Altvater, Elmar (2003b). *Was passiert, wenn öffentliche Güter privatisiert werden?* In: Peripherie, Zeitschrift für Politik und Ökonomie in der Dritten Welt, n° 90/91, Ano 23, agosto de 2003, pp. 171-201.

Altvater, Elmar (2004a). *Inflationäre Deflation oder die Dominanz der globalen Finanzmärkte*. In: Prokla — Zeitschrift für kritische Sozialwissenschaft, n° 134, março de 2004.

Altvater, Elmar (2004b). *Eine andere Welt mit welchem Geld?* In: Wissenschaftlicher Beirat von Attac Deutschland, Reader n° 3: Globalisierungskritik und Antisemitismus. Frankfurt, 2004, pp. 24-34.

Altvater, Elmar (2005). *Öl-Empire*. In: Blätter für deutsche und internationale Politik, janeiro de 2005, pp. 65-74.

Altvater, Elmar/Hoffmann, Jürgen/Semmler, Willi (1979). *Vom Wirtschaftswunder zur Wirtschaftskrise*. Berlin: Olle & Wolter.

Altvater, Elmar/Mahnkopf, Birgit (2002). *Globalisierung der Unsicherheit — Arbeit im Schatten, schmutziges Geld und informelle Politik*. Münster.

Altvater, Elmar/Mahnkopf, Birgit (2003). *Die Informalisierung des urbanen Raums*. In: Neue Gesellschaft für Bildende Kunst: Learning from — Städte von Welt, Phantasmen der Zivilgesellschaft, informelle Organisation. Berlim, pp. 17-30.

Altvater, Elmar/Mahnkopf, Birgit (2004, 6ª ed.). *Grenzen der Globalisierung. Ökonomie, Politik, Ökologie in der Weltgesellschaft*. Münster: Westfälisches Dampfboot.

Anders, Günther (1956/1992). *Die Antiquiertheit des Menschen*. 2 vols. Munique, C. H. Beck.

Anders, Günther (1972). *Endzeit und Zeitenende. Gedanken über die atomare Situation*. Munique, C. H. Beck.

Anderson, Perry (1992). *A Zone of Engagement*. Londres/Nova York, Verso.

Armstrong, Philip/Glyn, Andrew/Harrison, John (1991). *Capitalism since World War II*. Londres: Basil Blackwell.

Atzler, Elisabeth/Schieritz, Mark (2005). *Hedge-Fonds geraten ins Schlingern*. In: Financial Times Deutschland, edição de 12.05.2005.

Bahro, Rudolf (1976). *Die Alternative*. Colônia: Europäische Verlagsanstalt.

Baldacci, Emanuele/Clemets, Benedict/Gupta, Sanjeev (2003). *Using Fiscal Policy to Spur Growth*. In: Finance & Development, dezembro de 2003, pp. 28-31.

Bello, Walden (2004). *Deglobalization. Ideas for a new World Economy*. Londres; Nova York et al.: Zed Books.

Benjamin, Walter (1978). *Monadologie*. In: Gesammelte Schriften, vol. I.1. Frankfurt am Main: Suhrkamp, pp. 227 s.

Benjamin, Walter (1985). *Kapitalismus als Religion*. In: Gesammelte Schriften, vol. 6, Frankfurt am Main: Suhrkamp, pp. 100-103.

Berle, Adolf/Means, Gardiner (1932). *The Modern Corporation and Private Property*. Nova York: Macmillan.

Bialakowski, Alberto L. (2004). *Procesos sociales de exclusión-extensión*. In: Mota Dáz/Cattani (edd.). Desigualdad, pobreza, exclusión y vulnerabilidad en América Latina. México: Cigome, pp. 101-142

Birkhölzer, Karl (2005). *Formen und Reichweite lokaler Ökonomien*. In:http://www.stadttei larbeit.de/Seiten/Theorie/birkhoelzer/formen_lokaler_oekonomien.htm#beschreibung (baixado em maio de 2005).

BIS (2003). Bank for international Settlement. *73th Annual Report*, 30 de junho de 2003, Basiléia.

Bode, Thilo (2005). *Welches Wachstum hat Vorfahrt?* In: Blätter für deutsche und internationale Politik, agosto de 2005, pp. 939-947.

Bohrer, Karl-Heinz/Scheel, Kurt (2003). *Geleitwort* (sem título). In: Merkur, caderno especial, setembro-outubro de 2003, pp. 745-46.

Brand, Ulrich/Brunnengräber, Achim/Schrader, Lutz/Stock, Christian/Wahl, Peter (2000). *Global Governance. Alternative zur neoliberalen Globalisierung*. Münster: Westfälisches Dampfboot.

Braudel, Fernand (1986a). *Sozialgeschichte des 15. bis 18. Jahrhunderts. Der Handel*. Frankfurt am Main; Olten; Viena: Büchergilde Gutenberg.

Braudel, Fernand (1986b). *Sozialgeschichte des 15. bis 18. Jahrhunderts. Aufbruch zur Weltwirtschaft*. Frankfurt/Main; Olten; Viena: Büchergilde Gutenberg.

Brenner, Robert (2002). *The Boom and the Bubble — The U.S. in the World Economy*. Londres: Verso.

Brockhaus (1981). *Brockhaus Nachschlagewerk Geologie*. Leipzig: VEB F. A. Brockhaus Verlag.

Brzezinski, Zbigniew (1997). *Die einzige Weltmacht*. Weinheim; Berlin: Beltz Quadriga.

Callinicos, Alex (2004): *Ein antikapitalistisches Manifest*. Hamburg: VSA.

Cameron, Rondo (1997). *A Concise Economic History of the World. From the Paleolithic Times to the Present*. 3ª edição. Oxford; Nova York: Oxford University Press.

Campbell, Colin/Laherrère, Jean H. (1998). "The Ende of Cheap Oil". In: Scientific American, março de 1998 *(http://dieoff.org/page140.htm)*.

Canetti, Elias (1980). *Masse und Macht*. Frankfurt am Main: Fischer (edição de bolso).

Cardoso, Fernando E./Faletto, Enzo (1977). *Abhängigkeit und Entwicklung in Lateinamerika*. Frankfurt/Main: Suhrkamp.

Chan, Ha-Joon (2002). *Kicking away the Ladder. Development Strategies in Historical Perspective*. Londres: Anthem Press.

Chandler, Alfred D. Jr. (1977). *The Visible Hand*. Cambridge; Londres: Harvard University Press.

Chase-Dunn, Christopher/Podobnik, Bruce (1999). *The Next World War: World-System Cycles and Trends*. In: Bornschier, Volker/Chase-Dunn, Christopher (edd.). The Future of Global Conflict. Londres, pp. 40-65.

Cheney-Report (2001). *National Energy Policy — Reliable, Affordable, and Environmentally Sound Energy for America's Future. Report of the National Energy Development Group, The Vice President*. Washington, D.C. (http://www.whitehouse.gov/energy/National-Energy-Policy.pdf)

Chesnais, François/Serfati, Claude (2003). *Les conditions physiques de la reproduction sociale*. In: Harribey, J.-M./Löwy, Michael (edd.): Capital contre nature. Paris: Presse universitaires de France, pp. 69-105 (Collection Actuel Marx Confrontation).

Cline, William R. (2004). *Climate Change*. In: Lomborg, Bjorn (ed.). Global Crises, Global Solutions. Cambridge/Mass.: Cambridge University Press, pp. 13-43.

Club of Rome (Meadows, Dennis/Meadows, Donella/Zahn, Erich/Millinger, Peter) (1973): *Die Grenzen des Wachstums. Bericht des Club of Rome zur Lage der Menschheit*. Reinbeck bei Hamburg: Rowohlt.

Commission for Africa (2005): *Our common interest — Report of the Commission for Africa*, 11.03.2005: http://www.commissionforafrica.org/english/report/thereport/english/11-03-05_cr_report.pdf

Commission on Human Security (2003). Human Security Now. Nova York. Internet: http://www.humansecurity-chs.org/finalreport/index.html

Crafts, Nicholas (2000). *Globalization and Growth in the Twentieth Century*. IMF Working Paper WP/00/44. Washington D.C.

Crosby, Alfred (1991). *Die Früchte des weißen Mannes. Ökologischer Imperialismus 900-1900*. Darmstadt: Wissenschaftliche Buchgesellschaft.

Davis, Mike (2004). *Planet of Slums*. In: New Left Review 26, março-abril de 2004, pp. 5-34.

De Angelis, Massimo (2004). *Separating the Doing and the Deed: Capital and the Continuous Character of Enclosures*. In: Historical Materialism. Research in Critical Marxist Theory, Vol. 12, fasc. 2, pp. 57-88.

De Soto, Hernando (2002). *Freiheit für das Kapital*. Berlim: Rowohlt Berlin Verlag.

Debeir, Jean-Claude/Deléage, Jean-Paul/Hémery, Daniel (1989). *Prometheus auf der Titanic. Geschichte der Energiesysteme*. Frankfurt am Main/Nova York: Campus.

Deffeyes, Kenneth S. (2005). *Beyond Oil. The View from Hubbert's Peak*. Nova York: Hill and Wang.

Diekmann, Jochen/Kemfert, Claudia (2005). *Erneuerbare Energien: Weitere Förderung aus Klimaschutzgründen unverzichtbar*. In: DIW Berlin, Wochenbericht, n° 29/2005, Ano 72, 20.07.2005.

Dieter, Heribert (2005). *Welche Zukunft hat die Globalisierung? Die Weltwirtschaft im Angesicht von Finanzkrisen, Protektionismus und regionalen Handelsblöcken.* Tese de livre-docência apresentada ao Departamento de Ciências Políticas e Sociais da Universidade Livre de Berlim.

Dinerstein, Ana C. (2003). *Power or Counter Power? The dilemma of the Piquetero movement in Argentina post-crisis.* In: Capital & Class, 81, outono de 2003, pp. 1-8.

Dollar, David/Kraay, Aart (2001). *Trade, Growth and Poverty.* Development Research Group. The World Bank. Internet: http://www.econ.worldbank.org/file/2207_wps2615.pdf

Dryzek, John S. (1997). *The Politics of the Earth. Environmental Discourses.* Oxford, Oxford University Press.

Durkheim, Emile (1983). *Der Selbstmord.* Frankfurt am Main: Suhrkamp (1ª ed. 1897).

Dürr, Hans-Peter (1998). *Struktur, Wertschöpfung und Nachhaltigkeit.* In: Heinrich, Michael/Messner, Dirk (edd.). Globalisierung und Perspektiven linker Politik, Münster, Westfälisches Dampfboot.

Easterlin, Richard A. (1998). *Growth Triumphant. The Twenty-first Century in Historical perspective.* Ann Arbor.

Ebeling, Werner (1995). *Selbstorganisation und Entropie in ökologischen und ökonomischen Prozessen.* In: F. Beckenbach/H. Diefenbacher (edd.). *Zwischen Entropie und Selbstorganisation.* Marburg: Metropolis, pp. 29-46.

Eisenblätter, Peter/Martens, Jens/Oesterheld, Werner (2004). *Foreword. In*: Martens, Jens/Schürkes, Jonna (edd). Human Security and Transnational Corporations. DGB-Bildungswerk; terre des hommes; WEED.

Elgue, Mario César (2005). *La economia social fundacional como incubadora de la nueva economía solidaria.* In: realidad economica, 210, fevereiro-março de 2005, pp. 42-59.

Elliott, Lorraine (2004). *The Global Politics of the Environment.* Basingstoke: Houndmills.

Enquete-Kommission (2002). Deutscher Bundestag. (ed.). *Schlussbericht der Enquete-Kommission Globalisierung der Weltwirtschaft.* Opladen: Leske + Budrich.

ERP 2003: Economic *Report of the President together with The Annual Report of the Council of Economic Advisors.* Washington D.C., United States Government Printing Office.

Eucken, Walter (1959). *Grundsätze der Wirtschaftspolitik.* Reinbek bei Hamburg: Rowohlt.

EurEnDel (2004). *Technology and Social Visions for Europe's Energy Future — a Europe-wide Delphi Study, Final Report.* Novembro de 2004. Internet: http://www.izt.de/pdfs/eurendel/results/eurendel_final.pdf (baixado em maio de 2005).

EZB (2005). *Europäische Zentralbank: Entwicklung des Regelungsrahmens für die Unternehmensführung und —kontrolle (Corporate Governance)*. In: Monatsbericht, maio de 2005, pp. 93-106.

Fanon, Frantz (1962): *Les damnés de la terre*. 2ª ed. Paris: Cahiers libres.

Feldman, G. A. (1965): On *the Theory of Growth Rates of National Income*. In: Spulber, Nicholas (ed.). Foundations of Soviet Strategy for Economic Growth — Selected Essays, 1924-1930 Bloomington: Indiana University Press.

Felix, David (2002): *The Rise of Real Long-term Interest Rates since the 1970s. Comparative Trends, Causes and Consequences*. Enquete-Kommission "Globalisierung der Weltwirtschaft", Deutscher Bundestag.

Fidler, Stephen (2005). *"OpeRating in a troubling legal and regulatory vacuum"*. In: FT 09.05.2005.

Foster, John Bellamy/Clark, Brett (2005). *Das Imperium der Barbarei*. In: Utopie kreativ. Diskussion sozialistischer Alternativen, junho de 2005, pp. 491-503.

Foucault, Michel (1993). *Technologien des Selbst*. In: Foucault, Michel/Martin *et. al.* (edd.). Technologien des Selbst. Frankfurt am Main, Fischer.

Frank, André Gunder (1998a). *ReOrient: global economy in the Asian age*. Berkeley, University of California.

Frank, André Gunder (1998b). *Aber die Welt ist doch rund*. In: Heinrich, Michael/Messner, Dirk (edd.). Globalisierung und Perspektiven linker Politik, Münster: Westfälisches Dampfboot.

Frank, André Gunder/Gills, B.K. (edd.) (1993). *The World System: Five Hundred Years or Five Thousand?* Londres; Nova York: Routledge.

Friedman, Milton (1962). *Capitalism and Freedom*. University of Chicago Press.

Friedmann, Harriet (2004). *Feeding the Empire. The Pathologies of Globalized Agriculture*. In: Socialist Register 2005, ed. Panitch, Leo/Leys, Colin. The Empire Reloaded. Londres: Merlin Press.

Fukuyama, Francis (1992). *The End of History and the Last Man*. Nova York, Free Press.

Fukuyama, Francis (1992). *The End of History and the Last Man. Einleitung*. Internet: http://www.marxists.org/reference/subject/philosophy/works/us/fukuyama.htm 01/6.

Gambi, Lucio (1994). *Autonomia e territorio/ Autonomia e regione. In*: Parolechiave, nº 4, pp. 89-95.

Genté, Régis/Rouy, Laurent (2005). *Demokratische Umstürze in Serbien, Georgien und der Ukraine — Spontan und gründlich geplant*. In: Le Monde Diplomatique, (edição alemã), janeiro de 2005, p. 9.

Global Challenges Network (ed.) (2003). *Ölwechsel! — Das Ende des Erdölzeitalters und die Weichenstellung für die Zukunft*. Munique: dtv.

Gorgescu-Roegen, Nicholas (1971). *The Entropy Law and the Economic Process*. Cambridge/Mass.; Londres, Harvard University Press.

Gramsci, Antonio (1967). *Philosophie der Praxis*. Frankfurt am Main.
Gramsci, Antonio (1994). *Gefängnishefte 6*. Cadernos 10 e 11. Hamburgo: Argument.
Gramsci, Antonio (1999): *Gefängnishefte 9*. Cadernos 22 a 29. Hamburgo: Argument.
Groh, Dieter (1982) *"Imperialismus"*. In: Geschichtliche Grundbegriffe, Historisches Lexikon zur politisch-sozialen Sprache in Deutschland, vol. 3 Stuttgart: Klett-Cotta.
Grossman, Henryk (1967). *Das Akkumulations- und Zusammenbruchsgesetz des kapitalistischen Systems*. Frankfurt am Main: EVA (reimpressão).
Hall, Peter A./Soskice, David (2001). *Varieties of Capitalism: The Institutional Foundations of Comparative Advantage*. Nova York.
Hardt, Michael/Negri, Antonio (2002). *Empire. Die neue Weltordnung*. Frankfurt am Main; Nova York: Campus.
Hardt, Michael/Negri, Antonio (2004). *Multitude*. Frankfurt am Main; Nova York: Campus
Harrod, Roy (1958): *The Possibility of Economic Satiety — Use of Economic Growth for Improving the Quality of Education and Leisure*. In: Problems of United States Economic Development. Nova York, pp. 207-213 (Committee for Economic Development, vol. I).
Harvey, David (1989). *The Urban Experience*. Oxford.
Harvey, David (1996). *Justice, Nature & the Geography of Difference*. Cambridge/Mass.; Oxford: Blackwell.
Harvey, David (2003). *The New Imperialism*. Oxford: Oxford University Press.
Harvey, David (2004). *The 'New' Imperialism: Accumulation by Dispossession*. In: Panitch, Leo/Colin Leys (edd.). The New Imperial Challenge. Socialist Register, Londres, pp. 63-87.
Hayek, Friedrich A. von (1944/2003). *Der Weg zur Knechtschaft*. Munique: Olzog.
Hayek, Friedrich A. von (1968) *Der Wettbewerb als Entdeckungsverfahren*. Palestra proferida no Instituto de Economia Mundial junto à Universidade de Kiel. Kiel, Kieler Vorträge, Folge 56.
Heinberg, Richard (2004). *The party's over. Das Ende der Ölvorräte und die Zukunft der industrialisierten Welt*. Munique: Riemann, One Earth Spirit.
Heine, Heinrich (1824). *Reisebilder I — Memoiren*. Halle: Verlag von Otto Hendel.
Heinrich, Michael (1999). *Die Wissenschaft vom Wert*. Münster.
Heinrich, Michael (2004). *Kritik der politischen Ökonomie. Eine Einführung*. Stuttgart: Schmetterling Verlag.
Helleiner, Eric (1994). *States and the Reemergence of Global Finance. From Bretton Woods to the 1990s*. Ithaca; Londres: Cornell University Press.
Herr, Hansjörg/Priewe, Jan (2005). *The Macroeconomics of Development and Poverty Reduction. Strategies Beyond the Washington Consensus*. Baden-Baden: Nomos.
Hertsgaard, Mark (2005). *Too little, too late?* In: The Nation.

Hilferding, Rudolf (1927). *Organisierter Kapitalismus — Die Aufgaben der Sozialdemokratie in der Republik*. Convenção do Partido Social-democrata em Kiel.

Hilferding, Rudolf (1968). *Das Finanzkapital*. Frankfurt am Main; Viena: Europäische Verlagsanstalt; Europaverlag.

Hilger, Marie-Elisabeth (1982): *"Kapitalismus"*. In: Geschichtliche Grundbegriffe, Historisches Lexikon zur politisch-sozialen Sprache in Deutschland, vol. 3, Stuttgart: Klett-Cotta.

Hintze, Suzana (2003). *Trueque y Economia Solidaria*. Buenos Aires: Prometeo.

Hirsch, Fred (1980). *Die sozialen Grenzen des Wachstums*. Reinbek: Rowohlt

Hirsch, Joachim (2004). *Was bedeutet Imperialismus heute?* In: Das Argument, Ano 46, fasc. 5, pp. 669-689.

Hirsch-Report (2005). Hirsch, Robert L./Bezdek, Roger/Wending, Robert. *Peaking of World Oil Production: Impacts, Mitigation, & Risk Management*. Fevereiro de 2005: http://www.projectcensored.org/newsflash/The_Hirsch_Report_Proj_Cens.pdf

Hirschman, Albert (1970). *Exit, Voice and Loyalty*. Cambridge/Mass: Harvard University Press.

Hirschman, Albert (1981). *A Generalized Linkage Approach to Development, With Special Reference to Staples*. In: Essays in Transpassing. Cambridge; Londres; Nova York: Cambridge University Press, pp. 59-97.

Hirschman, Albert O. (1984). *Leidenschaften und Interessen*. Frankfurt am Main: Suhrkamp.

Hobbes, Thomas (1959). *Leviathan*. Londres: Dent (Everyman's Library) (reimpressão da edição de 1914).

Hobsbawm, Eric (1968/1999). *Industry and Empire*. Harmondsworth: Penguin.

Hobsbawm, Eric (1995). *Das Zeitalter der Extreme. Weltgeschichte des 20. Jahrhunderts*. Viena; Munique.

Holloway, John (2002). *Die Welt verändern ohne die Macht zu übernehmen*. Münster: Westfälisches Dampfboot.

Huffschmid, Jörg (1999). *Politische Ökonomie der Finanzmärkte*. Hamburgo: VSA.

Huffschmid, Jörg (2004) (ed.). *Die Privatisierung der Welt. Hintergründe, Folgen, Gegenstrategien. Reader des wissenschaftlichen Beirats von Attac*. Hamburgo: VSA.

Hui, Wang (2005). *Der absolute Osten*. In: Le Monde Diplomatique (edição alemã), fevereiro de 2005, pp. 16 s.

Humphreys, S.C. (1979). *Geschichte, Volkswirtschaft und Anthropologie: das Werk Karl Polanyis. In*: Polanyi, Karl (1979). Ökonomie und Gesellschaft. Frankfurt am Main: Suhrkamp.

Huntington, Samuel (2004). *Who are We? Die Krise der amerikanischen Identität*. Hamburgo: Europaverlag.

ILO (2000). *InFocus Programme on Socio-Economic Security*. Internet: http://www.ilo.org/public/english/protection/ses/about/index.html

ILO (2001). *Report of the Director-General: Reducing the Decent Work Deficit — a Global Challenge, Report 1 (A)*. Genebra, junho de 2001. Internet: http://www.ilo.org/public/english/standards/relm/ilc/ilc89/rep-i-a.htm

IMF (1998). *World Economic Outlook May 1998*. Washington D.C.: International Monetary Fund.

IMF (2003). *Deflation: Determinants, Risks, and Policy Options — Findings of an International Task Force*. Washington D.C. Internet: http://www.imf.org/external/pubs/ft/def/2003/eng/043003.pdf

IMF (2005). *World Economic Outlook April 2005 — Globalization and External Imbalances*. Washington D.C.: International Monetary Fund.

Johnston, Chalmers (2004). *Der Selbstmord der amerikanischen Demokratie*. Munique: Goldmann.

Kaldor, Mary (1999). *Neue und alte Kriege. Organisierte Gewalt im Zeitalter der Globalisierung*. Frankfurt am Main: Suhrkamp.

Kant, Immanuel (1795). *Zum ewigen Frieden*. Stuttgart: Reclam.

Karl, Terry Lynn (2003). *The oil trap*. In: Transparency International's Quarterly Newsletter, setembro de 2003.

Kaufmann, Daniel/Kraay, Aart/Mastruzzi, Massimo (2003). *Governance Matters III: Governance Indicators for 1996-2002, Draft for Comment*. 30 de junho de 2003. Internet: http://www.worldbank.org/wbi/governance/pdf/ govmatters3.pdf

Kazmierowski, Wolfgang (2005). *Vom Segen der Hedge-Fonds*. In: Börsenzeitung, 27 de maio de 2005.

Kebir, Sabine (1991). *Gramsci's Zivilgesellschaft*. Hamburgo: VSA.

Kemfert, Claudia (2004). *Die ökonomischen Kosten des Klimawandels*. In: DIW-Wochenbericht, 42/2004.

Kenwood/Loughheed (2004). *The growth of the international economy 1820-2000, fourth edition. An introductory text*. Londres e Nova York: Routledge.

Keynes, John M. (1936/1964). *The General Theory of Employment, Interest and Money*. Londres; Melbourne; Toronto.

Klare, Michael (2003). *Blood for Oil: The Bush-Cheney Energy Strategy*. In: Panitch, Leo/Leys, Colin (edd.). The New Imperial Challenge, Socialist Register 2004 Londres: Merlin Press, pp. 166-185.

Klare, Michael (2004). *Blood and Oil. The Dangers and Consequences of America's Growing Dependency on Imported Petroleum*. Nova York: Metropolitan Books.

Kleine-Brockhoff, Thomas/Schirra, Bruno (2001). *Das System Leuna. Wie Politiker gekauft werden, warum die Justiz wegschaut*. Reinbek bei Hamburg, Rowohlt (Rowohlt Taschenbuch).

Kleveman, Lutz (2004). *The New Great Game. Blood and Oil in Central Asia.* Londres: Atlantic Books.

Koch, Claus (1995). *Die Gier des Marktes.* Munique: Hanser.

Korpela, Seppo A. *Oil Depletion in the United States and the World.* A working paper for a talk to Ohio Petroleum Marketers Association at their annual meeting in Columbus, Ohio. 1º de maio de 2002. Internet: http://www.Peakoil/ov-korpela,US_and_world_depletion.htm

Kössler, Reinhart/Melber, Henning (2002). *Globale Solidarität? Eine Streitschrift.* Frankfurt am Main: Brandes & Apsel.

Kovel, Joel (2002). *The enemy of nature: The end of Capitalism or the end of the world?* Londres: Zed books.

Krauthammer, Charles (1991). *The Unipolar Moment.* In: Foreign Affairs, 1991, vol. 70, 1, pp. 23-33.

Kutter, Karin (2004). *Ölreserven und Ölinteressen. Wie glaubwürdig sind die Angaben zu den weltweiten Ölreserven?* In: PROKLA 131 — Zeitschrift für kritische Sozialwissenschaft, Ano 34, fasc. 4, dezembro de 2004, pp. 643-649.

Leadbeater (2003). *Up the Down Escalator. Why the Global Pessimists are Wrong.* Londres; Nova York, etc.: Penguin Books.

Leggewie, Claus (2005). *Hässliche Feindbilder gesucht.* In: Internationale Politik, julho de 2005, Ano 60, nº 7, pp. 96-104.

Lehmann, Harry (2004). *Von der Eiszeit zur Solarzeit.* In: politische ökologie, 87-88, março de 2004.

Leibniz, Gottfried Wilhelm (reimpressão 1948). *Monadologie.* Nova tradução com introdução e comentários de Herrmann Glockner. Stuttgart: Reclam.

Levey, David H./Brown, Stuart S. (2005). *The Overstretch Myth.* In: Foreign Affairs, março/abril de 2005, vol. 84, nº 2, pp. 2-7.

Liepitz, Alain (1986). *Mirages and Miracles.* Londres: Verso.

Lieven, Anatol (2004). *Liberal Hawk Down — Wider die linken Falken.* In: Blätter für Deutsche und Internationale Politik, 12/2004, pp. 1447-1457.

Lind, Michael (2004).: *Es gibt keine Neocons — Die fingierte Selbstauflösung der Ideologieschmiede.* In: Blätter für Deutsche und Internationale Politik, 2/2004, pp. 427-438.

List, Friedrich (1841; reimpressão 1982). *Das nationale System der Politischen Ökonomie.* Berlin: Akademie-Verlag.

Lomborg, Bjorn (2002). *Apocalypse No!. Wie sich die menschlichen Lebensgrundlagen wirklich entwickeln.* Lüneburg: zu Klampen Verlag.

Lomborg, Bjorn (2004) (ed.). *Global Crises, Global Solutions.* Cambridge/Mass.: Cambridge University Press.

Luks, Fred (2001). *Die Zukunft des Wachstums. Theoriegeschichte. Nachhaltigkeit und die Perspektiven einer neuen Wirtschaft.* Marburg: Metropolis.

Luna Martinez, José de (2002). *Die Herausforderungen der Globalisierung für die Schwellenländer: Lehren aus den Finanzkrisen von Mexiko und Südkorea.* Berlim: Logos Verlag.

Luxemburgo, Rosa (1975a). *Die Akkumulation des Kapitals.* In: Gesammelte Werke, vol. 5 (Escritos Econômicos). Berlim: Dietz Verlag, pp. 5-411.

Luxemburgo, Rosa (1975b). *Einführung in die Nationalökonomie.* In: Gesammelte Werke, vol. 5 (Escritos Econômicos), Berlim: Dietz Verlag, pp. 524-778.

Luxemburgo, Rosa (1966, reimpressão). *Die Akkumulation des Kapitals.* Frankfurt am Main: Neue Kritik.

Maddison, Angus (2001). *The World Economy: A Millennial Perspective.* Paris: OECD.

Magatti, Mauro (2003). *Märkte als konkrete Handlungssysteme. Einige Überlegungen zur Korruption in Italien.* In: PROKLA 131 — Zeitschrift für kritische Sozialwissenschaft, Ano 33, fasc. 2, junho de 2003, pp. 297-312.

Mahnkopf, Birgit (1994). *Markt, Hierarchie und soziale Beziehungen, Zur Bedeutung reziproker Beziehungsnetzwerke in modernen Marktgesellschaften.* In: Soziale Welt (volume especial). Göttingen: Schwarz, pp. 65-84.

Mahnkopf, Birgit (2003). *Zum Konzept der human security und zur Bedeutung globaler öffentlicher Güter für einen gerechten Frieden. In*: Mahnkopf, Birgit (ed.). Globale öffentliche Güter — für menschliche Sicherheit und Frieden. Berlim: Berliner Wissenschafts-Verlag, pp. 11-34.

Malthus, Thomas Robert (1970). *An Essay on the Principle of Population and A Summary View of the Principle of Population.* Harmondsworth: Penguin Books.

Mançano Fernandes, Bernardo (2005). *Movimentos socioterritoriais e movimentos socioespaciais. Contribuição teórica para uma leitura geográfica dos movimentos sociais,* (texto inédito).

Mandel, Ernest (1970). *Marxistische Wirtschaftstheorie.* Frankfurt am Main: Suhrkamp.

Mandel, Ernest (1972). *Der Spätkapitalismus.* Frankfurt am Main: Suhrkamp.

Mandeville, Bernard de (1703/1957). *Die Bienenfabel.* Berlim: Akademie-Verlag.

Martinez-Alier, Joan (1987). *Ecological Economics.* Oxford: Basil Blackwell.

Marx, Karl (reimpressão 1953). *Grundrisse der Kritik der Politischen Ökonomie* (Rohentwurf 1857/58), Berlim.

McNally, D. (1988). *Political Economy and the Rise of Capitalism. A Reinterpretation.* Berkeley; Los Angeles; Londres: University of California Press.

McNeill, John (2003). *Blue Planet. Die Geschichte der Umwelt im 20. Jahrhundert.* Frankfurt am Main; Nova York: Campus.

McNeill, John (2005). *Modern Global Environmental History*. In: IHDP Update (Newsletter of the International Human Dimensions Programme on Global Environmental Change), n° 02, 2005, pp. 1-3.

MEW 18: Engels, Friedrich (1969). *Nachwort* (1894) zu "Soziales aus Russland". In: MEW, vol. 18. Berlim: Dietz-Verlag, pp. 661-674.

MEW 19: Engels, Friedrich (1969). *Die Entwicklung des Sozialismus von der Utopie zur Wissenschaft*. In: MEW, vol. 19. Berlim: Dietz-Verlag, pp. 177-228.

MEW 23, 24, 25. Marx, Karl (1970). Das Kapital, 3 vols. In: MEW, vols. 23, 24, 25. Berlim: Dietz-Verlag.

MEW Bd 4: Marx, Karl/Engels, Friedrich. *Manifest der kommunistischen Partei*. In: MEW, vol. 4. Berlim, Dietz-Verlag, pp. 461-493.

Mill, John St. (1871). *Principles of Political Economy*. Londres: Longman.

Mises, Ludwig von (1922). *Die Gemeinwirtschaft. Untersuchungen über den Sozialismus*. Jena: Fischer.

Mishan, E.J. (1980). *Die Wachstumsdebatte. Wachstum zwischen Wirtschaft und Ökologie*. Stuttgart: Klett-Cotta.

Mommer, Bernard (2002). *Global Oil and the Nation State*. Oxford: Oxford University Press.

Monbiot, George (2005). *Junk Science*. In: The Guardian, 10 de maio de 2005.

Montalban, Manuel Vasquez (2000). *Marcos. Herr der Spiegel*. Berlim: Wagenbach.

Mouffe, Chantal (2005). *Towards a multipolar world order*. In: Chaloupek, Günther *et al.* (edd.). Sysiphus als Optimist. Versuche zur zeitgenössischen politischen Ökonomie. In memoriam Egon Matzner. Hamburgo: VSA, pp. 404-411.

Müller-Plantenberg, Urs (1998). *Zukunftsverbrauch. Probleme internationaler Verteilung und sozialer Gerechtigkeit*. In: Heinrich, Michael/Dirk Messner (edd.). Globalisierung und Perspektiven linker Politik. Münster: Westfälisches Dampfboot, pp. 321-340.

Musil, Robert (1978). *Der Mann ohne Eigenschaften* (Gesammelte Werke, 1). Reinbek bei Hamburg, Rowohlt.

Narr, Wolf-Dieter (2003). *Introvertierte Imperialismen und ein angstgeplagter Hegemon. Für eine utopische Transzendenz der Globalisierungskritik*. In: PROKLA 133 — Zeitschrift für kritische Sozialwissenschaften. Ano 33, 2003, n° 4, pp. 575-598.

Neusüss, Christel (1972). *Imperialismus und Weltmarktbewegung des Ka*pitals. Erlangen: Politladen.

NSS (2002). *The National Security Strategy of the United States of America*. Setembro de 2002 (http://www.whitehouse.gov/nsc/nss.pdf)

O'Connor, James (1988). *Capitalism, Nature, Socialism: A theoretical Introduction*. In: Capitalism, Nature, Socialism. *A Journal of Socialist Ecology*. N° 1, 1988, pp. 11-45.

Opitz, Sven (2004). *Gouvernementalität im Postfordismus*. Hamburgo: Argument.
Panitch, Leo/Gindin, Sam (2004). *Finance and American Empire*. In: Panitch, Leo/ Leys, Colin (edd.). Socialist Register 2005: The Empire Reloaded. Monthly Review Press. Londres: Fernwood Publishing, pp. 46-81.
Partnoy, Frank (1998). *F.I.A.S.C.O., Blut an den weißen Westen der Wall Street Broker*. Munique: Heyne Verlag.
Perkins, John (2005). *Bekenntnis eines Economic Hit Man*. Munique: Riemann.
Pogge, Thomas W. (2005). *World Poverty and Human Rights. Cosmopolitan Responsabilities and Reforms*. Cambridge: Polity Press.
Polanyi, Karl (1978). *The Great Transformation*. Frankfurt am Main: Suhrkamp.
Polanyi, Karl (1979). *Ökonomie und Gesellschaft*. Frankfurt am Main: Suhrkamp.
Ponting, Clive (1991). *A Green History of the World — The Environment and the Collapse of Great Civilisations*. Harmondsworth: Penguin.
Priewe, Jan/Herr, Hansjörg (2005). *The Macroeconomics of Development and Poverty Reduaction. Strategies Beyond the Washington Consensus*. Baden-Baden: Nomos.
Prigogine, Ilya/Stenger, Isabelle (1986). *Dialog mit der Natur*. Munique; Zurique: Piper.
PROKLA 134 (2004). *Die kommende Deflationskrise*. In: Zeitschrift für kritische Sozialwissenschaften, Ano 34, n° 1, março de 2004.
Ricardo, David (1817; 1959). *Über die Grundsätze der Politischen Ökonomie und der Beteuerung*. Tradução e introdução de G. Bondi. Berlim: Akademie Verlag.
Rifkin, Jeremy (2005). *Europa, wir brauchen Dich*. In: Die Zeit, n° 24, 9 de junho de 2005, pp. 49)
Rigaux, François (1999). *Multinationale Unternehmen, Staat und Recht*. In: PROKLA 117 — Zeitschrift für kritische Sozialwissenschaften. Ano 29, 1999, n° 4, pp. 647-660.
Rosanvallon, Pierre (1989). *Le libéralisme économique. Histoire de l'idée de marché*. Paris, Editions du Seuil.
Rosdolsky, Roman (1968). *Zur Entstehungsgeschichte des Marxschen 'Kapital'*. Frankfurt am Main; Viena: Europäische Verlagsanstalt.
Rousseau, Jean-Jaques (1977). *Politische Schriften,* vol. 1. Paderborn: UTB Schöningh.
Rude, Christopher (2004). *The Role of Financial Discipline in Imperial Strategy*. In: Panitch, Leo/Leys, Colin (edd.). The Empire Reloaded, Socialist Register 2005. Londres: The Merlin Press.
Rügemer, Werner (2002). *Colonia Corrupta. Globalisierung, Privatisierung und Korruption im Schatten des Kölner Klüngels*. Münster: Westfälisches Dampfboot.
Rügemer, Werner (2005). *Gebt uns Tünche, und wir sind erbötig*. In: Freitag 23/2005, 10 de junho de 2005, p. 4.

Sachs, Wolfgang (2005). *Ressourcengerechtigkeit. Vier Leitbilder für die aufsteigende Weltwirtschaft*. In: Global Marshall Plan Initiative: Impulse für eine Welt in Balance. Hamburgo: Global Marshall Plan Foundation.

Sawin, Janet (2003). *Eine neue Energiezukunft gestalten*. In: Worldwatch Institute (ed.). Zur Lage der Welt 2003. Münster: Westfälisches Dampfboot, pp. 177-220.

Scheer, Herrmann (1999). *Solare Weltwirtschaft. Strategien für die ökologische Moderne.* Munique: Kunstmann.

Scheer, Herrmann (2005). *Energieautonomie.* Munique: Kunstmann.

Schieder, Wolfgang (1972). *Brüderlichkeit.* In: Brunner, Otto/Conze, Werner/Koselleck, Reinhart (edd.). Geschichtliche Grundbegriffe. Historisches Lexikon zur politisch-sozialen Sprache in Deutschland. Stuttgart: Klett-Cotta, pp. 552-582.

Schoen, John W. (2004). *How long will the world's oil last?* Internet: http://msnbc.msn.com/id/5945678/

Schumpeter, Josef A. (1908). *Das Wesen und der Hauptinhalt der theoretischen Nationalökonomie.* Leipzig.

Schumpeter, Josef A. (1950). *Kapitalismus, Sozialismus und Demokratie.* Berna: Franke.

Schwarz, Peter /Randall, Doug (2003). *An Abrupt Climate Change Scenario and Its Implications for United States Security.* Pentagon. Internet: www.ems.org/climate/pentagon_climatechange.pdf.

Sen, Amartya (1999). *Development as Freedom.* Nova York: Random House.

Sguiglia, Eduardo (2002). *Fordlandia. Die abenteuerliche Geschichte von Henry Fords Kampf um den Kautschuk und seine Stadt am Amazonas.* Hamburgo; Viena: Europa Verlag.

Shelley, Toby (2005). *Oil. Politics, Poverty & the Planet.* Londres; Nova York: Zed Books.

Sieferle, Rolf Peter (1982). *Der unterirdische Wald. Energiekrise und industrielle Revolution.* Munique: Beck.

Sieferle, Rolf Peter (1982). *Der unterirdische Wald. Energiekrise und industrielle Revolution.* Munique: Beck.

Sin Patrón 2004. Acuña, Claudia/Gociol, Judith/Rosemberg, Diego/Ciancaglini, Sergio: *Sin Patrón.* Buenos Aires: Lavaca.

Sinclair, Timothy J. (2005). *The New Masters of Capital. American Bond Rating Agencies and the Politics of Creditworthisness.* Ithaca; Londres: Cornell University Press.

Smith, Adam (1976). *An Inquiry into the Nature and Causes of the Wealth of Nations,* edited by E.— Cannan (reimpressão). Ann Arbor: The University of Chicago Press.

Söderberg, Susanne (2004). *Das amerikanische Empire und die "ausgeschlossenen Staaten". Das Millenium Challenge Account — eine "preemptive" Entwicklungspolitik.* In: PROKLA 135 — Zeitschrift für kritische Sozialwissenschaft, Ano 34, n° 2, junho de 2004, pp. 299-320.

Sohn-Rethel, Alfred (1970). *Geistige und körperliche Arbeit. Zur Theorie der gesellschaftlichen Synthesis.* Frankfurt am Main: Suhrkamp.

Solans, Eugenio Domingo (2004). *The international role of the Euro. Its impact on economic relations between Asia and Europe.* In: Asia Europe Journal, vol. 2, n° 1, janeiro de 2004, pp. 7-14.

Sombart, Werner (1922/1996). *Liebe, Luxus und Kapitalismus. Über die Entstehung der modernen Welt aus dem Geist der Verschwendung.* Berlim: Wagenbach (título da edição de 1922: Luxus und Kapitalismus).

Sombart, Werner (1927/1969). Der moderne Kapitalismus. 6 tomos Berlim: Duncker & Humblot.

Soto, Hernando de (2002). *Freiheit für das Kapital! — Warum der Kapitalismus nicht weltweit funktioniert.* Berlim: Rowohlt.

Stiglitz, Joseph (2002). *Die Schatten der Globalisierung.* Berlim: Siedler.

Struve/Zschäpitz (2005). *Die Dollar-Bombe tickt.* In: Die Welt, 11 de março de 2005.

Teubal, Miguel (2004): Rise and Collapse of Neoliberalism in Argentina. The Role of Economic Groups. In: Journal of Developing Societies, 20 (3-4), 2004: 173-188.

Thiele, Ulrich (2004): Der Pate. Carl Schmitt und die Sicherheitsstrategie der USA. In: Blätter für deutsche und internationale Politik, August 2004: 991-1000.

Thompson, Edward P. (1968). *The Making of the British Working Class.* Harmondsworth: Penguin Books.

Thompson, Edward P. (1980). *Plebeische Kultur und moralische Ökonomie.* In: Groh, Dieter (ed.). Aufsätze zur englischen Sozialgeschichte des 18. und 19. Jahrhunderts. Frankfurt am Main; Berlim, Viena: Ullstein.

UNCTAD (2004a). *Trade and Development Report 2004.* Genebra.

UNCTAD (2004b). *World Investment Report 2004.* Genebra.

UNDP (1994). *Human Development Report.* Oxford: Oxford University Press.

UNDP (2003). *Human Development Report.* Oxford: Oxford University Press.

UNDP (2004). *The Report on the Development of Democracy in Latin America — Brief to the Secretary General of the United Nations.* Fevereiro de 2004. Internet: (http://www.undp.org/democracy_report_latin_america/BriefSG.pdf)

UNO (2004). *Report of the High-level Panel on Threats, Challenges and Change. A more secure world: Our shared responsibility.* Nova York: Nações Unidas, 2004. Internet: (http://www.un.org/secureworld/report3.pdf)

Varga, Eugen (1969). *Die Krise des Kapitalismus und ihre politischen Folgen.* Edição e introdução de Elmar Altvater. Frankfurt; Viena: Europäische Verlagsanstalt.

Vinz, Dagmar (2005). *Zeiten der Nachhaltigkeit. Perspektiven für eine ökologische und geschlechtergerechte Zeitpolitik.* Münster: Westfälisches Dampfboot.

Voltaire (1759/1990). *Candide oder der Optimismus.* Frankfurt am Main; Viena: Büchergilde Gutenberg.

Wade, Robert H. (2005). *Uver die Gründe global zunehmender Armut und Ungleichheit*. In: PROKLA 139 — Zeitschrift für kritische Sozialwissenschaft, Ano 35, n° 2, junho de 2005, pp. 179-201.

Wallerstein, Immanuel (1979). *The Capitalist World System*. Nova York; Cambridge.

Wallerstein, Immanuel (2003). *Auftakt zur globalen Anarchie*. In: PROKLA 133 — Zeitschrift für kritische Sozialwissenschaft, Ano 33, fasc. 4, 2003, pp. 565-574.

Wallerstein, Immanuel (2004). *Absturz oder Sinkflug des Adlers? Der Niedergang der amerikanischen Macht*. Hamburgo: VSA.

WBGU (2003). Wissenschaftlicher Beirat der Bundesregierung. *Globale Umweltveränderungen: Welt im Wandel. Energiewende zur Nachhaltigkeit*. Berlin; Heidelberg; Nova York, etc.: Springer.

Weber, Max (1921/1976). *Wirtschaft und Gesellschaft*. Tübingen: J.C.B. Mohr (Studienausgabe).

Weede, Erich (2005). *Frieden durch Kapitalismus*. In: Internationale Politik, julho de 2005, Ano 60, n° 7, pp. 65-73.

Weizsäcker, Carl Christian von (2003). *Der Grundgedanke heißt Freiheit. Über Kapitalismus und Demokratie*. In: Merkur, edição especial, setembro/outubro de 2003, pp. 807-814.

Weizsäcker, Carl Christian von (2004). *Der teure Heiligenschein erneuerbarer Energien. In*: Internationale Politik, agosto de 2004, pp. 7-15.

Weizsäcker, Ernst Ulrich von/Lovins, Armory B./Lovins, L. Hunter (1997). *Faktor 4. Doppelter Wohlstand — halbierter Naturverbrauch*. Munique: Droemer Knaur.

Williamson, John (1990). *What Washington Means by Policy Reform*. In: Williamson, John (ed.). Latin American Adjustment: How much has happened? Washington: Institute for International Economics.

Williamson, John (2003). *From Reform Agenda to Damaged Brand Name*. In: Finance & Development, setembro de 2003, pp. 10-13.

Wilpert, Gregory (2003). *Land Reform in Venezuela. In*: New Left Review, 21, maio/junho de 2003.

Windolf, Paul (1997). *Eigentum und Herrschaft — Elitenetzwerke in Deutschland und Großbritannien*. In: Leviathan Ano 25, fasc. 1. Wiesbaden: Verlag für Sozialwissenschaften, pp. 76-106.

Wissenschaftlicher Beirat von Attac (2004). *Globalisierungskritik und Antisemitismus — Zur Antisemitismusdiskussion in Attac*. Attac Reader n° 3.

Wolf, Martin (2005). *The paradox of thrift: excess savings are storing up trouble for the world economy*. In: Financial Times, 13 de junho de 2005, p. 11.

World Bank (2000). *Poverty in an Age of Globalization*. Washington D.C.

World Bank (2003). *Global Development Finance 2003*. Washington D.C. http://www.worldbank.org/prospects/gdf2003/GDF_vol_1_web.pdf

World Commission (2004). *World Commission on the Social Dimension of Globalization: A Fair Globalization. Creating opportunities for all.* Genebra: ILO.

Wuppertal Institut (2005). *Fair Future. Begrenzte Ressourcen und globale Gerechtigkeit, ein Report.* Editado pelo Wuppertal Institut für Klima, Umwelt, Energie. Munique: C.H. Beck.

Wuppertal Institut für Klima, Umwelt, Energie (1996). *Zukunftsfähiges Deutschland. Ein Beitrag zu einer global nachhaltigen Entwicklung.* Editado por BUND e Misereor. Basel; Boston; Berlim: Birkhäuser.

Yeomans, Matthew (2004). *Oil. Anatomy of an Industry.* Nova York e Londres: The New Press.

Zeller, Christian (2004) (ed.). *Die globale Enteignungsökonomie.* Münster: Westfälisches Dampfboot.

Zoll, Rainer (2000). *Was ist Solidarität heute?* Frankfurt am Main: Suhrkamp.

*O texto deste livro foi composto em Sabon,
desenho tipográfico de Jan Tschichold de 1964
baseado nos estudos de Claude Garamond e
Jacques Sabon no século XVI, em corpo 11/15.
Para títulos e destaques, foi utilizada a tipografia
Frutiger, desenhada por Adrian Frutiger em 1975.*

*A impressão se deu sobre papel off-white 80g/m²
pelo Sistema Cameron da Divisão Gráfica
da Distribuidora Record.*